考前充分準備 臨場沉穩作答

千華公職資訊網
http://www.chienhua.com.tw
每日即時考情資訊 網路書店購書不出門

千華公職證照粉絲團 f
https://www.facebook.com/chienhuafan
優惠活動搶先曝光

千華 Line@ 專人諮詢服務

✓ 有疑問想要諮詢嗎？
　歡迎加入千華 LINE＠！

✓ 無論是考試日期、教材推薦、
　勘誤問題等，都能得到滿意的服務。

✓ 我們提供專人諮詢互動，
　更能時時掌握考訊及優惠活動！

債權委外催收人員
專業能力測驗

- **辦理依據：** 依據「金融機構辦理應收債權催收作業委外處理要點」第3點第2項規定，金融機構應收債權之受委託機構應聘僱具有實際催收經驗者，並依行政院金融監督管理委員會94年5月9日金管銀(五)字第0945000294號函規定，參加銀行公會或其認可之機構舉辦有關催收專業訓練課程或測驗並領有合格證書。

- **報名資格：** 報名資格不限。

- **報名時間：** 於各月份20日10時公告並開放報名。（依金融研訓院公告日期為主）

- **報名費用：** 新台幣720元整。

- **報名方式：** 一律採個人網路報名方式辦理，恕不受理現場報名。請依規定報名程序確實填寫應考人本人個人資料，內容應力求詳實，以免影響應考權益。網路報名完成後，不須列印報名資料。

- **測驗科目及內容**
  一、催收基礎法規介紹
     1.民法   2.民事訴訟法   3.非訟事件法   4.強制執行法   5.刑法

  二、催收準則與紀律規範
     1.銀行資產評估損失準備提列及逾期放款催收款呆帳處理辦法
     2.金融機構作業委託他人處理內部作業制度及程序辦法
     3.金融機構債權催收作業委外最低標準化範例
     4.修正金融機構辦理應收債權催收委託他人處理規範
     5.消費者債務清理條例

三、個人資料保護法與催收規範
　1.個人資料保護法
　2.與個人資料保護有關之催收之規範

四、消費者保護法介紹
　1.消費者保護法
　2.催收過程的消費者保護行為
　3.金融消費者保護法

五、客訴處理及控管
　1.客訴發生之原因　　　　2.客訴的處理及因應
　3.防止客訴之具體作法　　4.客訴之管控

■ **測驗時間及地點：**測驗日之節次時間說明如下

項目	報到及預備	測驗時間
上午場次	09:00～09:30	09:30～11:00
下午場次 (第1場)	13:20～13:50	13:50～15:20
下午場次 (第2場)	15:30～16:00	16:00～17:30
夜間場次 (第1場)	18:20～18:50	18:50～20:20
夜間場次 (第2場)	20:00～20:30	20:30～22:00

■ **合格標準：**本項測驗以成績達70分為合格。

～以上資訊僅供參考，詳細內容請參閱招考簡章～

千華數位文化
Chien Hua Learning Resources Network

目　次

第一篇　催收基礎法規介紹

第1章　民法

第2章　民事訴訟法

第3章　非訟事件法

第二篇　催收準則與紀律規範

第三篇　個人資料保護法與催收規範

第12章 個人資料保護法

第四篇　消費者保護法介紹

第13章 消費者保護法

第五篇　客訴處理及控管

第六篇　模擬試題及解析

前　言

在撰寫這本書的時候，已經擔任法律扶助基金會消債專科律師一段時間了。在與受扶助者接洽時，最常遇到受扶助人詢問：「為何跟銀行借貸卻是由資產管理公司的催收人員進行催款？」每每接到催款電話，他們的內心恐懼不已，深怕自身安危受到威脅。然而那是因為他們誤以為催收人員就是討債集團，但實際上催收人員卻非是如此……

早期台灣，銀行數量暴增伴隨經濟泡沫化，銀行的競爭空前激烈，也因此造成不良的放款倍增。加之國際間金融風暴、經濟蕭條、失業人口增加等問題，也讓銀行逾放問題更加嚴重。在當時因為銀行聲請拍賣借貸人資產的案件，在全國民事執行處爆增，政府為有效解決問題，通過「金融六法」暨「金融機構合併法」並積極鼓勵銀行解決呆帳、解決不良債權，並輔導成立資產管理公司。也因此可說資產管理公司係為了協助銀行處理呆帳及清理不良債權等問題而設立的機構。而催收人員就是在資產管理公司或銀行協助處理不良債權的人員。

在銀行，催收工作的內容包含「電催」、「法催」以及「委外」三個部分，電催係使用電話通知客戶還錢；法催則是負責法務程序、法院出庭等；委外則是負責與銀行委外的催收公司聯繫，監督催款作業。其中以電催需要的人數為最多，也因此在求職網上開放債權委外催收人員的工作職缺也不在少數。然而催收並非就是暴力討債。相反的，多數辦理催債的機構均不建議催收員與債務人直接見面，且在委外公司的催收人員，需先進行訓練且通過

測驗後，始可進行催收作業。因此一般人將「催收」與「暴力討債」畫上等號，確實是個誤解。想擔任催收人員需具備債權委外證照、不能有刑事前科（需取得警察局開立的良民證）、聯合徵信中不得有不良紀錄，且過去不得從事暴力討債。

催收人員的工作時間在現行法規中亦有規範，因不得於「上午7點前、晚上9點後」進行電話催收，因此如何在時間內，聯繫到債務人並傳達想法，是一門學問。另外，擔任催收人員時情緒控管尤其重要，因為催收人員每天接觸的對象，均是因欠款還不出而哭哭啼啼，甚至破口大罵的人。若催收人員屢屢將這些人的言語聽進去，時間一長，對個人身心都將容易造成不良的影響。從人力資源網站中可知，催收人員一直是處於需求大於供給的狀態，未嘗與此無關，因此在事前對自己身心靈的評估就更加的重要。

身為一位消債律師，了解己方立場是基本功，但更要了解到相對人的想法，甚至預測到對方的作法，才是成功解決問題的關鍵。因而撰寫本書，希望透過這本書的教學，讓讀者能夠更加了解債權委外催收人員是在做甚麼，以及該如何準備成為債權催收人員。

準備方法

本科考試的準備建議分為兩個面向：

一、策略

本科考試在每個月的20號會公告「兩個月後」的考試時間，也就是說從公開報名後，「至少」會有兩個月的時間可以準備。就算是一般上班族搭配本書準備也可以游刃有餘。

本書可分成兩大部分：

(一) 第一部分為第一篇～第五篇：

篇名	內容	占分比
第一篇 催收基礎法規介紹	內容為催收基本法規，包含民法、民事訴訟法、非訟事件法、強制執行法、刑法等法律。	20%
第二篇 催收準則	彙集金融機構主觀機關所發布之重要催收業務規範，包含「銀行資產評估損失準備提列及逾期放款催收款呆帳處理辦法」、「金融機構作業委託他人處理內部作業制度及程序辦法」、「金融機構辦理應收債權催收作業委外處理要點」、「金融機構債權催收作業委外最低標準化範例」、「金融機構出售不良債權應注意事項」、「消費者債務清理條例」等。	30%
第三篇 個人資料保護法	個資法相關內容。	10%
第四篇 消費者保護法介紹	包含消保法、金融消費者保護法。	10%
第五篇 客訴處理及控管	說明客訴處理及控管相關內容。	30%

從這五篇主題中可知：想要成為一名催收人員，對於法令規範須有充足的了解。為了幫助各位考生更積極的了解艱澀難懂的法規，本書的編排特別以「小叮嚀」的方式講解各法律的專有名詞，在搞懂基本的規範後，以「知識補給站」的形式說明各該章節所衍生的議題，並在每篇後以題目檢驗學習的成效。

(二) 第二部分為第六篇，因本證照考試係採電腦應試，並無相關考古題可供參考，但大量的練習是必備的，故以四回模擬題每回80題的方式呈現。也因為本證照考試的時間為90分鐘，建議每回在練習的時候，可以限制自己作答的時間，讓自己更加能體會考試的感覺。

最後，考證照的目的是為了讓你有更多選擇的機會、讓你有更高的機率選擇到適合自己的工作，所以就算不是與你的專業相關，只要自己有興趣then why not？

二、心態

許多人在考試前都會有這樣的疑問「我考得過嗎？」、「考過這個對我未來有幫助嗎？」這種不斷懷疑的想法就是很典型的考前焦慮症。遇到這樣的情況，先別覺得自己沒用或是失敗，考生也是人，偶而的徬徨是正常的。重點是低潮過了，要趕緊打起精神來告訴自己「你是最棒的」。也可以使用國外很流行的「自我暗示法」，在心中默念：「我有信心考到！」、「我覺得難，別人也會覺得難；我不會的，別人也不一定會。」然而為什麼積極正面的心態很重要呢？因為根據心理學的研究，人的行為會「自證預言」（英語：Self-fulfilling prophecy），也就是是人們先入為主的判斷，無論其正確與否，都將或多或少影響到人們的行為，以至於這個判斷最後真的實現。因此在準備考試，首重就是要「相信自己、穩定自己的情緒，遠離考前焦慮」！

最後，筆者要告訴大家，考試的結果只是你檢測自己這陣子準備的方式是否正確、學習是否有效果而已，千萬別因為考試失利就開始懷疑人生。畢竟考試只是人生的過程之一，真正人生的意義，是由層層不斷的嘗試累積經驗所堆砌。

本書參考資料

1. 王澤鑑：民法總則、民法概要。
2. 施啟揚：民法總則。
3. 陳聰富：民法總則、民法概要。
4. 高點出版：月旦法學教室。
5. 謝在全：民法物權論。
6. 三戴合著：親屬法。
7. 林秀雅：親屬法講義、繼承法講義。
8. 邱聯恭：口述講義(一)、(二)、(三)。
9. 姜世明：民事訴訟法、強制執行法。
10. 林鈺雄：新刑法總則。
11. 黃榮堅：基礎刑法學(上)、(下)。
12. 金融研訓院：債群委外催收法規及實務。

第一篇　催收基礎法規介紹

第1章　民法

章前導讀

- 本章之學習重點著重於行為能力、消滅時效、債之標的、效力、消滅、抵押權、法定財產制、應繼分計算。
- 特別注意 108 年 6 月 19 日修正公布之民法第 14 條聲請人之增設。
- 中華民國 110 年 1 月 20 日總統華總一義字第 11000004851 號令修正公布第 205 條條文；並自公布後六個月施行中華民國 110 年 1 月 20 日總統華總一義字第 11000004151 號令修正公布第 1030-1 條條文；並自公布日施行。
- 中華民國 110 年 1 月 13 日總統華總一義字第 11000001891 號令修正公布第 12、13、973、980、1049、1077、1091、1127、1128 條條文；刪除第 981、990 條條文；並自 112 年 1 月 1 日施行。

重點 1　民法總則　　　　　重要度 ★★★

一、自然人

(一) **權利能力**：

1. **意義**：係指法律上能夠**享受權利**並負擔義務的能力，享有權利能力者，即為權利主體其中包括自然人和法人，得為私法上權利義務關係之主體。

2. **始期與終期**：

   (1)自然人：人之權利能力**始於出生，終於死亡**（民6）。即從脫離母體開始，並終止於停止呼吸的那一刻。

   (2)法人：始於向主管機關登記而成立，終於解散並辦理清算終結登記後，其法人人格始歸於消滅。

(二) **監護宣告與輔助宣告**：立法者為保護自然人雖已達行為能力的年齡，但實際上卻有精神障礙或心智缺陷而對自己或他人的行為不具辨識意思表示效果之能力，而設立監護宣告與輔助宣告制度（整理如下表）：

	監護宣告	輔助宣告
聲請原因	因精神障礙或心智缺陷致不能為意思表示或受意思表示，或不能辨識其意思表示之效果。（民14 I）	法院對於監護之聲請，認未達監護宣告之程度。（民14 III）
		受監護原因消滅，而仍有輔助之必要，得因聲請**變更**為輔助宣告。（民14 IV）
	受輔助宣告之人，有受監護之必要者，得依聲請**變更**為監護宣告。（民15-1 III）	因精神障礙或其他心智缺陷，致其為意思表示或受意思表示，或辨識其意思表示效果之能力，顯有不足者（民15-1 I）
聲請人	本人、配偶、四親等內之親屬、最近一年有同居事實之其他親屬、**輔助人**、**意定監護受任人**、檢察官、主管機關、社會福利機構或**其他利害關係人**向法院聲請（民14 I）	本人、配偶、四親等內之親屬、最近一年有同居事實之其他親屬、檢察官、主管機關或社會福利機構向法院聲請（民15-1 I）
撤銷	受監護之原因消滅時，法院應依前項聲請權人之聲請，撤銷其宣告。（民14 II）	受輔助之原因消滅時，法院應依前項聲請權人之聲請，撤銷其宣告。（民15-1 II）
行為能力	受監護宣告之人，**無行為能力**。（民15）	受輔助宣告之人為下列行為時，應經輔助人同意。但**純獲法律上利益**，或**依其年齡及身分、日常生活所必需者**，不在此限： 1. 為獨資、合夥營業或為法人之負責人。 2. 為消費借貸、消費寄託、保證、贈與或信託。 3. 為訴訟行為。

	監護宣告	輔助宣告
行為能力	受監護宣告之人，無行為能力。（民15）	4. **為和解、調解、調處或簽訂仲裁契約。** 5. 為不動產、船舶、航空器、汽車或其他重要財產之處分、**設定負擔、買賣、租賃或借貸。**
行為能力	受監護宣告之人，**無行為能力**。（民15）	6. 為遺產分割、遺贈、拋棄繼承權或其他相關權利。 7. 法院依前聲請權人或輔助人之聲請，所指定之其他行為。 七十八至八十三規定，於未依前項規定得輔助人同意之情形，準用之。 八十五規定，於輔助人同意受輔助宣告之人為一項一款行為時，準用之。 第一項所列應經同意之行為，無損害受輔助宣告之人利益之虞，而輔助人仍不為同意時，受輔助宣告之人得**逕行聲請法院許可後為之**。（民15-2）

牛刀小試

(　　) **1** 下列何者為無權利能力人？　(A)植物人　(B)受監護宣告人　(C)死者　(D)畸形兒。

(　　) **2** 民法上可享受權利、負擔義務之資格稱為？　(A)行為能力　(B)意思能力　(C)識別能力　(D)權利能力。

解答與解析

1 (C)。民法上之權利能力，始於出生，終於死亡（民6）。

2 (D)。權利能力係指法律上能夠享受權利並負擔義務的能力。

二、法律行為

法律行為係指以**意思表示**為要素，並基於意思表示而發生私法上權利義務變動效果之法律事實。法律行為依所由成立之意思表示數量區分得分為：

種類	意義	舉例
單獨行為	由一方當事人之意思表示構成之法律行為	權利之拋棄。應注意者，單獨行為亦可能有相對人，如**撤銷權**之行使。
契約行為	由雙方當事人內容相同、方向相反之意思表示合致而構成之法律行為	買賣契約（債權契約）、所有權移轉契約（物權契約）、結婚（身分契約）等。
合同行為	由多數當事人內容相同、方向亦相同之意思表示合致而構成之法律行為	社團法人總會之決議（民52）。

(一) **通則**：所有法律行為都須遵守的共同原則：

態樣	效力
違反**強制或禁止規定**（民71）	原則無效，例外規定不以之為無效者，有效。
違反**公共秩序或善良風俗**（民72）	原則無效。
不依法定方式（民73）	原則無效，例外於法律另有規定時有效。
乘他人之急迫、輕率或無經驗，使其為財產上之給付或為給付之約定，依當時情形顯失公平者（民74）	法院得因**利害關係人**之聲請，於法律行為後一年內，撤銷其法律行為或減輕其給付。

──────── 知識加油站 ────────

1. 撤銷乃指法律行為之作成有瑕疵，而立法者賦予其撤銷之權；**未為撤銷前，法律行為有效**；撤銷後，則使已發生效力之法律行為溯及既往歸於消滅。
2. 「強制規定」係針對某特定法律事實，強制規範當事人間之權利義務，不許當事人任意變更其內容之法規。禁止規定則係指禁止當事人為特定行為之法規。例如賭博是法律所不允許的，是一件違反禁止規定的行為，該行為所生的債權債務關係，不能行使請求權。

3. 「公共秩序」係指國家及社會的共同要求；「善良風俗」則是國民的一般倫理道德觀念。例如子女在父母健在的時候，預立瓜分財產的契約，此契約違反善良風俗即無效。

4. 本處之利害關係人係指法律行為當事人、繼承人或債權人。

(二) **行為能力**：行為能力係指得獨立以**意思表示**，使其發生法律上效果之資格或地位，也就是能為有效法律行為之能力。以當事人具有對事物正常的「識別」及「預見」其行為可能發生如何效果之能力為前提。

　　然而個別行為人是否具有上述之意思能力，於個案中並無法一一審查，故在立法上多採類型化之行為能力制度，區別行為能力之有無及範圍，原則先以**年齡**為基礎，區分為下列種類。

1. **完全行為能力人**：

年滿18歲為成年（民12），成年且未受監護宣告為完全行為能力人。

2. **限制行為能力人**：七歲以上之未成年人（民13 II）。

(1)意思表示：限制行為能力人為意思表示及受意思表示，應得法定代理人之允許。但**純獲法律上利益**，或依其年齡及身分、日常生活所必需者，不在此限（民77）。

　　例 國中生去購買文具，符合他的身分及年齡日常生活所必需，不用事前經過法定代理人允許。

(2)**單獨行為**效力：未得法定代理人之允許，無效（民78）。

　　例 國中生說他要拋棄東西，你可別著急去撿起來，因為他的拋棄如果沒有經法定代理人允許，是無效的，即使丟到垃圾桶了，東西也還是他的。

(3)訂立契約之效力：未得法定代理人之允許，所訂立之契約，須經法定代理人之**承認，始生效力**（民79）。

　　例 青少年想要買機車，在未詢問過法定代理人的允許下，自己向車行老闆表示願意購買，此時購買機車的契約即陷入效力未定，須由少年之法定代理人拒絕（此時契約即失效）或承認（此時契約則有效）。

(4)強制有效行為：**使用詐術**使人信其為有行為能力人或已得法定代理人之允許者，其法律行為為有效（民83）。

例 限制行為能力人使用詐術使車行老闆認為自己已經成年具有完全行為能力，或是欺騙車行老闆其已經獲得法定代理人之允許，此時契約有效，毋庸等法代承認。

(5)特定財產處分之允許：法定代理人允許限制行為能力人處分之有**處分之能力**（民84）。

(6)獨立營業之允許：法定代理人允許限制行為能力人獨立營業者，限制行為能力人，關於其營業，有行為能力（民85Ⅰ）。

限制行為能力人，就其營業有不勝任之情形時，法定代理人得將其允許撤銷或限制之。但不得對抗善意第三人（民85Ⅱ）。

────────────── 知識加油站 ──────────────

1.意思表示係指將企圖發生一定私法上效果之意思，表示於外部之行為。

2.純獲法律上利益係指單純取得利益、免除義務之行為。

3.單獨行為係指**以當事人一方之意思表示即可有效成立，並發生法律效果之法律行為**。

4.承認之作用在於**補充**限制行為能力人所為法律行為之效力，屬於法定代理人之補充權。

5.詐術係指以欺罔他人之方法，使他人**陷於錯誤、加深錯誤或保持錯誤**，而積極地**虛構事實、變更事實或隱匿事實**之手段，詐術須以積極的手段為之。

6.處分能力係指得為有效處分行為之法律上地位，即法律上得就該權利為有效處分之權能。

────────────────────────────────────

3. **無行為能力人**：七歲以下之未成年人（民13Ⅰ）。

4. **然以年齡為區分標準，易流於僵硬，故民法另設下列制度以資緩和**：

(1)成年監護宣告與輔助宣告。

(2)非無行為能力人，其意思表示在無意識或精神錯亂中為者，無效。

例 酒醉、夢遊等無法辨識行為可能發生如何效果之狀態。

(3)身分行為另設特別規定。

(三) **代理**：

1. **意義**：依代理人之獨立行為，而**使本人（即被代理人）直接取得其行為之法律效果**的制度，申言之，代理係代理人於代理權限內，以本人名義

向第三人為表示，或自第三人受意思表示，而直接對本人發生效力。因效果直接對本人發生，故**代理人不以有「行為能力」為必要**。

2. **要件及效力**：代理人於代理權限內，以本人名義所為之意思表示，直接對本人發生效力（民103 Ⅰ）。

   前項規定，於應向本人為意思表示，而向其代理人為之者，準用之（民103 Ⅱ）。

3. **代理人之能力**：代理人所為或所受意思表示之效力，不因其為限制行為能力人而受影響（民104）。

4. **代理行為之瑕疵**：代理人之意思表示，因其意思欠缺、被詐欺、被脅迫，或明知或可得而知其事情，致其效力受影響時，其事實之有無，應**就代理人決之**。但代理人之代理權係**以法律行為授與者**，其意思表示，如依照本人所指示之意思而為時，其事實之有無，**應就本人決之**（民105）。

5. **自己代理與雙方代理之禁止**：代理人非經本人之**許諾**，不得為本人與自己之法律行為，亦不得既為第三人之代理人，而為本人與第三人之法律行為。但其法律行為，係**專**履行債務者，不在此限（民106）。

6. **代理權之限制與撤回**：代理權之**限制及撤回**，不得以之對抗**善意第三人**。但第三人因過失而不知其事實者，不在此限（民107）。

7. **代理權之消滅與撤回**：代理權之**消滅**，依其所由授與之法律關係定之（民108 Ⅰ）。

   代理權，得於其所由授與之法律關係存續中**撤回**之。但依該法律關係之性質不得撤回者，不在此限（民108 Ⅱ）。

8. **授權書交還義務**：代理權消滅或撤回時，代理人須將授權書交還於授權者，不得留置（民109）。

9. **無權代理人之責任**：無代理權人，以他人之代理人名義所為之法律行為，對於**善意之相對人**，負損害賠償之責（民110）。

◇━━━━━━━━━━━ 知識加油站 ━━━━━━━━━━━◇

1. 「意思欠缺」係指行為人客觀上所表示者，與內心所意欲者，並未相合致之情形。代理權之授與係**單獨行為**，因此無行為能力人或限制行為能力是不能做代理權授與的。

2. 「自己代理」係指代理人為本人與與代理人自己為法律行為之情形。而雙方代理則係指代理人兼以第三人之代理人身分，為本人與第三人間法律關係的情形。此兩種代理之禁止其目的在與避免利益衝突，防範代理人厚己薄人，失其公正立場。

3. 「代理權之限制」係指代理人一般應有或已有之代理權限，依法律規定或本人之意思表示加以限制，使其一部消滅。

4. 撤回指對於**尚未生效法律效力**的行為，防止其效力發生所為之意思表示。

5. 「代理權之消滅」係指代理關係終了而言。

6. 無權代理之要件：
   (1)須有法律行為。　　(2)須以本人名義。　　(3)須欠缺代理權。

7. 善意相對人指相對人對於無權代理人所為之法律行為，係未經本人授予代理權之事實未加以認知的情形。

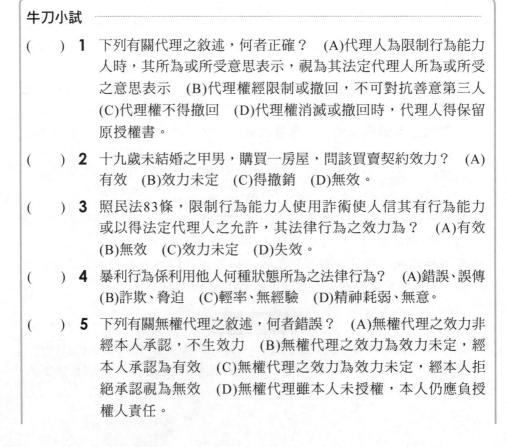

牛刀小試

(　) **1** 下列有關代理之敘述，何者正確？　(A)代理人為限制行為能力人時，其所為或所受意思表示，視為其法定代理人所為或所受之意思表示　(B)代理權經限制或撤回，不可對抗善意第三人　(C)代理權不得撤回　(D)代理權消滅或撤回時，代理人得保留原授權書。

(　) **2** 十九歲未結婚之甲男，購買一房屋，問該買賣契約效力？　(A)有效　(B)效力未定　(C)得撤銷　(D)無效。

(　) **3** 照民法83條，限制行為能力人使用詐術使人信其有行為能力或以得法定代理人之允許，其法律行為之效力為？　(A)有效　(B)無效　(C)效力未定　(D)失效。

(　) **4** 暴利行為係利用他人何種狀態所為之法律行為？　(A)錯誤、誤傳　(B)詐欺、脅迫　(C)輕率、無經驗　(D)精神耗弱、無意。

(　) **5** 下列有關無權代理之敘述，何者錯誤？　(A)無權代理之效力非經本人承認，不生效力　(B)無權代理之效力為效力未定，經本人承認為有效　(C)無權代理之效力為效力未定，經本人拒絕承認視為無效　(D)無權代理雖本人未授權，本人仍應負授權人責任。

( ) **6** 下列關於民法上行為能力之敘述，何者正確？ (A)滿20歲即為成年 (B)滿6歲開始有權利能力 (C)限制行為能力人未經過法定代理人允許之行為一律無效 (D)無行為能力人由法定代理人代為或代受意思表示。

解答與解析

1 (B)。選項A代理人為限制行為能力人時，其所為或所受意思表示，效果直接歸屬於被代理人，與法定代理人無關。
選項C代理權得撤回，但不得對抗非因過失而不知其事實之善意第三人。

2 (A)。民法18歲為成年（民12）為完全行為能力人，其所為之法律行為有效。

3 (A)。

4 (C)。法律行為，係乘他人之急迫、輕率或無經驗，使其為財產上之給付或為給付之約定，依當時情形顯失公平者，法院得因利害關係人之聲請，撤銷其法律行為或減輕其給付（民74Ⅰ）。

5 (D)。選項D本人無須付授權人責任。

6 (D)。選項A民法18歲為成年，選項B權利能力始於出生，終於死亡，選項C限制行為能力人未經法代允許之行為，尚須區別性質、種類而異其效果（民77~79）。

三、消滅時效

所謂消滅時效係以**請求權**作為消滅時效制度之客體，指**因一定期間不行使權利，致使請求權之效力減損**的法律之制度。

「請求權」係指權利人得請求義務人為一定行為或不作為之權利，至於權利人是否有請求權者，端視其有無請求權基礎，即足以支援某項特定請求權之法律規範而言。

(一) **時效**：

1. **一般時效**：請求權，因**十五年**間不行使而消滅。但法律所定期間較短者，依其規定（民法125）。

2. **短期時效**：法律上規定短期時效之原因，係因該債權容易積累，而其受領證據亦不易保存，故規定較短之期間。

(1)**五年**時效（民126）：利息、紅利、租金、贍養費、退職金及其他一年或不及一年之定期給付債權，其各期給付請求權，因五年間不行使而消滅。

(2)**兩年**短期時效（民127）：左列各款請求權，因二年間不行使而消滅：

A.旅店、飲食店及娛樂場之住宿費、飲食費、座費、消費物之代價及其墊款。

B.運送費及運送人所墊之款。

C.以租賃動產為營業者之租價。

D.醫生、藥師、看護生之診費、藥費、報酬及其墊款。

E.律師、會計師、公證人之報酬及其墊款。

F.律師、會計師、公證人所收當事人物件之交還。

G.技師、承攬人之報酬及其墊款。

H.商人、製造人、手工業人所供給之商品及產物之代價。

(二) **時效之起算、中斷與效力**：

1. **消滅時效之起算（民128）**：消滅時效，自請求權可行使時起算。以不行為為目的之請求權，自為行為時起算。

「**自請求權可行使時起算**」，係指權利人得行使請求權之狀態，義務人實際上是否能為給付，則非所問。

2. **消滅時效之中斷（民129~131）**：

(1)中斷之事由（民129）：

A.消滅時效，因下列事由而中斷：

　　a.請求。　　b.承認。　　　c.起訴。

B.下列事項，與起訴有同一效力：

　　a.依督促程序，聲請發支付命令。

　　b.聲請調解或提付仲裁。

　　c.申報和解債權或破產債權。

　　d.告知訴訟。

　　e.開始執行行為或聲請強制執行。

C.不續行起訴視為不中斷（民130）時效因請求而中斷者，若於請求後六個月內不起訴，視為不中斷。

D.因訴之撤回或駁回視為不中斷（民131）時效因起訴而中斷者，若撤回其訴，或因不合法而受駁回之裁判，其裁判確定，視為不中斷。

3. **時效消滅之效力**：

(1)時之效力（民137）：

A.時效中斷者，自**中斷之事由**終止時，重行起算。

B.因起訴而中斷之時效，自**受確定判決，或因其他方法訴訟終結時**，重行起算。

C.**經確定判決或其他與確定判決有同一效力之執行名義所確定之請求權**，其原有消滅時效期間不滿五年者，因中斷而重行起算之時效期間為五年。

> **小叮嚀**
>
> 1. 「時效中斷」係指於時效進行中，有與時效基礎相反之事時發生，使已經進行之期間全歸於無效。
> 2. 「請求權之行使」以債權人對債務人發表請求履行債務之意思已足。
> 3. 「承認」乃義務人對權利人承認其債權之存在，因義務人一方之行行為即可成立。

(2)人之效力（民138）：時效中斷，以當事人、繼承人、受讓人之間為限，始有效力。

(3)時效完成之效力－抗辯權（民144）：

A.時效完成後，債務人**得拒絕給付**。

B.請求權已經時效消滅，債務人仍為履行之給付者，**不得以不知時效為理由，請求返還**；其以契約承認該債務或提出擔保者亦同。

(4)附有擔保物權之請求權時效完成之效力（民145）：

A.以抵押權、質權或留置權擔保之請求權，雖經時效消滅，債權人仍得就其抵押物、質物或留置物取償。

B.前項規定，於利息及其他定期給付之各期給付請求權，經時效消滅者，不適用之。

> **小叮嚀**
>
> 因時效制度係為社會公益所設，非在保護私人權益，當若允許當事人預先拋棄時效利益，無異排斥時效制度之適用。當事人如有預先拋棄之預約，其約定不生效力。

(5)主權利時效完成效力所及範圍（民146）：主權利因時效消滅者，其效力及於從權利。但法律有特別規定者，不在此限。

(6)伸縮時效期間及拋棄時效利益之禁止（民147）：時效期間，不得以法律行為加長或減短之，並**不得預先拋棄時效利益**。

牛刀小試

( ) **1** 下列何者非時效中斷之事由？ (A)婚姻關係消滅 (B)承認 (C)請求 (D)起訴。

( ) **2** 時效因請求而中斷者，於請求後幾個月內不起訴，視為時效不中斷？ (A)1個月 (B)3個月 (C)6個月 (D)9個月。

( ) **3** 消滅時效完成後法生何種效力？ (A)權利歸於消滅 (B)債務人得拒絕給付 (C)債務人不知時效已消滅仍為給付者，得請求返還 (D)債務人給付者，構成債權人之不當得利。

( ) **4** 贍養費之時效，於幾年不行使而消滅？ (A)二年 (B)五年 (C)十年 (D)十二年。

( ) **5** 民法上一般消滅時效期間為？ (A)10年 (B)2年 (C)15年 (D)20年。

解答與解析

1 (A)。消滅時效，因下列事由而中斷：1.請求；2.承認；3.起訴（民129）。

2 (C)。時效因請求而中斷者，若於請求後六個月內不起訴，視為不中斷（民130）。

3 (B)。時效完成之效力係生抗辯權（民144）。

4 (C)。利息、紅利、租金、贍養費、退職金及其他一年或不及一年之定期給付債權，其各期給付請求權，因五年間不行使而消滅（民126）。

5 (C)。請求權因十五年間不行使而消滅。法律所定期間較短者，依其規定（民125）。

四、權利之行使

(一) 界線：

　1.權利之行使，不得違反公共利益，或以損害他人為主要目的（民148Ⅰ）。

　2.行使權利，履行義務，應依誠實及信用方法（民148Ⅱ）。

(二) **自助行為：**

1. **權利**：為保護自己權利，對於他人之**自由或財產**施以拘束、押收或毀損者，不負損害賠償之責。但**以不及受法院或其他有關機關援助**，並非於其時為之，則請求權不得實行或其實行顯有困難者為限（民151）。

2. **義務與責任：**

   (1)依前條之規定，拘束他人自由或押收他人財產者，應即時向法院聲請處理（民152 Ⅰ）。

   (2)前項聲請被駁回或其聲請遲延者，行為人應負損害賠償之責（民152 Ⅱ）。

牛刀小試

( )民法規定關於權利的行使之限制，不得以損害他人為目的，以下何種情況適用之？ (A)以暴力向債務人討債 (B)以棍棒毆打鄰居的小狗 (C)故意在後院搭高牆以阻斷隔壁咖啡館的景觀 (D)開車衝撞仇人。

解答與解析

(C)。選項C雖其目的是為阻斷咖啡廳景觀，但其手段並非對他人之自由或財產施加拘束，僅係對自己後院所為之行為，故符合權利行使之規範，咖啡廳所得獲取之景觀係附加利益。

重點 2　債法總論　　重要度 ★★★★

一、債之發生

(一) **契約：**

1. **要件**：當事人互相表示意思一致者，無論其為明示或默示，契約即為成立（民153 Ⅰ）。

2. **必要之點**：當事人對於必要之點，意思一致，而對於非必要之點，未經表示意思者，**推定**其契約為成立，關於該**非必要之點**，當事人意思不一致時，法院應依其事件之性質定之（民153 Ⅱ）。

3. **要約**：
　(1)意義：以訂立契約為目的之意思表示，**內容須確定或可得確定**，因相對人之承諾使契約成立。（要約得向特定人或不特定人為之）

　　　例　自動販賣機即向不特定人為要約。

　(2)要約之拘束力：契約之要約人，因要約而受拘束。但要約當時預先聲明不受拘束，或依其情形或事件之性質，可認當事人無受其拘束之意思者，不在此限（民154 I ）。

　(3)貨物標定賣價陳列者，視為要約。但**價目表之寄送**不視為要約（民154 II ）。

───────────── 知識加油站 ─────────────

1.契約之內容區分為：
　(1)要素：契約成立所不可或缺之要件。
　(2)常素：通常為構成契約之內容，惟除去該內容，契約仍可成立之事項。
　(3)偶素：雖非構成契約之內容，但因當事人特以意思表示將其附加於契約內容之要素。
2.必要之點係指契約之要素，經意思表示為常素（即是否排除）及偶素之點。
3.非必要之點：必要之點以外之事項，為未經意思表示之契約內容。
4.推定：謂由一法律事實可推知其他法律事實，惟於法律有規定時始有推定之效果，此推定**得提出反證推翻法律所推知的事實**。
5.價目表之寄送在民法上係屬要約之引誘，即喚起相對人對自己要約之意思通知，目的僅在引起相對人向自己要約，要約引誘本身不生法律上效果。

(二) **不當得利**：
　1. **規範目的**：主要在處理財產價值不正當移動，於物權行為無因性理論下，調整債、物權行為間效力不一致所產生的不公平結果。
　2. **效力**：無法律上之原因而受利益，致他人受損害者，應返還其利益。**雖有法律上之原因，而其後已不存在者**，亦同（民179）。
　3. **不得請求返還者**（民180）：
　　(1)給付係履行道德上之義務者。
　　(2)債務人於未到期之債務因清償而為給付者（期前清償）。

(3)因清償債務而為給付，於給付時明知無給付之義務者。

(4)因不法之原因而為給付者。但不法之原因僅於受領人一方存在時，不在此限。

4. **返還標的物**：不當得利之受領人，除返還其所受之利益外，如**本於該利益更有所取得**者，並應返還。但依其利益之性質或其他情形不能返還者，**應償還其價額**（民181）。

5. **返還範圍**：不當得利之受領人，不知無法律上之原因，而**其所受之利益已不存在者，免負返還或償還價額之責任**（民182 I）。

受領人於受領時，知無法律上之原因或其後知無法律上原因者，應將受領時所得之利益，或知無法律上之原因時所現存之利益，附加利息，一併償還；如有損害，並應賠償（民182 II）。

6. **第三人返還責任**：不當得利之受領人，以其所受領者，**無償讓與**第三人，而**受領人因此免返還義務者，第三人於不當得利之受領人所免返還義務之限度內，負返還責任**（民183）。

───────○ 知識加油站 ○───────

1. 雖有法律上之原因，而其後已不存在者謂依法律行為受領給付，而後因法律行為附解除條件或終期或契約經解除者。

2. 本於利益更有所取得包含天然孳息（如果實、動物之產物及其他依物之用法所獲得之出產物）、法定孳息（如利息、租金及其他因法律關係所得之收益）以及不當利益之代償物。

3. 償還其價額係在原物或利益不能返還時，以金錢代替該原物或利益之價值而償還。

4. 無償謂當事人一方為給付，但不因而取得他方之對價給付；無償讓與則是指未取得任何之對價而將權利或利益讓與他人。

───────────────────────────

(三) **侵權行為**：

1. **種類與責任**：

(1)一般侵權行為責任：**因故意或過失**，不法侵害他人之權利者，負損害賠償責任。故意以背於**善良風俗**之方法，加損害於他人者亦同（民184 I）。

違反保護他人之法律，致生損害於他人者，負賠償責任。但能證明其行為無過失者，不在此限（民184 II）。

知識加油站

1. 故意係指行為人對於構成犯罪之事實，明知並有意使其發生者，而對於構成犯罪之事實，預見其發生，而其發生不違背本意者，以故意論（刑13）；過失則係行為人雖非故意，但按其情節應注意能注意而不注意者，而行為人對於構成犯罪之事實，雖預見期發生而確信其不發生者，以過失論（刑14）。
2. 保護他人之法律是指一般防止危害權益，或禁止侵害他人權益之法律。舉凡直接或間接以保護個人權益為目的者，均屬之。

---

(2)特殊侵權行為責任：

　　A.共同侵權責任：**數人**共同不法侵害他人之權利者，連帶負損害賠償責任。不能知其中孰為加害人者亦同（民185 I）。

　　　造**意人**及幫助人，視為共同行為人（民185 II）。

　　B.公務員侵權責任：公務員因故意違背對於第三人應執行之職務，致第三人受損害者，負賠償責任。其因過失者，以被害人不能依他項方法受賠償時為限，負其責任（民186 I）。

　　　前項情形，如被害人得依法律上之救濟方法，除去其損害，而因故意或過失不為之者，公務員不負賠償責任（民186 II）。

　　C.法定代理人責任：無行為能力人或限制行為能力人，不法侵害他人之權利者，以行為時**有識別能力**為限，與其法定代理人**連帶**負損害賠償責任。行為時無識別能力者，由其法定代理人負損害賠償責任（民187 I）。

　　　前項情形，法定代理人如其監督並未疏**懈**，或縱加以相當之監督，而仍不免發生損害者，不負賠償責任（民187 II）。

　　　如不能依前二項規定受損害賠償時，法院因被害人之聲請，得斟酌行為人及其法定代理人與被害人之經濟狀況，令行為人或其法定代理人為全部或一部之損害賠償（民187 III）。

小叮嚀

1. 此數人不以親自實施加害為必要，利用他人之行為亦屬之。
2. 造意人係對於本無加害他人意思之人，勸誘其為加害行為，致其為加害他人之行為。
3. 識別能力係指認識其行為在法律上評價上應負責任之能力，且係依個案判斷，與行為能力的判斷不同。

前項規定，於其他之人，在無意識或精神錯亂中所為之行為致第三人受損害時，準用之（民187Ⅳ）。

D.僱用人責任：受僱人因**執行職務**，不法侵害他人之權利者，由僱用人與行為人**連帶**負損害賠償責任。但選任受僱人及監督其職務之執行，已盡相當之注意或縱加以相當之注意而仍不免發生損害者，僱用人不負賠償責任（民188Ⅰ）。

如被害人依前項但書之規定，不能受損害賠償時，法院因其聲請，得斟酌僱用人與被害人之經濟狀況，令僱用人為全部或一部之損害賠償（民188Ⅱ）。

僱用人賠償損害時，對於為侵權行為之受僱人，有求償權（民188Ⅲ）。

> **小叮嚀**
> 1. 執行職務實務上只要受僱人之行為在客觀上足認與執行職務有關即可。
> 2. 受僱人係以事實上之僱傭關係為標準，凡客觀上被他人使用為之服勞役而受監督者均屬之。

E.定作人責任：承攬人因執行承攬事項，不法侵害他人之權利者，定作人不負損害賠償責任。但定作人於定作或指示有過失者，不在此限（民189）。

F.動物占有人責任：動物加損害於他人者，由其**占有人**負損害賠償責任。但依動物之種類及性質**已為相當注意之管束，或縱為相當注意之管束而仍不免發生損害者**，不在此限（民190Ⅰ）。

動物係由第三人或他動物之**挑動**，致加損害於他人者，其**占有人**對於該第三人或該他動物之占有人，有求償權（民190Ⅱ）

G.**工作物**所有人責任：土地上之建築物或其他工作物所致他人權利之損害，由工作物之所有人負賠償責任。但其對於設置或保管並無欠缺，或損害非因設置或保管有欠缺，或於防止損害之發生，已盡相當之注意者，不在此限（民191Ⅰ）。

前項損害之發生，如別有應負責任之人時，賠償損害之所有人，對於該應負責者，有**求償權**（民191Ⅱ）。

> **小叮嚀**
> 1. 工作物：凡以人工在土地或其定著物上所為之設施皆屬之，本條建築物僅為其例示。
> 2. 求償權：工作物所有人責任目的在保障被害人權益，故工作物所有權人並非必為侵權行為人。

H.商品製造人責任：商品製造人因其商品之通常使用或消費所致他人之損害，負賠償責任。但其對於商品之生產、製造或加工、設計並無欠缺或其損害非因該項欠缺所致或於防止損害之發生，已盡相當之注意者，不在此限（民191-1Ⅰ）。

前項所稱商品製造人，謂商品之生產、製造、加工業者。其在商品上附加標章或其他文字、符號，足以表彰係其自己所生產、製造、加工者，視為商品製造人（民191-1Ⅱ）。

商品之生產、製造或加工、設計，與其說明書或廣告內容不符者，視為有欠缺（民191-1Ⅲ）。

商品輸入業者，應與商品製造人負同一之責任（民191-1Ⅳ）。

I. 動力車輛駕駛人責任：汽車、機車或其他非依軌道行駛之動力車輛，在使用中加損害於他人者，駕駛人應賠償因此所生之損害。但於防止損害之發生，已盡相當之注意者，不在此限（民191-2）。

J. 一般危險責任：經營一定事業或從事其他工作或活動之人，其工作或活動之性質或其使用之工具或方法有生損害於他人之**危險**者，對他人之損害應負賠償責任。但損害非由於其工作或活動或其使用之工具或方法所致，或於防止損害之發生已盡相當之注意者，不在此限（民191-3）。

> **小叮嚀**
>
> 危險的判斷上，應就是否具特別足以生損害他人權益危險性，且此種危險得否因為盡了相當注意義務而避免，綜合判斷之。

2. **侵權行為之法律效果整理如下表：**

侵害種類	損害特性	法條規範
生命權	損害賠償	不法侵害他人致死者，對於支出醫療及增加生活上需要之費用或殯葬費之人，亦應負損害賠償責任（民192Ⅰ）。 被害人對於第三人負有法定扶養義務者，加害人對於該**第三人**亦應負損害賠償責任（民192Ⅱ）。 第一百九十三條第二項之規定，於前項損害賠償適用之（民192Ⅲ）。

侵害種類	損害特性	法條規範
身體 或健康權	損害賠償	不法侵害他人之身體或健康者，對於被害人因此喪失或減少勞動能力或增加生活上之需要時，應負損害賠償責任（民193Ⅰ）。 前項損害賠償，法院得因當事人之聲請，定為支付**定期金**。但須命加害人提出擔保（民193Ⅱ）。
生命權	**非財產上** **之損害賠償**	不法侵害他人致死者，被害人之父、母、子、女及配偶，雖非財產上之損害，亦得請求賠償相當之金額（民194）。
身體、 健康、 名譽或 自由	非財產上 之損害賠償	不法侵害他人之**身體、健康、名譽、自由、信用、隱私、貞操，或不法侵害其他人格法益而情節重大**者，被害人雖**非財產上**之損害，亦得請求賠償相當之金額。其名譽被侵害者，並得請求回復名譽之適當處分（民195Ⅰ）。 前項請求權，**不得讓與或繼承**。但以金額賠償之請求權已依契約承諾，或已起訴者，不在此限（民195Ⅱ）。 前二項規定，於不法侵害他人基於父、母、子、女或配偶關係之身分法益而情節重大者，準用之（民195Ⅲ）。
毀損物	損害賠償 之方法	不法毀損他人之物者，被害人得請求賠償其物因毀損所減少之價額（民196）。
損害賠償請求權之 消滅時效		因侵權行為所生之損害賠償請求權，自請求權人知有損害及賠償義務人時起，**二年間**不行使而消滅，自有侵權行為時起，逾**十年**者亦同（民197Ⅰ）。 損害賠償之義務人，因侵權行為受利益，致被害人受損害者，於前項時效完成後，仍應依關於不當得利之規定，返還其所受之利益於被害人（民197Ⅱ）。
債務履行之拒絕		**因侵權行為對於被害人取得債權者**，被害人對該債權之廢止請求權，雖因時效而消滅，仍**得拒絕履行**（民198）。

─────────────── 知識加油站 ───────────────

1. 此處之第三人,實務上認「現實上已有受撫養權利之人」及「將來可預期受撫養之人」,均屬之,而可請求賠償。

2. 損害賠償之方式,原則上以一次給付為原則,惟法院得依當事人之聲請,以分期給付之方式賠償,即為定期金之概念。

3. 非財產上之損害賠償,通說係指精神上痛苦而言,**其賠償須有法律明文規定者為限。**

4. 名譽權係人在社會上之評價,通常係指其人格在社會生活上所受之尊重;信用權係指經濟生活上之可信賴性,法人亦可以主張;隱私權是個人人格上的利益不受不法僭越或侵害之權利,以保障個人生活私密領域免於他人侵擾;其他人格權係指一般人格權中未經明定為特別人格權之部分,對其他人格權之侵害以情節重大作為要件之一,避免認定浮濫。

5. 侵權行為損害賠償請求權,民法197條第一項設有短期消滅時效。故自知悉時起,兩年內必須行使,否則抗辯權發生(民144),若十年間皆未知悉者,則請求權消滅時效亦完成。

6. 因侵權行為對於被害人取得債權,例如甲因被脅迫而為負擔債務之意思表示者,即為侵權行為之被害人,若該被害人未依民法93條所定期限內,撤銷其負擔債務之意思表示,仍可依民法197條第一項所定之時效未完成前,本於侵權行為損害賠償請求權,請求廢止加害人之債權;或可依民法198條之規定,拒絕履行。

7. 得拒絕履行係指如侵權行為損害賠償請求權,已於民法197條第一項時效完成後,加害人即得拒絕賠償其損害,若此時可以請求被害人履行債務,將對被害人不利,故民198賦予其拒絕履行權。

牛刀小試

( )　**1**　下列有關契約之要約敘述,何者錯誤?　(A)契約之要約人因要約而受拘束　(B)價目表之寄送得視為要約　(C)要約經拒絕者,失其效力　(D)對話為要約者非立時承諾,失其拘束力。

( )　**2**　關於民法中一般契約之成立,下列敘述何者正確?　(A)以當事人明示為必要條件　(B)一定要以書面為之　(C)只要當事人互相為意思表示一致,不論明示或默示,均可以成立契約　(D)對方非必要之點,意思表示不一致,不影響契約成立。

( ) **3** 不當得利之受領人不知無法律上原因，然其所受之利益已不存在者，則；
(A)免負返還或償還價額之責
(B)應負二分之一返還或償還價額之責
(C)應負全部返還或償還價額之責，但不負其他損害之賠償責任
(D)應負全部返還或償還價額之責，如有損害並應賠償。

( ) **4** 下列有關不當得利之敘述何者錯誤？　(A)給付係履行道德義務者，不得以不當得利請求返還　(B)未到期之債務，提前清償者，得以不當得利請求返還　(C)因清償債務於給付時明知無給付義務者，不得以不當得利請求返還　(D)因賠償而為給付者，不得以不當得利請求返還。

( ) **5** 依民法184條規定，因故意或過失，不法侵害他人之權利者，負損害賠償責任，稱為？　(A)無因管理　(B)不當得利　(C)侵權行為　(D)無權代理。

解答與解析 ....

1 (B)。 貨物標定賣價陳列者，視為要約。但價目表之寄送不視為要約（民154 II）。

2 (C)。 選項A、C契約之成立當事人得以明示或默示表示；選項B契約非法定要式，故非必以書面為之，當事人間意思表示相互一致時，契約即為成立。選項D關於該非必要之點，當事人意思不一致時，法院應依其事件之性質定之（民153）。

3 (A)。 不當得利之受領人，不知無法律上之原因，而其所受之利益已不存在者，免負返還或償還價額之責任（民182 I）。

4 (B)。 給付，有左列情形之一者，不得請求返還：
1.給付係履行道德上之義務者。
2.債務人於未到期之債務因清償而為給付者。
3.因清償債務而為給付，於給付時明知無給付之義務者。
4.因不法之原因而為給付者。但不法之原因僅於受領人一方存在時，不在此限。（民180）。

5 (C)。

二、 債之標的

(一) **債權人之權利、給付範圍**：債權人基於**債之關係**，得向債務人請求給付（民199 I ）。

　　給付，不以有財產價格者為限（民199 II ）。

　　不作為亦得為給付（民199 III ）。

(二) **法定利率**：應付利息之債務，其利率未經約定，亦無法律可據者，**週年利率**為百分之五（民203）。

(三) **債務人之期前清償權**：約定利率逾週年百分之十二者，經一年後，債務人得隨時清償原本。但須於一個月前預告債權人（民204 I ）。

　　前項清償之權利，不得以契約除去或限制之（民204 II ）。

(四) **最高利率之限制（強行規定）**：約定利率，超過週年百分之十六者無效（民205）。

(五) **巧取利益之禁止（禁止規定）**：債權人除前條限定之利息外，不得以折扣或其他方法，巧取利益（民206）。

(六) **複利**：利息不得滾入原本再生利息。但當事人以書面約定，利息遲付逾一年後，經催告而不償還時，債權人得將遲付之利息滾入原本者，依其約定（民207 I ）。

　　前項規定，如商業上另有習慣者，不適用之（民207 II ）。

知識加油站

1. 債之關係係指債權人得請求債務人為給付之法律關係，可區分為下列三者：
   (1) **主給付義務**：債之關係的主要內容，同時為定性債之關係的主要依據。例如買賣契約中的買賣標的物與價金之給付。
   (2) **從給付義務**：輔助主給付義務，使契約目的之給付利益（履行利益）極大化而圓滿之給付義務。例如受任人之報告義務。
   (3) **附隨義務**：基於誠信原則而生，債之關係中任何給付義務以外當事人對於相對人應盡之義務，涉及完整利益者。例如保護、照顧、保密、告知義務等。
2. 給付：即債之標的，亦即債務人之行為。
3. 作為、不作為：給付可分為積極給付與消極給付，前者如因委任而提供勞務；後者如約定債務人午夜不得彈鋼琴。

4.利息之債，係以給付利息為債之標的。利息有依下列方式而生：

　(1)當事人之法律行為，稱之為約定利息

　(2)法律規定，稱之法定利息。現有兩種：

　　A.週年利率百分之五（民203）。　　　　B.年利率六釐（票據法28）。

5.週年利率：利息係指不使用原本之代價，即因不使用**原本**，比例原本數額，按其存續期間而依一定比率計算，以金錢或其他代替物為給付之一種法定孳息，此時以一週年為其存續期間為基礎而計算，即為週年利率。

　＊原本：利息所依據而生之原本之債。

6.期前清償：約定利息之債有其憑藉計算之存續期間，如於清償期前清償，即為期前清償。

7.複利係重複計算各期利息，將利息滾入原本再生利息之計算方式。

牛刀小試

(　) **1** 依民法有關利息之規定，下列敘述何者正確？ (A)延遲之債務，對於利息，需支付延遲利息 (B)約定利率逾週年百分之十二者，債務人得隨時清償 (C)約定利率超過週年百分之二十者，債權人於超過之部分，無請求權 (D)利率未經約定，亦無法律可據者，週年利率為百分之六。

(　) **2** 依民法之規定，債務人所提出之給付，其清償順序為何？ (A)先抵充本金，次抵充利息，次抵充費用 (B)先抵充利息，次抵充本金，次抵充費用 (C)先抵充費用，次抵充利息，次抵充本金 (D)先抵充利息，次抵充費用，次抵充本金。

解答與解析

1 (C)。選項(A)遲延之債務，以支付金錢為標的者，債權人得請求依法定利率計算之遲延利息。但約定利率較高者，仍從其約定利率（民233Ⅰ）。

選項(B)約定利率逾週年百分之十二者，經一年後，債務人得隨時清償原本。但須於一個月前預告債權人（民204Ⅰ）。

選項(C)約定利率，超過週年百分之十六者，無效（民205）。

選項(D)應付利息之債務,其利率未經約定,亦無法律可據者,週年利率為百分之五(民203)。

2 (C)。

三、 債之效力

(一) 遲延:

1. **給付遲延**:給付有**確定期限**者,債務人自期限屆滿時起,負遲延責任(民229Ⅰ)。

給付**無確定期限**者,債務人於債權人得請求給付時,經其催告而未為給付,自受**催告**時起,負遲延責任。其經債權人起訴而送達訴狀,或依督促程序送達支付命令,或為其他相類之行為者,與催告有同一之效力(民229Ⅱ)。

前項催告定有期限者,債務人自期限屆滿時起負遲延責任(民229Ⅲ)。

2. **遲延賠償(非常事變責任)**:債務人遲延者,債權人得請求其賠償因遲延而生之損害(民231Ⅰ)。

前項債務人,在遲延中,對於因不可抗力而生之損害,亦應負責。但債務人證明縱不遲延給付,而仍不免發生損害者,不在此限(民231Ⅱ)。

3. **遲延利息與其他損害之賠償**:遲延之債務,以支付金錢為標的者,債權人得請求依法定利率計算之遲延利息。但約定利率較高者,仍從其約定利率(民233Ⅰ)。

對於利息,無須支付遲延利息(民233Ⅱ)。

前二項情形,債權人證明有其他損害者,並得請求賠償(民233Ⅲ)。

(二) 保全:

1. **債權人代位權**:

(1)債務人怠於行使其權利時,債權人因**保全債權**,得以自己之名義,行使其權利。但專屬於債務人本身者,不在此限(民242)。

> **小叮嚀**
>
> 1. 給付遲延:債務人有給付可能,但於債務屆期時因可歸責於債務人之事由,致未為給付之債務不履行事由。
> 2. 確定期限:清償期當事人已約定在特定日期,即為定期之債;如當事人有約定給付之確定期限者,則其遲延責任,應至清償期屆至始須負責。
> 3. 催告性質上為意思通知,屬準法律行為之一種,其效力準用意思表示。

(2)前條債權人之權利，非於債務人負遲延責任時，不得行使。但專為保存債務人權利之行為，不在此限（民243）。

2. **撤銷權行使**：債務人所為之無償行為，有害及債權者，債權人得聲請法院撤銷之（民244 Ⅰ）。

債務人所為之有償行為，於行為時明知有損害於債權人之權利者，以受益人於受益時亦知其情事者為限，債權人得聲請法院撤銷之（民244 Ⅱ）。

債務人之行為**非以財產為標的**，或僅有害於以給付特定物為標的之債權者，不適用前二項之規定（民244 Ⅲ）。

債權人依第一項或第二項之規定聲請法院撤銷時，得並聲請命受益人或轉得人回復原狀。但轉得人於轉得時不知有撤銷原因者，不在此限（民244 Ⅳ）。

3. **撤銷權之除斥期間**：前條撤銷權，自債權人知有撤銷原因時起，一年間不行使，或自行為時起，經過十年而消滅（民245）。

———◦———　**知識加油站**　———◦———

1. 保全債權（債權之對外效力）：債務人為確保其債權獲得清償，所用以防止債務人減少其責任財產之權利。債務人行使此項權利，須對債務人以外之第三人為主張，第三人之權利因此而受影響，保全債權之方式又可分為：

　(1)債權人之代位權：債務人消極不行使其權利去保障其財產者，賦予債權人代為主張權利，代位權係債權人代債務人向第三人主張權利，故需債務人對第三人之權利係可讓與之非專屬性始可。

　(2)債權人之撤銷權：債務人積極減少其財產，賦予債權人防止之權利，債權人對債務人所為有害債權之行為（即詐害債權），得聲請法院予以撤銷，且須以訴為之。

2. 非以財產行為為標的：撤銷權之目的在維持共同擔保之責任財產，債務人之行為非以財產為標的者，債權人對之無撤銷權。例如結婚、離婚等身分契約。

3. 除斥期間：撤銷權為形成權，一行使將使債務人與第三人間之法律行為被撤銷而消滅，因此民法245條為除斥期間，以保障現存社會秩序、善意受讓及信賴登記等交易安全制度。

牛刀小試 ··

( ) 債務人於約定期日不為給付而遲延給付者,債權人於何時得解除契
約? (A)債權人催告債務人立即清償債務後 (B)債權人不須催告
債務人,得隨時解除契約 (C)債權人定期催告債務人清償債務後
(D)債權人應以存證信函告知債務人清償債務後。

解答與解析 ··

(C)。 因不可歸責於債務人之事由,致給付不能者,債務人免給付義
務。債務人因前項給付不能之事由,對第三人有損害賠償請求權
者,債權人得向債務人請求讓與其損害賠償請求權,或交付其所
受領之賠償物(民225)。

(三) **契約:**

1. **違約金之約定:**當事人得約定債務人於債務不履行時,應支付違約金
(民250 I)。

違約金,除當事人另有訂定外,視為因不履行而生損害之賠償總額。其
約定如債務人不於適當時期或不依適當方法履行債務時,即須支付違約
金者,債權人除得請求履行債務外,違約金視為因不於適當時期或不依
適當方法履行債務所生損害之賠償總額(民250 II)。

2. **一部履行之酌減:**債務已為一部履行者,法院得比照債權人因一部履行
所受之利益,減少違約金(民251)。

3. **違約金過高之酌減:**約定之違約金額過高者,法院得減至相當之數額
(民252)。

4. **同時履行抗辯:因契約互負債務**者,於他方當事人未為對待給付前,
得拒絕自己之給付。但自己有先為給付之義務者,不在此限(民
264 I)。

他方當事人已為部分之給付時,依其情形,如拒絕自己之給付有違背誠
實及信用方法者,不得拒絕自己之給付(民264 II)。

5. **不安抗辯權:**當事人之一方,應向他方先為給付者,如他方之財產,於
訂約後顯形減少,有難為對待給付之虞時,如他方未為對待給付或提出
擔保前,得拒絕自己之給付(民265)。

6. **清償等發生絕對效力**：因連帶債務人中之一人為清償、代物清償、提存、抵銷或混同而債務消滅者，他債務人亦同免其責任（民274）。

7. **確定判決限制絕對效力**：連帶債務人中之一人受**確定判決**，而其判決非基於該債務人之個人關係者，為他債務人之利益，亦生效力（民275）。

8. **免除與時效完成之限制絕對效力**：債權人向連帶債務人中之一人免除債務，而無消滅全部債務之意思表示者，除該債務人應分擔之部分外，他債務人仍不免其責任（民276 I ）。

   前項規定，於連帶債務人中之一人消滅時效已完成者準用之（民276 II ）。

知識加油站

1. 違約金之目的係為確保契約之履行，當事人約定債務人不履行債務時，應支付之金錢。

2. 同時履行抗辯：指雙務契約當事人，於他方當事人未為對待給付前，得拒絕自己給付之謂。拒絕自己之給付，目的在迫使他方同時履行，確保自己債權之實現，避免損失。性質為**一時抗辯權（延期抗辯）**。

3. 因契約互負債務為雙務契約，指雙方當事人互負對價關係之契約。當事人互為債權人及債務人，對價係指債權債務間互為因果、互為報償，且彼此牽連。

4. 不安抗辯權：雙務契約之當事人**有先為給付之義務者**，因無同時履行抗辯權，惟他方之財產於**訂約後**顯著減少，有難為給付之虞時，如仍令一方給付，無異於強制其接受損失之危險。故此之不安抗辯權目的在補充同時履行抗辯權之不足，故不安抗辯權性質上屬廣義之同時履行抗辯。

5. 確定判決：法院判決已不能依通常程序予以救濟之程度，具有既判力。

6. 免除係債權之拋棄，債權人對債務人所為拋棄債權之單獨行為，屬準物權行為，惟當事人仍可以契約免除之。債權人免除債務時，債之關係消滅。

四、多數債務人與債權人

(一) **可分之債**：數人負同一債務或有同一債權，而其給付可分者，除法律另有規定或契約另有訂定外，應各平均分擔或分受之；其給付本不可分而變為可分者亦同（民271）。

(二) **連帶債務**：數人負同一債務，**明示**對於債權人各負全部給付之責任者，為連帶債務（民272 I ）。

無前項之明示時，連帶債務之成立，**以法律有規定者為限**（民272 II ）。

(三) **連帶債權人之請求權**：連帶債務之債權人，得對於債務人中之一人或數人或其全體，同時或先後請求全部或一部之給付（民273 I ）。

連帶債務未全部履行前，全體債務人仍負連帶責任（民273 II ）。

(四) **清償等發生絕對效力**：因連帶債務人中之一人為清償、代物清償、提存、抵銷或混同而債務消滅者，他債務人亦同免其責任（民274）。

知識加油站

1. 可分之債又稱為分割之債，指一個給付的性質可分為數個給付，而仍無損其性質或價值而言。

   例 甲向乙丙丁借款新台幣三百萬元，三人共同貸與甲金錢，而該借款之交付，如予以分割，並不損害其價值或性質。

2. 連帶債務制度之目的在保障債權人，使其中一債務人之資力問題不致影響其債權，由債權人享多重選擇給付之權。

牛刀小試

( ) **1** 甲乙為丙之連帶債務人，則下列敘述何者正確？ (A)丙未就甲之財產強制執行無效果前，乙得拒絕清償 (B)丙得向甲或乙請求清償全部之債務 (C)丙僅得向甲或乙請求清償一半之債務 (D)甲之清償對乙不生效力。

( ) **2** 數人依法律規定，有同一債權，而各得向債務人為全部給付之請求者，通稱為： (A)連帶債務 (B)不可分債權 (C)債權之準公同共有 (D)債權之準分別共有。

解答與解析

1 (B)。 選項(A)(B)(C)連帶債務之債權人，得對於債務人中之一人或數人或其全體，同時或先後請求全部或一部之給付（民273 I ）。連帶債務未全部履行前，全體債務人仍負連帶責任（民273 II ）。

選項(D)因連帶債務人中之一人為清償、代物清償、提存、抵銷或混同而債務消滅者，他債務人亦同免其責任（民274）。

2 (A)。 數人負同一債務，**明示**對於債權人各負全部給付之責任者，為連帶債務（民272Ⅰ）。

五、 債之移轉

(一) **債權讓與性**：債權人得將**債權**讓與於第三人。但左列債權，不在此限（民294Ⅰ）：

1. 依債權之性質，不得讓與者。　　2. 依當事人之特約，不得讓與者。

3. 債權禁止扣押者。

前項第二款不得讓與之特約，不得以之對抗善意第三人（民294Ⅱ）。

(二) **從權利隨同移轉**：讓與債權時，該債權之擔保及其他從屬之權利，隨同移轉於受讓人。但與讓與人有不可分離之關係者，不在此限（民295Ⅰ）。

未支付之利息，推定其隨同原本移轉於受讓人（民295Ⅱ）。

(三) **證明文件之交付**：讓與人應將證明債權之文件，交付受讓人，並應告以關於主張該債權所必要之一切情形（民296）。

(四) **債權讓與之通知**：債權之讓與，非經讓與人或受讓人通知債務人，對於債務人不生效力。但法律另有規定者，不在此限（民297Ⅰ）。

受讓人將讓與人所立之讓與字據提示於債務人者，與通知有同一之效力（民297Ⅱ）。

(五) **表現讓與**：讓與人已將債權之讓與**通知**債務人者，縱未為讓與或讓與無**效**，**債務人仍得以其對抗受讓人之事由**，對抗讓與人（民298Ⅰ）。

前項通知，非經受讓人之同意，不得撤銷（民298Ⅱ）。

(六) **對於受讓人援用抗辯與主張抵銷**：債務人於受通知時，所得對抗讓與人之事由，皆得以之對抗受讓人（民299Ⅰ）。

債務人於受通知時，對於讓與人有債權者，如其債權之清償期，先於所讓與之債權或同時屆至者，債務人得對於受讓人主張抵銷（民299Ⅱ）。

知識加油站

1.債之移轉，債之關係不失其同一性，僅係主體有所變更。

　例 甲向乙借款一百萬，嗣後乙與丙約定，將乙對甲之債權讓與丙，由丙繼受乙之地位，而成為甲之債權人。

2.債權讓與（準物權效力）：指不變更債之同一性，由債權人與相對人合意將其債權移轉於相對人之現象，其合意一經成立，債權則由讓與人移轉至受讓人。

3.民法第295條之移轉係指法定移轉，無待登記即生移轉之效力。

4.通知性質上為觀念通知（準法律行為），無須法效意思，亦無需債務人承諾，效力發生之時點準用意思表示之規定。

5.債權讓與之通知如係由讓與人所為者即負有絕對之效力，縱使其實際上並未讓與或讓與無效，債務人仍得以對抗受讓人之事由，對抗讓與人，此時實際上並無債權讓與之存在，但生債務人對上之效果，故稱為表現讓與。

6.援用抗辯係指一般抗辯權而言，不包含抵銷之抗辯。債權讓與後，債務人對讓與人之抗辯權，不能因其讓與債權而消滅，以保障債務人。故其可以對讓與人抗辯之事由，仍得以援用對抗受讓人。

7.主張抵銷：債務人於受通知時，對於讓與人有債權時，如其債務之清償期先於所讓與之債權，或同時屆至者，債務人得對於受讓人主張抵銷。

牛刀小試

(　　) 1 債權讓與時，當事人對於未支付之利息未為約定者，應發生如何之效力？　(A)該利息不隨同移轉於受讓人　(B)推定該利息隨同原本移轉於受讓人　(C)推定該利息消滅　(D)該利息仍應部分移轉。

(　　) 2 關於債權讓與，下列敘述，何者正確？　(A)債權讓與以移轉特定債權為標的　(B)債權讓與不是準處分行為　(C)債權讓與，其債權之從權利並不移轉於受讓人　(D)債務人享有之抗辯權，不得對抗新債權人。

解答與解析

1 **(B)**。未支付之利息，推定其隨同原本移轉於受讓人（民295 II）。

2 **(A)**。選項A債權人得將**債權**讓與於第三人。但左列債權，不在此限
（民294 Ⅰ）：
1.依債權之性質，不得讓與者。
2.依當事人之特約，不得讓與者。
3.債權禁止扣押者。

六、 債之消滅

(一) **清償**：
1. **效力**：依債務本旨，向債權人或其他有受領權人為清償，經其受領者，
債之關係消滅（民309 Ⅰ）。
持有債權人簽名之收據者，視為有受領權人。但債務人已知或因過失而
不知其無權受領者，不在此限（民309 Ⅱ）。
2. **一部清償與緩期清償**：債務人無為**一部清償**之權利。但法院得斟酌債務
人之境況，許其於無甚害於債權人利益之相當期限內，分期給付，或緩
期清償（民318 Ⅰ）。
法院許為分期給付者，債務人一期遲延給付時，債權人得請求全部清償
（民318 Ⅱ）。
給付不可分者，法院得比照第一項但書之規定，許其**緩期清償**（民
318 Ⅲ）。
3. **代物清償**：債權人受領他種給付以代原定之給付者，其債之關係消滅
（民319）。
4. **抵充順序**：清償人所提出之給付，應先抵充費用，次充利息，次充原
本；其依前二條之規定抵充債務者亦同（民323）。
清償人對於受領清償人，得請求給與受領證書（民324）。

───────── 知識加油站 ─────────

1.清償指清償人依債務本指實現債務內容，債之關係因而消滅之行為。清償、給付、
履行，為一體三面之名詞，清償係就債之存續消滅；給付係就債之標的而言；履行係
指債之效力。
2.一部清償係指給付可分之情形，由債務人就一部份為給付而生一部清償之效果；緩
期清償係指給付不可分之情形，無法為一部之給付，但有如民法318條第一項但書之
情事，則法院得許其緩其清償。

(二) 抵銷：

1. 要件與限制：二人互負債務，而其**給付種類相同**，並均屆清償期者，各得以其債務，與他方之債務，互為抵銷。但依債之性質不能抵銷或依當事人之特約不得抵銷者，不在此限（民334 I ）。

   前項特約，不得對抗**善意第三人**（民334 II）。

2. **方法與效力**：抵銷，應以意思表示，向他方為之。其相互間債之關係，溯及最初得為抵銷時，按照抵銷數額而消滅（民335 I ）。

   前項意思表示，附有條件或期限者，無效（民335 II）。

> **小叮嚀**
>
> 抵銷指兩人互負債務，而其給付種類相同，並均屆清償期者，各得使其債務與他方債務於相等數額內同歸消滅之一方意思表示。

牛刀小試

( ) 1 某甲積欠銀行三百萬元貸款未還，銀行查得某甲在該銀行有三十萬存款，銀行得對該筆存款行駛下列何項權利？
   (A)異議權　　　　　　　(B)抗告權
   (C)抵押權　　　　　　　(D)抵銷權。

( ) 2 依照民法規定，有關抵銷之敘述，下列何者錯誤？
   (A)應以意思表示，向他方為之
   (B)禁止扣押之債，其債務人不得主張抵銷
   (C)債之請求權經時效而消滅者，不得作為抵銷
   (D)抵銷之意思表示附有條件者，無效。

解答與解析

1 **(D)**。抵銷指兩人互負債務，而其給付種類相同，並均屆清償期者，各得使其債務與他方債務於相等數額內同歸消滅之一方意思表示。

2 **(C)**。時效消滅僅取得抗辯權，非不得抵銷。

重點 3　債法各論　　　　　重要度 ★★★

一、 消費借貸

(一) **意義**：稱**消費借貸**者，謂當事人一方移轉金錢
或其他代替物之所有權於他方，而約定他方以
種類、品質、數量相同之物返還之契約（民
474 Ⅰ）。
當事人之一方對他方負金錢或其他代替物之給
付義務而約定以之作為消費借貸之標的者，亦
成立消費借貸（民474 Ⅱ）。

> **小叮嚀**
> 消費借貸契約係當事人
> 一方移轉金錢或其他代
> 替物之所有權於他方，
> 而他方以種類品質數量
> 相同之物返還的契約。

(二) **效力**：消費借貸之預約，其約定之消費借貸有利息或其他報償，當事人
之一方於預約成立後，成為無支付能力者，預約貸與人得撤銷其預約
（民475-1 Ⅰ）。
消費借貸之預約，其約定之消費借貸為無報償者，準用第四百六十五條
之一之規定（民475-1 Ⅱ）。

(三) **物之瑕疵擔保責任**：消費借貸，約定有利息或其他報償者，如借用物有瑕疵
時，貸與人應另易以無瑕疵之物。但借用人仍得請求損害賠償（民476 Ⅰ）。
消費借貸為無報償者，如借用物有瑕疵時，借用人得照有瑕疵原物之價
值，返還貸與人（民476 Ⅱ）。
前項情形，貸與人如故意不告知其瑕疵者，借用人得請求損害賠償（民
476 Ⅲ）。

(四) **貸報償之支付時期**：利息或其他報償，應於契約所定期限支付之；未定
期限者，應於借貸關係終止時支付之。但其借貸期限逾一年者，應於每
年終支付之（民477）。

(五) **返還借用物義務**：借用人應於約定期限內，返還與借用物種類、品質、
數量相同之物，未定返還期限者，借用人得隨時返還，貸與人亦得定一
個月以上之相當期限，催告返還（民478）。

(六) **返還不能之補償**：借用人不能以種類、品質、數量相同之物返還者，應
以其物在返還時、返還地所應有之價值償還之（民479 Ⅰ）。
返還時或返還地未約定者，以其物在訂約時或訂約地之價值償還之（民
479 Ⅱ）。

(七) **金錢借貸之返還**：金錢借貸之返還，除契約另有訂定外，應依左列之規定（民480）：

1. 以通用貨幣為借貸者，如於返還時已失其通用效力，應以返還時有通用效力之貨幣償還之。

2. 金錢借貸，約定折合通用貨幣計算者，不問借用人所受領貨幣價格之增減，均應以返還時有通用效力之貨幣償還之。

3. 金錢借貸，約定以特種貨幣為計算者，應以該特種貨幣，或按返還時、返還地之市價，以通用貨幣償還之。

(八) **貨物折算金錢之借貸**：以貨物或有價證券折算金錢而為借貸者，縱有反對之約定，仍應以該貨物或有價證券按照交付時交付地之市價所應有之價值，為其借貸金額（民481）。

二、 保證

(一) **定義**：稱保證者，謂當事人約定，一方於他方之債務人不履行債務時，由其代負履行責任之契約（民739）。

(二) **範圍**：保證債務，除契約另有訂定外，包含主債務之利息、違約金、損害賠償及其他從屬於主債務之負擔（民740）。

(三) **保證債務負擔從屬性**：保證人之負擔，較主債務人為重者，應縮減至主債務之限度（民741）。

(四) **保證人之抗辯權**：主債務人所有之抗辯，保證人得主張之（民742 I ）。主債務人拋棄其抗辯者，保證人仍得主張之（民742 II ）。

(五) **保證人之抵押權**：保證人得以主債務人對於債權人之債權，主張抵銷（民742-1）。

(六) **無效保證之例外**：保證人對於因**行為能力之欠缺**而無效之債務，如知其情事而為保證者，其保證仍為有效（民743）。

(七) **保證人之拒絕清償權**：主債務人就其債之發生原因之法律行為有撤銷權者，保證人對於債權人，得拒絕清償（民744）。

(八) **先訴抗辯權**：保證人於債權人未就主債務人之財產強制執行而無效果前，對於債權人得拒絕清償（民745）。

(九) **先訴抗辯權之喪失**：有下列各款情形之一者，保證人不得主張前條之權利（民746）：

1. 保證人拋棄前條之權利。
2. 主債務人受破產宣告。
3. 主債務人之財產不足清償其債務。

(十) **請求履行及中斷時效之效力**：向主債務人請求履行，及為其他**中斷時效之行為**，對於保證人亦生效力（民747）。

(十一) **共同保證**：數人保證同一債務者，除契約另有訂定外，應**連帶負保證責任**（民748）。

(十二) **保證人之代位權**：保證人向債權人為清償後，於其清償之限度內，承受債權人對於主債務人之債權。但不得有害於債權人之利益（民749）。

(十三) **董事改選後免除其保證責任**：因擔任法人董事、監察人或其他有代表權之人而為該法人擔任保證人者，僅就任職期間法人所生之債務負保證責任（民753-1）。

知識加油站
---

1. 保證人之抗辯權：指主債務人所得對抗債權人之事由，如權利未發生、已消滅之抗辯，保證人皆得對抗主債權人，且縱主債權人拋棄其抗辯權，保證人仍得獨立主張，不受影響。
2. 行為能力之欠缺：指主債務人為無行為能力人或限制行為能力人未得法定代理人承認，其意思表示均歸於無效，此時保證人若知其情事而為保證者，其保證債務獨立有效。
3. 先訴抗辯權（又稱檢索抗辯權）：指保證人於債權人未就主債務人之財產聲請強制執行而無效果前，對於債權人得拒絕清償的權利。
4. 中斷時效之行為：債權人向主債務人請求清償或主債務人承認債務，或依督促程序聲請發支付命令、聲請調解或提付仲裁、申報和解債權或破產債權、告知訴訟、開始執行行為或聲請強制執行行為等。
5. 連帶負保證責任
   (1)連帶保證指保證人與主債務人連帶負債務履行責任之特殊保證。
   (2)保證人與主債務人連帶負債務履行責任之特殊保證類型。於連帶保證中，保證人無先訴抗辯權，故債權人得依民法第273條逕向保證人請求為全部之給付。**保證責任之補充性不適用於連帶保證**，但保證責任之從屬性仍不受影響。
6. 保證人之代位權（法定移轉）：保證人向債權人為清償或為其消滅債務之行為後，得取代原債權人之地位而向債務人行使原債權之權利。

牛刀小試

( ) **1** 下列有關於消費借貸之敘述，何者錯誤？
(A)應移轉借貸標的物之占有及所有權給借用人，契約始成立
(B)消費借貸一定為無償契約
(C)不會發生給付不能的問題
(D)為單務契約。

( ) **2** 甲向乙借款，甲為借用人，乙為貸與人，丙為保證人，保證契約成立於何人之間？
(A)甲乙　　　　　　　　(B)甲丙
(C)乙丙　　　　　　　　(D)甲乙丙。

( ) **3** 保證契約之當事人為誰？
(A)債務人與主債務人　　(B)債務人與保證人
(C)主債務人與保證人　　(D)第三人與保證人。

( ) **4** 一般保證人在何種情形下，依法不會喪失先訴抗辯權？
(A)保證契約成立後主債務人下落不明時
(B)主債務人受破產之宣告
(C)主債務人財產不足清償其債務時
(D)保證人自己拋棄先訴抗辯權。

解答與解析

1 (B)。稱消費借貸者，謂當事人一方移轉金錢或其他代替物之所有權於他方，而約定他方以種類、品質、數量相同之物返還之契約（民474 I）。故消費借貸非必為無償契約。

2 (C)。稱保證者，謂當事人約定，一方於他方之債務人不履行債務時，由其代負履行責任之契約（民739）。

3 (B)。

4 (C)。有下列各款情形之一者，保證人不得主張前條之權利（民746）：
1.保證人拋棄前條之權利。
2.主債務人受破產宣告。

重點 **4**　物權　　　　　　　　　重要度 ★★★★

一、 物權法定主義

(一) **物權法定主義定義**：物權除依法律或**習慣**外，不得創設（民757）。

(二) **設權登記－登記生效要件主義**：不動產物權，依法律行為而取得、設定、喪失及變更者，**非經登記，不生效力**（民758 I ）。
前項行為，應以書面為之（民758 II ）。

> **小叮嚀**
> 登記後即具**公示力**與**公信力**。

(三) **宣示登記－相對登記主義**：因繼承、強制執行、徵收、法院之判決或其他非因法律行為，於登記前已取得不動產物權者，應經登記，始得**處分**其物權（民759）。

> **小叮嚀**
> 不動產物權非因法律行為而變動者，原則上逕生效力，但為貫徹不動產變動之公示原則，非經登記不得處分其物權。

(四) **不動產物權登記之變動效力**：不動產物權經登記者，推定登記權利人適法有此權利（民759-1 I ）。
因信賴不動產登記之**善意第三人**，已依法律行為為物權變動之登記者，其變動之效力，不因原登記物權之不實而受影響（民759-1 II ）。

(五) **動產物權之讓與方法**：

方式	法條	法條明文
現實交付	民761 I 本文	動產物權之讓與，非將**動產交付**，不生效力。
簡易交付	民761 I 但書	**受讓人已占有動產**者，於讓與合意時，即生效力。
占有改定	民761 II	讓與動產物權，而**讓與人仍繼續占有動產者**，讓與人與受讓人間，得訂立契約，使受讓人因此取得間接占有，以代交付。
指示交付	民761 III	讓與動產物權，如其**動產由第三人占有時**，讓與人得以對於**第三人之返還請求權**，讓與於受讓人，以代交付。

> **小叮嚀**
> **現實交付**：動產物權之讓與人，將其對於物權之直接管領，現實的移轉於受讓人。即**動產占有之現實移轉**。
> **簡易交付**：亦即以雙方當事人就動產物權讓與之合意，代替該動產現實移轉占有之交付，受讓人已占有動產之原因為何，則非所問。
> **指示交付**：動產物權之讓與人使受讓人對標的物取得返還請求權，以代替該標的物現實移轉占有之交付，其所讓與之對第三人返還請求權，兼指債權與物權。

───────────────── 知識加油站 ─────────────────

1. 物權法定主義：
   (1)設立目的：使物權便於公示以確保交易安全與所有權之完整性（因物權對標的物具有直接支配性，故限定物權法定，得確定其支配內容，以確保物權特性）
   (2)意義：係指物之種類與內容，以法律所規定或習慣法所形成者為限，當事人不得任意創設新種類之物權（類型強制），亦不得創設與物權法定內容相異之物權（類型固定）。

2. 習慣：指具備慣行之事實及法的確信，即具有法律上效力之習慣法。

3. 物權之效力：
   (1)排他性：同一個物上，對特定利益不得同時存在兩個以上以相同支配為內容之物權，故若係先後成立者，以先成立者為有效，故先存在的物權具有排除後物權成立之效力。但法律規定民841-5與民851-1為例外。
   (2)優先效力：同一個物上，存在多數能相容支配特定利益之物權，則先成立物權具有優先於後物權之效力；或該物亦為債權給付之標的時，則該物權有優先於債權之效力。

4. 非經登記不生效力（不動產物權登記生效要件主義）：指辦理登記為不動產物權行為生效要件之一，欲依法律行為使不動產物權發生變動者，絕對須辦理登記。

5. 登記公示力：不動產物權變動完成登記後，即生物權變動效力，亦即足以表彰其物權已變動及變動後之現有狀態。例如在重複買賣中，由先辦理所有權移轉登記者，先取得所有權（物權優先於債權）。

6. 登記公信力：為保護第三人起見，將登記事項，賦予絕對真實之公信力，故第三人因信賴登記而取得不動產時，不因登記原因無效或被撤銷，而被追奪。

7. 處分係指處分行為而言，不包括買賣或租賃等債權行為在內。

牛刀小試

（　　）依據物權法定原則，下列敘述何者正確？　(A)當事人得創設物權種類　(B)當事人得創設物權之權利內容　(C)當事人得對物權附加一定條件　(D)當事人須依法適用一定種類之物權。

解答與解析

(D)。物權法定主義定義：物權除依法律或習慣外，不得創設（民757）。

二、 抵押權

(一) 普通抵押權：

1. **意義**：稱普通抵押權者，謂債權人對於債務人或第三人不宜轉占有而供其債權擔保之不動產，得就該不動產賣得價金優先受償之權（民860）。

2. **效力**：

   (1)擔保範圍：抵押權所擔保者為**原債權、利息、遲延利息、違約金及實行抵押權之費用**。但契約另有約定者，不在此限（民861 I ）。

   得優先受償之利息、遲延利息、一年或不及一年定期給付之違約金債權，以於抵押權人實行抵押權聲請強制執行前五年內發生及於強制執行程序中發生者為限（民861 II ）。

   (2)標的物：

   A.從物及從權利：抵押權之效力，及於抵押物之**從物與從權利**（民862 I ）。

   第三人於抵押權設定前，就從物取得之權利，不受前項規定之影響（民862 II ）。

   以建築物為抵押者，其附加於該建築物而不具獨立性之部分，亦為抵押權效力所及。但其附加部分為獨立之物，如係於抵押權設定後附加者，準用第八百七十七條之規定（民862 III ）。

   B.殘餘物：抵押物滅失之殘餘物，仍為抵押權效力所及。抵押物之成分非依物之通常用法而分離成為獨立之動產者，亦同（民862-1 I ）。

   前項情形，抵押權人得請求占有該殘餘物或動產，並依質權之規定，行使其權利（民862-1 II ）。

   C.天然孳息：抵押權之效力，及於抵押物扣押後自抵押物分離，而得由抵押人收取之天然孳息（民863）。

   D.法定孳息：抵押權之效力，及於抵押物扣押後抵押人就抵押物得收取之法定孳息。但抵押權人，非以扣押抵押物之事情，通知應清償法定孳息之義務人，不得與之對抗（民864）。

3. 對抵押人之效力：

(1) **仍得自由使用收益**：抵押權設定後，抵押之不動產不需要移轉占有，抵押人仍可使用收益。

> 例　甲為資金周轉將房屋設定抵押權於乙，甲對該標的物（房屋）仍得自由居住、出租。

> **小叮嚀**
> 一不動產上可重複設定抵押權，惟其受償之效力，登記在先者優於登記在後者。

(2) **仍有處分權**：

A. 再設定抵押權：不動產所有人，因擔保數債權，就同一不動產，設定數抵押權者，其次序依登記之先後定之（民865）。

B. 設定用益權：不動產所有人設定抵押權後，於同一不動產上，得設定地上權或其他以使用收益為目的之物權，或成立租賃關係。但其抵押權不因此而受影響（民866Ⅰ）。

前項情形，抵押權人實行抵押權受有影響者，法院得除去該權利或終止該租賃關係後拍賣之（民866Ⅱ）。

不動產所有人設定抵押權後，於同一不動產上，成立第一項以外之權利者，準用前項之規定（民866Ⅲ）。

> **小叮嚀**
> 抵押權之追擊效力係指抵押物之所有權雖經讓與，但抵押權人仍得追擊抵押物之所在，行使其抵押權。

C. 讓與所有權（抵押權之追擊效力：不動產所有人設定抵押權後，得將不動產讓與他人。但其抵押權不因此而受影響（民867）。

(3) **代位權之發生**（物上保證人求償權）：為債務人設定抵押權之第三人，代為清償債務，或因抵押權人實行抵押權致失抵押物之所有權時，該第三人於其清償之限度內，承受債權人對於債務人之債權。但不得有害於債權人之利益（民879Ⅰ）。

債務人如有保證人時，保證人應分擔之部分，依保證人應負之履行責任與抵押物之價值或限定之金額比例定之。抵押物之擔保債權額少於抵押物之價值者，應以該債權額為準（民879Ⅱ）。

> **小叮嚀**
> 法定求償代位權：為債務人設定抵押權之第三人代為清償債務，或因抵押權人實行抵押權致失抵押物之所有權時，得依關於保證之規定，對債務人有求償權，亦即債權人對債務人之債權，於清償之限度內，移轉於物上擔保人。債權因法律規定而移轉，無待於債權人與物上保證人合意。

前項情形，抵押人就超過其分擔額之範圍，得請求保證人償還其應分擔部分（民879 Ⅲ）。

4. **不可分性：**

(1)抵押物分割：抵押之不動產如經分割，或讓與其一部，或擔保一債權之數不動產而以其一讓與他人者，其抵押權不因此而受影響（民868）。

(2)債權分割：以抵押權擔保之債權，如經分割或讓與其一部者，其抵押權不因此而受影響（民869 Ⅰ）。

前項規定，於債務分割或承擔其一部時適用之（民869 Ⅱ）。

(3)抵押權從屬性：抵押權不得由債權分離而為讓與，或為其他債權之擔保（民870）。

--- 知識加油站 ---

擔保債權之不可分性

1.抵押物分割：擔保債權未受全部清償前，抵押權人得就擔保物之全部行使權利，故抵押物縱經分割或一部滅失，各部分或殘存之抵押物，仍為擔保全部債權而存在。亦即抵押物之各部，擔保債權之全部。

2.債權分割、債務分割：擔保債權未受全部清償前，抵押權人得就擔保物之全部行使權利，故擔保債權縱經分割、一部清償或因其他事由而一部消滅，抵押權仍得為擔保各部分之債權或餘存之債權而存在。亦即抵押物之全部，擔保債權之各部，擔保債務經分割者，亦同。

5. **次序調整：**

(1)方法：同一抵押物有多數抵押權者，抵押權人得以下列方法調整其可優先受償之分配額。但他抵押權人之利益不受影響（民870-1 Ⅰ）：

A.為特定抵押權人之利益，讓與其抵押權之次序。

B.為特定後次序抵押權人之利益，拋棄其抵押權之次序。

C.為全體後次序抵押權人之利益，拋棄其抵押權之次序。

前項抵押權次序之讓與或拋棄，非經登記，不生效力。並應於登記前，通知債務人、抵押人及共同抵押人（民870-1 Ⅱ）。

因第一項調整而受利益之抵押權人，亦得實行調整前次序在先之抵押權（民870-1 Ⅲ）。

調整優先受償分配額時，其次序在先之抵押權所擔保之債權，如有第三人之不動產為同一債權之擔保者，在因調整後增加負擔之限度內，以該不動產為標的物之抵押權消滅。但經該第三人同意者，不在此限（民870-1 Ⅳ）。

(2)對保證人之效果：調整可優先受償分配額時，其次序在先之抵押權所擔保之債權有保證人者，於因調整後所失優先受償之利益限度內，保證人免其責任。但經該保證人同意調整者，不在此限（民870-2）。

6. **對抵押權人之效力：**

(1)抵押權保全請求權：抵押人之行為，足使抵押物之價值減少者，抵押權人得請求停止其行為（民871 Ⅰ）。

如有急迫之情事，抵押權人得自為必要之保全處分（民871 Ⅱ）。

因前項請求或處分所生之費用，由抵押人負擔。其受償次序優先於各抵押權所擔保之債權（民871 Ⅲ）。

(2)抵押權回復原狀請求權：抵押物之價值因可歸責於抵押人之事由致減少時，抵押權人得定相當期限，請求抵押人回復抵押物之原狀，或提出與減少價額相當之擔保（民872 Ⅰ）。

抵押人不於前項所定期限內，履行抵押權人之請求時，抵押權人得定相當期限請求債務人提出與減少價額相當之擔保。屆期不提出者，抵押權人得請求清償其債權（民872 Ⅱ）。

抵押人為債務人時，抵押權人得不再為前項請求，逕行請求清償其債權（民872 Ⅲ）。

抵押物之價值因不可歸責於抵押人之事由致減少者，抵押權人僅於抵押人因此所受利益之限度內，請求提出擔保（民872 Ⅳ）。

(3)抵押權實行：

A.聲請拍賣：抵押權人，於債權已屆清償期，而未受清償者，得聲請法院，拍賣抵押物，就其賣得價金而受清償（民873）。

B.移轉抵押物所有權（流押契約）：約定於債權已屆清償期而未為清償時，抵押物之所有權移屬於抵押權人者，**非經登記，不得對抗第三人**（民873-1 Ⅰ）。

抵押權人請求抵押人為抵押物所有權之移轉時，抵押物價值超過擔保債權部分，應返還抵押人；不足清償擔保債權者，仍得請求債務人清償（民873-1 Ⅱ）。

抵押人在抵押物所有權移轉於抵押權人前，得清償抵押權擔保之債權，以消滅該抵押權（民873-1 Ⅲ）。

───────────── 知識加油站 ─────────────

1. 流押契約係指設定抵押權時，約定於債權已屆清償期而未為清償時，抵押物之所有權移屬於抵押權人。而通說認抵押權人取得登記請求權。
2. 非經登記，不得對抗第三人係採相對無效原則，以貫徹物權之公示效力，維護交易安全。
3. 清算義務：因抵押權之設定在使被擔保之債權得獲得清償，抵押權人不應取得超過被擔保債權之利益，故流底契約之效力，亦應以此為限。

─────────────────────────────────

(4) 實行抵押權之效果：抵押權人實行抵押權者，該不動產上之抵押權，因抵押物之拍賣而消滅（民873-2 Ⅰ）。

前項情形，抵押權所擔保之債權有未屆清償期者，於抵押物拍賣得受清償之範圍內，視為到期（民873-2 Ⅱ）。

抵押權所擔保之債權未定清償期或清償期尚未屆至，而拍定人或承受抵押物之債權人聲明願在拍定或承受之抵押物價額範圍內清償債務，經抵押權人同意者，不適用前二項之規定（民873-2 Ⅲ）。

(5) 賣得價金之分配：抵押物賣得之價金，除法律另有規定外，按各抵押權成立之次序分配之。其次序相同者，依債權額比例分配之（民874）。

(6) 共同抵押：

A. 一般原則：為同一債權之擔保，於數不動產上設定抵押權，而未限定各個不動產所負擔之金額者，抵押權人得就各個不動產賣得之價金，受債權**全部或一部**之清償（民875）。

B. 債務人所有之抵押物：為同一債權之擔保，於數不動產上設定抵押權，抵押物全部或部分同時拍賣時，拍賣之抵押物中有為債務人所有者，抵押權人應先就該抵押物賣得之價金受償（民875-1）。

C. 內部分擔金額之計算：為同一債權之擔保，於數不動產上設定抵押權者，各抵押物對債權分擔之金額，依下列規定計算之（民875-2 Ⅰ）：

a. 未限定各個不動產所負擔之金額時，依各抵押物價值之比例。

　　　　b.已限定各個不動產所負擔之金額時，依各抵押物所限定負擔金額
　　　　　之比例。

　　　　c.僅限定部分不動產所負擔之金額時，依各抵押物所限定負擔金額
　　　　　與未限定負擔金額之各抵押物價值之比例。

　　　計算前項第二款、第三款分擔金額時，各抵押物所限定負擔金額較
　　　抵押物價值為高者，以抵押物之價值為準（民875-2 Ⅱ）。

　　D.價金超過所擔保之債權額：為同一債權之擔保，於數不動產上設定
　　　抵押權者，在抵押物全部或部分同時拍賣，而其賣得價金超過所擔
　　　保之債權額時，經拍賣之各抵押物對債權分擔金額之計算，準用前
　　　條之規定（民875-3）。

　　E.抵押物分別拍賣：為同一債權之擔保，於數不動產上設定抵押權
　　　者，在各抵押物分別拍賣時，適用下列規定（民875-4）：

　　　　a.經拍賣之抵押物為債務人以外之第三人所有，而抵押權人就該抵
　　　　　押物賣得價金受償之債權額超過其分擔額時，該抵押物所有人就
　　　　　超過分擔額之範圍內，得請求其餘未拍賣之其他第三人償還其供
　　　　　擔保抵押物應分擔之部分，並對該第三人之抵押物，以其分擔額
　　　　　為限，承受抵押權人之權利。但不得有害於該抵押權人之利益。

　　　　b.經拍賣之抵押物為同一人所有，而抵押權人就該抵押物賣得價金
　　　　　受償之債權額超過其分擔額時，該抵押物之後次序抵押權人就超
　　　　　過分擔額之範圍內，對其餘未拍賣之同一人供擔保之抵押物，承
　　　　　受實行抵押權人之權利。但不得有害於該抵押權人之利益。

7. 拍賣之標的物：

　(1)抵押物為土地：土地所有人於設定抵押權後，在抵押之土地上營造建
　　　築物者，抵押權人於必要時，得於強制執行程序中聲請法院將其建築
　　　物與土地**併付拍賣**。但對於建築物之價金，無優先受清償之權（民
　　　877 Ⅰ）。

　　　前項規定，於第八百六十六條第二項及第三項之情形，如抵押之不
　　　動產上，有該權利人或經其同意使用之人之建築物者，準用之（民
　　　877 Ⅱ）。

　(2)抵押物為建築物：以建築物設定抵押權者，於法院拍賣抵押物時，其
　　　抵押物存在所必要之權利得讓與者，應併付拍賣。但抵押權人對於該
　　　權利賣得之價金，無優先受清償之權（民877-1）。

(3)法定地上權：設定抵押權時，土地及其土地上之建築物，同屬於一人所有，而僅以土地或僅以建築物為抵押者，於抵押物拍賣時，視為已有地上權之設定，其地租、期間及範圍由當事人協議定之。不能協議者，得聲請法院以判決定之（民876Ⅰ）。

設定抵押權時，土地及其土地上之建築物，同屬於一人所有，而以土地及建築物為抵押者，如經拍賣，其土地與建築物之拍定人各異時，適用前項之規定（民876Ⅱ）。

知識加油站

法定地上權係指：

1. 土地及其土地上之建築物同屬於一人所有，而僅以土地或僅以建築物為抵押者，於抵押物拍賣時。

2. 土地及建築物同屬一人所有，而均為抵押物，如經拍賣，其所有人各異時，均視為建築物所有人就建築物之基地有地上權存在，此即因抵押物拍賣而生之法定地上權。

分析如下：

(1)設定抵押權時，建築物須已經存在。

(2)須以土地或建築物為抵押，或以兩者同為抵押。

(3)地上權之範圍，不以建築物本身所占用者為限，在利用必要範圍內之周圍附屬地，例如房屋原有之庭院，或屋後之空地均屬之。

---

8. 物上保證人：

(1)物上保證人請求權（法定代位求償權）：為債務人設定抵押權之第三人，代為清償債務，或因抵押權人實行抵押權致失抵押物之所有權時，該第三人於其清償之限度內，承受債權人對於債務人之債權。但不得有害於債權人之利益（民879Ⅰ）。

債務人如有保證人時，保證人應分擔之部分，依保證人應負之履行責任與抵押物之價值或限定之金額比例定之。抵押物之擔保債權額少於抵押物之價值者，應以該債權額為準（民879Ⅱ）。

> **小叮嚀**
>
> 法定代位求償權係為債務人設定抵押權之第三人代為清償債務，或因抵押權人實行抵押權致失抵押物之所有權時，得依關於保證之規定，對債務人有求償權。亦即債權係因法律規定而移轉，無待於債權人與物上保證人之合意。

前項情形，抵押人就超過其分擔額之範圍，得請求保證人償還其應分擔部分（民879 Ⅲ）。

(2)物上保證人之免除責任：第三人為債務人設定抵押權時，如債權人免除保證人之保證責任者，於前條第二項保證人應分擔部分之限度內，該部分抵押權消滅（民879-1）。

9. **其他事項**：

(1)拍賣以外之處分方法：抵押權人於債權清償期屆滿後，為受清償，得訂立契約，取得抵押物之所有權，或用拍賣以外之方法，處分抵押物。但有害於其他抵押權人之利益者，不在此限（民878）。

(2)時效完成後抵押權之實行：以抵押權擔保之債權，其請求權已因時效而消滅，如抵押權人，於消滅時效完成後，五年間不實行其抵押權者，其抵押權消滅（民880）。

(3)抵押權之消滅與**物上代位**：抵押權除法律另有規定外，因抵押物滅失而消滅。但抵押人因滅失得受賠償或其他利益者，不在此限（民881 Ⅰ）。

抵押權人對於前項抵押人所得行使之賠償或其他請求權有權利質權，其次序與原抵押權同（民881 Ⅱ）。

給付義務人因**故意或重大過失**向抵押人為給付者，對於抵押權人不生效力（民881 Ⅲ）。

> **小叮嚀**
> 物上代位（代物擔保性）係指抵押權標的物滅失、毀損，因而得受賠償金者，該賠償金成為抵押權標的物之代替物，抵押權人得就該項賠償金行使權利。

(二) **最高限額抵押權**：

1. **意義**：稱**最高限額抵押權**者，謂債務人或第三人提供其**不動產**為擔保，就債權人對債務人一**定範圍內之不特定債權，在最高限額內設定之抵押權**（民881-1 Ⅰ）。

最高限額抵押權所擔保之債權，以由一定**法律關係**所生之債權或基於票據所生之權利為限（民881-1 Ⅱ）。

基於票據所生之權利，除本於與債務人間依前項一定法律關係取得者外，如抵押權人係於債務人已停止支付、開始清算程序，或依破產法

> **小叮嚀**
> 最高限額抵押權係對於債權人於一定範圍內之不特定債權，預定一最高限額，由債務人或第三人提供抵押物予以擔保之特殊抵押權。

有和解、破產之聲請或有公司重整之聲請,而仍受讓票據者,不屬最高限額抵押權所擔保之債權,但抵押權人不知其情事而受讓者,不在此限(民881-1 III)。

2. **範圍**:最高限額抵押權人就**已確定之原債權**,僅得於其約定之最高限額範圍內,行使其權利(民881-2 I)。

前項債權之**利息、遲延利息、違約金**,與前項債權合計不逾最高限額範圍者,亦同(民881-2 II)。

3. **債權範圍或債務人之變更**:原債權確定前,抵押權人與抵押人得約定變更第八百八十一條之一第二項所定債權之範圍或其債務人(民881-3 I)。

前項變更無須得後次序抵押權人或其他利害關係人同意(民881-3 II)。

4. **擔保原債權應確定之期日**:

(1)約定確定之期日者:最高限額抵押權得約定其所擔保原債權應確定之期日,並得於確定之期日前,約定變更之(民881-4 I)。

前項確定之期日,自抵押權設定時起,不得逾三十年。逾三十年者,縮短為三十年(民881-4 II)。

前項期限,當事人得更新之(民881-4 III)。

(2)未約定確定之期日者:最高限額抵押權所擔保之原債權,未約定確定之期日者,抵押人或抵押權人得隨時請求確定其所擔保之原債權(民881-5 I)。

前項情形,除抵押人與抵押權人另有約定外,自請求之日起,經十五日為其確定期日(民881-5 II)。

5. **原債權確定前法律行為之效力**:

(1)擔保債權移轉:最高限額抵押權所擔保之債權,於原債權確定前讓與他人者,其最高限額抵押權不隨同移轉。第三人為債務人清償債務者,亦同(民881-6 I)。

最高限額抵押權所擔保之債權,於原債權確定前經第三人承擔其債務,而債務人免其責任者,抵押權人就該承擔之部分,不得行使最高限額抵押權(民881-6 II)。

(2)抵押權人與債務人合併:原債權確定前,最高限額抵押權之抵押權人或債務人為法人而有合併之情形者,抵押人得自知悉合併之日起**十五日**內,請求確定原債權。但自合併登記之日起已逾**三十日**,或抵押人為合併之當事人者,不在此限(民881-7 I)。

有前項之請求者，原債權於合併時確定（民881-7 Ⅱ）。

合併後之法人，應於合併之日起十五日內通知抵押人，其未為通知致抵押人受損害者，應負賠償責任（民881-7 Ⅲ）。

前三項之規定，於第三百零六條或法人分割之情形，準用之（民881-7 Ⅳ）。

(3)抵押權之（獨立）讓與：原債權確定前，抵押權人**經抵押人之同意**，得將最高限額抵押權之全部或分割其一部讓與他人（民881-8 Ⅰ）。

原債權確定前，抵押權人**經抵押人之同意**，得使他人成為最高限額抵押權之共有人（民881-8 Ⅱ）。

> **小叮嚀**
>
> 獨立讓與即最高限額抵押權之讓與無須與其擔保債權所由生之一定法律關係或票據關係一併為之，民881-17不准用870條關於普通抵押權之規定。

6. **共有**：最高限額抵押權為數人共有者，各共有人按其**債權額比例**分配其得優先受償之價金。但共有人於原債權確定前，另有約定者，從其約定（民881-9 Ⅰ）。

共有人得依前項按債權額比例分配之權利，**非經共有人全體之同意，不得處分**。但已有應有部分之約定者，不在此限（民881-9 Ⅱ）。

7. **原債權均歸於確定**：為同一債權之擔保，於數不動產上設定最高限額抵押權者，如其擔保之原債權，僅其中一不動產發生確定事由時，各最高限額抵押權所擔保之原債權均歸於確定（民881-10）。

8. **抵押權人、抵押人或債務人死亡**：最高限額抵押權不因抵押權人、抵押人或債務人死亡而受影響。但經約定為原債權確定之事由者，不在此限（民881-11）。

9. **擔保債權確定之事由**：最高限額抵押權所擔保之原債權，除本節另有規定外，因下列事由之一而確定（民881-12 Ⅰ）：

(1)約定之原債權確定期日屆至者。

(2)擔保債權之範圍變更或因其他事由，致原債權不繼續發生者。

(3)擔保債權所由發生之法律關係經終止或因其他事由而消滅者。

(4)債權人拒絕繼續發生債權，債務人請求確定者。

(5)最高限額抵押權人聲請裁定拍賣抵押物，或依第八百七十三條之一之規定為抵押物所有權移轉之請求時，或依第八百七十八條規定訂立契約者。

(6)抵押物因他債權人聲請強制執行經法院查封，而為最高限額抵押權人所知悉，或經執行法院通知最高限額抵押權人者。但抵押物之查封經撤銷時，不在此限。

(7)債務人或抵押人經裁定宣告破產者。但其裁定經廢棄確定時，不在此限。

第八百八十一條之五第二項之規定，於前項第四款之情形，準用之（民881-12 II）。

第一項第六款但書及第七款但書之規定，於原債權確定後，已有第三人受讓擔保債權，或以該債權為標的物設定權利者，不適用之（民881-12 III）。

10. **擔保債權確定事由發生**：最高限額抵押權所擔保之原債權確定事由發生後，債務人或抵押人得請求抵押權人結算實際發生之債權額，並得就該金額請求變更為普通抵押權之登記。但不得逾原約定最高限額之範圍（民881-13）

11. **擔保債權確定後**：

(1)最高限額抵押權所擔保之原債權確定後，除本節另有規定外，其擔保效力不及於繼續發生之債權或取得之票據上之權利（民881-14）。

(2)最高限額抵押權所擔保之原債權確定後，於實際債權額超過最高限額時，為債務人設定抵押權之第三人，或其他對該抵押權之存在有法律上利害關係之人，於清償最高限額為度之金額後，得請求塗銷其抵押權（民881-16）。

12. **時效完成後抵押權之實行**：最高限額抵押權所擔保之債權，其請求權已因時效而消滅，如抵押權人於消滅時效完成後，五年間不實行其抵押權者，該債權不再屬於最高限額抵押權擔保之範圍（民881-15）。

13. **準用普通抵押權之規定**：最高限額抵押權，除第八百六十一條第二項、第八百六十九條第一項、第八百七十條、第八百七十條之一、第八百七十條之二、第八百八十條之規定外，準用關於普通抵押權之規定（民881-17）。

(三) **其他抵押權**：

1. **權利抵押權**：地上權、農育權及典權，均得為抵押權之標的物（民882）。

2. **權利與法定抵押權準用抵押權之規定**：普通抵押權及最高限額抵押權之規定，於前條抵押權及其他抵押權準用之（民883）。

> **小叮嚀**
>
> 權利抵押權係以權利為標的物而設定之抵押權，稱為「權利抵押權」。得為抵押權標的物之權利。

牛刀小試

(　) **1** 對於債務人或第三人不移轉占有而供擔保之不動產，得就其賣得價金受清償之權，稱為：　(A)質權　(B)典權　(C)留置權　(D)抵押權。

(　) **2** 多位抵押權人對於強制執行拍定後之參與分配，應該如何決定其分配之數額？　(A)按比例分配　(B)按登記順序　(C)按借款日期之先後順序　(D)按向書記官聲請登記參與分配之次序先後。

(　) **3** 下列何者非擔保物權之共通特性？　(A)從屬性　(B)不可分性　(C)排他性　(D)物上代位性。

(　) **4** 依照民法之規定，抵押權之效力不及於：　(A)抵押物之從物　(B)抵押物之代位物　(C)抵押物之附合物　(D)抵押物之扣押前孳息

解答與解析

1 (D)。稱普通抵押權者，謂債權人對於債務人或第三人而供其債權擔保之不動產，得就該不動產賣得價金優先受償之權（民860）。

2 (B)。抵押物賣得之價金，除法律另有規定外，按各抵押權成立之次序分配之。其次序相同者，依債權額比例分配之（民874）。

3 (C)。

4 (D)。抵押權之效力，及於抵押物之從物與從權利（民862 I ）。

重點**5** 親屬　　　　重要度 ★★★★

一、 血親、姻親、婚姻

(一) **血親**：

1. **直系血親與旁系血親之定義**：稱直系血親者，謂己身所從出或從己身所出之血親（民967 I ）。

稱旁系血親者，謂非直系血親，而與己身出於同源之血親（民967 II ）。

2. **血親親等之計算**：血親親等之計算，直系血親，從己身上下數，以一世為一親等；旁系血親，從己身數至同源之直系血親，再由同源之直系血親，數至與之計算親等之血親，以其總世數為親等之數（民968）。

(二) **姻親**：

1. **定義**：稱姻親者，謂**血親之配偶、配偶之血親及配偶之血親之配偶**（民969）。

2. **姻親之親系及親等之計算**：

姻親之親系及親等之計算如左（民970）：

(1)血親之配偶，從其配偶之親系及親等。

(2)配偶之血親，從其與配偶之親系及親等。

(3)配偶之血親之配偶，從其與配偶之親系及親等。

(三) **婚姻**：

1. **結婚之形式要件**：

(1)法定年齡：男女未滿**十八歲**者，不得結婚（民980）。

(2)形式要件：結婚應以**書面**為之，有二人以上**證人**之簽名，並應由雙方當事人向**戶政機關**為結婚之登記（民982）。

2. **夫妻之冠姓**：夫妻各保有其本姓。但得書面約定以其本姓冠以配偶之姓，並向戶政機關登記（民1000Ⅰ）。

冠姓之一方得隨時回復其本姓。但於同一婚姻關係存續中以一次為限（民1000Ⅱ）。

3. **同居之義務**：夫妻互負同居之義務。但有不能同居之正當理由者，不在此限（民1001）。

4. **夫妻之住所**：夫妻之住所，由雙方共同協議之；未為協議或協議不成時，得聲請法院定之（民1002Ⅰ）。

法院為前項裁定前，以夫妻共同戶籍地推定為其住所（民1002Ⅱ）。

5. **日常家務之代理**：夫妻於日常家務，互為代理人（民1003Ⅰ）。

夫妻之一方濫用前項代理權時，他方得限制之。但不得對抗善意第三人（民1003Ⅱ）。

小叮嚀

日常家務之代理所生之費用為家庭生活費用之一環，現行法例於婚姻之普通效力，故性質上應認為非屬夫妻財產制之內容，各無民法1008條之限制，就夫妻約定家庭費用之協議，無須登記。

6. **家庭生活費用分擔**：家庭生活費用，除法律或契約另有約定外，由夫妻各依其經濟能力、家事勞動或其他情事分擔之（民1003-1Ⅰ）。
因前項費用所生之債務，由夫妻負連帶責任（民1003-1Ⅱ）。

牛刀小試 ‑‑‑

(　　) **1** 依民法規定，婚姻而發生之親屬關係，稱為：　(A)血親　(B)姻親　(C)妻親　(D)無法律上關係。

(　　) **2** 依照民法第980條之規定，女子未滿幾歲者，不得結婚：(A)20　(B)19　(C)18　(D)16。

解答與解析 ‑‑

1 (B)。

2 (C)。男女未滿**十八歲**者，不得結婚（民980）。

二、夫妻財產制

> **小叮嚀**
> 約定財產制係指基於契約自由原則，婚姻當事人以契約來約定彼此間之夫妻財產關係，以排除法定財產制之適用。故在未約定時，夫妻間之財產制適用法定財產制。

(一) **約定財產制**：夫妻得於結婚前或結婚後，以契約就本法所定之約定財產制中，選擇其一，為其夫妻財產制（民1004）。

(二) **法定財產制**：夫妻未以契約訂立夫妻財產制者，除本法另有規定外，以法定財產制，為其夫妻財產制（民1005）。

(三) **財產制契約**：

1. **夫妻財產制契約要式**：夫妻財產制契約之**訂立、變更或廢止**，應以書面為之（民1007）。

2. **財產制契約之登記**：夫妻財產制契約之訂立、變更或廢止，非經登記，不得以之**對抗**第三人（民1008Ⅰ）。
前項夫妻財產制契約之登記，不影響依其他法律所為財產權登記之效力（民1008Ⅱ）。
第一項之登記，另以法律定之（民1008Ⅲ）。

3. **財產制契約之變更**：夫妻於婚姻關係存續中，得以契約廢止其財產契約，或改用他種約定財產制（民1012）。

1. 民1009刪除理由：

    (1)本條刪除。

    (2)民法親屬編於民國十九年制定時，係以聯合財產制為法定財產制，故為解決夫妻一方受破產宣告時破產財團範圍之問題，訂有本條規定。惟為貫徹憲法保障之男女平等原則，現行法定財產制已修正以瑞士所得分配制為基礎，因此在財產分離為架構下，夫妻之財產均各自保有其所有權權能，亦各負擔債務。故可知我國民法基於男女平等、人格獨立之精神，對夫妻之債務既以各自清償為原則，本條已不符現行法定財產制之精神。

    (3)在法定財產制關係消滅時之剩餘財產分配請求權，既係一身專屬權，他人不得代位行使之，又消費者債務清理條例第九十八條第二項亦規定專屬於債務人本身之權利不屬於清算財團，故於法定財產制之情況下，本條已無規定之實益，爰刪除之。

    (4)又參酌日本個人破產制度立法例，夫妻僅於離婚時得由夫妻協議或訴請法院分配財產，婚姻關係存續中，縱使一方聲請個人破產，亦不將配偶財產納入破產財團，故不生財產分配之問題，考量我國清算制度多參酌日本個人破產制度，故實無再於本法另訂夫妻受破產後改為分別財產制之必要。

    (5)至於夫妻約定共同財產制者，因共同財產本為夫妻公同共有，債務人進入破產或清算程序後，共同財產本應依比例列入破產或清算財團，故無再改用分別財產制之必要，縱刪除本條，亦不影響共同財產制夫妻債務人破產或清算程序之進行。

2. 民1011刪除理由：

    (1)本條刪除。

    (2)現行法定財產制已改以瑞士所得分配制為基礎，採財產分離之架構，讓夫或妻各保有所有權之權能，並自負擔債務。然本條規定，造成目前司法實務上，債權銀行或資產管理公司為追討夫或妻一方之債務，得利用本條規定訴請法院宣告改用分別財產制，再依民法第二百四十二條代位債務人行使民法第一千零三十條之一之剩餘財產分配請求權，致使與夫妻關係完全無關之第三人，可以債權滿足為由，借國家權力之手，強行介入夫妻間財產制之狀態，除將導致夫妻婚後財產因第三人隨時可能介入而產生不穩定狀況，更與法定財產制係立基夫妻財產獨立之立法精神有悖。

(3)本條規定與民法第一千零九條相同,均係民國十九年以聯合財產制為法定財產制時所制定,多年來我國夫妻法定財產制已歷經多次修正,本條規定已不合時宜。

(4)至於夫妻約定共同財產制者,因債權人本可直接對共同財產求償,無再訴請法院另宣告改用分別財產制之必要,故縱刪除本條,亦無損債權人對共同財產制夫妻之求償。

(5)綜上理由,爰將本條刪除之。

牛刀小試 ···

(　　　) 甲夫乙妻未以契約訂定夫妻財產制,依民法之規定,甲乙以下列何種方式為其夫妻財產制?　(A)共同財產制　(B)分別財產制　(C)法定財產制　(D)統一財產制。

解答與解析

(C)。夫妻未以契約訂立夫妻財產制者,除本法另有規定外,以法定財產制,為其夫妻財產制(民1005)。

三、 法定財產制:

(一) **婚前財產與婚後財產**:夫或妻之財產分為婚前財產與婚後財產,由夫妻各自所有。不能證明為婚前或婚後財產者,**推定為婚後財產**;不能證明為夫或妻所有之財產,推定為夫妻共有(民1017Ⅰ)。

夫或妻婚前財產,於婚姻關係存續中所生之孳息,**視為婚後財產**(民1017Ⅱ)。

夫妻以契約訂立夫妻財產制後,於婚姻關係存續中改用法定財產制者,其改用前之財產視為婚前財產(民1017Ⅲ)。

(二) **夫妻財產之管理**:

1. **夫妻財產之管理**:夫或妻各自管理、使用、收益及處分其財產(民1018)。

2. **自由處分金**:夫妻於家庭生活費用外,得協議一定數額之金錢,供夫或妻自由處分(民1018-1)。

3. **夫妻就婚後財產之報告義務**:夫妻就其婚後財產,互負報告之義務(民1022)。

(三) **有害婚後剩餘財產分配：**

1. **夫或妻對婚後財產處分行為之撤銷權：** 夫或妻於婚姻關係存續中就其婚後財產所為之無償行為，有害及法定財產制關係消滅後他方之剩餘財產分配請求權者，他方得聲請法院撤銷之。**但為履行道德上義務所為之相當贈與，不在此限**（民1020-1 Ⅰ）。

   夫或妻於婚姻關係存續中就其婚後財產所為之**有償行為**，於行為時**明知**有損於法定財產制關係消滅後他方之剩餘財產分配請求權者，**以受益人受益時亦知其情事者為限，他方得聲請法院撤銷之**（民1020-1 Ⅱ）。

2. **婚後剩餘財產分配撤銷權之除斥期間：** 前條撤銷權，自夫或妻之一方知有撤銷原因時起，**六個月**間不行使，或自**行為時**起經過**一年**而消滅（民1020-2）。

(四) **夫妻債務之清償：** 夫妻各自對其債務負清償之責（民1023 Ⅰ）。

   夫妻之一方以自己財產清償他方之債務時，雖於婚姻關係存續中，亦得請求償還（民1023 Ⅱ）。

(五) **剩餘財產分配請求權：** 法定財產制關係消滅時，夫或妻現存之婚後財產，扣除婚姻關係存續所負債務後，如有剩餘，其雙方剩餘財產之差額，應平均分配。但下列財產不在此限（民1030-1 Ⅰ）：

1. 因繼承或其他無償取得之財產。

2. 慰撫金。

   夫妻之一方對於婚姻生活無貢獻或協力，或有其他情事，致平均分配有失公平者，法院得調整或免除其分配額（民1030-1 Ⅱ）。

   法院為前項裁判時，應綜合衡酌夫妻婚姻存續期間之家事勞動、子女照顧養育、對家庭付出之整體協力狀況、共同生活及分居時間之久暫、婚後財產取得時間、雙方之經濟能力等因素（民1030-1 Ⅲ）。

   第一項請求權，不得讓與或繼承。但已依契約承諾，或已起訴者，不在此限民1030-1 Ⅳ）。

   第一項剩餘財產差額之分配請求權，自請求權人知有剩餘財產之差額時起，二年間不行使而消滅。自法定財產制關係消滅時起，逾五年者，亦同民1030-1 Ⅴ）。

(六) **法定財產制關係消滅時債務之計算：** 夫或妻之一方以其婚後財產清償其婚前所負債務，或以其婚前財產清償婚姻關係存續中所負債務，除已補

償者外,於法定財產制關係消滅時,應分別納入現存之婚後財產或婚姻關係存續中所負債務計算(民1030-2Ⅰ)。

夫或妻之一方以其前條第一項但書之財產清償婚姻關係存續中其所負債務者,適用前項之規定(民1030-2Ⅱ)。

(七) **法定財產制關係消滅時財產之追加計算**:夫或妻為減少他方對於剩餘財產之分配,而於法定財產制關係消滅前五年內處分其婚後財產者,應將該財產追加計算,視為現存之婚後財產。但為履行道德上義務所為之相當贈與,不在此限(民1030-3Ⅰ)。

前項情形,分配權利人於義務人不足清償其應得之分配額時,得就其不足額,對受領之第三人於其所受利益內請求返還。但受領為有償者,以顯不相當對價取得者為限(民1030-3Ⅱ)。

前項對第三人之請求權,於知悉其分配權利受侵害時起**二年**間不行使而消滅。自法定財產制關係消滅時起,逾**五年**者,亦同(民1030-3Ⅲ)。

(八) **婚後財產與追加計算財產之計算基準**:夫妻現存之婚後財產,其價值計算以法定財產制關係消滅時為準。但夫妻因判決而離婚者,以起訴時為準(民1030-4Ⅰ)。

依前條應追加計算之婚後財產,其價值計算以處分時為準(民1030-4Ⅱ)。

牛刀小試

( ) **1** 依民法第1030條之1規定,法定財產制關係消滅時,夫或妻均有剩餘財產分配請求權,但自請求權人知有剩餘財產分配之差額時起,幾年間不行使而消滅? (A)1 (B)2 (C)3 (D)5。

( ) **2** 法定財產制度關係消滅時,夫或妻現存之婚後財產,扣除婚姻關係存續中所負債務後,如有剩餘,其雙方剩餘財產之差額應平均分配,稱為: (A)贍養費 (B)遺產繼承權 (C)遺產酌給請求權 (D)剩餘財產分配請求權。

解答與解析

1 (B)。第一項剩餘財產差額之分配請求權,自請求權人知有剩餘財產之差額時起,二年間不行使而消滅。自法定財產制關係消滅時起,逾五年者,亦同(民1030-1Ⅴ)。

2 (D)。

重點 6　繼承　　　　　　　　　　重要度 ★★★★

一、 遺產繼承人

(一) **法定繼承人與其順序**：遺產繼承人，除**配偶**外，依左列順序定之（民1138）：

　　1.直系血親卑親屬。　　　　　　2.父母。

　　3.兄弟姊妹。　　　　　　　　　4.祖父母。

(二) **第一順序繼承人之決定**：前條所定第一順序之繼承人，以親等近者為先（民1139）。

(三) **代位繼承**：第一千一百三十八條所定第一順序之繼承人，有於**繼承開始前死亡或喪失繼承權**者，由其**直系血親卑親屬**代位繼承其應繼分（民1140）。

(四) **同順序繼承人之應繼分**：同一順序之繼承人有數人時，按人數平均繼承。但法律另有規定者，不在此限（民1141）。

(五) **配偶之應繼分**：配偶有相互繼承遺產之權，其應繼分，依左列各款定之（民1144）：

　　1.與第一千一百三十八條所定第一順序之繼承人同為繼承時，其應繼分與他繼承人平均。

　　2.與第一千一百三十八條所定第二順序或第三順序之繼承人同為繼承時，其應繼分為遺產二分之一。

　　3.與第一千一百三十八條所定第四順序之繼承人同為繼承時，其應繼分為遺產三分之二。

　　4.無第一千一百三十八條所定第一順序至第四順序之繼承人時，其應繼分為遺產全部。

牛刀小試

(　　) **1** 甲生有一子一女，並收養乙為養子，某日甲因病去世，留下遺產，有繼承權者為：　(A)僅子有繼承權　(B)僅女有繼承權　(C)僅親生之一男一女有繼承權　(D)一子一女及養子乙均有相同繼承權。

( ) **2** 甲夫乙妻育有一子丙，若甲丙同時死亡，則下列何者與乙同為第一順為法定繼承人： (A)甲之父母 (B)甲之兄弟 (C)丙之子女 (D)丙之配偶。

( ) **3** 配偶與被繼承人之直系血親卑親屬同為繼承時，其應繼分為：(A)應繼分為遺產之二分之一 (B)應繼分為遺產之三分之一 (C)應繼分與他繼承人平均 (D)遺產權歸配偶所有。

解答與解析

1 (D)。

2 (C)。遺產繼承人，除配偶外，依左列順序定之（民1138）：
　　1.直系血親卑親屬。　　2.父母。
　　3.兄弟姊妹。　　4.祖父母。

3 (C)。同一順序之繼承人有數人時，按人數平均繼承。但法律另有規定者，不在此限（民1141）。

二、 遺產之繼承

(一) 效力：

1. **繼承之開始**：繼承，因被繼承人死亡而開始（民1147）。

2. **概括繼承有限責任**：繼承人自繼承開始時，除本法另有規定外，承受被繼承人財產上之一切權利、義務。但權利、義務**專屬**於被繼承人本身者，不在此限（民1148Ⅰ）。
繼承人對於被繼承人之債務，**以因繼承所得遺產為限**，負清償責任（民1148Ⅱ）。

> **小叮嚀**
> 民1147採當然繼承主義係指繼承之法律關係，無待當事人另為意思表示或法律行為，乃自被繼承人死亡時當然發生。

3. **財產贈與視同所得遺產之計算期限**：繼承人在繼承開始前**二年內**，從被繼承人受有財產之贈與者，該財產視為其所得遺產（民1148-1Ⅰ）。
前項財產如已移轉或滅失，其價額，依贈與時之價值計算（民1148-1Ⅱ）。

> **小叮嚀**
> 公同共有係指共同繼承人對外構成一綜合體，繼承財產與各公同繼承人之固有財產分別獨立。

4. **遺產之公同共有**：繼承人有數人時，在分割遺產前，各繼承人對於遺產全部為公同共有（民1151）。

5. **債務之連帶責任**：繼承人對於被繼承人之債務，以因繼承所得遺產為限，負連帶責任（民1153 I）。

   繼承人相互間對於被繼承人之債務，除法律另有規定或另有約定外，按其**應繼分比例**負擔之（民1153 II）。

6. **繼承人之權義**：繼承人對於被繼承人之權利、義務，不因繼承而消滅（民1154）。

7. **繼承人開具遺產清冊呈報**：繼承人於**知悉其得繼承之時**起三個月內開具遺產清冊陳報法院（民1156 I）。

   前項三個月期間，法院因繼承人之聲請，認為必要時，得延展之（民1156 II）。

   繼承人有數人時，其中一人已依第一項開具遺產清冊陳報法院者，其他繼承人視為已陳報（民1156 III）。

8. **債權人遺產清冊之提出**：債權人得向法院聲請命繼承人於三個月內提出遺產清冊（民1156-1 I）。

   法院於知悉債權人以訴訟程序或非訟程序向繼承人請求清償繼承債務時，得依職權命繼承人於三個月內提出遺產清冊（民1156-1 II）。

   前條第二項及第三項規定，於第一項及第二項情形，準用之（民1156-1 III）。

9. **報明債權之公示催告與期限**：繼承人依前二條規定陳報法院時，法院應依公示催告程序公告，命被繼承人之債權人於一定期限內報明其債權（民1157 I）。

   前項一定期限，不得在三個月以下（民1157 II）。

10. **償還債務之限制**：繼承人在前條所定之一定期限內，不得對於被繼承人之任何債權人償還債務（民1158）。

11. **依期報明債權之償還**：在第一千一百五十七條所定之一定期限屆滿後，繼承人對於在該一定期限內報明之債權及繼承人所已知之債權，均應按其數額，比例計算，以遺產分別償還。但不得害及有優先權人之利益（民1159 I）。

繼承人對於繼承開始時未屆清償期之債權，亦應依第一項規定予以清償（民1159 II）。

前項未屆清償期之債權，於繼承開始時，視為已到期。其無利息者，其債權額應扣除自第一千一百五十七條所定之一定期限屆滿時起至到期時止之法定利息（民1159 III）。

12. **交付遺贈之限制**：繼承人非依前條規定償還債務後，不得對受遺贈人交付遺贈（民1160）。

13. **繼承人之損害賠償責任及受害人之返還請求權**：

繼承人違反第一千一百五十八條至第一千一百六十條之規定，致被繼承人之債權人受有損害者，應負賠償之責（民1161 I）。

前項受有損害之人，對於不當受領之債權人或受遺贈人，得請求返還其不當受領之數額（民1161 II）。

繼承人對於不當受領之債權人或受遺贈人，不得請求返還其不當受領之數額（民1161 III）。

14. **未依照期限報明債權之償還**：被繼承人之債權人，不於第一千一百五十七條所定之一定期限內報明其債權，而又為繼承人所不知者，僅得就賸餘遺產，行使其權利（民1162）。

15. **繼承人之清償債權責任**：

繼承人未依第一千一百五十六條、第一千一百五十六條之一開具遺產清冊陳報法院者，對於被繼承人債權人之全部債權，仍應按其數額，比例計算，以遺產分別償還。**但不得害及有優先權人之利益**（民1162-1 I）。

前項繼承人，非依前項規定償還債務後，不得對受遺贈人交付遺贈（民1162-1 II）。

繼承人對於繼承開始時未屆清償期之債權，亦應依第一項規定予以清償（民1162-1 III）。

前項**未屆清償期之債權，於繼承開始時，視為已到期**。其無利息者，其債權額應扣除自清償時起至到期時止之法定利息（民1162-1 IV）。

16. **限定繼承之例外原則**：繼承人違反第一千一百六十二條之一規定者，被繼承人之債權得就應受清償而未受償之部分，對該繼承人行使權利（民1162-2 I）。

繼承人對於前項債權人應受清償而未受償部分之清償責任，不以所得遺產為限。但繼承人為無行為能力人或限制行為能力人，不在此限（民1162-2 Ⅱ）。

繼承人違反第一千一百六十二條之一規定，致被繼承人之債權人受有損害者，亦應負賠償之責（民1162-2 Ⅲ）。

前項受有損害之人，對於不當受領之債權人或受遺贈人，得請求返還其不當受領之數額（民1162-2 Ⅳ）。

繼承人對於不當受領之債權人或受遺贈人，不得請求返還其不當受領之數額（民1162-2 Ⅴ）。

17. **限定責任利益之喪失**：繼承人中有下列各款情事之一者，不得主張第一千一百四十八條第二項所定之利益（民1163）：

(1)隱匿遺產情節重大。

(2)在遺產清冊為虛偽之記載情節重大。

(3)意圖詐害被繼承人之債權人之權利而為遺產之處分。

(二) **繼承之拋棄**：

1. **繼承權拋棄之自由與方法**：繼承人得拋棄其繼承權（民1174 Ⅰ）。

前項拋棄，應於**知悉**其得繼承之時起**三個月**內，以書面向法院為之（民1174 Ⅱ）。

拋棄繼承後，應以**書面**通知因其拋棄而應為繼承之人。但不能通知者，不在此限（民1174 Ⅲ）。

2. **效力**：繼承之拋棄，溯及於繼承開始時發生效力（民1175）。

3. **拋棄繼承權人應繼分之歸屬**：第一千一百三十八條所定第一順序之繼承人中有拋棄繼承權者，其應繼分歸屬於其他同為繼承之人（民1176 Ⅰ）。

第二順序至第四順序之繼承人中，有拋棄繼承權者，其應繼分歸屬於其他同一順序之繼承人（民1176 Ⅱ）。

與配偶同為繼承之同一順序繼承人均拋棄繼承權，而無後順序之繼承人時，其應繼分歸屬於配偶（民1176 Ⅲ）。

配偶拋棄繼承權者，其應繼分歸屬於與其同為繼承之人（民1176 Ⅳ）。

第一順序之繼承人，其親等近者均拋棄繼承權時，由次親等之直系血親卑親屬繼承（民1176 Ⅴ）。

先順序繼承人均拋棄其繼承權時，由次順序之繼承人繼承。其次順序繼承人有無不明或第四順序之繼承人均拋棄其繼承權者，準用關於無人承認繼承之規定（民1176 Ⅵ）。

因他人拋棄繼承而應為繼承之人，為拋棄繼承時，應於知悉其得繼承之日起三個月內為之（民1176 Ⅶ）。

牛刀小試

（　　）**1** 甲死亡，其子女均拋棄繼承權時，應由何人繼承？
(A)甲之父母　　(B)甲之兄弟姊妹
(C)甲之祖父母　(D)甲之孫子女。

（　　）**2** 依民法繼承編修正條文，無行為能力人或限制行為能力人對於被繼承人之債務，負如何之責任？
(A)以所得遺產為限，負清償責任
(B)不負清償責任
(C)拋棄繼承者，以所得遺產為限，負清償責任
(D)負完全清償責任。

解答與解析

1 (D)。第一順序之繼承人，其親等近者均拋棄繼承權時，由次親等之直系血親卑親屬繼承（民1176 Ⅴ）。

2 (A)。繼承人對於被繼承人之債務，**以因繼承所得遺產為限**，負清償責任（民1148 Ⅱ）。

重點 7　信用卡定型化契約範本　　重要度 ★★★

資料來源：金融管理監督委員會銀行局網站

信用卡定型化契約範本（無定式）

申請人與○○銀行/股份有限公司
（註：請載明發卡機構全銜）（以下簡稱發卡機構）
（註：發卡機構得自行訂定其他簡稱）
間因申請持用信用卡事宜，雙方約定並願遵守下列條款：

第一條 （定義）	本契約所用名詞定義如下： 一、「持卡人」：指經發卡機構同意並核發信用卡之人，且無其他特別約定時，包含正卡及附卡持卡人。 二、「收單機構」：指經各信用卡組織授權辦理特約商店簽約事宜，並於特約商店請款時，先行墊付持卡人交易帳款予特約商店之機構。 三、「特約商店」：指與收單機構簽訂特約商店契約，並依該契約接受信用卡交易之商店，且無其他特別約定時，包含辦理預借現金之機構。 四、「信用額度」：指如無其他特別約定時，係指發卡機構依持卡人之財務收入狀況、職業、職務或與金融機構往來紀錄等信用資料，核給持卡人累計使用信用卡所生帳款之最高限額。 五、「應付帳款」：指如無其他特別約定時，係指當期及前期累計未繳信用卡消費全部款項、預借現金金額，加上循環信用利息、年費、預借現金手續費、掛失手續費或調閱簽帳單手續費等其他應繳款項。 六、「得計入循環信用本金之帳款」：指依第十四條第四項或第十五條第二項計算循環信用時，自 □各筆帳款入帳日起 □各筆帳款結帳日起 □各筆帳款當期繳款截止日起 （註：各發卡機構可選定其一做為起息日，但不得早於實際撥款日，並對持卡人負有說明義務。）至全部應付帳款結清之日止，所有入帳之每筆信用卡消費款項與預借現金金額之未清償部分，但不包含當期消費帳款、當期預借現金金額、循環信用利息、違約金及年費、預借現金手續費、掛失手續費或調閱簽帳單手續費等費用。

信用卡定型化契約範本（無定式）	
第一條 （定義）	七、「入帳日」：指發卡機構代持卡人給付款項予收單機構或特約商店或為持卡人負擔墊款義務，並登錄於持卡人帳上之日。 八、「結匯日」：係指持卡人於國外持卡消費後，由發卡機構或發卡機構授權之代理人依各信用卡組織按約所列匯率，將持卡人之外幣應付帳款折算為新臺幣或約定外幣結付之日。 九、「結帳日」：係指發卡機構按期結算持卡人應付帳款之截止日。超過結帳日後始入帳之應付帳款列入次期計算之。 十、「繳款截止日」：指持卡人每期繳納應付帳款最後期限之日。 十一、「帳單」：指發卡機構交付持卡人之交易明細暨繳款通知書。
第二條 （申請）	信用卡申請人應將個人、財務資料及其他相關資料據實填載於申請表格各欄，並依發卡機構要求提出真實及正確之有關資料或證明文件。 持卡人留存於發卡機構之資料有所變動時，應即通知發卡機構。（註：各發卡機構如特別要求以書面通知者，應於契約中明定之。） 以學生身分申請信用卡者，發卡機構應將發卡情事通知其父母或法定代理人。
第三條 （附卡 持卡人）	正卡持卡人得經發卡機構同意為第三人申請核發附卡。正卡持卡人就其本人與附卡持卡人使用信用卡所生應付帳款之全部負清償責任。 如正卡持卡人未依前項規定清償時，附卡持卡人僅就使用該附卡所生應付帳款負清償責任。 正卡持卡人得隨時通知發卡機構停止或終止附卡持卡人之使用權利。 發卡機構停止正卡持卡人使用信用卡之權利或正卡信用卡契約被終止或解除時，除另有約定外，附卡亦應隨之停止使用、契約終止或解除。
第四條 （個人資料之 蒐集、處理及 利用）	發卡機構僅得於信用卡申請或履行契約之目的範圍內，蒐集、處理、利用及國際傳輸信用卡申請人或持卡人（含保證人）之個人資料及與金融機構之往來資料。但相關法規另有規定者，不在此限。

信用卡定型化契約範本（無定式）	
第四條 （個人資料之 蒐集、處理及 利用）	基於前項之特定目的範圍內，信用卡申請人或持卡人（含保證人）同意發卡機構得將信用卡申請人或持卡人（含保證人）之個人資料及與發卡機構之往來資料（以下簡稱個人資料）提供予持卡人往來之金融機構、財團法人聯合信用卡處理中心、財金資訊股份有限公司、信用卡國際組織、財團法人金融聯合徵信中心。 受發卡機構遵循相關法令委任代為處理事務之人及前項信用卡申請人或持卡人（含保證人）同意之對象等第三人，亦得隨時於相關法規所允許之範圍內，蒐集、處理、利用及國際傳輸個人資料。但發卡機構提供予前述機構之信用卡申請人或持卡人（含保證人）之個人資料如有錯誤或變更時，發卡機構應主動適時更正或補充，並要求前述機構更正或補充，及通知信用卡申請人或持卡人（含保證人）。 受發卡機構遵循相關法令委任代為處理事務之人違反個人資料保護法規定，致個人資料遭不法蒐集、處理、利用或其他侵害信用卡申請人或持卡人（含保證人）權利者，信用卡申請人或持卡人（含保證人）得依民法、個人資料保護法或其他相關法令規定，向發卡機構及受發卡機構遵循相關法令委任代為處理事務之人請求連帶賠償。 信用卡申請人或持卡人（含保證人）提供發卡機構之相關資料，如遭發卡機構以外之機構或人員竊取、洩漏、竄改或其他侵害者，應儘速以適當方式通知信用卡申請人或持卡人（含保證人），且信用卡申請人或持卡人（含保證人）向發卡機構要求提供相關資料流向情形時，發卡機構應即提供信用卡申請人或持卡人（含保證人）該等資料流向之機構或人員名單。
第五條 （信用額度）	發卡機構得視持卡人之信用狀況核給信用額度。但發卡機構應事先通知正卡持卡人，並取得其書面同意後，始得調高持卡人信用額度。 持卡人得要求發卡機構調高或降低信用額度；發卡機構對於持卡人調降信用額度之要求，於發卡機構所規定各卡別最低額度以上者，發卡機構不得拒絕。 前二項信用額度調整，若原徵有保證人者，除調高信用額度應事先通知保證人並獲其書面同意外，應於調整核准後通知保證人。（註：若發卡機構未要求持卡人徵有保證人，得不記載本項。）

信用卡定型化契約範本（無定式）	
第五條 （信用額度）	第一項書面同意之方式，持卡人亦得透過網路認證、自動提款機或自動貸款機之方式為之。如發卡機構未確實驗證持卡人或保證人身分，應就持卡人或保證人信用額度調高所造成損失，負擔相關損失責任。（註：發卡機構如未開放持卡人透過網路認證、自動提款機或自動貸款機之方式同意調高信用額度，得不記載其未開放之方式。） 持卡人除有第八條第四項第五款但書所定情形外，不得超過發卡機構核給之信用額度使用信用卡。但持卡人對超過信用額度使用之帳款仍負清償責任。
第六條 （契約雙方之基本義務）	發卡機構應以善良管理人之注意，確保持卡人於發卡機構自行或由各收單機構提供之特約商店，使用信用卡而取得商品、勞務、其他利益或預借現金，並依與持卡人約定之指示方式為持卡人處理使用信用卡交易款項之清償事宜。 持卡人之信用卡屬於發卡機構之財產，持卡人應妥善保管及使用信用卡。持卡人應親自使用信用卡，不得以任何方式將信用卡或其卡片上資料交付或授權他人使用。 持卡人就開卡密碼或其他辨識持卡人同一性之方式應予以保密，不得告知第三人。 持卡人不得與他人或特約商店為虛偽不實交易或共謀詐欺，以使用信用卡方式折換現金或取得利益。 持卡人違反第二項至第四項約定致生之應付帳款者，亦應對之負清償責任。 發卡機構應確保廣告內容之真實，對持卡人所負之義務不得低於廣告之內容。
第七條 （年費）	信用卡申請人於發卡機構核發信用卡後，除經發卡機構同意免收或減收年費外，應於發卡機構指定期限內繳交年費（各卡年費詳見信用卡申請書），且不得以第二十二條，或第二十三條第四項及第五項之事由或其他事由請求退還年費。（註：各發卡機構得視其情況自行約定是否收取年費及其收取方式，但應明定於契約中。）但本條第二項、第十九條第三項及第二十一條約定之情形，不在此限。 因不可歸責於持卡人之事由，致終止契約或暫停持卡人使用信用卡之權利達一個月以上者，持卡人得請求按實際持卡月數（未滿一個月者，該月不予計算）比例退還部分年費。

	信用卡定型化契約範本（無定式）
第七條 （年費）	申請人於收到核發之信用卡七日內（註：各發卡機構得視自行狀況酌予延長，但應明定契約中），得通知發卡機構解除契約，無須說明理由及負擔任何費用或價款。但已使用核發新卡者，不在此限。（註：各發卡機構如特別要求申請人以書面通知，或原則上應以信用卡截斷寄回而例外得以其他方式解除契約者，應於契約中明定之。）
第八條 （一般交易及退貨等處理程序）	申請人收到信用卡後，應立即在信用卡上簽名，以降低遭第三人冒用之可能性。 持卡人使用信用卡交易時，於出示信用卡刷卡後，經查對無誤，應於簽帳單上簽名確認，並自行妥善保管簽帳單收執聯，以供查證之用。 持卡人於特約商店同意持卡人就原使用信用卡交易辦理退貨、取消交易、終止服務、變更貨品或其價格時，應向特約商店索取退款單，經查對無誤後，應於退款單上簽名確認，並自行妥善保管退款單收執聯，以供查證之用。但經持卡人及特約商店同意，得以特約商店自行簽認，並以持卡人保留之退貨憑證或其他足資證明文件之方式替代之。 特約商店於下列情形得拒絕接受持卡人使用信用卡交易： 一、信用卡為偽造、變造或有破損、斷裂、缺角、打洞、簽名欄為空白、簽名模糊無法辨認及簽名塗改之情事者。 二、信用卡有效期限屆至、業依第十七條第一項辦理掛失或本契約已解除或終止者。 三、發卡機構已暫停持卡人使用信用卡之權利者。 四、持卡之人在簽帳單上之簽名與信用卡上之簽名不符、持卡之人與信用卡上之照片不符，或得以其他方式證明持卡之人非發卡機構同意核發信用卡之本人者。 五、持卡人累計本次交易後，已超過發卡機構原核給信用額度者。但超過部分經持卡人以現金補足，或經發卡機構考量持卡人之信用及往來狀況，特別授權特約商店得接受其使用信用卡交易者，不在此限。 前項第一款、第二款或第四款之情形者，特約商店得拒絕返還該信用卡。

信用卡定型化契約範本（無定式）	
第八條 （一般交易及退貨等處理程序）	持卡人如遇有特約商店或辦理預借現金機構依第四項各款以外之事由拒絕持卡人使用信用卡交易，或以使用信用卡為由要求增加商品或服務價格者，得向發卡機構提出申訴，發卡機構應自行或於轉請收單機構查明後，將處理情形告知持卡人。如經查明就特約商店或預借現金機構上述情事，發卡機構有故意或重大過失者，應對持卡人負損害賠償責任。
第九條 （特殊交易）	依交易習慣或交易特殊性質，其係以郵購、電話訂購、傳真、網際網路、行動裝置、自動販賣設備等其他類似方式訂購商品、取得服務、代付費用而使用信用卡付款，或使用信用卡於自動化設備上預借現金等情形，發卡機構得以密碼、電話確認、收貨單上之簽名、郵寄憑證或其他得以辨識當事人同一性及確認持卡人意思表示之方式代之，無須使用簽帳單或當場簽名。 持卡人原須以簽名方式結帳之交易，倘國內消費金額於新臺幣三千元以下或國外消費金額屬於信用卡國際組織規定之免簽名交易者，特約商店得以免簽名方式結帳。
第十條 （預借現金）	持卡人以信用卡辦理預借現金時，須依發卡機構及辦理預借現金之機構有關規定及程序辦理，並應繳付發卡機構依每筆預借現金金額百分之＿＿＿計算之手續費（註：各發卡機構得視狀況自行約定是否收取預借現金手續費，或載明收取方式及計算公式，但應明定於契約中），並得隨時清償。預借現金金額於當期繳款期限截止日前如未全部清償，發卡機構應就未清償部分依第十五條約定計收循環信用利息。 持卡人不得以信用卡向未經主管機關核准或非各信用卡組織委託辦理預借現金之機構或向第三人直接或間接取得資金融通。 發卡機構如同意向持卡人提供預借現金服務者，持卡人得隨時開啟或要求停止使用預借現金功能。
第十一條 （暫停支付）	持卡人如與特約商店就有關商品或服務之品質、數量、金額，或與委託辦理預借現金機構就取得金錢之金額有所爭議時，應向特約商店或委託辦理預借現金機構尋求解決，不得以此作為向發卡機構拒繳應付帳款之抗辯。

信用卡定型化契約範本（無定式）	
第十一條 （暫停支付）	持卡人使用信用卡時，如符合各信用卡組織作業規定之下列特殊情形：如預訂商品未獲特約商店移轉商品或其數量不符、預訂服務未獲提供，或於自動化設備上預借現金而未取得金錢或數量不符時，應先向特約商店或辦理預借現金機構尋求解決。如無法解決時，應於繳款截止日期前（註：各發卡機構得視自行狀況酌予延長，但應明定於契約中），檢具發卡機構要求之相關證明文件，請求發卡機構就該筆交易以第十三條帳款疑義處理程序辦理，不受前項約定之限制。 持卡人使用信用卡進行郵購買賣或訪問買賣後，依消費者保護法第十九條規定向特約商店解除契約者，準用前項之約定。
第十二條 （帳單及其他 通知）	持卡人之應付帳款如於當期結帳日前發生變動或尚未清償，除持卡人已逾期繳款進入催收程序將依發卡機構催收方式辦理外，發卡機構應按約定依持卡人指定之帳單地址或事先與持卡人約定之電子文件或其他方式寄送帳單。如持卡人於當期繳款截止日起七日前（註：各發卡機構得視個別狀況酌予延長，但應明定於契約中），仍未收到帳單，得向發卡機構查詢，並得請求以掛號郵件、限時郵件、普通郵件、傳真、電子文件或其他適當方式補送，其費用由發卡機構負擔。 發卡機構得就正卡及附卡之帳單合併印製。但附卡持卡人得請求提供附卡消費明細清單。 持卡人得致電發卡機構消費者服務專線，請求發卡機構免費提供最近＿＿個帳款期間（含當期）內之交易明細。但倘持卡人要求發卡機構提供超過＿＿個帳款期間以前之帳單，發卡機構得按每帳款期間收取新臺幣＿＿元之補發帳單手續費。（註：發卡機構如採取消費者服務專線電話以外之方式供持卡人申請調閱過期帳單，應明定其程序、條件及手續費於契約中。） 發卡機構將持卡人延遲繳款超過一個月以上、強制停卡、催收及呆帳等信用不良之紀錄登錄於聯徵中心前，須於報送五日前將登錄信用不良原因及對持卡人可能之影響情形，以書面或事先與持卡人約定之電子文件告知持卡人。 持卡人於申請表格所載之連絡地址或其他聯絡方式有所變更而未通知發卡機構者，則以最後通知之連絡地址或申請表格上所載連絡地址為發卡機構應為送達之處所。發卡機構將業務上有關文書或應為之通知，向持卡人最後通知之連絡地址或申請表格所載連絡地址發出後，經通常郵遞之期間，即推定已合法送達。

信用卡定型化契約範本（無定式）	
第十三條 （帳款疑義之 處理程序）	持卡人於當期繳款截止日前，如對帳單所載之交易明細有疑義，得檢具理由及發卡機構要求之證明文件（如簽帳單或退款單收執聯等）通知發卡機構協助處理，或同意負擔調單手續費（國內交易每筆____元，國外交易每筆____元，且不得逾新臺幣一百元；各發卡機構得自行約定是否收取，但應明定於契約中）後，請發卡機構向收單機構調閱簽帳單或退款單。持卡人請求發卡機構向收單機構調閱簽帳單或退款單時，約定由持卡人給付調單手續費者，如調查結果發現持卡人確係遭人盜刷或帳款疑義非可歸責於持卡人之事由時，其調單手續費由發卡機構負擔。 如持卡人主張暫停支付時，於其同意依各信用卡國際組織作業規定繳付帳款疑義處理費用後，得請發卡機構向收單機構或辦理預借現金機構進行扣款、信用卡國際組織仲裁等主張，並得就該筆交易對發卡機構提出暫停付款之要求。 因發生疑義而暫停付款之帳款，如持卡人不同意繳付前項帳款疑義處理費用或經發卡機構證明無誤或因非可歸責於發卡機構之事由而不得扣款時，持卡人於受發卡機構通知後應立即繳付之，並自原繳款期限之次日起，以年息百分之____計付利息予發卡機構。（註：各發卡機構得視本身資金成本自行約定是否收取利息或其計算方式，但應明定於契約中，惟不得高於循環信用利率。） 持卡人與特約商店發生消費糾紛時，發卡機構應予協助，有疑義時，並應為有利於消費者之處理。
第十四條 （繳款）	持卡人於當期繳款截止日前，應繳付當期帳單所載之應付帳款或最低應繳金額以上之帳款。 前項繳款截止日，如遇銀行未對外營業之日者，得延至次一營業日。 持卡人每期最低應繳金額為____。（註：各發卡機構得視本身狀況自行約定最低應繳金額之計算方式，但應明定於契約中，且不得低於信用卡當期消費款項之百分之十。） 持卡人應依第一項約定繳款，持卡人就剩餘未付款項得延後付款，且得隨時清償原延後付款金額之全部或一部。已付款項應依序抵沖當期帳款中之費用、利息、前期剩餘未付款項、新增當期帳款之本金，並就抵沖後之帳款餘額，計付循環信用利息。但主管機關規定全額納入最低應繳帳款或不得動用循環信用款項，除費用、利息外，得約定優先於其他帳款抵沖。

信用卡定型化契約範本（無定式）	
第十四條 （繳款）	（註：各發卡機構得與持卡人約定，將主管機關規定不得動用循環信用功能，而需於當期入帳並由持卡人繳清之帳款，如：刷卡申購基金帳款或信用卡分期付款帳款，於費用及利息後，優先於前期剩餘未付款項沖抵。） 持卡人如有溢繳應付帳款之情形，應依持卡人指示或雙方約定方式處理。如持卡人無其他約定或特別指示，得以之抵付後續須給付發卡機構之應付帳款。 發卡機構對於持卡人到期未續卡，而其帳戶內尚有溢繳款項者，於寄發帳單時，應以顯著文字提醒持卡人並主動聯絡持卡人指示發卡機構處理。
第十五條 （循環信用利息及違約金） （註：本條約款應全部以紅色文字標示）	持卡人應依第十四條第一項約定繳款，並應依第十四條第四項規定計付循環信用利息。 各筆循環信用利息之計算，係將每筆「得計入循環信用本金之帳款」，自 □各筆帳款入帳日起 □各筆帳款結帳日起 □各筆帳款當期繳款截止日起（但不得早於實際撥款日），就該帳款之餘額以各筆帳款於起息日應適用之循環信用利率計算至該筆帳款結清之日止（元以下四捨五入，若發卡機構就循環信用利率採浮動方式計算，得隨指標利率之變動而調整）；持卡人於當期繳款截止日前結清全部應付帳款，或繳款後剩餘未付款項不足新臺幣一千元（或等值約定結付外幣），則當期結帳日後發生之循環信用利息不予計收。（註：對同時持有發卡機構兩張以上信用卡之持卡人，其循環信用之使用及「得計入循環信用本金之帳款」之計算，如採持卡人歸戶合併處理者【非依卡片類別分開處理者】，應明定於契約。） 發卡機構應於核卡同意後通知持卡人適用之循環信用利率。（註：發卡機構得就循環信用利率得採浮動式計算，但應說明指標利率、加碼區間及計算方式。） 持卡人如未於每月繳款截止日前付清當期最低應繳金額，應依第二項約定計付循環信用利息，並同意發卡機構得依本約款收取違約金或催收費用，各帳單週期之違約金或催收費用之計算方式為＿＿＿。（各發卡機構得自行決定是否收取違約金或催收費用以及收取標準。但擬收取者應明定於契約，並應採固定金額方式計收、合理反映因持卡人違約所生之作業成本、注意符合衡平原則。）

信用卡定型化契約範本（無定式）	
第十五條 （循環信用利息及違約金） （註：本條約款應全部以紅色文字標示）	（註：各發卡機構就「得計入循環信用本金之帳款」、循環信用利息及違約金或催收費用之計算方式，應於實際契約及持卡人手冊中以淺顯文字輔以案例具體說明其範圍、計息方式、起訖期間及利率，又各發卡機構計收之循環信用利息與違約金，若兩者合計實質之利率逾年利率百分之二十，各發卡機構應於契約中舉例計算公式，並以顯著方式標示，以利持卡人瞭解。）
第十六條 （國外交易授權結匯）	持卡人所有使用信用卡交易帳款均應以新臺幣或約定外幣結付，如交易（含辦理退款）之貨幣非為新臺幣時，則授權發卡機構依各信用卡國際組織依約所列之結匯日匯率直接換算為新臺幣或約定結付外幣，加計發卡機構應向各該國際組織給付之手續費及發卡機構以交易金額百分之＿＿＿計算之國外交易服務費後結付。 （註：各發卡機構得視其狀況約定是否收取國外交易服務費，但應明定於契約中，且不得逾交易金額之百分之0.5。） 持卡人授權發卡機構為其在於中華民國境內之結匯代理人，辦理信用卡在國外使用信用卡交易之結匯手續，但持卡人應支付之外幣結匯金額超過法定限額者，持卡人應以外幣支付該超過法定限額之款項。
第十七條 （卡片遺失等情形） （註：本條約款應全部以紅色文字標示）	持卡人之信用卡如有遺失、被竊、被搶、詐取或其他遭持卡人以外之他人占有之情形（以下簡稱遺失等情形），應儘速以電話或其他方式通知發卡機構或其他經發卡機構指定機構辦理掛失手續，並繳交掛失手續費新臺幣＿＿＿元（不得逾新臺幣二百元；註：各發卡機構得自行視其狀況約定是否收取掛失手續費，但應明定於契約）。但如發卡機構認有必要時，應於受理掛失手續日起十日內通知持卡人，要求於受通知日起三日內向當地警察機關報案或以書面補行通知發卡機構。 持卡人自辦理掛失手續時起被冒用所發生之損失，概由發卡機構負擔。但有下列情形之一者，持卡人仍應負擔辦理掛失手續後被冒用之損失： 一、他人之冒用為持卡人容許或故意將信用卡交其使用者。 二、持卡人因故意或重大過失將使用自動化設備辦理預借現金或進行其他交易之交易密碼或其他辨識持卡人同一性之方式使他人知悉者。 三、持卡人與他人或特約商店為虛偽不實交易或共謀詐欺者。

信用卡定型化契約範本（無定式）	
第十七條 （卡片遺失等 情形） （註：本條約 款應全部以 紅色文字標 示）	辦理掛失手續前持卡人被冒用之自負額以新臺幣＿＿＿元為上限。（各發卡機構得自行視本身狀況約定收取不超過新臺幣三千元之金額，且應明定於契約中。）但有下列情形之一者，持卡人免負擔自負額： 一、持卡人於辦理信用卡掛失手續時起前二十四小時內被冒用者。 二、冒用者在簽單上之簽名，以肉眼即可辨識與持卡人之簽名顯不相同或以善良管理人之注意而可辨識與持卡人之簽名不相同者。 持卡人有本條第二項但書及下列情形之一，且發卡機構能證明已盡善良管理人之注意義務者，其被冒用之自負額不適用前項約定： 一、持卡人得知信用卡遺失或被竊等情形而怠於立即通知發卡機構，或持卡人發生信用卡遺失或被竊等情形後，自當期繳款截止日起已逾二十日仍未通知發卡機構者。 二、持卡人違反第八條第一項約定，未於信用卡簽名致他人冒用者。 三、持卡人於辦理信用卡掛失手續後，未提出發卡機構所請求之文件、拒絕協助調查或有其他違反誠信原則之行為者。 在自動化設備辦理預借現金部分，持卡人辦理掛失手續前之冒用損失，由持卡人負擔，不適用第三項自負額之約定。
第十八條 （遭冒用之特 殊交易）	持卡人之信用卡如有遭他人冒用為第九條特殊交易之情形，持卡人應儘速以電話或其他方式通知發卡機構或其他經發卡機構指定機構辦理停卡及換卡手續。但如發卡機構認有必要時，得於受理停卡及換卡手續日起十日內通知持卡人，要求於受通知日起三日內向當地警察機關報案或以書面補行通知發卡機構。 持卡人辦理停卡及換卡手續前被冒用所發生之損失，概由發卡機構負擔。但有前條第二項但書或下列情形之一者，持卡人應負擔辦理停卡及換卡手續前被冒用之全部損失： 一、持卡人得知信用卡遭冒用等情形而怠於立即通知發卡機構者。 二、持卡人經發卡機構通知辦理換卡，但怠於辦理或拒絕辦理換卡者。 三、持卡人於辦理信用卡停卡及換卡手續後，未提出發卡機構所請求之文件、拒絕協助調查或有其他違反誠信原則之行為者。

信用卡定型化契約範本（無定式）	
第十九條 （補發新卡、換 發新卡及屆期 續發新卡）	持卡人發生信用卡遺失或被竊等情形或污損、消磁、刮傷或其他原因致令信用卡不堪使用，發卡機構得依持卡人之申請補發新卡。 發卡機構於信用卡有效期間屆滿時，如未依第二十三條終止契約者，應續發新卡供持卡人繼續使用。 信用卡有效期間屆滿前，持卡人如無續用之意願，須於有效期限屆滿前，事先通知發卡機構終止本契約或於接獲續發新卡後七日內（註：各發卡機構得酌予延長，但應明定於契約中）通知發卡機構終止本契約，無須說明理由及負擔任何費用或價款，但已使用核發新卡者，不在此限。（註：各發卡機構如特別要求持卡人以書面通知，或原則上應以信用卡截斷寄回而例外得以其他方式終止契約者，應於契約中明定之。）
第二十條 （抵銷及 抵充）	持卡人經發卡機構依第二十三條主張視為全部到期之權利時，發卡機構得將持卡人寄存於發卡機構之各種存款（支票存款除外）及對發卡機構之其他債權於必要範圍內期前清償，並得將期前清償之款項抵銷持卡人對發卡機構所負本契約之債務。（註：有關支票存款抵銷之約定部分，各發卡機構得參照財政部金融局授權，金融人員研究訓練中心於民國八十四年發行之「銀行定型化契約之研究－授信及催收有關契約」第一五六頁，以適當文字於支票存款約定書中訂定之。） 發卡機構預定抵銷之意思表示，應以書面方式通知持卡人，其內容應包括行使抵銷權之事由、抵銷權之種類及數額，並以下列順序辦理抵銷： 一、已屆清償期者先抵銷，未屆清償期者後抵銷。 二、抵銷存款時，以存款利率低者先抵銷。
第二十一條 （契約之 變更）	本契約約款如有修改或增刪時，發卡機構以書面、電子文件或其他持卡人同意之方式通知持卡人後，持卡人於七日內不為異議者，視同承認該修改或增刪約款。持卡人如有異議，應通知發卡機構終止契約。 下列事項如有變更，應於變更前六十日以書面或事先與持卡人約定之電子文件通知持卡人，並於該書面或電子文件以顯著明確文字載明其變更事項、新舊約款內容、暨告知持卡人得於變更事項生效前表示異議，及持卡人未於該期間內異議者，視同承認該修改或增刪約款；並告知持卡人如有異議，應於前項異議時間內通知發卡機構終止契約，並得於契約終止後請求按實際持卡月份（不滿一個月者，該月不予計算）比例退還部分年費：

信用卡定型化契約範本（無定式）	
第二十一條（契約之變更）	一、增加持卡人之可能負擔。 二、提高循環信用利率。 三、循環信用利率採浮動式者，變更所選擇之指標利率。 四、變更循環信用利息計算方式。 五、信用卡使用方式及遺失、被竊或滅失時之處理方式。 六、持卡人對他人無權使用其信用卡後所發生之權利義務關係。 七、有關信用卡交易帳款疑義之處理程序與涉及持卡人權利義務之信用卡國際組織相關重要規範。 八、提供持卡人之各項權益、優惠或服務之期間及適用條件。 發卡機構至少每季應定期覆核持卡人所適用利率。除有不可歸責於發卡機構之事由而有需於提供期間內調整之情形外，或發卡機構已公告或通知之持卡人權益、優惠或服務之期間及適用條件外，發卡機構得＿＿＿（例如：每季）調整持卡人所適用利率、向持卡人收取之年費、各項手續費、循環信用利息及違約金等之計算方式及可能負擔之一切費用、其他持卡人權益、優惠或服務之期間及適用條件。（註：各發卡機構與持卡人約定調整頻率，應明定於契約中。） 發卡機構依第一項或第二項通知持卡人變更契約約款時，如持卡人於異議期限內表示異議，並因而終止契約者，發卡機構對於使用循環信用方式或分期付款方式繳款之持卡人，應給予至少六期之緩衝期，但原分期付款剩餘期數小於六期者，依原契約繼續履行。原信用卡契約第[　]條（註：發卡機構應載明之），因繼續履行契約之需要，對發卡機構與持卡人依然有效。
第二十二條（信用卡使用之限制）	持卡人如有下列事由之一者，發卡機構無須事先通知或催告，得降低持卡人之信用額度、調整循環信用最低應繳比率或金額或暫時停止持卡人使用信用卡之權利，並應立即通知持卡人： 一、持卡人於申請時所填寫或提出之文件不實，或未於信用卡上簽名或將信用卡之占有移轉，或與他人或特約商店偽造虛構不實交易行為或共謀詐欺而以信用卡簽帳方式或其他方式折換金錢或取得利益，或以信用卡向未經主管機關核准或非各信用卡組織委託辦理預借現金之機構或向他人直接或間接取得資金融通。

	信用卡定型化契約範本（無定式）
第二十二條（信用卡使用之限制）	二、持卡人因故意或重大過失而將使用自動化設備辦理預借現金或進行其他交易之交易密碼或其他辨識持卡人同一性之方式告知他人者。 三、持卡人連續二期所繳付款項未達發卡機構所定最低應繳金額者。 四、持卡人依法聲請和解、破產、更生、清算、前置協商、公司重整或經票據交換所宣告拒絕往來、停止營業或清理債務者。 五、持卡人為法人或非法人團體之法定代理人、代表人、管理人者，關於該法人或非法人團體經票據交換所公告拒絕往來者。 持卡人如有下列事由之一者，經發卡機構事先通知或催告，且持卡人無法釋明正當理由，得降低持卡人之信用額度、調整循環信用最低應繳比率或金額。情節重大時，得暫時停止持卡人使用信用卡之權利： 一、持卡人有一期所繳付款項未達發卡機構所定最低應繳金額者。 二、持卡人超過信用額度使用信用卡交易者。 三、持卡人存款不足而退票者。 四、持卡人因本條第一項事由遭其他發卡機構暫停使用信用卡之權利或終止信用卡契約者。 五、持卡人主要財產受強制執行者。 六、持卡人因稅務關係被提起訴訟或因涉及財產犯罪遭刑事起訴者。 七、持卡人職業、職務、經濟來源或舉債情形（包含但不限於各金融機構或發卡機構所核發信用卡、現金卡及其他消費性貸款之總額度與往來之狀況）有所變動，有具體事實足供發卡機構降低原先對持卡人信用之估計者。 發卡機構於第一項或第二項各款事由消滅後，或經發卡機構同意持卡人釋明之理由，或持卡人清償部分款項或提供適當之擔保者，得恢復原核給持卡人之信用額度之全部或一部、原循環信用最低應繳比率或金額或使用信用卡之權利。 發卡機構依第一項或第二項調整持卡人循環信用最低應繳比率或金額時，應考慮持卡人過去繳款情形，酌定適當比率或金額。持卡人如有異議，除有第一項第一款或第二款之情形外，發卡機構與持卡人應本誠信原則協商之。

信用卡定型化契約範本（無定式）	
第二十三條 （喪失期限利益及契約之終止）	持卡人如有前條第一項各款事由之一或本契約終止者，發卡機構無須事先通知或催告，得隨時縮短持卡人延後付款期限或視為全部到期。 持卡人如有前條第二項各款事由之一者，經發卡機構事先通知或催告後，發卡機構得隨時縮短持卡人延後付款期限或視為全部到期。持卡人死亡者，亦同。 （註：除本條第一項及第二項之事由外，發卡機構視持卡人信用狀況及確保債權必要，得與持卡人以個別商議方式加列他種事由，該議定事項應於契約中以粗體或不同顏色之醒目方式記載之，並明示經通知或無須通知之不利後果。） 發卡機構於第一項或第二項之事由消滅後，或經發卡機構同意持卡人釋明相當理由，或持卡人清償部分款項或提供適當之擔保者，得恢復持卡人原得延後付款期限或使用循環利息之期限利益。 持卡人得隨時通知發卡機構終止本契約。（註：各發卡機構如特別要求持卡人以書面通知，或原則上應以信用卡截斷寄回而例外得以其他方式終止契約者，應於契約中明定之。） 持卡人如有前條第一項或第二項之事由，或信用卡有效期限屆至者，發卡機構得以書面通知持卡人終止契約。 （註：除本項之事由外，發卡機構視持卡人信用狀況及確保債權必要，得與持卡人以個別商議方式加列他種事由，該議定事項應於契約中以粗體或不同顏色之醒目方式記載之，並明示經通知或無須通知之不利後果。） 本契約終止或解除後，正卡持卡人及附卡持卡人均不得再使用信用卡（含有效期間尚未屆至者）。但如終止或解除其中一種信用卡契約，則僅就該契約發生效力，其他信用卡契約仍為有效。
第二十四條 （適用法律）	本契約之準據法為中華民國法律。 依本契約發生債務之關係，其法律行為之成立要件、效力及方式適用中華民國法律。

信用卡定型化契約範本（無定式）	
第二十五條 （委外業務之 一般處理）	持卡人同意發卡機構之交易帳款收付業務、資料處理業務或其他經主管機關許可得委託他人處理之作業項目，於必要時得委託適當之第三人或與各信用卡組織之會員機構合作辦理。 發卡機構依前項規定委外處理業務時，應督促並確保該等資料利用人遵照銀行法及其他相關法令之保密規定，不得將該等有關資料洩漏予第三人。 受發卡機構委託處理資料利用人，違反個人資料保護法規定，致個人資料遭不法蒐集、處理、利用或其他侵害持卡人權利者，持卡人得依民法、個人資料保護法或其他相關法令規定，向發卡機構及其委託處理資料利用人請求連帶賠償。
第二十六條 （委外業務之 特別處理－ 委外催收之 告知義務）	持卡人如發生遲延返還應付帳款時，發卡機構得將債務催收作業委外處理，並應於債務委外催收前以書面通知持卡人。通知內容應依相關法令規定，載明受委託機構名稱、催收金額、催收錄音紀錄保存期限，及其他相關事項。 發卡機構應將受委託機構基本資料公佈於發卡機構營業場所及網站。 發卡機構未依第一項規定通知或受委託機構未依相關法令規定辦理催收，致持卡人受損者，發卡機構應負連帶賠償責任。
第二十七條 （其他約定 事項）	本契約或其他附件各項約定如有未盡事宜，應由雙方另行協議訂定之。
第二十八條 （管轄法院）	因本契約涉訟時，雙方同意以____地方法院為第一審法院。但不得排除消費者保護法第四十七條或民事訴訟法第四百三十六條之九規定小額訴訟管轄法院之適用。

第 2 章 民事訴訟法

📝 章前導讀

- 本章之學習重點在於管轄法院之判斷、訴訟費用計算之方式、簡易及小額訴訟程序、保全程序等。
- 特別須注意 107 年修正公布之民事訴訟法 223 條關於判決宣示及宣示期日之規定。
- 中華民國 110 年 1 月 20 日總統華總一義字第 11000004871 號令修正公布第 77-25、133、149、249、272、427、444、449-1 條條文；增訂第 211-1、249-1 條條文；並自公布日施行。
- 中華民國 110 年 6 月 16 日總統華總一義字第 11000055311 號令修正公布第 207 條條文；增訂第 114-1 條條文；並自公布日施行。
- 中華民國 110 年 12 月 8 日總統華總一義字第 11000109291 號令修正公布第 182-1、249、469 條條文；刪除第 31-1～31-3 條條文；並自 111 年 1 月 4 日施行

重點 1 民事訴訟法概述　　重要度 ★★★★★

一、 法院

(一) 管轄：

1. **自然人之普通審判籍**：訴訟，由**被告住所地**之法院管轄。被告住所地之法院不能行使職權者，由其居所地之法院管轄。訴之原因事實發生於被告居所地者，亦得由其居所地之法院管轄（民訴1Ⅰ）。

   被告在中華民國現無住所或住所不明者，以其在中華民國之居所，視為其住所；無居所或居所不明者，以其在中華民國最後之住所，視為其住所（民訴1Ⅱ）。

   在外國享有治外法權之中華民國人，不能依前二項規定定管轄法院者，以中央政府所在地視為其住所地（民訴1Ⅲ）。

2. **合意管轄及表意方法**：當事人得以合意定**第一審**管轄法院。但以關於由一定法律關係而生之訴訟為限（民訴24Ⅰ）。

   前項合意，應以**文書**證之（民訴24Ⅱ）。

3. **定管轄之時期（管轄恆定原則）**：定法院之管轄，以**起訴時**為準（民訴27）。

知識加油站

1. 專屬管轄：因重視正確、迅速的公益需求，故法律規定某些訴訟事件專屬於某法院管轄，原告僅得向該法院起訴，不容許法院或當事人任意變更。

   合意管轄：屬於訴訟上契約，故為合意管轄之約定需有訴訟能力，且須法律上非專屬管轄之事件。

2. 管轄恆定原則：不因起訴後定管轄情事之變更而影響法院之管轄。

牛刀小試

(　　) 決定法院之管轄，以何時為準？　(A)起訴時　(B)言詞辯論時　(C)言詞辯論終結時　(D)宣判時。

解答與解析

(A)。定法院之管轄，以**起訴時**為準（民訴27）。

二、　當事人

(一) 當事人能力及訴訟能力：

1. **當事人能力**：有權利能力者，有**當事人能力**（民訴40 I ）。

   胎兒，關於其可享受之利益，有當事人能力（民訴40 II ）。

   非法人之團體，設有代表人或管理人者，有當事人能力（民訴40 III ）。

   中央或地方機關，有當事人能力（民訴40 IV ）。

2. **法定代理及為訴訟所必要之允許應適用之法規**：關於訴訟之法定代理及為訴訟所必要之允許，依民法及其他法令之規定（民訴47）。

知識加油站

1. 當事人能力：係指於民事訴訟中得以自己名義，為確定私權之請求或為其相對人之能力。

2. 當事人適格：

   (1)定義：指當事人就具特定之權利義務關係為訴訟標的進行訴訟，得以自己之名義為原告或被告，請求法院為本案判決之資格。

(2)認定：於給付之訴（原告起訴目的在獲得某些東西）時，依原告主張的形式判斷之；於確認之訴（原告起訴目的在確認某些法律關係）時，依兩造間有無即受法律上利益為準；於形成之訴（原告起訴目的在形成特地法律關係）時，原則上依法律規定判斷，例外始依法理為之。

(二) 訴訟代理人及輔佐人：

1. **訴訟代理人之限制**：訴訟代理人應委任律師為之。但經審判長許可者，亦得委任非律師為訴訟代理人（民訴68 Ⅰ）。

   前項之許可，審判長得隨時以裁定撤銷之，並應送達於為訴訟委任之人（民訴68 Ⅱ）。

   非律師為訴訟代理人之許可準則，由司法院定之（民訴68 Ⅲ）。

2. **委任訴訟代理人之方式**：訴訟代理人，應於最初為訴訟行為時，提出委任書。但由當事人以言詞委任，經法院書記官記明筆錄，或經法院、審判長依法選任者，不在此限（民訴69 Ⅰ）。

   前項委任或選任，應於**每審級**為之。但當事人就特定訴訟於委任書表明其委任不受審級限制，並經**公證**者，不在此限（民訴69 Ⅱ）。

3. **訴訟代理人之權限**：

   (1)自行選任：訴訟代理人就其受委任之事件有為**一切訴訟行為**之權。但**捨棄、認諾、撤回、和解、提起反訴、上訴或再審之訴及選任代理人**，非受**特別委任**不得為之（民訴70 Ⅰ）。

   關於強制執行之行為或領取所爭物，準用前項但書之規定（民訴70 Ⅱ）。

   如於第一項之代理權加以限制者，應於前條之委任書或筆錄內表明（民訴70 Ⅲ）。

   (2)法院選任：法院或審判長依法律規定為當事人選任律師為訴訟代理人者，該訴訟代理人得代理當事人為一切訴訟行為。但不得為捨棄、認諾、撤回或和解（民訴70-1 Ⅰ）。

   當事人自行委任訴訟代理人或表示自為訴訟行為者，前項訴訟代理人之代理權消滅（民訴70-1 Ⅱ）。

   前項情形，應通知選任之訴訟代理人及他造當事人（民訴70-1 Ⅲ）。

知識加油站

1. 一切訴訟行為：民事訴訟法第七十條第一項但書以外之行為，均包含之。
2. 民訴70分類為：
　(1)普通委任：70Ⅰ本文。　(2)特別委任：70Ⅰ但書。　(3)限制委任：70Ⅱ。

牛刀小試

(　　) 訴訟能力，以下列何者為基礎？　(A)當事人能力　(B)識別能力
　(C)權利能力　(D)責任能力。

解答與解析

(C)。有權利能力者，有當事人能力（民訴40Ⅰ）。

三、 訴訟標的價額之核定及訴訟費用（訴訟標的價額恆定原則）：

(一) **訴訟標的價額之核定**：訴訟標的之價額，由法院核定（民訴77-1Ⅰ）。
核定訴訟標的之價額，以**起訴時**之交易價額為準；無交易價額者，以原告就訴訟標的所有之利益為準（民訴77-1Ⅱ）。
法院因核定訴訟標的之價額，得**依職權**調查證據（民訴77-1Ⅲ）。
第一項之核定，得為抗告（民訴77-1Ⅳ）。

(二) **訴訟費用之計算與徵收**：

1. **財產權起訴訴訟標的金額之計算**：因財產權而起訴，其訴訟標的之金額或價額在新臺幣十萬元以下部分，徵收一千元；逾十萬元至一百萬元部分，每萬元徵收一百元；逾一百萬元至一千萬元部分，每萬元徵收九十元；逾一千萬元至一億元部分，每萬元徵收八十元；逾一億元至十億元部分，每萬元徵收七十元；逾十億元部分，每萬元徵收六十元；其畸零之數不滿萬元者，以萬元計算（民訴77-13）。

財產標的金額或價額	訴訟費用
十萬元以下	一千元
逾十萬元至一百萬元	每萬元徵收一百元

財產標的金額或價額	訴訟費用
逾一百萬元至一千萬元	每萬元徵收九十元
逾一千萬元至一億元	每萬元徵收八十元
逾一億元至十億元	每萬元徵收七十元
逾十億元	每萬元徵收六十元 其畸零之數不滿萬元者，以萬元計算

2. **聲請或聲明裁判費之徵收**：聲請或聲明不徵費用。但下列第一款之聲請，徵收裁判費新臺幣**五百元**；第二款至第七款之聲請，徵收裁判費新臺幣**一千元**（民訴77-19）：
   (1)聲請發支付命令。
   (2)聲請參加訴訟或駁回參加。
   (3)聲請回復原狀。
   (4)起訴前聲請證據保全。
   (5)聲請假扣押、假處分或撤銷假扣押、假處分裁定。
   (6)（刪除）
   (7)聲請公示催告或除權判決。

3. **其他費用之徵收**：訴訟文書之影印費、攝影費、抄錄費、翻譯費，證人、鑑定人之日費、旅費及其他進行訴訟之必要費用，其項目及標準由司法院定之（民訴77-23 Ⅰ）。
   運送費、公告法院網站費、登載公報新聞紙費及法院核定之鑑定人報酬，依實支數計算（民訴77-23 Ⅱ）。
   命當事人預納之前二項費用，應專就該事件所預納之項目支用，並得由法院代收代付之。有剩餘者，應於訴訟終結後返還繳款人（民訴77-23 Ⅲ）。
   郵電送達費及法官、書記官、執達員、通譯於法院外為訴訟行為之食、宿、舟、車費，不另徵收（民訴77-23 Ⅳ）。

4. **溢收訴訟費用之返還**：訴訟費用如有溢收情事者，法院應依聲請並得依職權以裁定返還之（民訴77-26 Ⅰ）。
   前項聲請，至遲應於裁判確定或事件終結後三個月內為之（民訴77-26 Ⅱ）。

裁判費如有因法院曉示文字記載錯誤或其他類此情形而繳納者，得於繳費之日起**五年內**聲請返還，法院並得依職權以裁定返還之（民訴77-26Ⅲ）。

(三) **訴訟費用之負擔**：
1. **訴訟費用負擔之原則**：訴訟費用，由敗訴之當事人負擔（民訴78）。
2. **一部勝訴、一部敗訴之負擔標準**：各當事人一部勝訴、一部敗訴者，其訴訟費用，由法院酌量情形，命兩造以比例分擔或命一造負擔，或命兩造各自負擔其支出之訴訟費用（民訴79）。

知識加油站

1. 訴訟標的價額恆定原則：係指訴訟標的之價額，以起訴時之價額為準，不因嗣後情勢變更而有所影響。
2. 訴訟費用：當事人為主張、防衛其權利所應支出之費用，包含裁判費及其他費用。裁判費因具整體性，故須於起訴十一次納清，否則其訴訟全部不合法；其他費用則非起訴必備程式，未納時法院僅得不為該需費的訴訟行為，但不得駁回其訴。

牛刀小試

(　　) **1** 核定訴訟標的之價額，以何時之交易價額為準？
(A)起訴時　　　　　　(B)審判中
(C)訴訟終結時　　(D)判決確定時。

(　　) **2** 聲請或聲明不徵費用，但下列何種情形得徵收裁判費新臺幣五百元？
(A)聲請參加訴訟或駁回參加
(B)聲請發支付命令
(C)起訴前聲請證據保全
(D)聲請回復原狀。

解答與解析

1 (A)。核定訴訟標的之價額，以起訴時之交易價額為準；無交易價額者，以原告就訴訟標的所有之利益為準（民訴77-1Ⅱ）。

2 (B)。 聲請或聲明不徵費用。但下列第一款之聲請，徵收裁判費新臺幣五百元；第二款至第七款之聲請，徵收裁判費新臺幣一千元（民訴77-19）：

(1) 聲請發支付命令。

(2) 聲請參加訴訟或駁回參加。

(3) 聲請回復原狀。

(4) 起訴前聲請證據保全。

(5) 聲請假扣押、假處分或撤銷假扣押、假處分裁定。

(6) （刪除）

(7) 聲請公示催告或除權判決。

四、 訴訟程序

(一) **當事人書狀**：

1. **書狀應記載事項**：當事人書狀，除別有規定外，應記載下列各款事項（民訴116Ⅰ）：

(1)當事人姓名及住所或居所；當事人為法人、其他團體或機關者，其名稱及公務所、事務所或營業所。

(2)有法定代理人、訴訟代理人者，其姓名、住所或居所，及法定代理人與當事人之關係。

(3)訴訟事件。　　　　　　　　(4) 應為之聲明或陳述。

(5)供證明或釋明用之證據。　　(6) 附屬文件及其件數。

(7)法院。　　　　　　　　　　(8) 年、月、日。

書狀內宜記載當事人、法定代理人或訴訟代理人之性別、出生年月日、職業、國民身分證號碼、營利事業統一編號、電話號碼及其他足資辨別之特徵（民訴116Ⅱ）。

當事人得以電信傳真或其他科技設備將書狀傳送於法院，效力與提出書狀同。其辦法，由司法院定之（民訴116Ⅲ）。

當事人書狀之格式及其記載方法，由司法院定之（民訴116Ⅳ）。

2. **書狀之簽名**：當事人或代理人應於書狀內簽名或蓋章。其以指印代簽名者，應由他人代書姓名，記明其事由並簽名（民訴117）。

(二) **言詞辯論**：

1. **言詞辯論之開始**：言詞辯論，以當事人聲明應受裁判之事項為始（民訴192）。

2. **當事人陳述**：當事人就其提出之事實，應為真實及完全之陳述（民訴195 I）。當事人對於他造提出之事實及證據，應為陳述（民訴195 II）。

3. **攻擊或防禦方法**：攻擊或防禦方法，除別有規定外，應依訴訟進行之程度，於言詞辯論終結前**適當時期**提出之（民訴196 I）。
   當事人意圖延滯訴訟，或因重大過失，逾時始行提出攻擊或防禦方法，有礙訴訟之終結者，法院得駁回之。攻擊或防禦方法之意旨不明瞭，經命其敘明而不為必要之敘明者，亦同（民訴196 II）。

4. **審判長職權**：審判長開閉及指揮言詞辯論，並宣示法院之裁判（民訴198 I）。
   審判長對於不從其命者，得禁止發言（民訴198 II）。
   言詞辯論須續行者，審判長應速定其期日（民訴198 III）。

5. **審判長之闡明權**：審判長應注意令當事人就訴訟關係之事實及法律為適當完全之辯論（民訴199 I）。
   審判長應向當事人發問或曉諭，令其為事實上及法律上陳述、聲明證據或為其他必要之聲明及陳述；其所聲明或陳述有不明瞭或不完足者，應令其敘明或補充之（民訴199 II）。
   陪席法官告明審判長後，得向當事人發問或曉諭（民訴199 III）。
   依原告之聲明及事實上之陳述，得主張數項法律關係，而其主張不明瞭或不完足者，審判長應曉諭其敘明或補充之（民訴199-1 I）。
   被告如主張有消滅或妨礙原告請求之事由，究為防禦方法或提起反訴有疑義時，審判長應闡明之（民訴199-1 II）。

6. **當事人之發問權**：當事人得聲請審判長為必要之發問，並得向審判長陳明後自行發問（民訴200 I）。
   審判長認為當事人聲請之發問或自行發問有不當者，得不為發問或禁止之（民訴200 II）。

7. **再開辯論**：法院於言詞辯論終結後，宣示裁判前，如有必要得命再開言詞辯論（民訴210）。

(三) **裁判**：

1. **裁判之方式**：裁判，除依本法應用判決者外，以裁定行之（民訴220）。

2. **判決之形式要件-言詞辯論主義直接審理原則**：判決，除別有規定外，應本於當事人之言詞辯論為之（民訴221 I ）。

   法官非參與為判決基礎之辯論者，不得參與判決（民訴221 II ）。

3. **自由心證主義**：法院為判決時，應斟酌全辯論意旨及調查證據之結果，依自由心證判斷事實之真偽。但別有規定者，不在此限（民訴222 I ）。

   當事人已證明受有損害而不能證明其數額或證明顯有重大困難者，法院應審酌一切情況，依所得心證定其數額（民訴222 II ）。

   法院依自由心證判斷事實之真偽，不得違背**論理及經驗法則**。得心證之理由，應記明於判決（民訴222 III ）。

4. **公告判決與宣示判決**：判決應公告之；經言詞辯論之判決，應宣示之，但當事人明示於宣示期日不到場或於宣示期日未到場者，不在此限（民訴223 I ）。

   宣示判決，應於言詞辯論終結之期日或辯論終結時指定之期日為之（民訴223 II ）。

   前項指定之宣示期日，自辯論終結時起，獨任審判者，不得逾二星期；合議審判者，不得逾三星期。但案情繁雜或有特殊情形者，不在此限（民訴223 III ）。

   前項判決之宣示，應本於已作成之判決原本為之（民訴223 IV ）。

5. **判決正本之送達**：判決，應以正本送達當事人（民訴229 I ）。

   前項送達，自法院書記官收領判決原本時起，至遲不得逾十日（民訴229 II ）。

   對於判決得上訴者，應於送達當事人之正本內，記載其期間及提出上訴狀之法院（民訴229 III ）。

知識加油站

1. 言詞辯論：
   (1)廣義：法院、當事人，其他訴訟關係人於言詞辯論期日所為之一切訴訟行為所構成之程序。
   (2)狹義：專指當事人於言詞辯論期日所為之行為。
2. 適當時期：依法律規定或由法院酌定之，法院透過闡明，曉諭當事人提出攻擊防禦方法者，使當事人之提出責任具體化、明確化之功能。

3. 闡明的類型：
    (1)將不明瞭者為適當之闡明：針對當事人聲明或陳述不明瞭或矛盾之處，法院闡明令其敘述，使其明瞭不生矛盾。
    (2)訴訟資料補充之闡明：針對當事人聲明或陳述不完足之處，法院闡明令其補充，使其完足。或是當事人已提出若干資料，但尚未完足者。
    (3)除去不當之闡明：當事人之聲明或陳述錯誤或不當，法院令其改為正確或適當。
    (4)訴訟資料提出之闡明：當事人未為之聲明或陳述，亦不得從其聲明或陳述中尋得頭緒者，審判長得無中生有，闡明令其為新的聲明或陳述。

4. 民訴199-1增訂理由：
    (1)本條之增訂在明確法官所肩負之法官定指摘義務，其能藉此防止發生突擊性裁判，滿足程序保障，並據以實現紛爭解決一次性之理念。
    (2)本條第二項之增訂在於公平，為利於被告，平衡追求其程序及實體利益，而加重法官有關反訴提起之闡明義務。
    (3)法官雖負擔闡明義務，但是否為訴之變更追加或提起反訴，仍由當事人決定。

5. 言詞辯論主義：當事人及法院之訴訟行為，應以言詞為之，旨在賦予當事人攻防辯論權。

6. 書面審理原則：當事人之辯論或法院調查證據，以書面為之。

7. 直接審理原則：僅當事人在言詞辯論程序中提出之事實主張、證據，始可做為裁判基礎，而法官非參與當事人之辯論者，不得參與判決，若未參加言詞辯論之法官參與判決，其法院之組織顯然不合法。

8. 自由心證主義：對於證據能力與證據價值不由法律加以限制，而由法官自由裁量判斷，惟自由心證主義仍須由法官斟酌全辯護意旨及調查證據之結果，依論理法則及經驗法則，客觀自由判斷事實真偽。

9. 法定證據主義：對於證據能力及證據價值之取捨，法律皆有規定。

10. 論理法則：以論理認識之方法，即邏輯分析方法。

11. 經驗法則：由社會生活累積的經驗歸納所得之法則，凡日常生活所得之通常經驗及基於專門知識所得之特別經驗均屬之。

牛刀小試

(　　) 下列何者非書狀所應記載之事項？ (A)當事人之出生年月日及身分證號碼 (B)附屬文件及其件數 (C)當事人姓名及住所或居所 (D)法院。

> **解答與解析** ··
>
> **(A)**。當事人書狀,除別有規定外,應記載下列各款事項(民訴116 I):
>
> (1)當事人姓名及住所或居所;當事人為法人、其他團體或機關者,其名稱及公務所、事務所或營業所。
>
> (2)有法定代理人、訴訟代理人者,其姓名、住所或居所,及法定代理人與當事人之關係。
>
> (3)訴訟事件。
>
> (4)應為之聲明或陳述。
>
> (5)供證明或釋明用之證據。
>
> (6)附屬文件及其件數。
>
> (7)法院。
>
> (8)年、月、日。

重點 **2**　第一審程序　　　　　重要度 ★★★

一、通常訴訟程序

(一) **起訴:**

1. **起訴之程式**:起訴,應以訴狀表明下列各款事項,提出於法院為之(民訴244 I):

(1)當事人及法定代理人。

(2)**訴訟標的**及其原因事實。

(3)應受判決事項之聲明。

訴狀內宜記載因定法院管轄及其適用程序所必要之事項(民訴244 II)。

第二百六十五條所定準備言詞辯論之事項,宜於訴狀內記載之(民訴244 III)。

第一項第三款之聲明,於請求金錢賠償損害之訴,原告得在第一項第二款之**原因事實**範圍內,僅表明其全部請求之最低金額,而於第一審言詞辯論終結前補充其聲明。其未補充者,審判長應告以得為補充(民訴244 IV)。

前項情形,依其最低金額適用訴訟程序(民訴244 V)。

2. **言詞辯論期日指定**：法院收受訴狀後，審判長應速定言詞辯論期日。但應依前條之規定逕行駁回，或依第二十八條之規定移送他法院，或須行書狀先行程序者，不在此限（民訴250）。

3. **通知書送達及就審期間**：訴狀，應與言詞辯論期日之通知書，一併送達於被告（民訴251Ⅰ）。

前項送達，距言詞辯論之期日，至少應有**十日**為就審期間。但有急迫情形者，不在此限（民訴251Ⅱ）。

曾行準備程序之事件，前項就審期間至少應有**五日**（民訴251Ⅲ）。

4. **通知書應記載事項**：言詞辯論期日之通知書，應記載到場之日、時及處所。除向律師為送達者外，並應記載不到場時之法定效果（民訴252）。

5. **一事不再理**：當事人不得就已起訴之事件，於訴訟繫屬中，更行起訴（民訴253）。

6. **訴之撤回效力**：訴經撤回者，**視同未起訴**。但**反訴不因本訴撤回而失效力**（民訴263Ⅰ）。

於本案經**終局判決**後將訴撤回者，不得復提起同一之訴（民訴263Ⅱ）。

知識加油站

1. 訴訟標的：係為確定私權所主張或不認之法律關係，欲法院對之加以裁判。至於法律關係乃法律所定為權利主體之人，對人或物所生之權利義務關係。

2. 原因事實之記載：與訴訟標的之特定有關，在金錢債權請求，原因事實之記載方足以使本件訴訟標的與他訴訟標的「識別」，在排他性、支配性權利之請求，原因事實之記載則屬使本案請求有理由之資料。

3. 一事不再理：又稱重複起訴禁止原則，係為防止他造應訴之煩及追求訴訟經濟，並防止判決矛盾，當事人不得就已起訴之事件，在訴訟繫屬中更行起訴，若違反則裁定駁回。

4. 如何判斷同一事件：通說實務係採：

　(1)當事人同一（包含實質當事人同一、地位互換）。

　(2)訴訟標的相同。

　(3)訴之聲明相同、相反或可代用。

(二) **判決**：

1. **終局判決**：訴訟達於**可為裁判**之程度者，法院應為**終局判決**（民訴381 Ⅰ）。
   命合併辯論之數宗訴訟，其一達於可為裁判之程度者，應先為終局判決
   （民訴381 Ⅱ）。
   但應適用第二百零五條第三項之規定者，不在此限（民訴381 Ⅲ）。

2. **一部終局判決**：訴訟標的之一部或以一訴主張之數項標的，其一達於可
   為裁判之程度者，法院得為一部之終局判決；本訴或反訴達於可為裁判
   之程度者亦同（民訴382）。

3. **捨棄認諾判決**：當事人於言詞辯論時為訴訟標的之**捨棄**或**認諾**者，應本
   於其捨棄或認諾為該當事人敗訴之判決（民訴384）。

4. **一造辯論判決**：言詞辯論期日，當事人之一造不到場者，得**依**到場當事
   人之**聲請**，由其一造辯論而為判決；不到場之當事人，經**再次通知**而仍
   不到場者，並得**依職權**由一造辯論而為判決（民訴385 Ⅰ）。
   前項規定，於訴訟標的對於共同訴訟之各人必須**合一確定**者，言詞辯論
   期日，共同訴訟人中一人到場時，亦適用之（民訴385 Ⅱ）。
   如以前已為辯論或證據調查或未到場人有準備書狀之陳述者，為前項判
   決時，應斟酌之；未到場人以前聲明證據，其必要者，並應調查之（民
   訴385 Ⅲ）。

5. **判決確定之時期（上訴不可分原則）**：判決，於上訴期間屆滿時確定。
   但於上訴期間內有合法之上訴者，阻其確定（民訴398 Ⅰ）。
   不得上訴之判決，於宣示時確定；不宣示者，於公告時確定（民訴
   398 Ⅱ）。

6. **判決確定證明書**：當事人得聲請法院，付與判決確定證明書（民訴
   399 Ⅰ）。
   判決確定證明書，由第一審法院付與之。但卷宗在上級法院者，由上級
   法院付與之（民訴399 Ⅱ）。
   判決確定證明書，應於聲請後**七日內**付與之（民訴399 Ⅲ）。
   前三項之規定，於裁定確定證明書準用之（民訴399 Ⅳ）。

7. **既判力**：除別有規定外，確定之終局判決就經裁判之訴訟標的，有既判
   力（民訴400 Ⅰ）。
   主張抵銷之請求，其成立與否經裁判者，以主張抵銷之額為限，有既判
   力（民訴400 Ⅱ）。

8. **強制調解**：下列事件，除有第四百零六條第一項各款所定情形之一者外，於**起訴前**，應經法院**調解**（民訴403Ⅰ）：

(1)不動產所有人或地上權人或其他利用不動產之人相互間因相鄰關係發生爭執者。

(2)因定不動產之界線或設置界標發生爭執者。

(3)不動產共有人間因共有物之管理、處分或分割發生爭執者。

(4)建築物區分所有人或利用人相互間因建築物或其共同部分之管理發生爭執者。

(5)因增加或減免不動產之租金或地租發生爭執者。

(6)因定地上權之期間、範圍、地租發生爭執者。

(7)因道路交通事故或醫療糾紛發生爭執者。

(8)雇用人與受雇人間因僱傭契約發生爭執者。

(9)合夥人間或隱名合夥人與出名營業人間因合夥發生爭執者。

(10)配偶、直系親屬、四親等內之旁系血親、三親等內之旁系姻親、家長或家屬相互間因財產權發生爭執者。

(11)其他因財產權發生爭執，其標的之金額或價額在新臺幣五十萬元以下者。

前項第十一款所定數額，司法院得因情勢需要，以命令減至新臺幣二十五萬元或增至七十五萬元（民訴403Ⅱ）。

知識加油站

1. 終局判決：使法院繫屬之訴訟事件全部或一部在該審級終了之判決。

2. 捨棄判決：原告對其訴之聲明所主張之法律關係，向法院主張自己請求為無理由或加以拋棄，此時法院必須為原告敗訴之判決。

3. 認諾判決：被告就原告主張之訴訟標的，在法院面前承認其主張為有理由，此時法院應為被告敗訴之判決。

4. 上訴不可分原則：對一審判決之一部提起合法上訴，該判決全部之確定即被阻斷，此時即發生全部移審，全部不確定之效果。

5. 判決確定之時點：原則上於上訴期間屆滿時判決即為確定。

6. 判決確定之效力：

(1)形式上確定力（判決羈束力）：法院不得自為廢棄或變動原判決之內容。當事人不得以通常上訴之方法聲明不服。

(2)實質確定力：既判力。

7. 既判力：
   (1)意義：訴訟標的法律關係經確定判決者，當事人不得就該法律關係更行起訴，法院亦不得為相反之判決。
   (2)作用：
   　A. 消極作用：禁止反覆，若當事人就同訴訟標的再行起訴，後訴為不合法，應以裁定駁回。
   　B. 積極作用：禁止矛盾原則，法院應以「既判事項」作為基礎來審理新訴。
   (3)基準時點：事實審言詞辯論終結時，若在第一審確定，則以一審終結時為基準時點。若上訴二審，因不合法駁回時，也是以第一審言詞辯論終結前，若二審有為實體判決，不論有無上訴至三審，均以二審言詞辯論終結時為基準時點。
   (4)失權效（又稱遮斷效或排除效）：在事實審言詞辯論終結時，所有得提出之攻擊防禦方法，不論當事人未提出有無過失，在判決確定後，就同一訴訟標的不得再主張提出該攻擊防禦方法。
8. 調解：兩造有爭執，在未起訴前由法院從中調停當事人間之法律關係之程序，目的在防止提起訴訟又能解決當事人間之紛爭。

(三) 簡易訴訟程序：

1. 簡易訴訟程序之標的：

　(1)關於財產權之訴訟，其標的之金額或價額在新臺幣五十萬元以下者，適用本章所定之簡易程序（民訴427 Ⅰ ）。

　(2)下列各款訴訟，不問其標的金額或價額一律適用簡易程序（民訴427 Ⅱ）：
   A.因建築物或其他工作物定期租賃或定期借貸關係所生之爭執涉訟者。
   B.僱用人與受僱人間，因僱傭契約涉訟，其僱傭期間在一年以下者。
   C.旅客與旅館主人、飲食店主人或運送人間，因食宿、運送費或因寄存行李、財物涉訟者。
   D.因請求保護占有涉訟者。
   E.因定不動產之界線或設置界標涉訟者。
   F. 本於票據有所請求而涉訟者。
   G.本於合會有所請求而涉訟者。
   H.因請求利息、紅利、租金、退職金或其他定期給付涉訟者。
   I. 因動產租賃或使用借貸關係所生之爭執涉訟者。
   J. 因第一款至第三款、第六款至第九款所定請求之保證關係涉訟者。

  K.本於道路交通事故有所請求而涉訟者。

  L.適用刑事簡易訴訟程序案件之附帶民事訴訟，經裁定移送民事庭者。

2. **言詞起訴之送達與就審期間**：以言詞起訴者，應將筆錄與言詞辯論期日之通知書，一併送達於被告（民訴429Ⅰ）。

  就審期間，至少應有**五日**。但有急迫情形者，不在此限（民訴429Ⅱ）。

3. **通知書應為特別之表明**：言詞辯論期日之通知書，應表明適用簡易訴訟程序，並記載當事人務於期日攜帶所用證物及偕同所舉證人到場（民訴430）。

4. **當事人之自行到庭**：當事人兩造於法院通常開庭之日，得不待通知，自行到場，為訴訟之言詞辯論（民訴432Ⅰ）。

  前項情形，其起訴應記載於言詞辯論筆錄，並認當事人已有第四百二十七條第三項適用簡易程序之合意（民訴432Ⅱ）。

5. **簡易訴訟案件之言詞辯論次數**：簡易訴訟程序事件，法院應以一次期日辯論終結為原則（民訴433-1）。

6. **一造辯論判決**：言詞辯論期日，當事人之一造不到場者，法院得依職權由一造辯論而為判決（民訴433-3）。

7. **判決書記載**：判決書內之事實及理由，得合併記載其要領或引用當事人書狀、筆錄或其他文書，必要時得以之作為附件（民訴434Ⅰ）。

  法院亦得於宣示判決時，命將判決主文及其事實、理由之要領，記載於言詞辯論筆錄，不另作判決書；其筆錄正本或節本之送達，與判決正本之送達，有同一之效力（民訴434Ⅱ）。

  第二百三十條之規定，於前項筆錄準用之（民訴434Ⅲ）。

8. **簡易程序之實行**：簡易訴訟程序在**獨任法官**前行之（民訴436Ⅰ）。

  簡易訴訟程序，除本章別有規定外，仍適用第一章通常訴訟程序之規定（民訴436Ⅱ）。

9. **簡易程序裁判之上訴**：對於簡易程序之第一審裁判，得上訴或抗告於管轄之地方法院，其審判以合議行之（民訴436-1Ⅰ）。

  當事人於前項上訴程序，為訴之變更、追加或提起反訴，致應適用通常訴訟程序者，不得為之（民訴436-1Ⅱ）。

  第一項之上訴及抗告程序，準用第四百三十四條第一項、第四百三十四

條之一及第三編第一章、第四編之規定（民訴436-1 Ⅲ）。

對於依第四百二十七條第五項規定改用通常訴訟程序所為之裁判，得上訴或抗告於管轄之高等法院（民訴436-1 Ⅳ）。

10. **小額訴訟程序：**

(1)小額訴訟程序之標的：關於請求給付金錢或其他代替物或有價證券之訴訟，其標的金額或價額在新台幣十萬元以下者，適用本章所定之小額程序（民訴436-8 Ⅰ）。

法院認適用小額程序為不適當者，得**依職權**以裁定改用簡易程序，並由原法官繼續審理（民訴436-8 Ⅱ）。

前項裁定，不得聲明不服（民訴436-8 Ⅲ）。

第一項之訴訟，其標的之金額或價額在新台幣**五十萬元以下**者，得以當事人之合意適用小額程序，其合意應以文書證之（民訴436-8 Ⅳ）。

(2)管轄法院：小額事件當事人之一造為法人或商人者，於其預定用於同類契約之條款，約定債務履行地或以合意定第一審管轄法院時，不適用第十二條或第二十四條之規定。但兩造均為法人或商人者，不在此限（民訴436-9）。

(3)一造不到場之效果：第四百三十六條之八所定事件，依法應行調解程序者，如當事人一造於調解期日五日前，經合法通知無正當理由而不於調解期日到場，法院得依到場當事人之聲請，命即為訴訟之辯論，並得依職權由其一造辯論而為判決（民訴436-12）。

知識加油站

1. 因定不動產之界線或設置界標涉訟者：指經界不明，或就經界有爭執而求定界線所生之訴訟。

2. 其他定期給付：指一定法律關係，因每次一定期間經過，即會發生之債權，不以一年或不及一年為限。

3. 一造辯論判決：依民訴386條各款之情形，法院始得依職權為之。

4. 小額訴訟：請求給付金錢或其他代替物或有價證券之訴訟，其標的之金額或價額在新台幣10萬元以下者，以簡易程序仍嫌繁雜，難達小額事件之處理程序簡訴化、平民化、大眾化之要求。

牛刀小試

(　) **1** 法院依照當事人之聲請，於起訴前就爭議之民事事件，由當事人自行成立合意以避免訴訟之程序，稱之為？　(A)調解　(B)和解　(C)談判　(D)仲裁。

(　) **2** 民事訴訟法規定，雇傭人與受雇人間，因雇傭契約涉訟，其雇傭期間在一年以下者，適用下列何者程序？　(A)通常訴訟程序　(B)簡易訴訟程序　(C)非訟事件程序　(D)強制執行程序。

(　) **3** 關於財產權之訴訟，其標的金額在新台幣多少以下，適用簡易訴訟程序？　(A)50萬元　(B)60萬元　(C)80萬元　(D)100萬元。

解答與解析

1 (A)。調解：兩造有爭執，在未起訴前由法院從中調停當事人間之法律關係之程序，目的在防止提起訴訟又能解決當事人間之紛爭。

2 (B)。下列各款訴訟，不問其標的金額或價額一律適用簡易程序（民訴427 II）：

(1)因建築物或其他工作物定期租賃或定期借貸關係所生之爭執涉訟者。

(2)雇用人與受雇人間，因僱傭契約涉訟，其僱傭期間在一年以下者。

(3)旅客與旅館主人、飲食店主人或運送人間，因食宿、運送費或因寄存行李、財物涉訟者。

(4)因請求保護占有涉訟者。

(5)因定不動產之界線或設置界標涉訟者。

(6)本於票據有所請求而涉訟者。

(7)本於合會有所請求而涉訟者。

(8)因請求利息、紅利、租金、退職金或其他定期給付涉訟者。

(9)因動產租賃或使用借貸關係所生之爭執涉訟者。

(10)因第一款至第三款、第六款至第九款所定請求之保證關係涉訟者。

3 (A)。關於**財產權之訴訟**，其標的之金額或價額在新臺幣**五十萬元以下**者，適用本章所定之簡易程序（民訴427 I）。

重點**3** 上訴審程序 重要度 ★★★

一、 第二審程序

(一) **起訴**：

1. **上訴之對象**：對於第一審之終局判決，除別有規定外，得上訴於管轄第二審之法院（民訴437）。

2. **上訴之範圍**：前條判決前之裁判，牽涉該判決者，並受第二審法院之審判。但依本法不得聲明不服或得以抗告聲明不服者，不在此限（民訴438）。

3. **上訴期間**：提起上訴，應於第一審判決送達後**二十日**之不變期間內為之。但宣示或公告後送達前之上訴，亦有效力（民訴440）。

───○─── 知識加油站 ───○───

1. 上訴：受不利益判決之當事人對於未確定判決，為求能受更有利益之判決，希望能廢棄或變更原法院之終局判決，對上級法院表示不服之方法。

2. 上訴合法要件：

(1)原判決須得為聲明不服之裁判。

(2)上訴提起須合乎法定程序，並遵守不變期間。

(3)上訴人必須是受不利益判決之當事人，並且未捨棄上訴權。

(4)提起上訴須具備訴之一般起訴要件，惟合法上訴有阻斷判決確定之效力。

牛刀小試 ┄┄┄

(　　) 第一審結束時，應於第一審判決送達後幾日內提起上訴？　 (A)20 (B)30　(C)35　(D)50。

解答與解析 ┄┄┄┄┄┄┄┄┄┄┄┄┄┄┄┄┄┄┄┄┄┄┄┄┄┄┄┄┄

(**A**)。 提起上訴，應於第一審判決送達後二十日之不變期間內為之。但宣示或公告後送達前之上訴，亦有效力（民訴440）。

重點4　督促程序　　　　　　　　　重要度 ★★★

一、 要件

債權人之請求，以給付金錢或其他代替物或有價證券之一定數量為標的者，得聲請法院依督促程序發支付命令（民訴508Ⅰ）。

支付命令之聲請與處理，得視電腦或其他科技設備發展狀況，使用其設備為之。其辦法，由司法院定之（民訴508Ⅱ）。

二、 聲請應表明之事項

支付命令之聲請，應表明下列各款事項（民訴511Ⅰ）：

(一) 當事人及法定代理人。

(二) 請求之標的及其數量。

(三) 請求之原因事實。其有對待給付者，已履行之情形。

(四) 應發支付命令之陳述。

(五) 法院。

債權人之請求，應釋明之（民訴511Ⅱ）。

三、 法院裁定

法院應不訊問債務人，就支付命令之聲請為**裁定**（民訴512）。

四、 支付命令之駁回

支付命令之聲請，不合於第五百零八條至第五百十一條之規定，或依聲請之意旨認債權人之請求為無理由者，法院應以裁定駁回之；就請求之一部不得發支付命令者，應僅就該部分之聲請駁回之（民訴513Ⅰ）。

前項裁定，不得聲明不服（民訴513Ⅱ）。

五、 支付命令之失效

發支付命令後，**三個月內**不能送達於債務人者，其命令失其效力（民訴515Ⅰ）。

前項情形，法院誤發確定證明書者，自確定證明書所載確定日期起五年內，

經撤銷確定證明書時，法院應通知債權人。如債權人於通知送達後**二十日**之不變期間起訴，視為自支付命令聲請時，已經起訴；其於通知送達前起訴者，亦同（民訴515 Ⅱ）。

前項情形，督促程序費用，應作為訴訟費用或調解程序費用之一部（民訴515 Ⅲ）。

六、 債務人異議

債務人對於支付命令之全部或一部，得於送達後**二十日**之不變期間內，不附理由向發命令之法院提出異議（民訴516 Ⅰ）。

債務人得在調解成立或第一審言詞辯論終結前，撤回其異議。但應負擔調解程序費用或訴訟費用（民訴516 Ⅱ）。

七、 逾期異議之駁回

債務人於支付命令送達後，逾二十日之不變期間，始提出異議者，法院應以裁定駁回之（民訴518）。

八、 異議之效力

債務人對於支付命令於法定期間合法提出異議者，支付命令於異議範圍內失其效力，以債權人支付命令之聲請，視為起訴或聲請調解（民訴519 Ⅰ）。

前項情形，督促程序費用，應作為訴訟費用或調解程序費用之一部（民訴519 Ⅱ）。

九、 支付命令之效力

債務人對於支付命令未於法定期間合法提出異議者，支付命令得為執行名義（民訴521 Ⅰ）。

前項情形，為裁定之法院應付與裁定確定證明書（民訴521 Ⅱ）。

債務人主張支付命令上所載債權不存在而提起確認之訴者，法院依債務人聲請，得許其提供相當並確實之擔保，停止強制執行（民訴521 Ⅲ）。

───────────○ 知識加油站 ○───────────

1. 督促程序：債權人請求給付金錢，以其他替代物或有價證券之一定數量為標的，逕依債權人主張為基礎，向債務人發支付命令，債務人在收到支付命令二十日內不異議，則支付命令與確定判決具同一效力。
2. 支付命令裁定原則上以書面審理為主，並不做實質上調查證據訊問當事人。

┌───┐

牛刀小試

( ) 下列敘述何者錯誤？ (A)法院應不訊問債務人，就支付命令之聲請為裁定 (B)發支付命令後，一個月內不能送達於債務人者，其命令失其效力 (C)債權人支付命令之聲請，視為起訴或聲請調解 (D)債務人對於支付命令未於法定期間合法提出異議者，支付命令得為執行名義。

解答與解析

(B)。 發支付命令後，**三個月內**不能送達於債務人者，其命令失其效力（民訴515Ⅰ）。

└───┘

重點 5 保全程序　　　　　　重要度 ★★★

一、 聲請假扣押要件

債權人就**金錢**請求或**得易為金錢**請求之請求，欲保全強制執行者，得聲請假扣押（民訴522Ⅰ）。

前項聲請，就附條件或期限之請求，亦得為之（民訴522Ⅱ）。

二、 假扣押之限制

假扣押，非有日後不能強制執行或甚難執行之虞者，不得為之（民訴523Ⅰ）。

應在外國為強制執行者，視為有日後甚難執行之虞（民訴523Ⅱ）。

三、 管轄法院

假扣押之聲請，由**本案管轄法院或假扣押標的所在地之地方法院**管轄（民訴524 Ⅰ）。

本案管轄法院，為訴訟已繫屬或應繫屬之第一審法院。但訴訟現繫屬於第二審者，得以第二審法院為本案管轄法院（民訴524 Ⅱ）。

假扣押之標的如係債權或須經登記之財產權，以**債務人住所或擔保之標的所在地或登記地**，為假扣押標的所在地（民訴524 Ⅲ）。

四、 聲請假扣押之程式

假扣押之聲請，應表明下列各款事項（民訴525 Ⅰ）：

(一) 當事人及法定代理人。

(二) 請求及其原因事實。

(三) 假扣押之原因。

(四) 法院。

請求非關於一定金額者，應記載其價額（民訴525 Ⅱ）。

依假扣押之標的所在地定法院管轄者，應記載假扣押之標的及其所在地（民訴525 Ⅲ）。

五、 假扣押原因之釋明

請求及**假扣押之原因**，應**釋明**之（民訴526 Ⅰ）。

前項釋明如有不足，而債權人陳明願供擔保或法院認為適當者，法院得定相當之擔保，命供擔保後為假扣押（民訴526 Ⅱ）。

請求及假扣押之原因雖經釋明，法院亦得命債權人供擔保後為假扣押（民訴526 Ⅲ）。

夫或妻基於剩餘財產差額分配請求權聲請假扣押者，前項法院所命供擔保之金額不得高於請求金額之十分之一（民訴526 Ⅳ）。

六、 假扣押之裁定

假扣押裁定內，應記載債務人供所定金額之擔保或將請求之金額提存，得免為或撤銷假扣押（民訴527）。

七、　撤銷假扣押之原因-未依期起訴

本案尚未繫屬者，命假扣押之法院應依債務人聲請，命債權人於一定期間內起訴（民訴529 I）。

下列事項與前項起訴有同一效力（民訴529 II）：

(一) 依督促程序，聲請發支付命令者。

(二) 依本法聲請調解者。

(三) 依第三百九十五條第二項為聲明者。

(四) 依法開始仲裁程序者。

(五) 其他經依法開始起訴前應踐行之程序者。

(六) 基於夫妻剩餘財產差額分配請求權而聲請假扣押，已依民法第一千零十條請求宣告改用分別財產制者。

前項第六款情形，債權人應於宣告改用分別財產制裁定確定之日起**十日**內，起訴請求夫妻剩餘財產差額分配（民訴529 III）。

債權人不於第一項期間內起訴或未遵守前項規定者，債務人得聲請命假扣押之法院撤銷假扣押裁定（民訴529 IV）。

八、　假處分之要件

債權人就**金錢請求以外**之請求，欲保全強制執行者，得聲請假處分（民訴532 I）。

假處分，非因請求標的之現狀變更，有日後不能強制執行，或甚難執行之虞者，不得為之（民訴532 II）。

九、　假處分之方法

假處分所**必要之方法，由法院以裁定酌定**之（民訴535 I）。

前項裁定，得選任管理人及命令或禁止債務人為一定行為（民訴535 II）。

十、　免為或撤銷假處分之情形

假處分所保全之請求，得以金錢之給付達其目的，或債務人將因假處分而受難以補償之重大損害，或有其他特別情事者，法院始得於假處分裁定內，記載債務人供所定金額之擔保後免為或撤銷假處分（民訴536 I）。

假處分裁定未依前項規定為記載者，債務人亦得聲請法院許其供擔保後撤銷假處分（民訴536 Ⅱ）。

法院為前二項裁定前，應使債權人有陳述意見之機會（民訴536 Ⅲ）。

─────────────── 知識加油站 ───────────────

1. 假扣押程序：債權人就金錢請求或得易為金錢請求恐日後不能強制執行或甚難執行之虞，請求法院裁定扣押債務人之財產而禁止債務人處分。
2. 請求：指被保全之權利而言，債權人應提出可使法院信其主張為真實之證據。
3. 假扣押之原因：有保全必要性而言，亦即民訴523 Ⅰ 所指之債務人有日後不能強制執行或甚難執行之虞之情事。

   例 債務人浪費財力、增加負擔、就其財產為部利益處分致將處於無資力狀態、將移往遠地、逃匿無蹤或隱匿財產。

4. 釋明：指提出可供法院即時調查一切證據，使法院產生較薄弱之心證，相信其主張之事實達大致可信之程度。
5. 假處分程序：債權人就金錢請求以外之請求，而因請求標的之現狀變更有日後不能強制執行或甚難執行之虞，得聲請法院裁定假執行。

───────────────────────────────────────

牛刀小試 ···

(　　) 下列敘述何者錯誤？
   (A)債權人就金錢請求或得易為金錢請求之請求，欲保全強制執行者，得聲請假處分
   (B)假扣押之聲請，由本案管轄法院或假扣押標的所在地之地方法院管轄
   (C)假處分所必要之方法，由法院以裁定酌定之
   (D)假扣押裁定內，應記載債務人供所定金額之擔保或將請求之金額提存，得免為或撤銷假扣押。

解答與解析 ···

(A)。債權人就金錢請求或得易為金錢請求之請求，欲保全強制執行者，得聲請假扣押（民訴522 Ⅰ）。

第 3 章 非訟事件法

章前導讀

- 本章之學習重點在於本票裁定之管轄與費用。
- 特別注意 107 年 6 月 13 日修正公布之非訟事件法第 93 條關於登記之公告、第 187 條關於為公司重整裁定前處分之公告及生效日、第 198 條關於施行日之條文。

重點 1 總則　　　　　　　　　　　　　　　　重要度 ★★

一、 事件管轄

(一) **適用範圍**：法院管轄之**非訟事件**，除法律另有規定外，適用本法之規定（非訟1）。

(二) **土地管轄**：非訟事件之管轄，法院依**住所**而定者，在中華民國無住所或住所不明時，以在中華民國之居所視為住所；無居所或居所不明者，以在中華民國最後之住所視為住所（非訟2Ⅰ）。

住所地之法院不能行使職權者，由**居所地**之法院管轄（非訟2Ⅱ）。

無最後住所者，以**財產所在地或司法院所在地**之法院為管轄法院（非訟2Ⅲ）。

(三) **管轄決定**：非訟事件，除本法或其他法律有規定外，依其處理事項之性質，由關係人住所地、事務所或營業所所在地、財產所在地、履行地或行為地之法院管轄（非訟7）。

二、 費用之徵收與負擔

因財產權關係為聲請者，按其標的之金額或價額，以新臺幣依下列標準徵收費用（非訟13）：

(一) 未滿十萬元者，五百元。

(二) 十萬元以上未滿一百萬元者，一千元。

(三) 一百萬元以上未滿一千萬元者，二千元。

(四) 一千萬元以上未滿五千萬元者，三千元。

(五) 五千萬元以上未滿一億元者，四千元。

(六) 一億元以上者，五千元。

三、 聲請及處理

(一) **聲請或陳述之方法**：聲請或陳述，除另有規定外，得以書狀或言詞為之（非訟29Ⅰ）。

以言詞為聲請或陳述時，應在法院書記官前為之（非訟29Ⅱ）。

前項情形，法院書記官應作成**筆錄**，並於筆錄內**簽名**（非訟29Ⅲ）。

(二) **聲請書狀或筆錄應記載事項**：聲請書狀或筆錄，應載明下列各款事項（非訟30Ⅰ）：

1. 聲請人之姓名、性別、出生年月日、身分證統一號碼、職業及住、居所；聲請人為法人、機關或其他團體者，其名稱及公務所、事務所或營業所。

2. 有法定代理人、非訟代理人者，其姓名、性別、出生年月日、身分證統一號碼、職業及住、居所。

3. 聲請之意旨及其原因、事實。

4. 供證明或釋明用之證據。

5. 附屬文件及其件數。

6. 法院。

7. 年、月、日。

聲請人或其代理人，應於書狀或筆錄內簽名；**其不能簽名者，得使他人代書姓名**，由聲請人或其代理人**蓋章或按指印**（非訟30Ⅱ）。

第一項聲請書狀及筆錄之格式，由司法院定之（非訟30Ⅲ）。

(三) **聲請之審查與補正**：非訟事件之聲請，不合程式或不備其他要件者，法院應以**裁定駁回**之。但其情形可以補正者，法院應定期間先命補正（非訟30-1）。

(四) **命聲請人與相對人於期限內陳述意見**：法院收受聲請書狀或筆錄後，得定期間命聲請人以書狀或於期日就特定事項詳為陳述；有相對人者，並得送達聲請書狀繕本或筆錄於相對人，限期命其陳述意見（非訟30-2）。

(五) **參與程序之聲請與通知**：因程序之結果而法律上利害受影響之人，得**聲請參與程序**（非訟30-3Ⅰ）。

法院認為**必要**時，得**依職權**通知前項之人參與程序（非訟30-3Ⅱ）。

重點 2　民事非訟事件　重要度 ★★

出版、拍賣及證書保存事件：

一、聲請拍賣擔保物事件之管轄

民法所定抵押權人、質權人、留置權人及依其他法律所定**擔保物權人**聲請拍賣擔保物事件，由**拍賣物所在地**之法院管轄（非訟72）。

二、無爭執部分擔保物之拍賣

法定抵押權人或未經登記之擔保物權人聲請拍賣擔保物事件，如債務人就擔保物權所擔保債權之發生或其範圍有爭執時，法院僅得就無爭執部分裁定准許拍賣之（非訟73 Ⅰ）。

法院於裁定前，應使債務人有陳述意見之機會（非訟73 Ⅱ）。

三、債務人之陳述意見

最高限額抵押權人聲請拍賣抵押物事件，法院於裁定前，就抵押權所擔保之債權額，應使債務人有陳述意見之機會（非訟74）。

四、爭執部分之曉諭及訴訟相關規定之準用

第七十二條所定事件程序，關係人就聲請所依據之法律關係有爭執者，法院應曉諭其得提起訴訟爭執之（非訟74-1 Ⅰ）。

前項情形，關係人提起訴訟者，準用第一百九十五條規定（非訟74-1 Ⅱ）。

重點 3　商事非訟事件　重要度 ★★

票據事件：

一、本票裁定事件之管轄

票據法第一百二十三條所定執票人就本票聲請法院裁定強制執行事件，由**票據付款地**之法院管轄（非訟194 Ⅰ）。

二人以上為發票人之本票，未載付款地，其**以發票地為付款地，而發票地不在一法院管轄區域內者，各該發票地之法院俱有管轄權**（非訟194 Ⅱ）。

二、確認之訴

發票人主張本票係偽造、變造者，於前條裁定送達後**二十日**內，得對執票人向為裁定之法院提起**確認之訴**（非訟195 Ⅰ）。

發票人證明已依前項規定提起訴訟時，執行法院應**停止強制執行**。但得依**執票人聲請**，許其提供相當**擔保**，**繼續強制執行**，亦得依**發票人聲請**，許其提供相當**擔保，停止強制執行**（非訟195 Ⅱ）。

發票人主張本票債權不存在而提起確認之訴不合於第一項之規定者，法院依**發票人**聲請，得許其提供相當並確實之擔保，停止強制執行（非訟195 Ⅲ）。

─────────────◦─────── 知識加油站 ───◦─────────────

非訟事件：

1. 定義：國家為保護人民私法上權益，干預私權關係創設、變更、消滅而為必要之防範，以免日後發生危害。

2. 分類：區分實益在於處分權主義（第一層面：訴訟之開始由當事人決定；第二層面：審判之對象範圍由當事人決定；第三層面：當事人可決定訴訟之終結）。

 (1) 職權事件：係指法院依職權開始及終結非訟事件，並依職權調查事實及蒐集證據，不受當事人聲請之拘束。

 (2) 聲請事件：非訟程序因關係人聲請而開始或終止，關係人就非訟標的具有處分權。

3. 程序標的：依事件類型區分

 (1) 職權事件：法院在職權範圍內，可自由決定其範圍，又此等程序通常欠缺聲明，判斷上較為抽象，故須仰賴卷宗及法院行為作為評價對象。

 (2) 聲請事件：在傳統權利維護事件，程序標的由聲明目的決定，在真正爭訟事件基本上以聲明為斷，輔以職權調查所得之資料。

牛刀小試

( ) **1** 關於票據事件的確認之訴，下列敘述何者錯誤？

(A)發票人主張本票係偽造、變造者得對執票人向為裁定之法院提起確認之訴

(B)前項訴訟之提起應於十日內提出

(C)發票人證明已依前項規定提起訴訟時，執行法院應停止強制執行。但得依執票人聲請，許其提供相當擔保，繼續強制執行，亦得依發票人聲請，許其提供相當擔保，停止強制執行

(D)發票人主張本票債權不存在，法院依發票人聲請，得許其提供相當並確實之擔保，停止強制執行。

( ) **2** 下列敘述何者錯誤？

(A)非訟事件之管轄，法院依住所而定

(B)非訟事件之聲請，不合程式或不備其他要件者，法院應以裁定駁回之

(C)因程序之結果而法律上利害受影響之人，得聲請參與程序

(D)以言詞為聲請或陳述時，應在法官前為之。

解答與解析

1 (B)。發票人主張本票係偽造、變造者，於前條裁定送達後二十日內，得對執票人向為裁定之法院提起確認之訴（非訟195 I ）。

2 (D)。以言詞為聲請或陳述時，應在法院書記官前為之（非訟29 II ）。

第4章　強制執行法

章前導讀

- 本章之學習重點著重於執行名義、延緩執行、參與分配、執行方法、假扣押、假處分，且須比較動產與不動產之不同。
- 特別注意 108 年 5 月 29 日修正公布之強制執行法第 115-1 條針對繼續性給付債權執行之效力條文的修正。

重點　通則　　　　　　重要度 ★★★★

一、 通則

(一) **執行機關**：民事強制執行事務，於**地方法院**及其分院設民事執行處辦理之（強執1 Ⅰ）。

　　強制執行應依公平合理之原則，兼顧債權人、債務人及其他利害關係人權益，以適當之方法為之，不得逾達成執行目的之必要限度（強執1 Ⅱ）。

(二) **執行名義**：強制執行，依左列執行名義為之（強執4 Ⅰ）：

1. 確定之**終局判決**。
2. 假扣押、假處分、假執行之裁判及其他依民事訴訟法得為強制執行之裁判。
3. 依民事訴訟法成立之和解或調解。
4. 依公證法規定得為強制執行之公證書。
5. 抵押權人或質權人，為拍賣抵押物或質物之聲請，經法院為許可強制執行之裁定者。
6. 其他依法律之規定，得為強制執行名義者。

　　執行名義附有條件、期限或須債權人提供擔保者，於條件成就、期限屆至或供擔保後，始得開始強制執行（強執4 Ⅱ）。

　　執行名義有對待給付者，以債權人已為給付或已提出給付後，始得開始強制執行（強執4 Ⅲ）。

(三) **聲請強制執行應提出之文件**：債權人聲請強制執行，應依左列規定，提出證明文件（強執6 I）：

1. 依第四條第一項第一款聲請者，應提出判決正本並判決確定證明書或各審級之**判決正本**。
2. 依第四條第一項第二款聲請者，應提出**裁判正本**。
3. 依第四條第一項第三款聲請者，應提出**筆錄正本**。
4. 依第四條第一項第四款聲請者，應提出**公證書**。
5. 依第四條第一項第五款聲請者，應提出債權及抵押權或質權之證明文件及**裁定正本**。
6. 依第四條第一項第六款聲請者，應提出得為強制執行名義之**證明文件**。
   前項證明文件，未經提出者，執行法院應調閱卷宗。但受聲請之法院非係原第一審法院時，不在此限（強執6 II）。

(四) **管轄法院**：強制執行由應執行之**標的物所在地或應為執行行為地之法院**管轄（強執7 I）。

應執行之標的物所在地或應為執行行為地不明者，由債務人之住、**居所**、公務所、事務所、營業所所在地之法院管轄（強執7 II）。

同一強制執行，數法院有管轄權者，債權人得向其中一法院聲請（強執7 III）。

受理強制執行事件之法院，須在他法院管轄區內為執行行為時，應囑託該他法院為之（強執7 IV）。

(五) **延緩執行**：實施強制執行時，經**債權人**同意者，執行法院得延緩執行（強執10 I）。

前項延緩執行之期限**不得逾三個月**。債權人聲請續行執行而**再同意**延緩執行者，**以一次為限**。每次延緩期間屆滿後，債權人經執行法院通知而不於**十日內聲請續行**執行者，視為撤回其強制執行之聲請（強執10 II）。

實施強制執行時，如有**特別情事**繼續執行顯非適當者，執行法院得變更或延展執行期日（強執10 III）。

(六) **執行財產之登記通知**：供強制執行之財產權，其取得、設定、喪失或變更，依法應登記者，為強制執行時，**執行法院**應即**通知**該管登記機關登記其事由（強執11 I）。

前項通知，執行法院得依債權人之聲請，交債權人逕行持送登記機關登記（強執11 II）。

債務人因**繼承、強制執行、徵收或法院之判決**，於登記前已取得不動產物權者，執行法院得因債權人之聲請，以債務人費用，通知登記機關登記為債務人所有後而為執行（強執11 Ⅲ）。

前項規定，於第五條第三項之續行強制執行而有辦理繼承登記之必要者，準用之。但**不影響繼承人拋棄繼承或限定繼承之權利**（強執11 Ⅳ）。

(七) **聲請或聲明異議**：當事人或利害關係人，對於執行法院強制執行之命令，或對於執行法官、書記官、執達員實施強制執行之方法，強制執行時應遵守之程序，或其他侵害利益之情事，得於強制執行程序終結前，為聲請或聲明異議。但**強制執行不因而停止**（強執12 Ⅰ）。

前項聲請及聲明異議，由**執行法院**裁定之（強執12 Ⅱ）。

不服前項裁定者，得為抗告（強執12 Ⅲ）。

(八) **異議之訴－有阻卻請求事由**：執行名義成立後，如有消滅或妨礙債權人請求之事由發生，債務人得於強制執行程序終結前，向執行法院對債權人提起異議之訴。如以裁判為執行名義時，其為異議原因之事實發生在**前訴訟言詞辯論終結後**者，亦得主張之（強執14 Ⅰ）。

執行名義無確定判決同一之效力者，於執行名義成立前，如有債權不成立或消滅或妨礙債權人請求之事由發生，債務人亦得於強制執行程序終結前提起異議之訴。（強執14 Ⅱ）

依前二項規定起訴，如有多數得主張之異議原因事實，應一併主張之。其未一併主張者，不得再行提起異議之訴（強執14 Ⅲ）。

(九) **異議之訴－債務人不適格異議之訴及許可執行之訴**：債務人對於債權人依第四條之二規定聲請強制執行，如主張非執行名義效力所及者，得於強制執行程序終結前，向執行法院對債權人提起異議之訴（強執14-1 Ⅰ）。

債權人依第四條之二規定聲請強制執行經執行法院裁定駁回者，得於裁定送達後十日之不變期間內，向執行法院對債務人提起**許可執行之訴**（強執14-1 Ⅱ）。

(十) **第三人異議之訴**：第三人就執行標的物有**足以排除強制執行之權利者**，得於強制執行程序終結前，向執行法院對債權人提起異議之訴。如債務人亦否認其權利時，並得以債務人為被告（強執15）。

(十一) **異議之訴之處理**：債務人或第三人就強制執行事件得提起異議之訴時，執行法院得指示其**另行起訴**，或諭知債權人，**經**其**同意後**，即由執行法院**撤銷強制執行**（強執16）。

(十二) **財產非債務人所有之處理**：執行法院如發見債權人查報之財產確非債務人所有者，應命債權人另行查報，於強制執行開始後始發見者，應由執行法院撤銷其執行處分（強執17）。

(十三) **執行之停止**：強制執行程序開始後，除法律另有規定外，不停止執行（強執18Ⅰ）。

有回復原狀之聲請，或提起再審或異議之訴，或對於和解為繼續審判之請求，或提起宣告調解無效之訴、撤銷調解之訴，或對於許可強制執行之裁定提起抗告時，法院因必要情形或依聲請定相當並確實之擔保，得為停止強制執行之裁定（強執18Ⅱ）。

(十四) **執行事件之調查**：執行法院對於強制執行事件，認有調查之必要時，得命**債權人**查報，或依職權調查之（強執19Ⅰ）。

執行法院得向稅捐及其他有關機關、團體或知悉債務人財產之人調查債務人財產狀況，受調查者不得拒絕。但受調查者為個人時，如有正當理由，不在此限（強執19Ⅱ）。

(十五) **報告財產狀況**：已發見之債務人財產不足抵償聲請強制執行債權或不能發現債務人應交付之財產時，執行法院得依債權人聲請或依職權，定期間命債務人據實報告該期間屆滿前一年內應供強制執行之財產狀況（強執20Ⅰ）。

債務人違反前項規定，不為報告或為虛偽之報告，執行法院得依債權人聲請或依職權命其提供擔保或限期履行執行債務（強執20Ⅱ）。

債務人未依前項命令提供相當擔保或遵期履行者，執行法院得依債權人聲請或依職權管收債務人。但未經訊問債務人，並認其非不能報告財產狀況者，不得為之（強執20Ⅲ）。

(十六) **拘提**：

1. **要件**：債務人有下列情形之一，而有**強制其到場之必要者**，執行法院得拘提之（強執21Ⅰ）：

(1)經合法通知，無正當理由而不到場。

(2)有事實足認為有逃匿之虞。

債務人有前項情形者，司法事務官得報請執行法院拘提之（強執21 Ⅱ）。

債務人經拘提到場者，執行法院得交由司法事務官即時詢問之（強執21 Ⅲ）。

司法事務官於詢問後，應向執行法院提出**書面**報告（強執21 Ⅳ）。

2. **執行機關**拘提，由執達員執行（強執21-2）。

(十七) **拘提應記載事項：**

拘提，應用拘票（強執21-1 Ⅰ）。

拘票應記載左列事項，由執行法官簽名（強執21-1 Ⅱ）：

1. 應拘提人姓名、性別、年齡、出生地及住所或居所，有必要時，應記載其足資辨別之特徵。但年齡、出生地、住所或居所不明者，得免記載。

2. 案由。

3. 拘提之理由。

4. 應到之日、時及處所。

(十八) **管收要件及程序規定：**債務人有下列情形之一者，執行法院得依債權人聲請或依職權命其**提供擔保**或**限期履行**（強執22 Ⅰ）：

1. 有事實足認顯有履行義務之可能故不履行。

2. 就應供強制執行之財產有隱匿或處分之情事。

債務人有前項各款情形之一，而有事實足認顯有逃匿之虞或其他必要事由者，執行法院得依債權人聲請或依職權，限制債務人住居於一定之地域。但債務人已提供相當擔保、限制住居原因消滅或執行完結者，應解除其限制（強執22 Ⅱ）。

前項限制住居及其解除，應通知債務人及有關機關（強執22 Ⅲ）。

債務人無正當理由違反第二項限制住居命令者，執行法院得拘提之（強執22 Ⅳ）。

債務人未依第一項命令提供相當擔保、遵期履行或無正當理由違反第二項限制住居命令者，執行法院得依**債權人聲請**或依**職權管收債務人**。但未經訊問債務人，並認非予管收，顯難進行強制執行程序者，不得為之（強執22 Ⅴ）。

債務人經拘提、通知或自行到場，司法事務官於詢問後，認有前項事由，而有管收之必要者，應報請執行法院依前項規定辦理（強執22 Ⅵ）。

(十九) **管收票應記載事項**：管收，應用管收票（強執22-1 Ⅰ）。

　　　管收票，應記載左列事項，由執行法官簽名（強執22-1 Ⅱ）：

　　1. 應管收人之姓名、性別、年齡、出生地及住所或居所，有必要時，應記載其足資辨別之特徵。

　　2. 案由。

　　3. 管收之理由。

(二十) **管收期限**：管收期限不得逾**三個月**（強執24 Ⅰ）。

　　　有管收新原因發生時，對於債務人仍得再行管收，但**以一次為限**（強執24 Ⅱ）。

(二一) **管收效力**：債務人履行債務之義務，不因債務人或依本法得管收之人被管收而免除（強執25 Ⅰ）。

　　　關於債務人拘提、管收、限制住居、報告及其他應負義務之規定，於下列各款之人亦適用之（強執25 Ⅱ）：

　　1. 債務人為無行為能力人或限制行為能力人者，其法定代理人。

　　2. 債務人失蹤者，其財產管理人。

　　3. 債務人死亡者，其繼承人、遺產管理人、遺囑執行人或特別代理人。

　　4. 法人或非法人團體之負責人、獨資商號之經理人。

　　　前項各款之人，於喪失資格或解任前，具有報告及其他應負義務或拘提、管收、限制住居之原因者，在喪失資格或解任後，於執行必要範圍內，仍得命其履行義務或予拘提、管收、限制住居（強執25 Ⅲ）。

(二二) **發給債權憑證**：債務人無財產可供強制執行，或雖有財產經強制執行後所得之數額仍不足清償債務時，執行法院應命債權人於**一個月內**查報債務人財產。債權人到期不為報告或查報無財產者，應發給**憑證**，交債權人收執，載明俟發見有財產時，再予強制執行（強執27 Ⅰ）。

　　　債權人聲請執行，而陳明債務人現無財產可供執行者，執行法院得逕行發給憑證（強執27 Ⅱ）。

(二三) **執行費用**：強制執行之費用，以必要部分為限，由債務人負擔，並應與強制執行之債權同時收取（強執28 Ⅰ）。

　　　前項費用，執行法院得命債權人代為預納（強執28 Ⅱ）。

(二四) **強制執行聲請之駁回**：強制執行程序如有左列情形之一，致不能進行時，執行法院得以裁定駁回其強制執行之聲請，並於裁定確定後，撤銷已為之執行處分（強執28-1）：

1. 債權人於執行程序中應為一定必要之行為，無正當理由而不為，經執行法院再定期限命為該行為，無正當理由逾期仍不為者。
2. 執行法院命債權人於相當期限內預納必要之執行費用而不預納者。

(二五) **執行費用之標準**：民事強制執行，其執行標的金額或價額未滿新臺幣**五千元**者，**免徵執行費**；新臺幣五千元以上者，每百元收七角，其畸零之數不滿百元者，以百元計算（強執28-2 Ⅰ）。

前項規定，於聲明參與分配者，適用之（強執28-2 Ⅱ）。

執行**非財產案件**，徵收執行費新臺幣**三千元**（強執28-2 Ⅲ）。

法院依法科處罰鍰或怠金之執行，免徵執行費（強執28-2 Ⅳ）。

法院依法徵收暫免繳納費用或國庫墊付款之執行，暫免繳執行費，由執行所得扣還之（強執28-2 Ⅴ）。

執行人員之食、宿、舟、車費，不另徵收（強執28-2 Ⅵ）。

知識加油站

1. 強制執行法之原理原則：有學者認為，強制執行係介於訴訟程序與非訟程序中間之程序，得交錯應用兩者之法理進行與審查。又強制執行之開始與撤回，雖採當事人處分主義，然執行程序之進行涉及國家公權力的行使，應由執行法院依職權為之。強制執行之目的在於迅速實現債權人的確定權利，著重債權人利益之保障。
2. 執行名義：為表示私法上給付請求權及範圍，得據以聲請強制執行之公文書。得為執行名義者應以法律有列舉規定者為限，債權人提出執行名義實應本於判決與執行機關分離原則，執行法院應盡速為債權人執行，毋庸再為實體請求權存在與否之調查。
3. 執行名義法定原則：以法律所規定者為限，不得由當事人合意創設。
4. 終局判決：相對於中間判決而言，意指法院對於起訴或上訴之全部或一部，終結該審級訴訟程序之判決。
5. 居所：民法尚未有定義性明文，但是通說認為係無久住之意思而事實上居住之處所，原則上應以當事人之意思為準。
6. 延緩執行：係指基於執行當事人雙方之同意，基於執行程序之經濟性，使執行程序暫時停止。債務人能於執行停止之時間內，自為履行償還債務，以滿足債權人之債權，節省雙方勞力時間費用。屬於法定契約，得依當事人合意決定程序之進行或停止。
7. 特別情事：特別情事繼續執行顯非適當者，係指基於苛酷執行禁止原則，法院若予以執行則違反善良風俗，執行法院則應就具體個案為個別判斷。

8. 異議之訴：債務人主張執行名義所示之請求權，有消滅或妨礙債權人請求之事由，因此提出訴訟，請求判決不許強執，以排除執行名義之執行力。

9. 債務人不適格異議之訴：乃係債務人對於執行當事人不適格之異議之訴，亦即債務人對債權人強制執行法第四條之二聲請強制執行，經執行法院執行許可，但債務人主張其非執行名義效力所及之人，故向執行法院對債權人提起異議之訴。

10. 許可執行之訴：權利人依照強制執行法第四條之二聲請強制執行，但被執行法院駁回，債權人於該裁定送達十日內，向執行法院提起訴訟，許其對債務人執行，即所謂債權人異議訴訟。

11. 第三人異議之訴：第三人就執行標的物有足以排除強制執行之權利，於執行程序終結前，請求法院宣示不許就該標的執行而提起之訴訟。

12. 執行之停止：因一定法律上原因，對執行程序予以凍結，使其不能開始或以進行中之程序不能續行，強制執行之停止，僅暫時停止執行程序之開始或續行，將來仍有繼續執行之可能，且對已執行之處分不生撤銷效力。停止執行之效力原則上僅在該是由有關之債權人債務人間發生效力，例外在執行發生障礙事由時，對其他債權人生效。故縱有停止執行之事由，執行法院仍得依其他聲請強制執行債權人之聲請，繼續為強制執行。

13. 拘提：執行債務人具備一定事由時，由執達員強制債務人到場應訊之強制處分。

14. 債權憑證：債務人無財產可供執行，或雖有財產經強制執行後所得數額仍不足清償債務者，執行法院應命債權人於一個月內查報債務人財產。經查報而到期不為報告者，執行法院應發給債權憑證，交給債權人收執，嗣後發現有財產，可以之為執行名義毋庸再繳裁判費再予強制執行。

15. 執行費用：包括執行費、參加分配費用及執行必要費用。

牛刀小試

( ) **1** 下列何者非強制執行之名義？ (A)確定之終局判決 (B)假扣押、假處分、假執行之裁判其他及依民事訴訟法得為強制執行之裁判 (C)依民事訴訟法成立之和解或調解 (D)當事人間之契約。

( ) **2** 下列敘述何者錯誤？ (A)實施強制執行時，經債權人同意者，執行法院得延緩執行 (B)債務人對於債權人依第四條之二規定聲請強制執行，如主張非執行名義效力所及者，得於強制執行程序終結前，向執行法院對債權人提起異議之訴 (C)強制執行之費用，以必要部分為限，由債務人負擔，並應與強制執行之債權同時收取 (D)債權人聲請執行，而陳明債務人現無財產可供執行者，執行法院不得逕行發給憑證。

解答與解析

1 (D)。強制執行，依左列執行名義為之（強執4 I）：
  (1) 確定之終局判決。
  (2) 假扣押、假處分、假執行之裁判及其他依民事訴訟法得為強制執行之裁判。
  (3) 依民事訴訟法成立之和解或調解。
  (4) 依公證法規定得為強制執行之公證書。
  (5) 抵押權人或質權人，為拍賣抵押物或質物之聲請，經法院為許可強制執行之裁定者。
  (6) 其他依法律之規定，得為強制執行名義者。

2 (D)。債權人聲請執行，而陳明債務人現無財產可供執行者，執行法院得逕行發給憑證（強執27 II）。

二、 關於金錢請求權之執行

(一) 參與分配：

1. **分配表之做成**：因強制執行所得之金額，如有多數債權人參與分配時，執行法院應作成分配表，並指定分配期日，於分配期日**五日**前以繕本交付債務人及各債權人，並置於民事執行處，任其閱覽（強執31）。

2. **參與分配**：他債權人參與分配者，應於標的物拍賣、變賣終結或依法交債權人承受之日一日前，其不經拍賣或變賣者，應於當次分配表作成之日一日前，以**書狀聲明之**（強執32Ⅰ）。

　　逾前項期間聲明參與分配者，僅得就前項債權人**受償餘額**而受清償；如尚應就債務人其他財產執行時，其債權額與前項債權餘額，除有優先權者外，應按其數額平均受償（強執32Ⅱ）。

3. **雙重聲請執行（強制執行之競合）**：對於已開始實施強制執行之債務人財產，他債權人再聲請強制執行者，已實施執行行為之效力，於為聲請時及於該他債權人，應合併其執行程序，並依前二條之規定辦理（強執33）。

4. **參與分配之程序**：有執行名義之債權人**聲明參與分配**時，應提出該執行名義之證明文件（強執34Ⅰ）。

　　依法對於執行標的物有擔保物權或優先受償權之債權人，**不問其債權已否屆清償期**，應提出其權利證明文件，聲明參與分配（強執34Ⅱ）。

　　執行法院知有前項債權人者，應通知之。知有債權人而不知其住居所或知有前項債權而不知孰為債權人者，應依其他適當方法通知或公告之。經通知或公告仍不聲明參與分配者，執行法院僅就已知之債權及其金額列入分配。其應徵收之執行費，於執行所得金額扣繳之（強執34Ⅲ）。

　　第二項之債權人不聲明參與分配，其債權金額又非執行法院所知者，該債權**對於執行標的物之優先受償權，因拍賣而消滅**，其已列入分配而未受清償部分，亦同（強執34Ⅳ）。

　　執行法院於有第一項或第二項之情形時，應通知各債權人及債務人（強執34Ⅴ）。

5. **分配方法與順序**：參與分配之債權人，除依法優先受償者外，應按其債權額數平均分配（強執38）。

6. **分配表之異議**：債權人或債務人對於分配表所載各債權人之債權或分配金額有不同意者，應於分配期日一日前，向執行法院提出**書狀**，聲明異議（強執39Ⅰ）。

　　前項書狀，應記載異議人所認原分配表之不當及應如何變更之聲明（強執39Ⅱ）。

━━━━━━━━━━━ 知識加油站 ━━━━━━━━━━━

1. 參與分配：債權人以金錢債權為執行名義，聲請對債務人為終局判決之強制執行後，其他債權人亦向執行法院請求就該項執行所得之金額，表達欲獲得清償之意思。
2. 分配表：係在有多數債權人參與分配而強制執行所得金額不足分配時，執行法院為實現分配所記載包含這債權人姓名、債權本金、強制執行所得金額、執行費用額、分配次序、分配比例及金額等之文件。
3. 雙重聲請執行：先聲請執行法院對債務人之財產強制執行後，他債權人又對債務人之同一財產聲請強制執行。獨立發生查封之效力。
4. 聲明參與分配：向執行法院請求就執行所得之金額、同受清償之意思表示。僅具備程序附屬性。
5. 聲明異議：此指針對分配表提出異議，即債權人或債務人對於各該債權人債權之存否、債權金額之範圍及債權之優先次序等實體上事由，認為有不當時，以書狀向法院聲明不服之救濟。

(二) **對於動產之執行：**
　1. **執行方法：動產**之強制執行，以查封、拍賣或**變賣**之方法行之（強執45）。
　2. **查封：**
　　(1) 執行查封之人員與其協助之機關：查封動產，由**執行法官命書記官督同執達員**為之。於必要時得請有關機關、自治團體、商業團體、工業團體或其他團體，或對於查封物有專門知識經驗之人協助（強執46）。
　　(2) 查封之方法：查封動產，由執行人員實施**占有**。其將查封物**交付保管**者，並應依左列方法行之（強執47 Ⅰ）：
　　　A. **標封**。
　　　B. **烙印**或**火漆印**。
　　　C. 其他足以公示查封之適當方法。
　　　前項方法，於必要時得併用之（強執47 Ⅱ）。
　　(3) 執行人員之權限：查封時，得檢查、啟視債務人居住所、事務所、倉庫、箱櫃及其他藏置物品之處所（強執48 Ⅰ）。
　　　查封時，如債務人不在場，應命其家屬或鄰右之有辨別事理能力者到場，於**必要時**，得請**警察**到場（強執48 Ⅱ）。

(4)查封之範圍（**超額查封之禁止**）：查封動產，以其價格足清償強制執行之債權額及債務人應負擔之費用者為限（強執50）。

(5)無益查封之禁止：應查封動產之賣得價金，清償強制執行費用後，無謄餘之可能者，執行法院不得查封（強執50-1Ⅰ）。

查封物賣得價金，於清償優先債權及強制執行費用後，無謄餘之可能者，執行法院應撤銷查封，將查封物返還債務人（強執50-1Ⅱ）。

前二項情形，應先詢問**債權人**之意見，如債權人聲明於查封物賣得價金不超過優先債權及強制執行費用時，願負擔其費用者，不適用之（強執50-1Ⅲ）。

(6)**查封之效力**：查封之效力及於查封物之天然孳息（強執51Ⅰ）。

實施查封後，債務人就查封物所為移轉、設定負擔或其他有礙執行效果之行為，對於債權人不生效力（強執51Ⅱ）。

實施查封後，第三人未經執行法院允許，占有查封物或為其他有礙執行效果之行為者，執行法院得依職權或依聲請排除之（強執51Ⅲ）。

> **小叮嚀**
>
> 查封效力之程序相對無效係指債務人於查封後所為之處分行為，不僅對處分前之債權人不生效力，對處分後之債權人，以查封開始之執行程序存續者為限，亦不得對抗。需查封經撤銷後始為完全有效，因違反查封之效力，係依處分行為與執行程度之關係認定，故稱之。

(7)禁止查封之物：左列之物**不得查封**（強執53Ⅰ）：

A.債務人及其共同生活之親屬所必需之衣服、寢具及其他物品。

B.債務人及其共同生活之親屬職業上或教育上所必需之器具、物品。

C.債務人所受或繼承之勳章及其他表彰榮譽之物品。

D.遺像、牌位、墓碑及其他祭祀、禮拜所用之物。

E.未與土地分離之天然孳息不能於一個月內收穫者。

F.尚未發表之發明或著作。

G.附於建築物或其他工作物，而為防止災害或確保安全，依法令規定應設備之機械或器具、避難器具及其他物品。

前項規定斟酌債權人及債務人狀況，有顯失公平情形，仍以查封為適當者，執行法院得依聲請查封其全部或一部。其經債務人同意者，亦同（強執53Ⅱ）。

(8)拍賣期日：查封後，執行法官應速定拍賣期日（強執57Ⅰ）。

查封日至拍賣期間，至少應留**七日**之期間。但經債權人及債務人之同意或因查封物之性質，須迅速拍賣者，不在此限（強執57Ⅱ）。

前項拍賣期日**不得多於一個月**。但因查封物之性質或有不得已之事由者，不在此限（強執57Ⅲ）。

(9)查封之撤銷：查封後，債務人得於拍定前提出現款，聲請撤銷查封（強執58Ⅰ）。

拍定後，在拍賣物**所有權移轉前**，債權人**撤回**強制執行之聲請者，**應得拍定人之同意**（強執58Ⅱ）。

(10)查封物之保管：查封之動產，應移置於該管法院所指定之貯藏所或委託妥適之保管人保管之。認為適當時，亦得以債權人為保管人（強執59Ⅰ）。

查封物除貴重物品及有價證券外，經債權人同意或認為適當時，得使債務人保管之（強執59Ⅱ）。

查封物交保管人時，應告知刑法所定損壞、除去或污穢查封標示或為違背其效力之行為之處罰（強執59Ⅲ）。

查封物交保管人時，應命保管人出具收據（強執59Ⅳ）。

查封物以債務人為保管人時，得許其於無損查封物之價值範圍內，使用之（強執59Ⅴ）。

3. **拍賣與變賣**：

(1)動產之變賣：查封物**應公開拍賣**之。但有左列情形之一者，執行法院得不經拍賣程序，將查封物**變賣**之（強執60Ⅰ）：

　A.債權人及債務人聲請或對於查封物之價格為協議者。

　B.有易於腐壞之性質者。

　C.有減少價值之虞者。

　D.為金銀物品或有市價之物品者。

　E.保管困難或需費過鉅者。

第七十一條之規定，於前項變賣準用之（強執60Ⅱ）。

(2)拍賣人員及場所：拍賣動產，由執行法官命書記官督同執達員於執行法院或動產所在地行之（強執61Ⅰ）。

前項拍賣，執行法院認為必要時，得委託拍賣行或適當之人行之。但應派員監督（強執61Ⅱ）。

(3)拍賣期日之通知：執行法院應通知債權人及債務人於拍賣期日到場，無法通知或屆期不到場者，拍賣不因而停止（強執63）。

(4)拍賣公告：拍賣動產，應由執行法院先期公告（強執64Ⅰ）。

　前項公告，應載明左列事項（強執64Ⅱ）：

　A.拍賣物之種類、數量、品質及其他應記明之事項。

　B.拍賣之原因、日時及場所。

　C.閱覽拍賣物及查封筆錄之處所及日時。

　D.定有拍賣價金之交付期限者，其期限。

　E.定有應買之資格或條件者，其資格或條件。

　F.定有保證金者，其金額。

(5)拍賣動產：執行法院因債權人或債務人之聲請，或認為必要時，應依職權於拍賣前預定拍賣物之底價，並得酌定保證金額，命應買人於應買前繳納之。**未照納者，其應買無效**（強執70Ⅰ）。

　執行法院定底價時，應詢問債權人及債務人之意見，但無法通知或屆期不到場者，不在此限（強執70Ⅱ）。

　拍定，應就應買人所出之最高價，高呼**三次**後為之（強執70Ⅲ）。

　應買人所出之最高價，如低於底價，或雖未定底價而債權人或債務人對於應買人所出之最高價，認為不足而為反對之表示時，執行拍賣人應不為拍定，由執行法院定期**再行拍賣**。但債權人願依所定底價承受者，執行法院應交債權人承受（強執70Ⅳ）。

　拍賣物依前項規定，再行拍賣時，應拍歸出價最高之應買人。但其最高價不足底價百分之五十；或雖未定底價，而其最高價顯不相當者，執行法院應作價交債權人承受；債權人不承受時，執行法院應撤銷查封，將拍賣物返還債務人（強執70Ⅴ）。

　債務人不得應買（強執70Ⅵ）。

(6)拍賣物無人應買之處置：拍賣物**無人應買**時，執行法院應作價交債權人**承受**，債權人不願承受或依法不能承受者，應由執行法院**撤銷查封**，將拍賣物返還債務人。但拍賣物顯有賣得相當價金之可能者，準用前條第五項之規定（強執71）。

(7)拍賣動產之限度：拍賣於賣得價金足以清償強制執行之債權額及債務人應負擔之費用時，應即停止（強執72）。

(8)拍賣筆錄：拍賣終結後，**書記官**應作成拍賣筆錄，載明左列事項（強執73 Ⅰ ）：

　A.拍賣物之種類、數量、品質及其他應記明之事項。

　B.債權人及債務人。

　C.拍賣之買受人姓名、住址及其應買之最高價額。

　D.拍賣不成立或停止時，其原因。

　E.拍賣之日時及場所。

　F. 作成拍賣筆錄之處所及年、月、日。

前項筆錄，應由執行拍賣人簽名（強執73 Ⅱ ）。

(9)清償順序：拍賣物賣得價金，扣除強制執行之費用後，應將餘額交付債權人，其餘額超過債權人取得執行名義之費用及其債權所應受償之數額時，應將超過額交付債務人（強執74）。

知識加油站

1. 查封：執行法院剝奪債務人對其特定財產之處分權，改歸國家取得處分權之執行行為。

2. 拍賣：為換價方法之一，係於指定期日（拍賣期日），由應買者以口頭公開競價之方式，由出價最高者為拍定人，取得拍定物之所有權。強制執行法中之拍賣係屬於特種買賣，拍定人即為買受人，拍賣機關則係代替債務人立於出賣人之地位。

3. 變價：為換價方法之一，由執行人員以相當價格，以非公開方式，逕自將標的物賣出。

4. 標封：為動產查封之方法之一，將法院之封條貼於查封標的物上。

5. 烙印：為動產查封之方法之一，係以金屬製造之印章，以火燒紅後烙印在動產標的物上。

6. 火漆印：為動產查封之方法之一，乃將火漆溶化後，塗抹於動產標的物上，再加蓋印記。

7. 超額查封之禁止：查封動產以其價額足以清償強制債權額及債務人應負擔之費用者為限。

8. 查封之效力：查封後，債務人即喪失對於該查封物之處分權，避免債務人任意處分查封物而使債權人之債權有不獲清償之風險，故查封後對查封標的物之處分應屬無效。

9. 不得查封之違反效果：查封時債務人在場而為異議者，通說認以放棄責問權而不得再聲明異議。

10. 再行拍賣：因首次拍賣應買人所出之最高價額低於底價，或雖未定底價但債權人或債務人對應買人所出之最高價額認為不足，而為反對之表示，導致執行拍賣人員不能為拍定，故需再行拍賣。

11. 承受：債權人在可特定原因時，可依執行法院所定底價或所作價額，經執行法院許可後，承買拍賣之動產。

(三) **對於不動產之執行：**

1. **不動產之執行方法：不動產**之強制執行，以查封、拍賣、**強制管理**之方法行之（強執75 Ⅰ）。

前項拍賣及強制管理之方法，於性質上許可並認為適當時，得併行之（強執75 Ⅱ）。

建築物及其基地同屬於債務人所有者，得併予查封、拍賣（強執75 Ⅲ）。

應拍賣之財產有動產及不動產者，執行法院得合併拍賣之（強執75 Ⅳ）。

前項合併拍賣之動產，適用關於不動產拍賣之規定（強執75 Ⅴ）。

2. **不動產之查封：**

(1) 查封之方法：查封不動產，由執行法官命書記官督同執達員依左列方法行之（強執76 Ⅰ）：

　　A.**揭示**。　　　B.**封閉**。　　　C.**追繳契據**。

前項方法，於必要時得併用之（強執76 Ⅱ）。

已登記之不動產，執行**法院**並應先通知登記機關為查封登記，其通知於第一項執行行為實施前**到達**登記機關時，亦發生**查封之效力**（強執76 Ⅲ）。

(2) 查封筆錄：查封時，書記官應作成查封筆錄，載明下列事項（強執77 Ⅰ）：

　　A.為查封原因之權利。

　　B.不動產之所在地、種類、實際狀況、使用情形、現場調查所得之海砂屋、輻射屋、地震受創、嚴重漏水、火災受損、建物內有非自然死亡或其他足以影響交易之特殊情事及其應記明之事項。

　　C.債權人及債務人。

　　D.查封方法及其實施之年、月、日、時。

　　E.查封之不動產有保管人者，其保管人。

查封人員及保管人應於前項筆錄簽名,如有依第四十八條第二項規定之人員到場者,亦應簽名(強執77 Ⅱ)。

(3)調查不動產之狀況:執行法官或書記官,為調查前條第一項第二款情事或其他權利關係,得依下列方式行之(強執77-1 Ⅰ):

　A.開啟門鎖進入不動產或訊問債務人或占有之第三人,並得命其提出有關文書。

　B.向警察及其他有關機關、團體調查,受調查者不得拒絕。

　前項情形,債務人無正當理由拒絕陳述或提出文書,或為虛偽陳述或提出虛偽之文書者,執行法院得依債權人聲請或依職權**管收**債務人。但未經訊問債務人,並認非予管收,顯難查明不動產狀況者,不得為之(強執77-1 Ⅱ)。

　第三人有前項情形或拒絕到場者,執行法院得以裁定處新臺幣**一萬五千元**以下之罰鍰(強執77-1 Ⅲ)。

(4)查封標的之保管:已查封之不動產,以**債務人為保管人**者,債務人仍得為從來之**管理或使用**。由債務人以外之人保管者,執行法院得許債務人於必要範圍內管理或使用之(強執78)。

(5)不動產鑑價:拍賣不動產,執行法院應命鑑定人就該不動產估定價格,經核定後,為拍賣最低價額(強執80)。

(6)無益執行:不動產之拍賣最低價額不足清償優先債權及強制執行之費用者,執行法院應將其事由通知債權人。債權人於受通知後**七日**內,得證明該不動產賣得價金有賸餘可能或指定超過該項債權及費用總額之拍賣最低價額,並聲明如未拍定願負擔其費用而聲請拍賣。逾期未聲請者,執行法院應撤銷查封,將不動產返還債務人(強執80-1 Ⅰ)。

　依債權人前項之聲請為拍賣而未拍定,債權人亦不承受時,執行法院應公告願買受該不動產者,得於**三個月**內依原定拍賣條件為應買之表示,執行法院於訊問債權人及債務人意見後,許其應買;債權人復願承受者亦同。逾期無人應買或承受者,執行法院應撤銷查封,將不動產返還債務人(強執80-1 Ⅱ)。

　不動產由順位在先之抵押權或其他優先受償權人聲請拍賣者,不適用前二項之規定(強執80-1 Ⅲ)。

第一項、第二項關於撤銷查封將不動產返還債務人之規定，於該不動產已併付強制管理之情形；或債權人已聲請另付強制管理而執行法院認為有實益者，不適用之（強執80-1 IV）。

(7)拍賣公告：拍賣不動產，應由執行法院先期公告（強執81 I）。

前項公告，應載明下列事項（強執81 II）：

  A.不動產之所在地、種類、實際狀況、占有使用情形、調查所得之海砂屋、輻射屋、地震受創、嚴重漏水、火災受損、建物內有非自然死亡或其他足以影響交易之特殊情事及其應記明之事項。

  B.拍賣之原因、日期及場所。如以投標方法拍賣者，其開標之日時及場所，定有保證金額者，其金額。

  C.拍賣最低價額。

  D.交付價金之期限。

  E.閱覽查封筆錄之處所及日、時。

  F. 定有應買資格或條件者，其資格或條件。

  G.拍賣後不點交者，其原因。

  H.定有應買人察看拍賣物之日、時者，其日、時。

(8)拍賣期日：拍賣期日距公告之日，不得少於**十四日**（強執82）。

(9)拍賣人員及場所：拍賣不動產，由執行法官命書記官督同執達員於執行法院或其他場所為之（強執83）。

(10) 公告之方法：拍賣公告，應揭示於執行法院及不動產所在地或其所在地之鄉鎮市（區）公所（強執84 I）。

拍賣公告，應公告於法院網站；法院認為必要時，得命登載於公報或新聞紙（強執84 II）。

(11) 最高價額相同之處置：投標人願出之最高價額相同者，以當場增加之金額最高者為得標人；無人增加價額者，以**抽籤**定其得標人（強執90 I）。

前項得標人未於公告所定期限內繳足價金者，再行拍賣。但未中籤之投標人仍願按原定投標條件依法承買者，不在此限（強執90 II）。

(12) 減價拍賣： 拍賣之不動產無人應買或應買
人所出之最高價未達拍賣最低價額，而到場
之債權人於拍賣期日終結前聲明願承受者，
執行法院應依該次拍賣所定之最低價額，
將不動產交債權人承受，並發給**權利移轉證
書**。其無人承受或依法不得承受者，由執行
法院定期**再行拍賣**（強執91 Ⅰ ）。

> **小叮嚀**
>
> 強執80-1之立法目的在
> 於保障優先權人，使其
> 不至於因後順位之債權
> 人或普通債權人之聲請
> 拍賣而收有損害。亦即
> 本條之目的係為了避免
> 對聲請人無益之執行，
> 使其債權有不獲清償之
> 風險。

依前項規定再行拍賣時，執行法院應酌減
拍賣最低價額；**酌減數額不得逾百分之
二十**（強執91 Ⅱ ）。

(13) 第一次減價拍賣未能拍定時之處置：再行拍賣期日，無人應買或應
買人所出之最高價，未達於減定之拍賣最低價額者，準用前條之規
定；如再行拍賣，其酌減數額，不得逾減定之拍賣最低價額百分之
二十（強執92 ）。

(14) 再行拍賣之期日：前二條再行拍賣之期日，**距公告之日，不得少於
十日多於三十日**（強執93 ）。

(15) 數債權人願承受：債權人有二人以上願承受者，以抽籤定之（強執
94 Ⅰ ）。
承受不動產之債權人，其應繳之價金超過其應受分配額者，執行法
院應限期命其補繳差額後，發給權利移轉證書；逾期不繳者，再行
拍賣。但有未中籤之債權人仍願按原定拍賣條件依法承受者，不在
此限（強執94 Ⅱ ）。
第六十八條之二之規定，於前項再行拍賣準用之（強執94 Ⅲ ）。

(16) 特別拍賣（第二次**減價拍賣**未能拍定時之處置）：經二次減價拍賣
而未拍定之不動產，債權人不願承受或依法不得承受時，執行法院
應於第二次減價拍賣期日終結後**十日內公告**願買受該不動產者，得
於公告之日起**三個月內**依原定拍賣條件為應買之表示，執行法院得
於詢問債權人及債務人意見後，許其買受。債權人復願為承受者，
亦同（強執95 Ⅰ ）。
前項三個月期限內，無人應買前，債權人亦得聲請停止前項拍賣，
而**另行估價或減價拍賣**，如仍未拍定或由債權人承受，或債權人未

於該期限內聲請另行估價或減價拍賣者，視為**撤回**該不動產之執行（強執95 II）。

第九十四條第二項、第三項之規定，於本條第一項承買準用之（強執95 III）。

(17)拍賣不動產之限度：供拍賣之數宗不動產，其中一宗或數宗之賣得價金，已足清償強制執行之債權額及債務人應負擔之費用時，其他部分應停止拍賣（強執96 I）。

前項情形，債務人得指定其應拍賣不動產之部分。但建築物及其基地，不得指定單獨拍賣（強執96 II）。

(18)權利移轉證書：拍賣之不動產，買受人繳足價金後，執行法院應發**給權利移轉證書及其他書據**（強執97）。

(19)領得權利移轉證書之效力：拍賣之不動產，買受人自領得執行法院所發給權利移轉證書之日起，**取得**該不動產**所有權**，債權人承受債務人之不動產者亦同（強執98 I）。

前項不動產原有之地上權、永佃權、地役權、典權及租賃關係隨同移轉。但發生於設定抵押權之後，並對抵押權有影響，**經執行法院除去後拍賣者**，不在此限（強執98 II）。

存於不動產上之抵押權及其他優先受償權，因拍賣而消滅。但抵押權所擔保之債權未定清償期或其清償期尚未屆至，而拍定人或承受抵押物之債權人聲明願在拍定或承受之抵押物價額範圍內清償債務，經抵押權人同意者，不在此限（強執98 III）。

(20)不動產之**點交**：債務人應交出之不動產，現為債務人占有或於查封後為第三人占有者，執行法院應**解除其占有**，點交於買受人或承受人；如有拒絕交出或其他情事時，得請**警察**協助（強執99 I）。

第三人對其在查封前無權占有不爭執或其占有為前條第二項但書之情形者，前項規定亦適用之（強執99 II）。

依前二項規定點交後，原占有人復即占有該不動產者，執行法院得依聲請再解除其占有後點交之（強執99 III）。

前項執行程序，應徵執行費（強執99 IV）。

(21)未拍賣動產之點交及暫付保管：房屋內或土地上之動產，除應與不動產同時強制執行外，應取去點交債務人或其代理人、家屬或受僱人（強執100 I）。

無前項之人接受點交時，應將動產暫付保管，向債務人為限期領取之通知，債務人逾限不領取時，得拍賣之而提存其價金，或為其他適當之處置（強執100 II）。

前二項規定，於前條之第三人適用之（強執100 III）。

知識加油站

1. 強制管理：為不動產之換價程序之一，乃由執行法院選任管理人，對標的物實施管理，而管理所得之收益用以清償債權之行為。

2. 揭示：於不動產所在地將查封之事實公布於眾。

3. 封閉：為禁止債務人或第三人進出該不動產，故將其全部或一部封鎖關閉。

4. 追繳契據：命債務人交出該不動產證明書狀，使其無法辦理變更登記。

5. 已登記之不動產，何時發生查封之效力端視揭示行為與查封登記孰先孰後而定：

   (1)先為揭示行為：於完成揭示行為時發生查封效力

   (2)先為查封登記：於查封登記到達登記機關時，發生查封之效力

   未登記之不動產：以完成揭示行為時發生查封效力。

   （故可知查封登記並非查封行為之生效要件）

6. 減價拍賣：因於拍賣期日無人應買或應買人所出之最高價未達最低拍賣價額，致使未能拍定。由執行法院酌減拍賣價額，再次進行拍賣程序。

7. 點交：由執行法院解除債務人或第三人對執行標的物之占有，使買受人或承受人占有之執行程序。

(四) **對於其他財產權之執行**：

1. **對於第三人金錢債權之執行**：就債務人對於第三人之金錢債權為執行時，執行法院應發扣押命令禁止債務人收取或為其他處分，並禁止第三人向債務人清償（強執115 I）。

   前項情形，執行法院得詢問債權人意見，以命令許債權人收取，或將該債權移轉於債權人。如認為適當時，得命第三人向執行法院支付轉給債權人（強執115 II）。

   金錢債權因附條件、期限、對待給付或其他事由，致難依前項之規定辦理者，執行法院得依聲請，準用對於動產執行之規定拍賣或變賣之（強執115 III）。

金錢債權附有已登記之擔保物權者，執行法院依前三項為強制執行時，應即通知該管登記機關登記其事由（強執115 Ⅳ）。

2. **對繼續性給付債權之執行**：對於**薪資**或其他繼續性給付之債權所為強制執行，於債權人之債權額及強制執行費用額之範圍內，其效力及於扣押後應受及增加之給付（強執115-1 Ⅰ）。

   對於下列債權發扣押命令之範圍，不得逾各期給付數額**三分之一**（強執115-1 Ⅱ）：

   (1)自然人因提供勞務而獲得之繼續性報酬債權。

   (2)以維持債務人或其共同生活親屬生活所必需為目的之繼續性給付債權。

   前項情形，執行法院斟酌債務人與債權人生活狀況及其他情事，認有失公平者，**得**不受扣押範圍之比例限制。但應**預留債務人生活費用，不予扣押**（強執115-1 Ⅲ）。

   第一項債務人於扣押後應受及增加之給付，執行法院得以命令移轉於債權人。但債務人喪失其權利或第三人喪失支付能力時，債權人債權未受清償部分，移轉命令失其效力，得聲請繼續執行。並免徵執行費（強執115-1 Ⅳ）。

3. **第三人之先期提存**：第三人於執行法院發第一百十五條第二項命令前，得將對債務人之金錢債權全額或扣押部分提存於清償地之提存所（強執115-2 Ⅰ）。

   第三人於依執行法院許債權人收取或向執行法院支付轉給債權人之命令辦理前，又收受扣押命令，而其扣押之金額超過債務人之金錢債權未受扣押部分者，應即將該債權之全額支付扣押在先之執行法院（強執115-2 Ⅱ）。

   第三人已為提存或支付時，應向執行法院陳明其事由（強執115-2 Ⅲ）。

4. **扣押命令之異議**：第三人不承認債務人之債權或其他財產權之存在，或於數額有爭議或有其他得對抗債務人請求之事由時，應於接受執行法院命令後**十日內，提出書狀**，向執行法院聲明異議（強執119 Ⅰ）。

5. **對第三人強制執行**：第三人不於前項期間內聲明異議，亦未依執行法院命令，將金錢支付債權人，或將金錢、動產或不動產支付或交付執行法院時，**執行法院得因債權人之聲請，逕向該第三人為強制執行**（強執119 Ⅱ）。

   對於前項執行，第三人得以第一項規定之事由，提起異議之訴（強執119 Ⅲ）。

   第十八條第二項之規定，於前項訴訟準用之（強執119 Ⅳ）。

6. **對第三人異議之處理**：第三人依前條第一項規定聲明異議者，執行法院應通知債權人（強執120 Ｉ）。

　　債權人對於第三人之聲明異議認為不實時，得於收受前項通知後**十日內**向管轄法院提起訴訟，並應向執行法院為起訴之證明及將訴訟告知債務人（強執120 Ⅱ）。

　　債權人未於前項規定期間內為起訴之證明者，執行法院得依第三人之聲請，**撤銷**所發執行命令（強執120 Ⅲ）。

7. **拒交書據之處理**：債務人對於第三人之債權或其他財產權持有書據，執行法院命其交出而拒絕者，得將該書據取出，並得**以公告宣示未交出之書據無效，另作證明書發給債權人**（強執121）。

8. **禁執行之債權**：債務人依法領取之**社會福利津貼、社會救助或補助**，不得為強制執行（強執122 Ｉ）。

　　債務人依法領取之**社會保險給付或其對於第三人之債權**，係維持債務人及其共同生活之親屬**生活所必需**者，不得為強制執行（強執122 Ⅱ）。

　　債務人生活所必需，以最近一年**衛生福利部或直轄市政府所公告當地區每人每月最低生活費一點二倍計算**其數額，並應斟酌債務人之其他財產（強執122 Ⅲ）。

　　債務人共同生活親屬生活所必需，準用前項計算基準，並按債務人依法應負擔扶養義務之比例定其數額（強執122 Ⅳ）。

　　執行法院斟酌債務人與債權人生活狀況及其他情事，認有失公平者，不受前三項規定之限制。但應酌留債務人及其扶養之共同生活親屬生活費用（強執122 Ⅴ）。

知識加油站

1. 其他財產權：乃指債權及債權以外之其他財產，可分為下列三種：
   (1)債務人對第三人之金錢債權。
   (2)債務人基於債權或物權得請求第三人交付或移轉之動產、不動產、船舶或航空器之權利。
   (3)動產、不動產、船舶以及上開兩種財產權以外之財產權。
2. 扣押命令：又稱禁止命令，即對其他財產權執行扣押程序，由執行法院命令禁止債務人收取或為其他處分，並同時禁止第三人向債務人清償。
3. 收取命令：執行法院以命令授與執行債權人收取權，以收取被扣押之債權。

4.移轉命令：執行法院以命令將扣押之金錢債權，依券面額移轉債權人以代替金錢支付，藉以清償執行債權即執行費用。

5.支付轉給命令：執行法院命第三債務人將扣押之債權，向執行法院支付，再由執行法院轉給債權人之命令。

牛刀小試

(　) **1** 下列敘述何者錯誤？　(A)因強制執行所得之金額，如有多數債權人參與分配時，執行法院應作成分配表　(B)他債權人參與分配者，應於標的物拍賣、變賣終結或依法交債權人承受之日一日前，其不經拍賣或變賣者，應於當次分配表作成之日一日前，以言詞聲明之　(C)有執行名義之債權人聲明參與分配時，應提出該執行名義之證明文件　(D)參與分配之債權人，除依法優先受償者外，應按其債權額數平均分配。

(　) **2** 下列敘述何者正確？　(A)不動產之強制執行，以查封、拍賣或變賣之方法行之　(B)查封動產，由執行法官命檢察官督同執達員為之　(C)查封時，如債務人不在場，應命其家屬或鄰右之有辨別事理能力者到場，但不得請警察到場　(D)應查封動產之賣得價金，清償強制執行費用後，無膡餘之可能者，執行法院不得查封。

(　) **3** 下列何種物品得查封？　(A)債務人及其共同生活之親屬所必需之衣服、寢具及其他物品　(B)債務人及其共同生活之親屬職業上或教育上所必需之器具、物品　(C)與土地分離之天然孳息不能於一個月內收穫者　(D)遺像、牌位、墓碑及其他祭祀、禮拜所用之物。

(　) **4** 下列敘述何者錯誤？　(A)動產之強制執行，以查封、拍賣、強制管理之方法行之　(B)查封不動產，由執行法官命書記官督同執達員依左列方法行之　(C)查封時，書記官應作成查封筆錄　(D)已查封之不動產，以債務人為保管人者，債務人仍得為從來之管理或使用。

解答與解析

 1 **(B)**。他債權人參與分配者,應於標的物拍賣、變賣終結或依法交債權人承受之日一日前,其不經拍賣或變賣者,應於當次分配表作成之日一日前,以書狀聲明之(強執32 I)。

 2 **(D)**。動產之強制執行,以查封、拍賣或變賣之方法行之(強執45);查封動產,由執行法官命書記官督同執達員為之。於必要時得請有關機關、自治團體、商業團體、工業團體或其他團體,或對於查封物有專門知識經驗之人協助(強執46);查封時,如債務人不在場,應命其家屬或鄰右之有辨別事理能力者到場,於必要時,得請警察到場(強執48 II)。

 3 **(C)**。左列之物不得查封(強執53 I):
 1.債務人及其共同生活之親屬所必需之衣服、寢具及其他物品。
 2.債務人及其共同生活之親屬職業上或教育上所必需之器具、物品。
 3.債務人所受或繼承之勳章及其他表彰榮譽之物品。
 4.遺像、牌位、墓碑及其他祭祀、禮拜所用之物。
 5.未與土地分離之天然孳息不能於一個月內收穫者。(選項C的反面解釋)
 6.尚未發表之發明或著作。
 7.附於建築物或其他工作物,而為防止災害或確保安全,依法令規定應設備之機械或器具、避難器具及其他物品。

 4 **(A)**。不動產之強制執行,以查封、拍賣、**強制管理**之方法行之(強執75 I)。

三、 假扣押假處分之執行

(一) **執行之時期**:假扣押或假處分之執行,應於假扣押或假處分之**裁定送達同時或送達前為之**(強執132 I)。

前項送達前之執行,於執行後不能送達,債權人又未聲請公示送達者,應撤銷其執行。其公示送達之聲請被駁回確定者亦同(強執132 II)。

債權人收受假扣押或假處分裁定後已逾**三十日者**,不得聲請執行(強執132 III)。

(二) **已執行處分之撤銷**：假扣押、假處分或定暫時狀態之處分裁定經廢棄或變更已確定者，於其廢棄或變更之範圍內，執行法院得依聲請撤銷其已實施之執行處分（強執132-1）。

(三) **自助行為之處分**：債權人依民法第一百五十一條規定拘束債務人自由，並聲請法院處理，經法院命為假扣押或假處分者，執行法院得依本法有關管收之規定，管收債務人或為其他限制自由之處分（強執132-2）。

(四) **收取金額之提存**：因執行假扣押收取之金錢，及依**分配程序**應分配於假扣押債權人之金額，**應提存之**（強執133）。

(五) **假扣押財產之權宜拍賣**：假扣押之動產，如有價格減少之虞或保管需費過多時，執行法院得因債權人或債務人之聲請或依職權，定期拍賣，提存其賣得金（強執134）。

(六) **對於債權或其他財產權假扣押之執行**：對於債權或其他財產權執行假扣押者，執行法院應分別發禁止處分清償之命令，並準用對於其他財產權執行之規定（強執135）。

(七) **假處分之執行**：
  1. **裁定之送達**：假處分裁定，係命令或禁止債務人為一定行為者，執行法院應將該裁定送達於債務人（強執138）。
  2. **裁定之揭示**：假處分裁定，係禁止債務人設定、移轉或變更不動產上之權利者，執行法院應將該裁定揭示（強執139）。
  3. **執行方法準用規定**：假處分之執行，除前三條規定外，準用關於假扣押、金錢請求權及行為、不行為請求權執行之規定（強執140）。

(八) **系爭物管理**：假處分裁定，應選任管理人管理系爭物者，於執行時，執行法院應使管理人占有其物（強執137）。

牛刀小試

(　　) 下列敘述何者錯誤？　(A)債權人收受假扣押或假處分裁定後已逾10日者，不得聲請執行　(B)因執行假扣押收取之金錢，及依分配程序應分配於假扣押債權人之金額，應提存之　(C)假處分裁定，係命令或禁止債務人為一定行為者，執行法院應將該裁定送達於債務人　(D)假處分裁定，應選任管理人管理系爭物者，於執行時，執行法院應使管理人占有其物。

解答與解析

(**A**)。 債權人收受假扣押或假處分裁定後已逾三十日者，不得聲請執行
（強執132 Ⅲ）。

第 5 章　刑法

📝 **章前導讀**

· 本章之學習重點著重在刑事責任與刑法分則中各罪責之成立要件。

· 須特別注意 107 年與 108 年，有高達五次的修法，雖於本類型測驗中影響不大，但仍可參酌。

· 中華民國 111 年 1 月 12 日總統華總一義字第 11100001931 號令修正公布第 78、79、140、141、266 條條文

· 中華民國 111 年 1 月 28 日總統華總一義字第 11100012101 號令修正公布第 185-3 條條文

· 中華民國 111 年 2 月 18 日總統華總一義字第 11100014971 號令修正公布第 87、98 條條文

重點 1　刑法總則　　　　　　　　　　　　　重要度 ★★★

一、刑法法例

(一) **罪刑法定原則**：行為之處罰，以行為時之法律有明文規定者為限。拘束人身自由之保安處分，亦同（刑1）。

(二) **從舊從輕原則**：行為後**法律有變更**者，適用行為時之法律。但行為後之法律有利於行為人者，適用最有利於行為人之法律（刑2 Ⅰ）。

沒收、非拘束人身自由之保安處分適用裁判時之法律（刑2 Ⅱ）。

處罰或保安處分之裁判確定後，未執行或執行未完畢，而法律有變更，不處罰其行為或不施以保安處分者，免其刑或保安處分之執行（刑2 Ⅲ）。

(三) **屬地原則**：本法於在中華民國領域內犯罪者，適用之。在中華民國領域外之中華民國船艦或航空器內犯罪者，以在中華民國領域內犯罪論（刑3）。

────────────────○ 知識加油站 ○────────────────

1. 罪刑法定原則：即犯罪行為之成立與其法律效果，均以行為時有相關刑事法規規定為前提。此為刑法之保障功能，避免遭到濫用。

2. 法律有變更：犯罪後，本案涉及之犯罪成立與否即其法律效果的法規（不限於刑法），於行為後有變更，原則上依照行為時法，但若行為後之法律較有利於行為人，則例外依行為後之法，以貫徹罪刑法定之意旨。

3. 屬地原則：刑罰權為主權之象徵，原則上刑法之效果以主權範圍所及之地為限。

二、 刑事責任

(一) **責任要件-故意/過失**：行為非出於故意或過失者，不罰（刑12 I ）。
過失行為之處罰，以有特別規定者，為限（刑12 II ）。

(二) **直接故意與間接故意**：行為人對於構成犯罪之事實，明知並有意使其發生者，為故意（刑13 I ）。
行為人對於構成犯罪之事實，預見其發生而其發生並不違背其本意者，以故意論（刑13 II ）。

小叮嚀
故意與過失之區別在於刑法上之過失，係指無犯罪故意而欠缺注意導致犯罪事實之發生，是否過失，應以行為人對其行為之結果有無認識為斷。

(三) **有認識過失與無認識過失**：行為人雖非故意，但按其情節應注意，並能注意，而不注意者，為過失（刑14 I ）。
行為人對於構成犯罪之事實，雖預見其能發生而確信其不發生者，以過失論（刑14 II ）。

(四) **不作為犯**：對於犯罪結果之發生，法律上**有防止之義務，能防止而不防止**者，與因積極行為發生結果者同（刑15 I ）。
因**自己行為致有發生犯罪結果之危險**者，負防止其發生之義務（刑15 II ）。

知識加油站

不作為犯：與作為犯為相對之犯罪行為方式，可區分為純正不作為犯及不純正不作為犯，前者係法律明文規定以不作為之方式為犯罪行為，後者則係刑法雖欲以作為之行為為某犯罪行為，然行為人卻以不作為的方式實行犯罪。

例 殺人罪以積極殺人為法條規範，但若對剛出生的嬰兒，不餵食牛奶使其餓死，也該當殺人罪。

(五) **責任能力-年齡**：未滿十四歲人之行為，不罰（刑18 I ）。

十四歲以上未滿十八歲人之行為，得減輕其刑（刑18 II ）。

滿八十歲人之行為，得減輕其刑（刑18 III ）。

(六) **責任能力-精神狀態**：行為時因精神障礙或其他心智缺陷，致不能辨識其行為違法或欠缺依其辨識而行為之能力者，不罰（刑19 I ）。

行為時因前項之原因，致其辨識行為違法或依其辨識而行為之能力，顯著減低者，得減輕其刑（刑19 II ）。

前二項規定，於因故意或過失自行招致者，不適用之（刑19 III ）。

> **小叮嚀**
>
> 刑19 III 又稱原因自由行為係指行為人行為時雖屬於無責任能力之狀態，但該狀態係可歸責於行為人的故意或過失，且行為人在精神狀態正常時即有侵害特定法益之故意，或對特定法益之侵害有遇見可能性，故特別立法排除。

(七) **責任能力-生理狀態**：瘖啞人之行為，得減輕其刑（刑20）。

(八) **阻卻違法之事由-依法令之行為**：依法令之行為，不罰（刑21 I ）。

依所屬上級公務員命令之職務上行為，不罰。但明知命令違法者，不在此限（刑21 II ）。

(九) **阻卻違法之事由-業務上正當行為**：業務上之正當行為，不罰（刑22）。

(十) **阻卻違法之事由-正當防衛**：對於現在不法之侵害，而出於防衛自己或他人權利之行為，不罰。但防衛行為過當者，得減輕或免除其刑（刑23）。

(十一) **阻卻違法之事由-緊急避難**：因避免自己或他人生命、身體、自由、財產之緊急危難而出於不得已之行為，不罰。但避難行為過當者，得減輕或免除其刑（刑24 I ）。

前項關於避免自己危難之規定，於公務上或業務上有特別義務者，不適用之（刑24 II ）。

────────── **知識加油站** ──────────

1. 能防止而不防止（作為可能性）：係指現實物理上行為人是否有實力、有技術去挽救該法益之侵害。

2. 自己行為致有發生犯罪結果之危險（危險前行為）：自己之行為，依照經驗法則有發生一定侵害法益之危險者，原則上行為人應該放棄該行為；若繼續為之，則應盡力防止結果之發生。

3. 責任能力：擔負刑事責任之能力，亦即能理解刑事處罰意義之能力，為罪責要素之一，現行法判斷標準以行為人之年齡與精神狀態而定。

4. 業務上之正當行為：

   (1)客觀要件：

     A. 業務行為非刑法上禁止或顯然違背公序良俗。

     B. 行為須在業務範圍內。

     C. 正當且必要之業務行為。

   (2)主觀要件：經營業務之意思

5. 緊急避難：係指在利益衝突的情況下，法律對於因保護利益而侵害他人法益者，在一定範圍內，可阻卻違法。

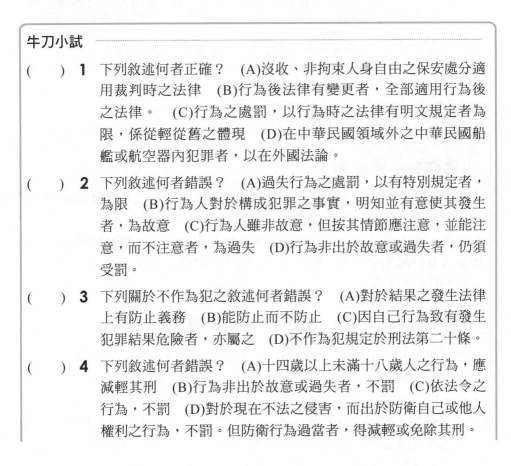

牛刀小試

( ) **1** 下列敘述何者正確？ (A)沒收、非拘束人身自由之保安處分適用裁判時之法律 (B)行為後法律有變更者，全部適用行為後之法律。 (C)行為之處罰，以行為時之法律有明文規定者為限，係從輕從舊之體現 (D)在中華民國領域外之中華民國船艦或航空器內犯罪者，以在外國法論。

( ) **2** 下列敘述何者錯誤？ (A)過失行為之處罰，以有特別規定者，為限 (B)行為人對於構成犯罪之事實，明知並有意使其發生者，為故意 (C)行為人雖非故意，但按其情節應注意，並能注意，而不注意者，為過失 (D)行為非出於故意或過失者，仍須受罰。

( ) **3** 下列關於不作為犯之敘述何者錯誤？ (A)對於結果之發生法律上有防止義務 (B)能防止而不防止 (C)因自己行為致有發生犯罪結果危險者，亦屬之 (D)不作為犯規定於刑法第二十條。

( ) **4** 下列敘述何者錯誤？ (A)十四歲以上未滿十八歲人之行為，應減輕其刑 (B)行為非出於故意或過失者，不罰 (C)依法令之行為，不罰 (D)對於現在不法之侵害，而出於防衛自己或他人權利之行為，不罰。但防衛行為過當者，得減輕或免除其刑。

解答與解析

1 (A)。選項(B)係從舊從輕原則，按刑法第二條原則上應以行為時之法律為依據，例外在行為後之法律有利於行為人時，適用最有利於行為人之法律；選項(C)係罪刑法定原則之體現；選項(D)本法於在中華民國領域內犯罪者，適用之。在中華民國領域外之中華民國船艦或航空器內犯罪者，以在中華民國領域內犯罪論（刑3）。

2 (D)。行為非出於故意或過失者，不罰（刑12Ⅰ）。

3 (D)。對於犯罪結果之發生，法律上有防止之義務，能防止而不防止者，與因積極行為發生結果者同（刑15Ⅰ）。因自己行為致有發生犯罪結果之危險者，負防止其發生之義務（刑15Ⅱ）。

4 (A)。十四歲以上未滿十八歲人之行為，得減輕其刑（刑18Ⅱ）。

重點 2　刑法分則

一、偽造有價證券罪

意圖供行使之用，而偽造、變造**公債票**、公司股票或其他**有價證券**者，處三年以上十年以下有期徒刑，得併科三千元以下罰金（刑201Ⅰ）。

行使偽造、變造之公債票、公司股票或其他有價證券，或**意圖供行使之用，而收集或交付於人者**，處一年以上七年以下有期徒刑，得併科三千元以下罰金（刑201Ⅱ）。

二、偽造簽帳、提款、轉帳或支付工具之罪

意圖供行使之用，而偽造、變造信用卡、金融卡、儲值卡或其他相類作為簽帳、提款、轉帳或支付工具之電磁紀錄物者，處一年以上七年以下有期徒刑，得併科三萬元以下罰金（刑201-1Ⅰ）。

行使前項偽造、變造之信用卡、金融卡、儲值卡或其他相類作為簽帳、提款、轉帳或支付工具之電磁紀錄物，或意圖供行使之用，而收受或交付於人者，處五年以下有期徒刑，得併科三萬元以下罰金（刑201-1Ⅱ）。

三、偽造、變造私文書之罪

偽造、變造**私文書**，足以生損害於公眾或他人者，處五年以下有期徒刑（刑210）。

四、偽造、變造公文書之罪

偽造、變造**公文書**，足以生損害於公眾或他人者，處一年以上七年以下有期徒刑（刑211）。

五、偽造變造特種文書之罪

偽造、變造護照、旅券、**免許證**、特許證及關於品行、能力服務或其他相類之證書、介紹書，足以生損害於公眾或他人者，處一年以下有期徒刑、拘役或三百元以下罰金（刑212）。

六、業務上文書登載不實之罪

從事業務之人，明知為不實之事項，而登載於其業務上作成之文書，足以生損害於公眾或他人者，處三年以下有期徒刑、拘役或五百元以下罰金（刑215）。

七、行使偽造變造或登載不實之文書之罪

行使第二百一十條至第二百一十五條之文書者，依偽造、變造文書或登載不實事項或使登載不實事項之規定處斷（刑216）。

八、偽造盜用印章印文或署押罪

偽造印章、**印文**或**署押**，足以生損害於公眾或他人者，處三年以下有期徒刑（刑217 Ⅰ）。

盜用印章、印文或署押，足以生損害於公眾或他人者，亦同（刑217 Ⅱ）。

九、偽造盜用公印或公印文罪

偽造**公印**或公印文者，處五年以下有期徒刑（刑218 Ⅰ）。

盜用公印或公印文足以生損害於公眾或他人者，亦同（刑218 Ⅱ）。

十、公然侮辱罪

公然**侮辱**人者，處拘役或三百元以下罰金（刑309 Ⅰ）。

以強暴犯前項之罪者，處一年以下有期徒刑、拘役或五百元以下罰金（刑309 Ⅱ）。

十一、誹謗罪

意圖散布於眾，而**指摘**或傳述足以毀損他人名譽之事者，為**誹謗**罪，處一年以下有期徒刑、拘役或五百元以下罰金（刑310 Ⅰ）。

散布文字、圖畫犯前項之罪者，處二年以下有期徒刑、拘役或一千元以下罰金（刑310 Ⅱ）。

對於所誹謗之事，能證明其為真實者，不罰。但涉於私德而與公共利益無關者，不在此限（刑310 Ⅲ）。

十二、侮辱誹謗死者罪

對於已死之人公然侮辱者，處拘役或三百元以下罰金（刑312 Ⅰ）。

對於已死之人犯誹謗罪者，處一年以下有期徒刑、拘役或一千元以下罰金（刑312 Ⅱ）。

十三、妨害信用罪

散布流言或以詐術損害他人之信用者，處二年以下有期徒刑、拘役或科或併科二十萬元以下罰金。

以廣播電視、電子通訊、網際網路或其他傳播工具犯前項之罪者，得加重其刑至二分之一（刑313）。

十四、妨害書信秘密罪

無故**開拆**或隱匿他人之**封緘**信函、文書或圖畫者，處拘役或三千元以下罰金。無故以開拆以外之方法，窺視其內容者，亦同（刑315）。

十五、洩漏業務上知悉工商秘密罪

依法令或契約有守因業務知悉或持有工商秘密之義務，而無故洩漏之者，處一年以下有期徒刑、拘役或一千元以下罰金（刑317）。

十六、洩漏公務上知悉工商秘密罪

公務員或曾任公務員之人,無故洩漏因職務知悉或持有他人之工商秘密者,
處二年以下有期徒刑、拘役或二千元以下罰金(刑318)。

十七、洩漏利用電腦設備而知悉之秘密罪

無故洩漏因利用電腦或其他相關設備知悉或持有他人之秘密者,處二年以下
有期徒刑、拘役或五千元以下罰金(刑318-1)。
利用電腦或其相關設備犯第三百十六條至第三百十八條之罪者,加重其刑至
二分之一(刑318-2)。

十八、普通侵占罪

意圖為自己或第三人不法之所有,而侵占自己**持有**他人之物者,處五年以下
有期徒刑、拘役或科或併科一千元以下罰金(刑335 Ⅰ)。
前項之未遂犯罰之(刑335 Ⅱ)。

十九、公務公益侵占罪及業務侵占罪

對於公務上或因公益所持有之物,犯前條第一項之罪者,處一年以上七年以
下有期徒刑,得併科五千元以下罰金(刑336 Ⅰ)。
對於業務上所持有之物,犯前條第一項之罪者,處六月以上五年以下有期徒
刑,得併科三千元以下罰金(刑336 Ⅱ)。
前二項之未遂犯罰之(刑336 Ⅲ)。

二十、普通詐欺罪

意圖為自己或第三人不法之所有,以詐術使人將本人或第三人之物交付者,
處五年以下有期徒刑、拘役或科或併科五十萬元以下罰金(刑339 Ⅰ)。
以前項方法得財產上不法之利益或使第三人得之者,亦同(刑339 Ⅱ)。
前二項之未遂犯罰之(刑339 Ⅲ)。

二一、重利罪

乘他人**急迫**、**輕率**、**無經驗**或難以求助之處境,貸以金錢或其他物品,而取

得與原本顯不相當之重利者，處三年以下有期徒刑、拘役或科或併科三十萬元以下罰金（刑344 Ⅰ）。

前項重利，包括手續費、保管費、違約金及其他與借貸相關之費用（刑344 Ⅱ）。

二二、損害債權罪

債務人於將**受強制執行之際**，意圖損害債權人之債權，而毀壞、處分或隱匿其財產者，處二年以下有期徒刑、拘役或五百元以下罰金（刑356）。

二三、妨害電腦使用罪

無故輸入他人帳號密碼、破解使用電腦之保護措施或利用電腦系統之漏洞，而入侵他人之電腦或其相關設備者，處三年以下有期徒刑、拘役或科或併科十萬元以下罰金（刑358）。

無故取得、刪除或變更他人電腦或其相關設備之電磁紀錄，致生損害於公眾或他人者，處五年以下有期徒刑、拘役或科或併科二十萬元以下罰金（刑359）。

無故以電腦程式或其他電磁方式干擾他人電腦或其相關設備，致生損害於公眾或他人者，處三年以下有期徒刑、拘役或科或併科十萬元以下罰金（刑360）。

─────────────── 知識加油站 ───────────────

1. 公債票：指政府機關為輔助國庫或為特種需要，向人民募集公債時所發行之證券。
2. 有價證券：用以表示財產權之書證，其權利之行使與移轉需以移轉該證券為前提。
3. 私文書：以私人資格，而非公務員職務上所製作之文書而言。
4. 公文書：公務員職務上所製作之文書。
5. 免許證：特許享有一定權利之證書。
6. 印文：蓋以印章而顯現出之文字或符號。
7. 署押：署名畫押，包括簽名、按指印或以其他符號代替簽名等。
8. 公印：公務機關與公務員職務上所使用之印信，包括官署之印信及公務員之官印。
9. 侮辱：以粗鄙之言語舉動謾罵羞辱，或為其他輕蔑人之行為。
10. 指摘：就某事項予以披露揭發之行為。
11. 傳述：對已經被披露揭發之事項加以傳播轉述。
12. 誹謗：意圖散布於眾，而具體指摘或傳述足以毀損他人名譽或降低其人格地位之事實。

13. 開拆：開啟拆視，破壞其封緘達可得閱覽之程度。

14. 隱匿：隱蔽藏匿使人難以發現。

15. 封緘：僅限於物理意義，電磁紀錄加上密碼並不屬之。

16. 侵占：對於自己持有他人之物，本無處分權，而不法實行其所有權內容之行為。

17. 持有：

　　(1)主觀上有支配意思。

　　(2)客觀上有支配事實。

　　(3)行為人係基於契約或法律對該物持有時，其易持有為所有之行為，始會成立侵
　　　占罪。

18. 急迫：指他人因急需用錢或其他物品。

19. 輕率：指未能慎重考慮而草率決定。

20. 無經驗：係為無借貸經驗，未能分辨借貸利害關係而言。

21. 受強制執行之際：指債權人取得執行名義後，強制執行程序尚未終結以前之期間。

牛刀小試

(　　) 下列敘述何者正確？

　　(A)從事業務之人，明知為不實之事項，而登載於其業務上作成之
　　　文書，足以生損害於公眾或他人者，成立犯罪

　　(B)偽造、變造公文書，只要行為開始，不論是否生損害於他人均
　　　須受到處罰

　　(C)指摘或傳述足以毀損他人名譽之事者，不論是否有主觀意圖，
　　　為誹謗罪

　　(D)侵占罪不處罰未遂犯。

解答與解析

(A)。選項B偽造、變造公文書，足以生損害於公眾或他人者，處一年以
　　上七年以下有期徒刑；選項C意圖散布於眾，而指摘或傳述足以
　　毀損他人名譽之事者，為誹謗罪，處一年以下有期徒刑、拘役或
　　五百元以下罰金。散布文字、圖畫犯前項之罪者，處二年以下有
　　期徒刑、拘役或一千元以下罰金（刑310Ⅰ）；選項D意圖為自己
　　或第三人不法之所有，而侵占自己持有他人之物者，處五年以下
　　有期徒刑、拘役或科或併科一千元以下罰金（刑335Ⅰ）。前項
　　之未遂犯罰之（刑335Ⅱ）。

精選範題

( )　**1** 法律上能夠享受權利並負擔義務的能力，稱為？　(A)權利能力　(B)行為能力　(C)意思能力　(D)以上皆非。

( )　**2** 年滿幾歲為成年？　(A)16　(B)18　(C)20　(D)22。

( )　**3** 無代理權人，以他人之代理人名義所為之法律行為，對於善意之相對人應？　(A)道歉　(B)負損害賠償之責　(C)應履行　(D)以上皆是。

( )　**4** 下列何者非消滅時效中斷之事由？　(A)請求　(B)承認　(C)起訴　(D)債務人出國。

( )　**5** 下列關於契約之敘述，何者錯誤？　(A)契約可由單方以意思表示為之　(B)當事人對於契約必要之點，需意思一致　(C)當事人對於非必要之點，未經表示意思者，不影響推定契約成立之效力　(D)關於該非必要之點，當事人意思不一致時，法院應依其事件之性質定之。

( )　**6** 根據民法185條第二項明文之規定，＿＿＿＿與＿＿＿＿在共同侵權中，視為共同行為人？　(A)造意人及加害人　(B)造意人及幫助者　(C)加害人及幫助者　(D)以上皆非。

( )　**7** 下列關於僱用人責任之敘述，何者錯誤？　(A)受僱人因執行職務，不法侵害他人之權利者，由僱用人與行為人連帶負損害賠償責任　(B)選任受僱人及監督其職務之執行，已盡相當之注意或縱加以相當之注意而仍不免發生損害者，僱用人不負賠償責任　(C)如被害人依民法188第一項但書之規定，不能受損害賠償時，法院因其聲請，得斟酌僱用人與被害人之經濟狀況，令僱用人為全部或一部之損害賠償　(D)僱用人賠償損害時，對於為侵權行為之受僱人，無求償權。

( )　**8** 下列關於侵權行為法律效果之敘述，何者錯誤？　(A)不法侵害他人致死者，對於支出醫療及增加生活上需要之費用或殯葬費之人，亦應負損害賠償責任　(B)不法侵害他人致死，而被害人對

於第三人負有法定扶養義務者，加害人對於該第三人亦應負損害賠償責任　(C)不法侵害他人致死者，被害人之父、母、子、女及配偶，對於非財產上之損害賠償，不得請求　(D)名譽被侵害者，雖非財產上之損害，得請求損害賠償相當之金額，並得請求回復名譽之適當處分。

( )　**9** 下列關於民法之敘述，何者錯誤？　(A)債權人基於債之關係，得向債務人請求給付　(B)給付，不以有財產價格者為限　(C)不作為得為給付　(D)以上均為正確。

( )　**10** 給付有確定期限者，債務人自期限屆滿時起，負什麼責任？　(A)給付不能之責任　(B)給付延遲之責任　(C)不完全給付之責任　(D)加害給付之責任。

( )　**11** 依債務本旨，向債權人或其他有受領權人為清償，經其受領者，債之關係消滅，稱為？　(A)還款　(B)清償　(C)滅失　(D)以上皆非。

( )　**12** 稱消費借貸者，謂當事人一方移轉金錢或其他代替物之所有權於他方，而約定他方以_____、_____、_____相同之物返還之契約？　(A)種類；品質；數量　(B)價格；種類；數量　(C)價格；品質；數量　(D)價格；種類；品質。

( )　**13** 當事人約定，一方於他方之債務人不履行債務時，由其代負履行責任之契約，稱為？　(A)保證　(B)保護　(C)連帶　(D)以上皆非。

( )　**14** 物權除依法律或習慣外，不得創設，稱為？　(A)物權法定主義　(B)物權約定主義　(C)物權要件主義　(D)以上皆非。

( )　**15** 因_____、_____、_____、_____或其他非因法律行為，於登記前已取得不動產物權者，應經登記，始得處分其物權？　(A)繼承；強制執行；徵收；法院之判決　(B)契約；贈與；強制執行；繼承　(C)契約；強制執行；徵收；法院判決　(D)約定；贈與；強制執行；繼承。

( )　**16** 下列關於民法之敘述，何者錯誤？　(A)最高限額抵押權所擔保之原債權，未約定確定之期日者，抵押人或抵押權人得隨時請

求確定其所擔保之原債權　(B)最高限額抵押權所擔保之債權，於原債權確定前讓與他人者，其最高限額抵押權不隨同移轉(C)最高限額抵押權所擔保之債權，於原債權確定前經第三人承擔其債務，而債務人免其責任者，抵押權人就該承擔之部分，得行使最高限額抵押權　(D)原債權確定前，抵押權人經抵押人之同意，得將最高限額抵押權之全部或分割其一部讓與他人。

(　) **17** 男未滿＿＿＿＿歲，女未滿＿＿＿＿歲者，不得結婚？　(A)18；16(B)16；15　(C)20；18　(D)20；16。

(　) **18** 下列關於民法之敘述，何者錯誤？　(A)夫或妻之財產分為婚前財產與婚後財產，由夫妻各自所有　(B)夫或妻婚前財產，於婚姻關係存續中所生之孳息，視為婚前財產　(C)夫或妻各自管理、使用、收益及處分其財產　(D)夫妻於家庭生活費用外，得協議一定數額之金錢，供夫或妻自由處分。

(　) **19** 夫或妻於婚姻關係存續中就其婚後財產所為之＿＿＿＿＿＿，有害及法定財產制關係消滅後他方之＿＿＿＿＿＿者，他方得聲請法院＿＿＿＿＿之。但為履行道德上義務所為之相當＿＿＿＿＿，不在此限？　(A)無償行為；剩餘財產分配請求權；撤銷；贈與　(B)有償行為；剩餘財產分配請求權；撤銷；贈與　(C)無償行為；剩餘財產分配請求權；撤回；給付　(D)有償行為；剩餘財產分配請求權；撤回；給付。

(　) **20** 上題撤銷權，自夫或妻之一方知有撤銷原因時起，＿＿＿＿＿間不行使，或自行為時起經過＿＿＿＿＿而消滅？　(A)三個月；一年(B)六個月；一年　(C)九個月：一年　(D)十一個月；一年。

(　) **21** 拋棄繼承，應於＿＿＿＿＿其得繼承之時起＿＿＿＿＿內，以書面向法院為之？　(A)知悉；三個月　(B)被繼承人死亡；三個月　(C)知悉；六個月　(D)被繼承人死亡；六個月。

(　) **22** 訴訟，由＿＿＿＿＿管轄？　(A)原告住所地之法院　(B)被告住所地之法院　(C)任一法院均可　(D)原則原告住所地之法院，例外被告住所地之法院。

( ) **23** 當事人得以合意定_____管轄法院。但以關於由一定法律關係而生之訴訟為限？ (A)第一審 (B)第二審 (C)第三審 (D)以上皆可以合意定之。

( ) **24** 依民事訴訟法第27條之規定，定法院之管轄，以_____為準？ (A)訂約時 (B)起訴時 (C)當事人合意 (D)起訴後之當事人合意。

( ) **25** 審判長應向當事人_____或_____，令其為事實上及法律上陳述、聲明證據或為其他必要之聲明及陳述？ (A)發問；曉諭 (B)提示；發問 (C)提示；曉諭 (D)曉諭；闡明。

( ) **26** 下列關於非訟事件之敘述，何者錯誤？ (A)法院收受聲請書狀或筆錄後，得定期間命聲請人以書狀或於期日就特定事項詳為陳述 (B)因程序之結果而法律上利害受影響之人，得聲請參與程序 (C)法院認為必要時，得依職權通知前項之人參與程序 (D)以上均為正確。

( ) **27** 下列關於商事非訟事件之敘述，何者錯誤？ (A)票據法第一百二十三條所定執票人就本票聲請法院裁定強制執行事件，由票據發票地之法院管轄 (B)二人以上為發票人之本票，未載付款地，其以發票地為付款地，而發票地不在一法院管轄區域內者，各該發票地之法院俱有管轄權 (C)發票人證明已依規定提起訴訟時，執行法院應停止強制執行 (D)發票人主張本票債權不存在而提起確認之訴不合於法律規定者，法院依發票人聲請，得許其提供相當並確實之擔保，停止強制執行。

( ) **28** 關於非訟事件之管轄，下列敘述何者錯誤？ (A)法院依住所而定 (B)在中華民國無住所或住所不明時，以在中華民國之居所視為住所 (C)無居所或居所不明者，以在中華民國最後之住所視為住所 (D)以上均為正確。

( ) **29** 下列何者可為強制執行之名義？ (A)確定之終局判決 (B)假扣押、假處分、假執行之裁判及其他依民事訴訟法得為強制執行之裁判 (C)依提審法規定得為強制執行之公證書 (D)抵押權人或

質權人，為拍賣抵押物或質物之聲請，經法院為許可強制執行之裁定者。

(　) **30** 實施強制執行時，經_____同意者，執行法院得延緩執行？
(A)債權人　(B)債務人　(C)法官　(D)民事執行處。

(　) **31** 執行名義成立後，如有消滅或妨礙債權人請求之事由發生，債務人得於強制執行程序終結前，向執行法院對債權人提起_____？　(A)異議之訴　(B)確認之訴　(C)形成之訴　(D)給付之訴。

(　) **32** 執行_____，徵收執行費新臺幣三千元？　(A)財產案件　(B)非財產案件　(C)動產案件　(D)不動產案件。

(　) **33** 下列關於對第三人強制執行之敘述，何者錯誤？　(A)第三人不於前項期間內聲明異議，亦未依執行法院命令，將金錢支付債權人，或將金錢、動產或不動產支付或交付執行法院時，執行法院得因債權人之聲請，逕向該第三人為強制執行　(B)第三人得提起異議之訴　(C)債權人對於第三人之聲明異議認為不實時，得於收受前項通知後七日內向管轄法院提起訴訟，並應向執行法院為起訴之證明及將訴訟告知債務人　(D)債權人未於法定期間內為起訴之證明者，執行法院得依第三人之聲請，撤銷所發執行命令。

(　) **34** 本法於在中華民國領域內犯罪者，適用之。在中華民國領域外之中華民國船艦或航空器內犯罪者，以在中華民國領域內犯罪論，稱為？　(A)屬地原則　(B)屬人原則　(C)世界原則　(D)保護原則。

(　) **35** 下列何者為偽造變造特種文書罪之敘述？　(A)偽造、變造私文書，足以生損害於公眾或他人者，處五年以下有期徒刑　(B)偽造、變造公文書，足以生損害於公眾或他人者，處一年以上七年以下有期徒刑　(C)意圖供行使之用，而偽造、變造信用卡、金融卡、儲值卡或其他相類作為簽帳、提款、轉帳或支付工具之電磁紀錄物者，處一年以上七年以下有期徒刑，得併科三萬元以下罰金　(D)偽造、變造護照、旅券、免許證、特許證及關於品

行、能力服務或其他相類之證書、介紹書，足以生損害於公眾或他人者，處一年以下有期徒刑、拘役或三百元以下罰金。

解答與解析

1 (A)。係指法律上能夠享受權利並負擔義務的能力，享有權利能力者，即為權利主體其中包括自然人和法人，得為私法上權利義務關係之主體。

2 (B)。年滿18歲為成年（民12）。

3 (B)。無代理權人，以他人之代理人名義所為之法律行為，對於善意之相對人，負損害賠償之責（民110）。既然係無權，又該如何履行？

4 (D)。中斷之事由（民129）
1.消滅時效，因下列事由而中斷：
　(1)請求。　　(2)承認。　　(3)起訴。
2.下列事項，與起訴有同一效力：
　(1)依督促程序，聲請發支付命令。　(2)聲請調解或提付仲裁。
　(3)申報和解債權或破產債權。　　(4)告知訴訟。
　(5)開始執行行為或聲請強制執行。

5 (A)。當事人互相表示意思一致者，無論其為明示或默示，契約即為成立（民153 I）。

6 (B)。造意人及幫助人，視為共同行為人（民185 II）。

7 (D)。僱用人賠償損害時，對於為侵權行為之受僱人，有求償權（民188 III）。

8 (C)。不法侵害他人致死者，被害人之父、母、子、女及配偶，雖非財產上之損害，亦得請求賠償相當之金額（民194）。

9 (D)。債權人基於債之關係，得向債務人請求給付。給付，不以有財產價格者為限。不作為亦得為給付。

10 (B)。給付有確定期限者，債務人自期限屆滿時起，負遲延責任（民229 I）。

11 (B)。依債務本旨，向債權人或其他有受領權人為清償，經其受領者，債之關係消滅（民309 I）。

12 (A)。稱消費借貸者，謂當事人一方移轉金錢或其他代替物之所有權於他方，而約定他方以種類、品質、數量相同之物返還之契約（民474 I）。

13 (A)。稱保證者，謂當事人約定，一方於他方之債務人不履行債務時，由其代負履行責任之契約（民739）。

14 (A)。物權除依法律或習慣外，不得創設（民757）。

15 (A)。因繼承、強制執行、徵收、法院之判決或其他非因法律行為，於登記前已取得不動產物權者，應經登記，始得處分其物權（民759）。

16 (C)。最高限額抵押權所擔保之債權，於原債權確定前經第三人承擔其債務，而債務人免其責任者，抵押權人就該承擔之部分，不得行使最高限額抵押權（民881-6 II）。

17 (A)。男未滿十八歲，女未滿十六歲者，不得結婚（民980）。

18 (B)。夫或妻婚前財產，於婚姻關係存續中所生之孳息，視為婚後財產（民1017 II）。

19 (A)。夫或妻於婚姻關係存續中就其婚後財產所為之無償行為，有害及法定財產制關係消滅後他方之剩餘財產分配請求權者，他方得聲請法院撤銷之。但為履行道德上義務所為之相當贈與，不在此限（民1020-1 I）。

20 (B)。前條撤銷權，自夫或妻之一方知有撤銷原因時起，六個月間不行使，或自行為時起經過一年而消滅（民1020-2）。

21 (A)。　繼承人得拋棄其繼承權。前項拋棄，應於知悉其得繼承之時起三個月內，以書面向法院為之。

22 (B)。訴訟，由被告住所地之法院管轄。被告住所地之法院不能行使職權者，由其居所地之法院管轄。訴之原因事實發生於被告居所地者，亦得由其居所地之法院管轄（民訴1 I）。

23 (A)。當事人得以合意定第一審管轄法院。但以關於由一定法律關係而生之訴訟為限（民訴24 I）。

24 (B)。定法院之管轄，以起訴時為準（民訴27）。

25 (A)。審判長應向當事人發問或曉諭，令其為事實上及法律上陳述、聲明證據或為其他必要之聲明及陳述；其所聲明或陳述有不明瞭或不完足者，應令其敘明或補充之（民訴199 II）。

26 (D)。

27 (A)。票據法第一百二十三條所定執票人就本票聲請法院裁定強制執行事件，由票據付款地之法院管轄（非訟194 I）。

28 (D)。非訟事件之管轄，法院依住所而定者，在中華民國無住所或住所不明時，以在中華民國之居所視為住所；無居所或居所不明者，以在中華民國最後之住所視為住所（非訟2 Ⅰ）。

29 (C)。強制執行，依左列執行名義為之（強執4 Ⅰ）：
1.確定之終局判決。
2.假扣押、假處分、假執行之裁判及其他依民事訴訟法得為強制執行之裁判。
3.依民事訴訟法成立之和解或調解。
4.依公證法規定得為強制執行之公證書。
5.抵押權人或質權人，為拍賣抵押物或質物之聲請，經法院為許可強制執行之裁定者。
6.其他依法律之規定，得為強制執行名義者。

30 (A)。實施強制執行時，經債權人同意者，執行法院得延緩執行（強執10 Ⅰ）。

31 (A)。執行名義成立後，如有消滅或妨礙債權人請求之事由發生，債務人得於強制執行程序終結前，向執行法院對債權人提起異議之訴。如以裁判為執行名義時，其為異議原因之事實發生在前訴訟言詞辯論終結後者，亦得主張之（強執14 Ⅰ）。

32 (B)。執行非財產案件，徵收執行費新臺幣三千元（強執28-2 Ⅲ）。

33 (C)。債權人對於第三人之聲明異議認為不實時，得於收受前項通知後十日內向管轄法院提起訴訟，並應向執行法院為起訴之證明及將訴訟告知債務人（強執120 Ⅱ）。

34 (A)。本法於在中華民國領域內犯罪者，適用之。在中華民國領域外之中華民國船艦或航空器內犯罪者，以在中華民國領域內犯罪論（刑3）。

35 (D)。

第二篇 催收準則與紀律規範

第6章 銀行資產評估損失準備提列及逾期放款催收款呆帳處理辦法

章前導讀

- 本章之學習重點在於不良授信之理解、呆帳最低提列標準及處理程序、逾期放款催收款之定義。
- 本章為行政法規,法條將以「本辦法」代替銀行資產評估損失準備提列及逾期放款催收款呆帳處理辦法之全稱。

重點 1　資產評估損失準備提列　　重要度 ★★★★

一、 銀行對資產負債表表內及表外之非授信資產評估,應按資產之特性,依一般公認會計原則及其他相關規定,基於穩健原則評估可能損失,並提足損失準備(本辦法2)。

二、 銀行對資產負債表表內及表外之**授信**資產,除將屬**正常之授信資產列為第一類**外,餘不良之授信資產,應按債權之擔保情形及逾期時間之長短予以評估,分別列為**第二類應予注意**者,**第三類可望收回**者,**第四類收回困難**者,第五類收回無望者(本辦法3)。

───── 知識加油站 ─────

授信:係指銀行向非金融機構客戶直接提供的資金,或者對客戶在有關經濟活動中可能產生的賠償、支付責任做出的保證。依照銀行法第五條之二規定:「本法稱授信,謂銀行辦理放款、透支、貼現、保證、承兌及其他經中央主管機關指定之業務項目。」

三、前條各類不良授信資產，定義如下（本辦法4 Ⅰ）：

(一) **應予注意者**：指授信資產經評估**有足額擔保**部分，且授信戶積欠本金或利息超過清償期**1個月至12個月**者；或授信資產經評估**已無擔保**部分，且授信戶積欠本金或利息超過清償期**1個月至3個月**者；或授信資產雖未屆清償期或到期日，但授信戶已有其他債信不良者。

(二) **可望收回者**：指授信資產經評估**有足額擔保**部分，且授信戶積欠本金或利息超過清償期**12個月**者；或授信資產經評估**已無擔保**部分，且授信戶積欠本金或利息超過清償期**3個月至6個月**者。

(三) **收回困難者**：指授信資產經評估**已無擔保**部分，且授信戶積欠本金或利息超過清償期**6個月至12個月**者。

(四) **收回無望者**：指授信資產經評估**已無擔保**部分，且授信戶積欠本金或利息超過清償期**12個月**者；或授信資產經評估無法收回者。

符合第七條第二項之協議分期償還授信資產，於另訂契約**六個月**以內，銀行得依授信戶之還款能力及債權之擔保情形予以評估分類，惟不得列為第一類，並需提供相關佐證資料（本辦法4 Ⅱ）。

四、銀行對資產負債表表內及表外之授信資產，應按第三條及前條規定確實評估，並以**第一類**授信資產債權餘額扣除對於我國政府機關（指中央及地方政府）之債權餘額後之**百分之一**、**第二類**授信資產債權餘額之**百分之二**、**第三類**授信資產債權餘額之**百分之十**、**第四類**授信資產債權餘額之**百分之五十**及**第五類**授信資產**債權餘額全部之和**為最低標準，提足備抵呆帳及保證責任準備（本辦法5 Ⅰ）。

為強化銀行對特定授信資產之損失承擔能力，主管機關於必要時，得要求銀行提高特定授信資產之備抵呆帳及保證責任準備（本辦法5 Ⅱ）。

五、銀行依第二條及前條規定所提列之損失準備、備抵呆帳及保證責任準備，經主管機關或金融檢查機關（構）評估不足時，銀行應立即依主管機關要求或金融檢查機關（構）檢查意見補足（本辦法6）。

牛刀小試

( ) **1** 下列敘述何者錯誤？ (A)銀行對資產負債表表內及表外之授信資產，應按第五條及前條規定確實評估 (B)以第一類授信資產債權餘額扣除對於我國政府機關（指中央及地方政府）之債權餘額後之百分之一為最低標準，提足備抵呆帳及保證責任準備 (C)第二類授信資產債權餘額之百分之二為最低標準，提足備抵呆帳及保證責任準備 (D)第五類授信資產債權餘額全部之和為最低標準，提足備抵呆帳及保證責任準備。

( ) **2** 下列何者為本法法源依據？ (A)會計法 (B)中央銀行法 (C)銀行法 (D)審計法。

解答與解析

1 (A)。銀行對資產負債表表內及表外之授信資產，應按第三條及前條規定確實評估，並以第一類授信資產債權餘額扣除對於我國政府機關（指中央及地方政府）之債權餘額後之百分之一、第二類授信資產債權餘額之百分之二、第三類授信資產債權餘額之百分之十、第四類授信資產債權餘額之百分之五十及第五類授信資產債權餘額全部之和為最低標準，提足備抵呆帳及保證責任準備（本辦法5Ⅰ）。

2 (C)。

重點 **2**　逾期放款催收款　　重要度 ★★★★

一、定義

本辦法稱逾期放款，指積欠本金或利息超過清償期**三個月**，或雖未超過三個月，但已向主、從債務人訴追或處分擔保品者（本辦法7Ⅰ）。

協議分期償還放款符合**一定條件**，並依協議條件履行達**六個月**以上，且協議利率不低於原承作利率或銀行新承作同類風險放款之利率者，得免予列報逾期放款。但於免列報期間再發生未依約清償超過**三個月**者，仍應予列報（本辦法7Ⅱ）。

前項所稱一定條件，指符合下列情形者（本辦法7 III）：

(一) 原係短期放款者，以每年償還本息在百分之十以上為原則，惟期限最長以五年為限。

(二) 原係中長期放款者，其分期償還期限以原殘餘年限之二倍為限，惟最長不得超過三十年。於原殘餘年限內，其分期償還之部分不得低於積欠本息百分之三十。若中長期放款已無殘餘年限或殘餘年限之二倍未滿五年者，分期償還期限得延長為五年，並以每年償還本息在百分之十以上為原則。

第一項所謂清償期，對於分期償還之各項放款及其他授信款項，以約定日期定其清償期。但如銀行依契約請求提前償還者，以銀行通知債務人還款之日為清償期（本辦法7 IV）。

二、本辦法稱催收款，指經轉入催收款科目之各項放款及其他授信款項（本辦法8 I）。

　　凡逾期放款應於清償期屆滿六個月內轉入催收款科目。但經協議分期償還放款並依約履行者，不在此限（本辦法8 II）。

三、逾期放款及催收款應依下列規定積極清理（本辦法9）：

(一) 經評估債務人財務、業務狀況，認為尚有繼續經營價值者，得酌予變更原授信案件之還款約定，並按董（理）事會規定之授權額度標準，由有權者核准。

(二) 銀行應依民事訴訟法、強制執行法及其他相關法令規定積極清理。但經協議分期償還放款者，不在此限。

(三) 銀行如認為主、從債務人確無能力全部清償本金，得依董（理）事會規定之授權額度標準，斟酌實情，由有權者核准與債務人成立和解，再報常務董（理）事會備查。

(四) 國外債權因國外政府變更外匯法令而無法如期清償者，得專案報經常務董（理）事會核准後辦理。

四、逾期放款經轉入催收款者，應停止計息。但仍應依契約規定繼續催理，並在催收款各分戶帳內利息欄註明應計利息，或作備忘紀錄。逾期放款未轉入催收款前應計之應收利息，仍未收清者，應連同本金一併轉入催收款（本辦法10）。

牛刀小試

( ) 下列敘述何者錯誤？ (A)本辦法稱逾期放款，指積欠本金或利息超過清償期六個月，或雖未超過三個月，但已向主、從債務人訴追或處分擔保品者 (B)協議分期償還放款符合一定條件，並依協議條件履行達六個月以上，且協議利率不低於原承作利率或銀行新承作同類風險放款之利率者，得免予列報逾期放款 (C)本辦法稱催收款，指經轉入催收款科目之各項放款及其他授信款項 (D)逾期放款經轉入催收款者，應停止計息。

解答與解析

(A)。本辦法稱逾期放款，指積欠本金或利息超過清償期**三個月**，或雖未超過三個月，但已向主、從債務人訴追或處分擔保品者（本辦法7Ⅰ）。

重點 **3** 呆帳處理 重要度 ★★★★

一、逾期放款及催收款，具有下列情事之一者，應扣除估計可收回部分後轉銷為呆帳（本辦法11）：

(一) 債務人因解散、逃匿、和解、破產之宣告或其他原因，致債權之全部或一部不能收回者。

(二) 擔保品及主、從債務人之財產經鑑價甚低或扣除先順位抵押權後，已無法受償，或執行費用接近或可能超過銀行可受償金額，**執行無實益者**。

(三) 擔保品及主、從債務人之財產經多次減價拍賣無人應買，而銀行亦無承受實益者。

(四) 逾期放款及催收款逾清償期**二年**，經催收仍未收回者。

二、逾期放款及催收款之轉銷，應經董（理）事會之決議通過，並通知監察人（監事）。但經主管機關或金融檢查機關（構）要求轉銷者，應即轉銷為呆帳，並提報最近一次董（理）事會及通知監察人備查。董事會休會期間，得由常務董（理）事會代為行使，並通知監察人（監事），再報董事會備查（本辦法12Ⅰ）。

前項規定，如其於授信或轉銷呆帳時，屬於銀行法第三十三條規定金額以上之案件，應經三分之二以上董事之出席及**出席董事四分之三**以上之同意（本辦法12 Ⅱ）。

外國銀行在臺分行得依其總行授權程序辦理（本辦法12 Ⅲ）。

三、逾期放款及催收款之轉銷，應先就提列之備抵呆帳或保證責任準備等項下沖抵，如有不足，得列為當年度損失（本辦法13）。

四、銀行對資產品質之評估、損失準備之提列、逾期放款催收款之清理及呆帳之轉銷，應建立內部處理制度及程序，報經董（理）事會通過後，送主管機關備查，其內容至少應包括下列事項（本辦法14 Ⅰ）：

(一) 資產之評估及分類。

(二) 備抵呆帳及損失準備提列政策。

(三) 授信逾清償期應採取之措施。

(四) 催收程序有關之規定。

(五) 逾期放款催收款變更原授信還款約定及成立和解之程序、授權標準之規定。

(六) 催收款、轉銷呆帳之會計處理。

(七) 追索債權及其債權回收之會計處理及可作為會計憑證之證明文件。

(八) 稽核單位列管考核重點。

(九) 內部責任歸屬及獎懲方式。

前項規定，外國銀行在臺分行得依其總行授權程序辦理，並送主管機關備查（本辦法14 Ⅱ）。

五、逾期放款及催收款轉銷時，應即查明授信有無依據法令及銀行規章辦理，如經查明係依授信程序辦理，並依規定辦理覆審追查工作，且無違法失職情事者，免予追究行政責任。如有違失，由銀行依其分層負責及授權情形考核處分，涉及刑責者，移送檢察機關偵辦（本辦法15）。

牛刀小試

(   ) 逾期放款及催收款，下列何者情事，非可扣除估計可收回部分後轉銷為呆帳？　(A)債務人因解散、逃匿、和解、破產之宣告或其他原因，致債權之全部或一部不能收回者　(B)擔保品及主、從債務人之財產經鑑價甚低或扣除先順位抵押權後，已無法受償，或執行費用接近或可能超過銀行可受償金額，執行無實益者　(C)擔保品及主、從債務人之財產經多次減價拍賣無人應買，而銀行亦無承受實益者　(D)負責人受刑之宣告。

解答與解析

(D)。逾期放款及催收款，具有下列情事之一者，應扣除估計可收回部分後轉銷為呆帳（本辦法11）：
1.債務人因解散、逃匿、和解、破產之宣告或其他原因，致債權之全部或一部不能收回者。
2.擔保品及主、從債務人之財產經鑑價甚低或扣除先順位抵押權後，已無法受償，或執行費用接近或可能超過銀行可受償金額，執行無實益者。
3.擔保品及主、從債務人之財產經多次減價拍賣無人應買，而銀行亦無承受實益者。
4.逾期放款及催收款逾清償期二年，經催收仍未收回者。

重點 **4**　其他處理

一、銀行應按**月**依主管機關所規定之報表格式、內容，填報逾期放款及不良資產等相關資料予主管機關（本辦法17）。

二、銀行依據中華民國一百零三年一月二十八日修正施行之第五條第一項規定計算第一類授信資產最低應提列之備抵呆帳及保證責任準備金額，應自本次修正施行之日起**一年**內提足。但有正當理由，得於期限屆滿前，報經<u>董理事會</u>通過後，向主管機關申請展延；展延期限不得超過一年（本辦法17-1Ⅰ）。

外國銀行在臺分行對於前項但書規定之董事會義務，得由其總行授權人員負責（本辦法17-1 Ⅱ）。

牛刀小試 ....

( ) 下列敘述何者錯誤？

(A)銀行應按年依主管機關所規定之報表格式、內容，填報逾期放款及不良資產等相關資料予主管機關

(B)銀行依據中華民國一百零三年一月二十八日修正施行之第五條第一項規定計算第一類授信資產最低應提列之備抵呆帳及保證責任準備金額，應自本次修正施行之日起一年內提足

(C)前項之規定有正當理由，得於期限屆滿前，報經董（理）事會通過後，向主管機關申請展延；展延期限不得超過一年

(D)外國銀行在臺分行對於前項但書規定之董事會義務，不得由其總行授權人員負責。

解答與解析 ....

(D)。外國銀行在臺分行對於前項但書規定之董事會義務，得由其總行授權人員負責（本辦法17-1 Ⅱ）。

第 7 章

金融機構作業委託他人處理內部作業制度及程序辦法

· 本章節之學習重點在於作業委外事項範圍、委外內部之作業規範、應收債權委外作業之委外相關規定（特別是禁止催收等相關行為）及各該業務內需準備之文件。

· *小叮嚀：本章為行政法規，法條將以「本辦法」代替金融機構作業委託他人處理內部作業制度及程序辦法之全稱。

108.9.30修正7、12、13、19、21，並新增19-1、19-2

重點 1　委外內部作業制度　　重要度 ★★★

一、金融機構作業委託他人處理者（以下簡稱為委外），應簽訂**書面契約**，並依本辦法辦理，但涉及外匯作業事項並應依中央銀行有關規定辦理（本辦法2 Ⅰ）。

本辦法適用之金融機構，包括本國銀行及其國外分行、外國銀行在臺分行、信用合作社、票券金融公司及經營信用卡業務之機構（本辦法2 Ⅱ）。

依據銀行法第一百三十九條所稱依其他法律設立之其他金融機構，除各該法律另有規定者外，適用本辦法之規定（本辦法2 Ⅲ）。

二、金融機構對於涉及營業執照所載業務項目或客戶資訊之相關作業委外，以下列事項範圍為限（本辦法3 Ⅰ）：

(一) 資料處理：包括資訊系統之資料登錄、處理、輸出，資訊系統之開發、監控、維護，及辦理業務涉及資料處理之後勤作業。

(二) 表單、憑證等資料保存之作業。

(三) 代客開票作業，包括支票、匯票。

(四) 貿易金融業務之後勤處理作業。但以信用狀開發、讓購、及進出口託收為限。

(五) 代收消費性貸款、信用卡帳款作業，但受委託機構以經主管機關核准者為限。

(六) 提供信用額度之往來授信客戶之信用分析報告編製。

(七) 信用卡發卡業務之行銷業務、客戶資料輸入作業、表單列印作業、裝封作業、付交郵寄作業，及開卡、停用掛失、預借現金、緊急性服務等事項之電腦及人工授權作業。

(八) 電子通路客戶服務業務，包括電話自動語音系統服務、電話行銷業務、客戶電子郵件之回覆與處理作業、電子銀行客戶及電子商務之相關諮詢及協助，及電話銀行專員服務。

(九) 車輛貸款業務之行銷、貸放作業管理及服務諮詢作業，但不含該項業務授信審核之准駁。

(十) 消費性貸款行銷，但不含該項業務授信審核之准駁。

(十一) 房屋貸款行銷業務，但不含該項業務授信審核之准駁。

(十二) 應收債權之催收作業。

(十三) 委託代書處理之事項，及委託其他機構處理因債權承受之擔保品等事項。

(十四) 車輛貸款逾期繳款之尋車及車輛拍賣，但不含拍賣底價之決定。

(十五) 鑑價作業。

(十六) 內部稽核作業，但禁止委託其財務簽證會計師辦理。

(十七) 不良債權之評價、分類、組合及銷售。但應於委外契約中訂定受委託機構參與作業合約之工作人員，於合約服務期間或合約終止後一定合理期間內，不得從事與委外事項有利益衝突之工作或提供有利益衝突之顧問或諮詢服務。

(十八) 有價證券、支票、表單及現鈔運送作業及自動櫃員機裝補鈔作業。

(十九) 金塊、銀塊、白金條塊等貴金屬之報關、存放、運送及交付。

(二十) 其他經主管機關核定得委外之作業項目。
　　　　前項第七款信用卡發卡業務之行銷及第九款至第十二款之委外事項，

不得複委託；第九款至第十一款有關貸款行銷作業委外，應由金融機構自行辦理客戶及關係人之對保簽章作業（本辦法3 Ⅱ）。

金融機構應依主管機關規定方式，確實申報有關作業委外項目、內容及範圍等資料（本辦法3 Ⅲ）。

三、前條規定之委外事項範圍，信用卡發卡業務及車輛貸款以外之消費性貸款之行銷作業、應收債權催收作業之委外，應依第十一條、第十二條規定報經主管機關核准辦理，其餘委外事項範圍金融機構應在不影響健全經營、客戶權益及相關法令之原則下，依董（理）事會核准之委外內部作業規範辦理。但外國銀行在臺分行之核准，得由經總行授權之人員為之（本辦法4 Ⅰ）。

四、金融機構辦理第三條第一項第二十款經主管機關核定事項之委外，應檢具下列書件向主管機關申請核准（本辦法5）：

(一) 依前條第二項訂定之委外內部作業規範。

(二) 董（理）事會決議之議事錄。但外國銀行在臺分行得由經總行授權人員出具同意書為之。

(三) 委外對營運之必要性及適法性分析。

(四) 作業流程。

(五) 其他經主管機關指定事項。

牛刀小試

(　) 下列敘述何者錯誤？ (A)本辦法適用之金融機構，包括本國銀行及其國外分行、外國銀行在臺分行、信用合作社、票券金融公司及經營信用卡業務之機構 (B)金融機構作業委託他人處理者（以下簡稱為委外），合意表示即可 (C)金融機構辦理第三條第一項第二十款經主管機關核定事項之委外，應檢具書件向主管機關申請核准 (D)金融機構對於涉及營業執照所載業務項目或客戶資訊之相關作業委外，有範圍限制。

解答與解析

(B)。金融機構作業委託他人處理者（以下簡稱為委外），應簽訂**書面契約**，並依本辦法辦理，但涉及外匯作業事項並應依中央銀行有關規定辦理（本辦法2 Ⅰ）。

| 重點 **2** | 委外內部作業規範 | 重要度 ★★★ |

一、前項所稱委外內部作業規範應載明下列事項（本辦法4Ⅱ）：

(一) 指定專責單位及其職權規範。　　　(二)委外事項範圍。

(三) 客戶權益保障之內部作業及程序。　(四)風險管理原則及作業程序。

(五) 內部控制原則及作業程序。　　　　(六)其他委外作業事項及程序。

二、第四條第二項第一款規定之專責單位應執行之事項如下（本辦法6Ⅰ）：

(一) 依第四條規定訂定之委外內部作業規範控管委外事項。

(二) 就委外事項涉及客戶權益保障、風險管理及內部控制作業之監督，並定期評估檢討將結果呈報董（理）事會或外國銀行在臺分行之總行授權人員，若有重大異常或缺失亦應儘速通報主管機關及中央銀行。

(三) 督導受委託機構內部控制及內部稽核制度之建立及執行。

(四) 訂定並執行遴選受委託機構之作業辦法，且應注意委外事項係受委託機構合法得辦理之營業項目。

　　 專責單位應定期至財團法人金融聯合徵信中心所建置受委託機構暨員工登錄系統查詢相關資料，並留存查詢紀錄備查，以作為金融機構作業委外執行本身內部控制制度及管理督導受委託機構建立內部控制制度之一環（本辦法6Ⅱ）。

三、第四條第二項第三款規定金融機構作業委外，應就客戶權益保障訂定內部作業及程序，其內容應包括（本辦法7Ⅰ）：

(一) 作業委外如涉及客戶資訊者，應於契約簽訂時訂定告知客戶之條款；其未訂有告知條款者，金融機構應書面通知客戶委外事項，並依個人資料保護法之規定辦理。

(二) 客戶資訊提供之條件範圍及其移轉之程序方法。

(三) 對受委託機構使用、處理、控管前款客戶資訊之監督方法。

(四) 訂定客戶糾紛處理程序及時限，並設置協調處理單位，受理客戶之申訴。

(五) 其他客戶權益保障之必要措施。

　　 金融機構作業委外如因受委託機構或其受僱人員之故意或過失致客戶權益受損，仍應對客戶依法負同一責任（本辦法7Ⅱ）。

四、 第四條第二項第四款規定金融機構訂定之委外內部作業規範有關風險管理原則及作業程序，其內容應包括（本辦法8）：
(一) 建立作業委外風險與效益分析之制度。
(二) 建立足以辨識、衡量、監督及控制委外相關風險之程序或管理措施。
(三) 訂定緊急應變計畫。

五、 第四條第二項第五款規定金融機構訂定之委外內部作業規範有關內部控制原則及作業程序，其內容應包括（本辦法9）：
(一) 訂定並執行委外事項範圍之監督管理作業程序。
(二) 前款作業程序應納入金融機構整體內部控制及內部稽核制度內執行。
(三) 監督受委託機構內部控制及內部稽核制度之建立及執行。

牛刀小試

( ) 下列何者非委外內部作業規範應載明之事項 (A)指定專責單位及其職權規範 (B)委外事項範圍 (C)作業規範制定之年月日 (D)內部控制原則及作業程序。

解答與解析

(C)。 前項所稱委外內部作業規範應載明下列事項（本辦法4Ⅱ）：
1.指定專責單位及其職權規範。
2.委外事項範圍。
3.客戶權益保障之內部作業及程序。
4.風險管理原則及作業程序。
5.內部控制原則及作業程序。
6.其他委外作業事項及程序。

重點 **3**　　**委外契約及規範**　　　　重要度 ★★★

一、 金融機構作業委外契約應載明下列事項（本辦法 10Ⅰ）：

(一) 委外事項範圍及受委託機構之權責。

(二) 金融機構應要求受委託機構配合遵守第二十一條規定。

(三) 消費者權益保障，包括客戶資料保密及安全措施。

(四) 受委託機構應依金融機構監督訂定之標準作業程序，執行消費者權益保障、風險管理、內部控制及內部稽核制度。

(五) 消費者爭端解決機制，包括解決時程、程序及補救措施。

(六) 受委託機構聘僱人員之管理，包括人員晉用、考核及處分等情事。

(七) 與受委託機構終止委外契約之重大事由，包括主管機關通知依契約終止或解約之條款。

(八) 受委託機構就受託事項範圍，同意主管機關及中央銀行得取得相關資料或報告，及進行金融檢查，或得命令其於限期內提供相關資料或報告。

(九) 受委託機構對外不得以金融機構名義辦理受託處理事項，亦不得進行不實廣告或於辦理貸款行銷作業時向客戶收取任何費用。

(十) 受委託機構對委外事項若有重大異常或缺失應立即通知金融機構。

(十一) 其他約定事項。

金融機構應於契約中要求受委託機構非經金融機構書面同意，不得將作業複委託。委外契約中應針對複委託情形，訂明複委託之範圍、限制或條件。複委託契約應準用本條規定訂定之（本辦法10Ⅱ）。

委外契約或複委託契約與本辦法規定不符者，金融機構得按原契約繼續辦理至契約期限到期為止；惟契約未訂有期限者，應於本辦法發布施行起**六個月內補正**，否則該契約自動終止（本辦法10Ⅲ）。

二、授信行銷之委外

(一) 信用卡發卡業務行銷之委外作業

金融機構申請信用卡發卡業務及車輛貸款以外之消費性貸款之行銷之委外，應檢具下列書件向主管機關申請核准（本辦法11Ⅰ）：

1. 依第四條第二項訂定之委外內部作業規範。
2. 董（理）事會決議之議事錄。但外國銀行在臺分行得由經總行授權人員出具同意書為之。
3. 有關委外行銷公司區域分佈情形說明，及對該委外行銷公司之內部控制制度及相關作業程序之審查情形。
4. 法規遵循聲明書。
   金融機構辦理本條作業委外應委託其持股百分之百或具百分之百控制力之行銷公司辦理。但金融機構及行銷公司符合下列條件者，金融機構得委託持股非百分之百之行銷公司辦理信用卡發卡業務之行銷作業（本辦法11 Ⅱ）：
1. 金融機構之內部控制及內部稽核制度健全。
2. 該行銷公司僅單獨辦理信用卡行銷業務一項。
3. 該行銷公司只接受一家發卡金融機構委託，且不得再委外或轉包其他事業或個人。
4. 金融機構經檢視過去委託該行銷公司辦理信用卡行銷收件之品質良好。
5. 金融機構應每季提出對該行銷公司之實地查核報告，並包括對該公司送件品質之評估。
   金融機構辦理本條作業委外，應要求受委託之行銷公司不得以給予贈品或獎品或於街頭、騎樓設攤之方式行銷（本辦法11 Ⅲ）。
   金融機構辦理信用卡發卡業務之行銷之委外者，應要求受委託之行銷公司依信用卡業務機構管理辦法相關行銷規定辦理（本辦法11 Ⅳ）。

(二) 應收債權催收作業之委外
1. 金融機構申請應收債權催收作業之委外，應檢具下列文件向主管機關申請核准（本辦法12 Ⅰ）：
   (1)依第四條第二項訂定之委外內部作業規範。
   (2)董（理）事會決議之議事錄。但外國銀行在臺分行得由經總行授權人員出具同意書為之。
   (3)法規遵循聲明書。
   (4)受委託機構資格條件審核表。
   金融機構經核准辦理本條作業委外後，如有新增受委託機構，應檢具前項第三款及第四款文件，向主管機關申請核准（本辦法12 Ⅱ）。

金融機構所委託之催收程序行為樣態、通知書函等應依中華民國銀行商業同業公會全國聯合會範本制定，該通知書函範本並應經律師審閱無違反本辦法及其他相關法令之虞後，送主管機關備查（本辦法12 III）。

2. 金融機構申請應收債權催收作業之委外，應事先確認受委託機構具備下列資格條件（本辦法13）：

(1)受委託機構應為下列其中之一：

　　A.依公司法或商業登記法辦理登記並取得主管機關核發載有辦理金融機構金錢債權管理服務業務之公司登記證明文件或商業登記證明文件之公司。

　　B.所屬金融控股公司或該銀行直接或間接百分之百持股，依金控公司（銀行）轉投資資產管理公司營運原則第二點第一款規定，接受母公司委託辦理應收債權催收之資產管理公司。

　　C.依法設立之律師事務所。

　　D.依法設立之會計師事務所。

(2)受委託機構虧損未達實收資本額三分之一者。但虧損超過實收資本額**三分之一**，如已依相關規定完成增資程序者，不在此限。

(3)受委託機構之催收人員應完成中華民國銀行商業同業公會全國聯合會或其認可之機構舉辦有關催收專業訓練課程或測驗並領有合格證書者，且無下列情事之一之人員：

　　A.曾犯刑法、組織犯罪防制條例、檢肅流氓條例、槍砲彈藥刀械管制條例等所定相關暴力犯罪，經判刑確定或通緝有案尚未結案者。

　　B.受破產之宣告尚未復權者。

　　C.使用票據經拒絕往來尚未恢復往來或有其他債信不良紀錄尚未了結者。

　　D.無行為能力、限制行為能力或受輔助宣告尚未撤銷者。

　　E.違反本辦法而離職，並經金融機構報送財團法人金融聯合徵信中心登錄者。

(4)受委託機構之催收人員未完成中華民國銀行商業同業公會全國聯合會或其認可之機構舉辦有關催收專業訓練課程或測驗並領有合格證書者，應於任職後兩個月內補正。

(5)受委託機構之負責人應無銀行負責人應具備資格條件準則第三條第一項除第十三款外之各款所述情形，並出具相關之聲明書。

(6)受委託機構具有為承辦受託事務所需之完備電腦作業處理設備，相關作業人員之電話須裝設錄音系統，錄音系統須與電腦系統配合可即時調閱錄音，以供稽核或遇爭議時查證之用，需所有電話暨外訪時均予以錄音並製作備份且至少保存六個月以上，其錄音紀錄不得有刪除或竄改之情形。

3. 金融機構應定期及不定期對受委託辦理應收債權催收作業之機構進行查核及監督，確保無違反下列各款規定（本辦法14 Ⅰ）：

(1)不得有暴力、恐嚇、脅迫、辱罵、騷擾、虛偽、詐欺或誤導債務人或第三人或造成債務人隱私受侵害之其他不當之債務催收行為。

(2)不得以影響他人正常居住、就學、工作、營業或生活之騷擾方法催收債務。

(3)**催收時間為上午七時至晚上十時止**。但經債務人同意者，不在此限。

(4)不得以任何方式透過對第三人之干擾或催討為之。

(5)為取得債務人之聯繫資訊，而與第三人聯繫時，**應表明身分及其目的係為取得債務人之聯繫資訊**。如經第三人請求，應表明係接受特定金融機構之委託，受委託機構之名稱，外訪時並應出具授權書。

(6)受委託機構及員工不得向債務人或第三人收取債款或任何費用。但如係法院執行扣薪需要，受委託機構為金融機構訴訟代理人並經該金融機構同意代收該扣薪款時，不在此限。

(7)受委託機構之外訪人員需配帶員工識別證，並應將外訪過程中與客戶或其相關人之談話內容全程錄音。未經債務人同意，不可擅自以任何形式進入其居住處所。

有下列情形之一者，視為前項第一款虛偽、詐欺或誤導之方法（本辦法14 Ⅱ）：

(1)虛偽陳述或暗示債務人不清償債務將受逮捕、羈押等刑事處分。

(2)告知債務人將查封依法不得查封之財產。

(3)向債務人催收債權金額以外或法律禁止請求之費用。

(4)虛偽陳述債務人不清償債務，法院將實施拘提、管收、查封或拍賣等執行行為。

有下列情形之一者，視為第一項第二款影響他人正常居住、就學、工作、營業或生活之騷擾方法（本辦法14 Ⅲ ）：

(1)持續或於非催收時間內，以電話、傳真、簡訊、電子郵件等通訊方法或訪問債務人居住所、學校、工作、營業地點或其他場所，向債務人催收。

(2)以明信片進行催收，或於信封上使用任何文字、符號及其他方式，**足使第三人知悉債務人負有債務或其他有關債務人私生活之資訊**。但公司名稱，不在此限。

(3)以佈告、招牌或其他類似方法，致第三人知悉債務人負有債務或其他有關債務人私生活之資訊。

4. 金融機構與受委託催收機構訂定應收債權催收作業之委外契約除須符合第十條規定外，契約中應包括下列事項（本辦法15）：

(1)訂定受委託機構之工作準則，其內容至少應包括不得有第十四條所列各項禁止催收行為，受委託機構應明定解聘或懲罰違反相關規定員工之標準。

(2)禁止複委託他人代為處理債權催收。

(3)受委託機構應定期或隨時向金融機構回報債權催收處理、客戶申訴處理等情形；受委託機構及員工於內部管理或催收作業等有違反法規之情形時，應將相關案情立即回報金融機構。

(4)受委託機構於聘僱人員時，應取得該受僱人員書面同意金融機構及財團法人金融聯合徵信中心得蒐集、處理及利用其個人資料。

(5)受委託機構應將違反第十四條各款規定而離職之人員資料提供金融機構報送財團法人金融聯合徵信中心予以登錄，登錄資料應包括：
A.基本資料。　B.離職日期。　C.離職原因。

(6)金融機構委任受委託機構時，應將受委託機構基本資料報送財團法人金融聯合徵信中心，受委託機構如有違反本辦法規定而終止契約時，同意由金融機構報送財團法人金融聯合徵信中心予以登錄，登錄資料應包括：
A.受委託機構基本資料。
B.簽訂契約及終止契約日期。
C.違反本辦法事由。

5. 金融機構辦理應收債權催收作業之委外,應符合下列各款規定(本辦法 16):

   (1)金融機構應注意受催收債務人或第三人申訴情形,應定期、適時向財 團法人金融聯合徵信中心所建置受委託機構暨員工登錄系統查詢相關 資料,如有達依委外契約規定受委託機構應解聘不適任員工標準,及 金融機構應終止與受委託機構契約之重大事由時,應依本辦法及委外 契約規定辦理。

   (2)金融機構所委託之受委託機構及員工,經其他金融機構依據第十五條 第五、六款情形報送聯徵中心登錄在案者,如未構成解約重大事由 時,金融機構應加強對該受委託機構之查核頻率及範圍。

   (3)受委託機構因有違反第十四條各款情事,致債務人無法接受受委託機 構對其債務之催收,而直接向金融機構洽商債務之清償事宜時,金融 機構應受理並積極處理。

   (4)金融機構如發現受委託機構或其受僱人員,於所委託之業務涉有暴 力、脅迫、恐嚇討債等情事時,應報請治安單位處理。

   (5)金融機構不得提供對債務履行無法律上義務者之資料與受委託機構。

   (6)金融機構債權委外催收前應書面通知債務人,**通知內容包含受委託機 構名稱、催收金額、催收錄音紀錄保存期限、金融機構申訴電話,及 第十四條各款之行為。**

   (7)金融機構應將其受委託機構基本資料公佈於金融機構營業場所及網 站,以利債務人核對催收機構之相關資料。

6. 金融機構辦理應收債權催收作業之委外受委託機構之催收行為,如涉有 暴力情事經移送檢調機關者,金融機構得視情節輕重終止委託;經起訴 者,應立即終止委託(本辦法17 Ⅰ)。
   受委託機構如有不符第十三條所定資格條件、或違反第十四條規定或違 反其他法令之情形時,主管機關得視情節輕重,通知委託金融機構依契 約規定終止委託、要求其限期改善,或暫停委託直至受委託機構相關機 關(構)確認改善為止(本辦法17 Ⅱ)。
   金融機構辦理應收債權催收作業之委外,如有違反本辦法規定,主管機 關得視情節輕重,命金融機構限期改善、暫停或撤銷金融機構應收債權 催收作業委託他人處理之許可(本辦法17 Ⅲ)。

7. 金融機構應檢具下列書件向主管機關申請核准後，始得將作業項目委託至境外處理（本辦法18 Ⅰ）：

　(1)受委託機構所在地金融主管機關書面確認文件，其內容應包括：

　　A.該主管機關知悉並同意受委託機構執行受託事項。

　　B.該主管機關同意我國主管機關得要求受委託機構提供受託事項相關資料。

　　C.該主管機關允許我國主管機關及委託之金融機構得對受託事項進行必要之查核。

　　D.該主管機關如有必要對受託事項進行查核，應事先通知我國主管機關。

　　E.該主管機關同意不會取得我國客戶資訊，如為執行其監理職權而須取得時，應事先通知我國主管機關。

　(2)依第四條第二項訂定之委外內部作業規範。

　(3)董（理）事會決議之議事錄。但外國銀行在臺分行得由經總行授權人員出具同意書為之。

　(4)委外對營運之必要性及適法性分析，其中應包含對受委託機構遵守我國客戶資料保護相關規定之評估。

　(5)客戶資訊保護措施及是否已取得客戶同意，以確保委外服務品質及客戶權益之說明。

　(6)外國銀行在臺分行應取得總行或經總行授權之區域總部出具有關資料取用、安全控管及配合我國監理要求之承諾書。

金融機構如無法取得前項第一款受委託機構所在地金融主管機關之書面確認文件者，應檢附下列書件（本辦法18 Ⅱ）：

　(1)受委託機構出具之同意函，同意必要時得由金融機構指定之人，對受託事項進行查核。上開指定之人亦得由我國主管機關指派之，其費用由金融機構負擔。

　(2)對受委託機構之內部控制制度及相關作業程序之審查情形。

　(3)受委託機構所在地對客戶資訊之保護不低於我國之法律意見書。

　(4)受委託機構最近期之經會計師查核簽證之財務報告。

　(5)受委託機構出具近**三年**內未發生造成客戶權益受損或影響機構健全營運之人員舞弊、資通安全及其他事件之聲明書。

外國銀行在臺分行因內部分工將作業交由總行或國外分支機構處理者，應依前二項規定申請核准（本辦法18 Ⅲ）。

受委託機構所在地金融主管機關請求提供我國客戶資訊時，金融機構應先將事由通知我國主管機關並取得同意後始得提供（本辦法18 Ⅳ）。

本國銀行符合資格條件者，得檢附第一項、第二項規定書件連同下列書件，向本會申請核准後，將消費金融業務相關資訊系統之資料登錄、處理、輸出等事項委託至境外辦理（本辦法18 Ⅴ）：

(1)委託具資訊專業之獨立第三人出具海外資訊系統不低於我國資訊安全標準之查核報告。

(2)針對海外資訊系統發生無法提供服務情事，建立營運備援計畫，並由具資訊專業之獨立第三人出具該計畫符合以下要求之評估報告：

　A.應確保於海外資訊系統發生無法提供服務情事後四小時內，恢復既有客戶之存款、提款及支付往來業務（國內跨行通匯業務及國內匯兌業務）之正常運作，同時維持對各項財務及業務風險之妥善管理。

　B.若評估海外資訊系統因天然災害致無法於短期內恢復提供服務，銀行應確保於事件發生後**七日內**，透過啟動備援系統、安裝（臨時）資訊主機或其他方式，恢復在我國包含授信在內之主要業務正常運作。

(3)日常監督機制之計畫書，其內容應包括：

　A.設立資訊委託境外專責監督管理單位或委員會，參與人員包括法規遵循、內部稽核、作業風險管理及資訊管理監督人員，以有效執行日常監督。

　B.日常委外作業機制，包括客戶資料存取情形、系統權限設定及非例行性作業等檢核項目，計畫應詳述管理作業內容、方式、流程及缺失處理機制。

(4)報經董事會通過之成本效益與集團內費用分攤合理性之評估報告。

前項所稱資格條件係指符合下列規定之本國銀行（本辦法18 Ⅵ）：

(1)最近**一年**內無因違反金融相關法令，受主管機關處分之情事，或有違反法令情事已具體改善，並經主管機關認可。

(2)申請前**一年**底經主管機關或中央銀行糾正之缺失，均已切實改善。

(3)最近**一年**內無重大資安事故未改善之情事。

本國銀行於本辦法修正施行前，已將消費金融業務相關資訊系統之資料登錄、處理、輸出等事項委託至境外辦理者，應自本辦法修正施行後**一年**內依前二項規定向本會提出申請（本辦法18 Ⅶ）。

本國銀行於前項期間內依本條第五項及第六項規定提出申請，經本會審查後予以否准者，應自前項期間屆滿後**二年**內，將消費金融業務相關資訊系統之資料登錄、處理、輸出等事項移回境內辦理（本辦法18 Ⅷ）。

8. 金融機構將作業項目委託至境外處理者，應依下列規定辦理（本辦法19 Ⅰ）：

(1)金融機構應充分瞭解及掌握受委託機構對客戶資訊之使用、處理及控管情形。

(2)金融機構提供予受委託機構之客戶資訊僅限與受託事項直接相關之必要資訊。

(3)金融機構應要求受委託機構確實遵守以下事項：

　A.金融機構之客戶資訊僅限由受委託機構之獲授權人員於受託事項範圍內使用及處理。

　B.金融機構之客戶資訊應與受委託機構及其處理他機構之資料有明確區隔。

　C.受託機構處理之金融機構客戶資訊應能及時提供予主管機關及金融機構。

(4)金融機構應定期及不定期就受委託機構對客戶資訊之使用、處理及控管情形進行查核及監督；相關查核得委由外部稽核辦理，外國銀行在臺分行得交由總行或經總行授權之區域總部稽核單位辦理，相關單位並應提供相關查核報告予該外國銀行在臺分行。

外國銀行在臺分行因內部分工將作業交由總行或國外分支機構處理者，應依前項規定辦理（本辦法19 Ⅱ）。

本國銀行將消費金融業務相關資訊系統之資料登錄、處理、輸出等事項委託至境外辦理者，除應符合第一項第一款至第三款規定外，並應依下列規定辦理（本辦法19 Ⅲ）：

(1)本國銀行應就受委託機構對客戶資訊之使用、處理及控管情形確認符合我國個人資料保護法相關規定，留存完整稽核紀錄，並列為重點查核項目。

(2)本國銀行應定期評估成本效益與集團內費用分攤之合理性並報董事會通過。

(3)本國銀行對資訊系統之安全檢測應不低於主管機關或中華民國銀行商業同業公會全國聯合會之規範。

(4)本國銀行每年至少應辦理一次一般性查核及一次專案查核。前述查核之執行得委託具資訊專業之獨立第三人辦理。

(5)本國銀行應於每年年度終了前將當年度辦理跨境委外查核報告提董事會報告後函報本會。

(6)本國銀行於海外資訊系統發生無法提供服務情事，致客戶權益受損或影響機構健全經營時，應儘速通報中央銀行、中央存款保險公司及本會，並應於一週內函報詳細資料或後續處理情形。

(7)本國銀行海外資訊系統發生系統中斷致銀行有無法以任何方式提供客戶辦理存款、提款及支付往來業務（國內跨行通匯業務、國內匯兌業務）服務之情事，**每年累積不得超過四小時**。

本國銀行將消費金融業務相關資訊系統之資料登錄、處理、輸出等事項委託至境外辦理者，受委託機構如有服務中斷事件、或違反第一項第三款規定或違反其他法令之情形時，主管機關得視情節輕重，通知本國銀行依契約規定終止委託、要求其限期改善，或暫停委託直至受委託機構確認改善為止。本國銀行並應於契約中載明受委託機構應配合委託機構之要求執行系統遷移之相關事項，及受委託機構服務中斷之賠償責任（本辦法19 Ⅳ）。

牛刀小試 ....

( ) **1** 下列何者非委外契約應載明之事項？
(A)消費者爭端解決機制，包括解決時程、程序及補救措施
(B)消費者權益保障，包括客戶資料保密及安全措施
(C)受委託機構應依金融機構監督訂定之標準作業程序，執行消費者權益保障、風險管理、內部控制及內部稽核制度
(D)內部控制原則及作業程序。

(　) **2** 下列何著非金融機構應定期及不定期對受委託辦理應收債權催
收作業之機構進行查核及監督，須確保無違反之規定？
(A)不得有暴力、恐嚇、脅迫、辱罵、騷擾、虛偽、詐欺或誤
導債務人或第三人或造成債務人隱私受侵害之其他不當之
債務催收行為
(B)催收時間為上午九時至晚上五時止。但經債務人同意者，
不在此限
(C)為取得債務人之聯繫資訊，而與第三人聯繫時，應表明身
分及其目的係為取得債務人之聯繫資訊
(D)受委託機構之外訪人員需配帶員工識別證，並應將外訪過
程中與客戶或其相關人之談話內容全程錄音。

解答與解析

1 (D)。金融機構作業委外契約應載明下列事項（本辦法10Ⅰ）：
(1)委外事項範圍及受委託機構之權責。
(2)金融機構應要求受委託機構配合遵守第二十一條規定。
(3)消費者權益保障，包括客戶資料保密及安全措施。
(4)受委託機構應依金融機構監督訂定之標準作業程序，執行
消費者權益保障、風險管理、內部控制及內部稽核制度。
(5)消費者爭端解決機制，包括解決時程、程序及補救措施。
(6)受委託機構聘僱人員之管理，包括人員晉用、考核及處分
等情事。
(7)與受委託機構終止委外契約之重大事由，包括主管機關通
知依契約終止或解約之條款。
(8)受委託機構就受託事項範圍，同意主管機關及中央銀行得
取得相關資料或報告，及進行金融檢查，或得命令其於限
期內提供相關資料或報告。
(9)受委託機構對外不得以金融機構名義辦理受託處理事項，
亦不得進行不實廣告或於辦理貸款行銷作業時向客戶收取
任何費用。
(10)受委託機構對委外事項若有重大異常或缺失應立即通知
金融機構。
(11)其他約定事項。

2 (B)。 金融機構應定期及不定期對受委託辦理應收債權催收作業之機構進行查核及監督，確保無違反下列各款規定（本辦法14Ⅰ）：

(1)不得有暴力、恐嚇、脅迫、辱罵、騷擾、虛偽、詐欺或誤導債務人或第三人或造成債務人隱私受侵害之其他不當之債務催收行為。

(2)不得以影響他人正常居住、就學、工作、營業或生活之騷擾方法催收債務。

(3)催收時間為上午七時至晚上十時止。但經債務人同意者，不在此限。

(4)不得以任何方式透過對第三人之干擾或催討為之。

(5)為取得債務人之聯繫資訊，而與第三人聯繫時，應表明身分及其目的係為取得債務人之聯繫資訊。如經第三人請求，應表明係接受特定金融機構之委託，受委託機構之名稱，外訪時並應出具授權書。

(6)受委託機構及員工不得向債務人或第三人收取債款或任何費用。但如係法院執行扣薪需要，受委託機構為金融機構訴訟代理人並經該金融機構同意代收該扣薪款時，不在此限。

(7)受委託機構之外訪人員需配帶員工識別證，並應將外訪過程中與客戶或其相關人之談話內容全程錄音。未經債務人同意，不可擅自以任何形式進入其居住處所。

第 8 章　金融機構辦理應收債權催收作業委外處理要點

📝 **章前導讀**

· 本章之學習著重於受委託機構之資格條件、受委託機構之作業規範及禁止催收的行為。

· 本章為行政法規，法條將以「本要點」代替金融機構辦理應收債權催收作業委外處理要點之全稱。

重點 1　受委託機構之資格條件　重要度 ★★★

一、中華民國銀行商業公會全國聯合會（以下簡稱本公會），為利各金融機構應收債權催收作業委外處理，以提高其授信管理效率，並兼顧債務人權益之保障，特訂定本要點（本要點1）。

二、金融機構辦理應收債權催收作業委外處理，除應依照行政院金融監督管理委員會頒定「金融機構作業委託他人處理內部作業制度及程序辦法」規定外，並應符合本要點規定（本要點2）。

三、受委託機構應具備下列資格條件（本要點3）：

(一) 受委託機構應為下列其中之一：

　1. 依公司法或商業登記法辦理登記並取得主管機關核發載有辦理金融機構金錢債權管理服務業務之公司登記證明文件或商業登記證明文件之公司。

　2. 依法設立之律師事務所。

　3. 依法設立之會計師事務所。

(二) 受委託機構虧損未達實收資本額三分之一者。但虧損超過實收資本額三分之一，如已依相關規定完成增資程序者，不在此限。

(三) 受委託機構之催收人員應依金融監督管理委員會頒定「金融機構作業委託他人處理內部作業制度及程序辦法」規定，完成本會或本會認可之機

構舉辦有關催收**專業訓練課程或測驗並領有合格證書者，且無下列情事之一之人員：**

1. 曾犯刑法、組織犯罪防制條例、檢肅流氓條例、槍砲彈藥刀械制條例等相關暴力犯罪，經判刑確定或通緝有案尚未結案者。
2. 受破產之宣告尚未復權者。
3. 使用票據經拒絕往來或有其他債信不良紀錄尚未了結者。
4. 無行為能力、限制行為能力或受輔助宣告尚未撤銷者。
5. 違反本要點而離職，並經金融機構報送財團法人金融聯合徵信中心登錄者。

(四) 受委託機構之催收人員未依金融監督管理委員會頒定「金融機構作業委託他人處理內部作業制度及程序辦法」規定完成本會或本會認可之機構舉辦有關催收專業訓練課程或測驗並領有合格證書者，應於**任職後兩個月內補正**。

(五) 受委託機構之**負責人**應無「銀行負責人應具備資格條件準則」第三條第一項除第十三款外之各款所述情形，並出具相關之聲明書。

(六) 受委託機構具有為承辦受託事務所需之完備電腦作業處理設備，相關作業人員之電話須裝設錄音系統，錄音系統須與電腦系統配合可即時調閱錄音，以供稽核或遇爭議時查證之用，需所有電話暨外訪時均予以錄音並製作備份且至少保存**六個月**以上，其錄音紀錄不得有**刪除或竄改**之情形。

牛刀小試

( )　**1**　下列何著非可為受委託之機構？
　　　(A)依法設立之律師事務所
　　　(B)依銀行法登記並取得主管機關核發載有辦理金融機構金錢債權管理服務業務之公司登記證明文件之公司
　　　(C)依法設立之會計師事務所
　　　(D)依公司法辦理登記並取得主管機關核發載有辦理金融機構金錢債權管理服務業務之商業登記證明文件之公司。

( )　**2**　下列何者情事者非不得作為催收人員？
　　　(A)曾犯刑法，經判刑確定或通緝有案尚未結案者
　　　(B)受破產之宣告尚未復權者

(C)無行為能力、限制行為能力或受輔助宣告尚未撤銷者
(D)受民事損害賠償判決敗訴者。

解答與解析

1 **(B)**。 受委託機構應為下列其中之一（本要點3Ⅰ）：
　　1.依公司法或商業登記法辦理登記並取得主管機關核發載有
　　　辦理金融機構金錢債權管理服務業務之公司登記證明文件
　　　或商業登記證明文件之公司。
　　2.依法設立之律師事務所。
　　3.依法設立之會計師事務所。

2 **(D)**。 受委託機構之催收人員應依金融監督管理委員會頒定「金融
　　機構作業委託他人處理內部作業制度及程序辦法」規定，完
　　成本會或本會認可之機構舉辦有關催收專業訓練課程或測驗
　　並領有合格證書者，且無下列情事之一之人員：
　　1.曾犯刑法、組織犯罪防制條例、檢肅流氓條例、槍砲彈藥
　　　刀械制條例等相關暴力犯罪，經判刑確定或通緝有案尚未
　　　結案者。
　　2.受破產之宣告尚未復權者。
　　3.使用票據經拒絕往來或有其他債信不良紀錄尚未了結者。
　　4.無行為能力、限制行為能力或受輔助宣告尚未撤銷者。
　　5.違反本要點而離職，並經金融機構報送財團法人金融聯合
　　　徵信中心登錄者。

重點 2　受委託機構之作業規範　　重要度 ★★★

一、金融機構應定期及不定期對受委託機構進行查核及監督，確保無違反下
　　列各款規定（本要點4Ⅰ）：

(一) 不得有暴力、恐嚇、脅迫、辱罵、騷擾、虛偽、詐欺或誤導債務人或第
　　三人或造成債務人隱私受侵害之其他不當之債務催收行為。

(二) 不得以影響他人正常居住、就學、工作、營業或生活之騷擾方法催收債務。

(三) 催收時間為上午七時至晚上十時止。但經債務人同意者，不在此限。

(四) 不得以任何方式透過對第三人之干擾或催討為之。

(五) 為取得債務人之聯繫資訊，而與第三人聯繫時，應表明身分及其目的係為取得債務人之聯繫資訊。如經第三人請求，應表明係接受特定金融機構之委託，受委託機構之名稱，外訪時並應出具授權書。

(六) 受委託機構及員工不得向債務人或第三人收取債款或任何費用。但如係法院執行扣薪需要，受委託機構為金融機構訴訟代理人並經該金融機構同意代收該扣薪款時，不在此限。

(七)受委託機構之外訪人員需配帶員工識別證，並應將外訪過程中與客戶或其相關人之談話內容全程錄音。未經債務人同意，不可擅自以任何形式進入其居住處所。

二、有下列情形之一者，**視為前項第(一)款**虛偽、詐欺或誤導之方法（本要點4 Ⅱ）：

(一) 虛偽陳述或暗示債務人不清償債務將受逮捕、羈押等刑事處分。

(二) 告知債務人將查封依法不得查封之財產。

(三) 向債務人催收債權金額以外或法律禁止請求之費用。

(四) 虛偽陳述債務人不清償債務，法院將實施拘提、管收、查封或拍賣等執行行為。

三、有下列情形之一者，**視為第一項第(二)款**影響他人正常居住、就學、工作、營業或生活之騷擾方法（本要點4 Ⅲ）：

(一) 持續或於非催收時間內，以電話、傳真、簡訊、電子郵件等通訊方法或訪問債務人居住所、學校、工作、營業地點或其他場所，向債務人催收。

(二) 以明信片進行催收，或於信封上使用任何文字、符號及其他方式，足使第三人知悉債務人負有債務或其他有關債務人私生活之資訊。但公司名稱，不在此限。

(三) 以佈告、招牌或其他類似方法，致第三人知悉債務人負有債務或其他有關債務人私生活之資訊。

> **小叮嚀**
> 本要點4與委外辦法第14條同。

重點 **3**　委任契約的訂定　　重要度 ★★★

一、金融機構與受委託催收機構訂定應收債權催收作業之委外契約應包括下
　　列事項（本要點5）：

(一) 委外事項範圍及受委託機構之權責。

(二) 受委託機構應配合遵守金融機構作業委外不得違反法令強制或禁止規
　　　定、公共秩序及善良風俗，對經營、管理及客戶權益，不得有不利之影
　　　響，並應確保遵循**銀行法、洗錢防制法、電腦處理個人資料保護法、消
　　　費者保護法**及其他法令之規定，並應確實遵守本會訂定之相關業務規章
　　　或自律規範。

(三) 消費者權益保障，包括客戶資料保密及安全措施。

(四) 受委託機構應依金融機構監督訂定之標準作業程序，執行消費者權益保
　　　障、風險管理、內部控制及內部稽核制度。

(五) 消費者爭端解決機制，包括解決時程、程序及補救措施。

(六) 受委託機構聘僱人員之管理，包括人員晉用、考核及處分等情事。

(七) 受委託機構應限期改善、暫停委託新案、暫停委託及終止委外契約之重
　　　大事由，包括主管機關通知依契約終止或解約之條款。

(八) 受委託機構就受託事項範圍，同意主管機關及中央銀行得取得相關資料
　　　或報告，及進行金融檢查，或得命令其於限期內提供相關資料或報告。

(九) 受委託機構對外不得以金融機構名義辦理受託處理事項。

(十) 受委託機構對委外事項若有重大異常或缺失應立即通知金融機構。

(十一) 訂定受委託機構之工作準則，其內容至少應包括不得有第五條所列各
　　　　項禁止催收行為，受委託機構應明定解聘或懲罰違反相關規定員工之
　　　　標準。

(十二) 禁止複委託他人代為處理債權催收。

(十三) 受委託機構應定期或隨時向金融機構回報債權催收處理、客戶申訴處
　　　　理等情形；受委託機構及員工於內部管理或催收作業等有違反法規之
　　　　情形時，應將相關案情立即回報金融機構。

(十四) 受委託機構於聘僱人員時，應取得該受僱人員書面同意金融機構及財
　　　　團法人金融聯合徵信中心得蒐集、處理及利用其個人資料。

(十五) 受委託機構應將違反第四條各款規定而離職之人員資料提供金融機構報送財團法人金融聯合徵信中心予以登錄，登錄資料應包括：
1. 基本資料。　　2.離職日期。　　　3.離職原因。

(十六) 金融機構委任受委託機構時，應將受委託機構基本資料報送財團法人金融聯合徵信中心，受委託機構如有違反規定而終止契約時，同意由金融機構報送財團法人金融聯合徵信中心予以登錄，登錄資料應包括：
1. 受委託機構基本資料。
2. 簽訂契約及終止契約日期。
3. 違反本要點事由。

二、 金融機構辦理應收債權催收作業之委外，應符合下列各款規定（本要點6）：

(一) 金融機構應注意受催收債務人或第三人申訴情形，應定期、適時向財團法人金融聯合徵信中心所建置受委託機構暨員工登錄系統查詢相關資料，如有達依委外契約規定受委託機構應解聘不適任員工標準，及金融機構應終止與受委託機構契約之重大事由時，應依本要點及委外契約規定辦理。

(二) 金融機構所委託之受委託機構及員工，經其他金融機構依據第五條第(十五)及(十六)款情形報送聯徵中心登錄在案者，如未構成解約重大事由時，金融機構應加強對該受委託機構之查核頻率及範圍。

(三) 受委託機構因有違反第四條各款情事，致**債務人**無法接受受委託機構對其債務之催收，而直接向金融機構洽商債務之清償事宜時，金融機構應受理並積極處理。

(四) 金融機構如發現受委託機構或其受僱人員，於所委託之業務涉有暴力、脅迫、恐嚇討債等情事時，應報請**治安單位**處理。

(五) 金融機構不得提供對債務履行**無法律上義務**者之資料與受委託機構。

(六) 金融機構債權委外催收前應書面通知債務人，通知內容包含受委託機構名稱、催收金額、催收錄音紀錄保存期限、金融機構申訴電話，及第十四條各款之行為。

(七) 金融機構應將其受委託機構基本資料公佈於金融機構營業場所及網站，以利債務人核對催收機構之相關資料。

三、金融機構辦理應收債權催收作業之委外受委託機構之催收行為,如涉有暴力情事經移送檢調機關者,金融機構得視情節輕重終止委託;經起訴者,應立即終止委託(本要點7Ⅰ)。

受委託機構如有不符第三條所定資格條件、或違反第四條規定或違反其他法令之情形時,主管機關得視情節輕重,通知委託金融機構依契約規定**終止**委託、要求其限期改善,或暫停委託直至受委託機構相關機關(構)確認改善為止(本要點7Ⅱ)。

金融機構辦理應收債權催收作業之委外,如有違反本要點規定,主管機關得視情節輕重,命金融機構限期改善、暫停或撤銷金融機構應收債權催收作業委託他人處理之許可(本要點7Ⅲ)。

牛刀小試

( ) **1** 下列何著非本要點第五條所例示受委託機構應遵行之法規?
(A)銀行法　(B)洗錢防制法　(C)電腦處理個人資料保護　(D)行政法。

( ) **2** 下列敘述何者錯誤?
(A)受委託機構對外不得以金融機構名義辦理受託處理事項
(B)委外契約內可制定複委託他人代為處理債權催收之條款
(C)受委託機構於聘僱人員時,應取得該受僱人員書面同意金融機構及財團法人金融聯合徵信中心得蒐集、處理及利用其個人資料
(D)消費者權益保障,包括客戶資料保密及安全措施。

解答與解析

1 (D)。受委託機構應配合遵守金融機構作業委外不得違反法令強制或禁止規定、公共秩序及善良風俗,對經營、管理及客戶權益,不得有不利之影響,並應確保遵循銀行法、洗錢防制法、電腦處理個人資料保護法、消費者保護法及其他法令之規定,並應確實遵守本會訂定之相關業務規章或自律規範(本要點5第2款)。

2 (B)。禁止複委託他人代為處理債權催收(本要點5第12款)

| 重點 **4** | 其他重要事項 | 重要度 ★★★ |

一、公營銀行辦理應收債權催收作業委外處理時，並應遵守「**政府採購法**」中有關勞務採購之規範（本要點8）。

二、金融機構遴選受委託機構、辦理催收作業委外及受委託機構作業流程，除應符合金融監督管理委員會頒定「金融機構作業委託他人處理內部作業制度及程序辦法」及本要點規定外，並應符合本公會所訂「金融機構債權催收作業委外最低標準化範例」（本要點9）。

三、金融機構**每季**應按本公會所訂「債權催收受託機構之評鑑標準及評比項目」規定，對受委託機構進行評量，並於**每季**終了後**一個月**內，將通過評量而續予委託之催收機構名單，併同**評鑑結果**報送**本公會**（本要點10Ⅰ）。

金融機構如有新委任或終止與受委託機構契約時，應立即將名單等資料報送本公會（本要點10Ⅱ）。

四、金融機構違反本要點依本公會章程第十七條予以處分（警告或停止會員應享權利，或處五十萬以下之違約金）（本要點11）。

五、本要點未盡事宜悉依各金融機構內部有關規定辦理（本要點12）。

六、本要點經理事會通過並報行政院金融監督管理委員會核備後施行，修正時亦同（本要點13）。

牛刀小試

( ) 下列敘述何者錯誤？

(A)公營銀行辦理應收債權催收作業委外處理時，並應遵守「政府採購法」中有關勞務採購之規範

(B)金融機構每年應對受委託機構進行評量，並於每年年末，將通過評量而續予委託之催收機構名單，併同評鑑結果報送本公會

(C)金融機構如有新委任或終止與受委託機構契約時，應立即將名單等資報送本公會

(D)本要點經理事會通過並報行政院金融監督管理委員會核備後施行。

解答與解析

(B)。 金融機構每季應按本公會所訂「債權催收受託機構之評鑑標準及評比項目」規定，對受委託機構進行評量，並於每季終了後一個月內，將通過評量而續予委託之催收機構名單，併同評鑑結果報送本公會（本要點10Ⅰ）。

第9章　金融機構辦理債權催收作業委外最低標準化範例

章前導讀

· 本章節之學習著重在受委託機構之條件、委任契約應載明之事項（此兩者同催收委外處理要點之規定）、受委託機構作業流程、受委託機構辦公處所硬體設備及內部稽核控管。

金管會101年7月23日金管銀外字第10100214340號函准備查

重點 1　金融機構遴選受委託機構　重要度 ★★★

金融機構委外作業應慎選受委託機構，**並應由總行單一部門選擇並簽訂委外契約。債務人積欠同一金融機構多項債務時，應委由同一受委託機構處理。且須確認委外事項係受委託機構合法得辦理之營業項目**，以確保金融機構及客戶之權益。金融機構可依資格條件、作業流程控管、硬體設備及內部稽核控管四方面評估受委託機構是否符合委託條件。說明如下：

一、受委託機構之資格條件

(一) **受委託機構應為下列其中之一：**
1. 依**公司法**或**商業登記法**辦理登記並取得主管機關核發載有辦理金融機構金錢債權管理服務業務之公司登記證明文件或商業登記證明文件之公司。
2. 依法設立之**律師**事務所。
3. 依法設立之**會計師**事務所。

(二) 受委託機構虧損未達實收資本額三分之一者。但虧損超過實收資本額三分之一，如已依相關規定完成增資程序者，不在此限。

(三) **受委託機構之催收人員應依金融監督管理委員會頒定「金融機構作業委託他人處理內部作業制度及程序辦法」規定，完成本會或本會認可之機構舉辦有關催收專業訓練課程或測驗並領有合格證書者，且無下列情事之一之人員：**

1. 曾犯刑法、組織犯罪防制條例、檢肅流氓條例、槍砲彈藥刀械管制條例等相關暴力犯罪，經判刑確定或通緝有案尚未結案者。
2. 受破產之宣告尚未復權者。
3. 使用票據經拒絕往來或有其他債信不良紀錄尚未了結者。
4. 無行為能力、限制行為能力或受輔助宣告尚未撤銷者。
5. 違反本要點而離職，並經金融機構報送財團法人金融聯合徵信中心登錄者。

(四) 受委託機構之負責人應無「銀行負責人應具備資格條件準則」第三條第一項除第十三款外之各款所述情形，並出具相關之聲明書。

二、受委託機構作業流程控管

受委託機構應具備下列五項作業流程並確實執行，且其作業流程須對金融機構經營、管理及客戶權益無不利之影響。

(一) 催收人員教育訓練。　　　　(二) 催收作業流程。
(三) 申訴案件處理作業流程。　　(四) 檔案管理作業流程。
(五) 內部稽核作業。

三、受委託機構辦公處所硬體設備

受委託機構須具有完備之硬體設備，以承接金融機構委託之業務。

(一) **硬體設備及環境：**

庫房、機房之門禁及錄影設備：存放客戶資料文件檔案室及錄音機房應設有可記錄進出登記之門禁，確保客戶資料安全。受委託機構應接受金融機構定期勘查其實地環境，以確認有營業事實。

(二) **保密裝置：**

受委託機構相關作業人員電腦需設密碼控管，使用之電腦應採非開放式區域網路之主機系統，且不可提供外露儲存裝置。

(三) **電腦系統：**

受委託機構為承辦受託事務之需，須具有完備之電腦作業處理設備，且應備有功能完善之催收系統輔助催收作業進行。

(四) **錄音系統：**

受委託機構相關作業人員之電話須裝設錄音系統，錄音系統須與電腦系統配合可即時調閱錄音，以供稽核或遇爭議時查證之用，需所有電話暨外訪時均予以錄音並製作備份且至少保存**六個月以上**，其錄音紀錄不得有刪除或竄改之情形。

四、 受委託機構內部稽核控管

(一) **內部稽核機制：**受委託機構對內部作業流程應建立內部控管機制，定期與不定期進行內部稽核，稽核內容須存檔備查。

(二) **保密措施：**受委託機構對金融機構及客戶之資料須有嚴密保護措施，且其任用之相關作業人員須填寫保密承諾書，以確保接觸資料者不外洩金融機構及客戶之資料，且不得為其他不當利用。

(三) **緊急應變計劃：**受委託機構應成立危機應變處理小組，並訂定危機處理流程及辦法。

牛刀小試

( ) 下列敘述，何者錯誤？

(A)金融機構委外作業應慎選受委託機構，並應由各分行選擇並簽訂委外契約

(B)受託機構應為依公司法或商業登記法辦理登記並取得主管機關核發載有辦理金融機構金錢債權管理服務業務之公司登記證明文件或商業登記證明文件之公司

(C)受委託機構須具有完備之硬體設備，以承接金融機構委託之業務

(D)受委託機構應成立危機應變處理小組，並訂定危機處理流程及辦法。

解答與解析

(A)。 金融機構委外作業應慎選受委託機構，並應由總行單一部門選擇並簽訂委外契約。

重點 **2**　金融機構債權催收委外作業流程

一、 訂定委任契約

重要度 ★★★

金融機構與受委託機構須簽訂委任契約，契約至少**應明訂下列事項：**

(一) 委外事項範圍及受委託機構之權責。

(二) 受委託機構應配合遵守金融機構作業委外不得違反法令強制或禁止規定、公共秩序及善良風俗，對經營、管理及客戶權益，不得有不利之影響，並應確保遵循銀行法、洗錢防制法、電腦處理個人資料保護法、消費者保護法及其他法令之規定，並應確實遵守本會訂定之相關業務規章或自律規範。

(三) 消費者權益保障，包括客戶資料保密及安全措施。

(四) 受委託機構應依金融機構監督訂定之標準作業程序，執行消費者權益保障、風險管理、內部控制及內部稽核制度。

(五) 消費者爭端解決機制，包括解決時程、程序及補救措施。

(六) 受委託機構聘僱人員之管理，包括人員晉用、考核及處分等情事。

(七) 受委託機構應限期改善、暫停委託新案、暫停委託及終止委外契約之重大事由，包括主管機關通知依契約終止或解約之條款。

(八) 受委託機構就受託事項範圍，同意主管機關及中央銀行得取得相關資料或報告，及進行金融檢查，或得命令其於限期內提供相關資料或報告。

(九) **受委託機構對外不得以金融機構名義辦理受託處理事項。**

(十) 受委託機構對委外事項若有重大異常或缺失應立即通知金融機構。

(十一) 訂定受委託機構之工作準則，其內容至少應包括不得有下列各項禁止催收行為，且受委託機構應明定解聘或懲罰違反相關規定員工之標準。

　　1. 不得有暴力、恐嚇、脅迫、辱罵、騷擾、虛偽、詐欺或誤導債務人或第三人或造成債務人隱私受侵害之其他不當之債務催收行為。

　　2. 不得以影響他人正常居住、就學、工作、營業或生活之騷擾方法催收債務。

　　3. 催收時間為上午**七時至晚上十時**止。但經債務人同意者，不在此限。

　　4. 不得以任何方式透過對第三人之干擾或催討為之。

5. 為取得債務人之聯繫資訊，而與第三人聯繫時，應表明身分及其目的係為取得債務人之聯繫資訊。如經第三人請求，應表明係接受特定金融機構之委託，受委託機構之名稱，外訪時並應出具授權書。

6. 受委託機構及員工不得向**債務人或第三人**收取債款或任何費用。但如係法院執行扣薪需要，受委託機構為金融機構訴訟代理人並經該金融機構同意代收該扣薪款時，不在此限。

7. 受委託機構之外訪人員需配帶**員工識別證**，並應將外訪過程中與客戶或其相關人之談話內容**全程錄音**。未經債務人同意，不可擅自以任何形式進入其居住處所。

8. **有下列情形之一者，視為第1款虛偽、詐欺或誤導之方法：**
   (1)虛偽陳述或暗示債務人不清償債務將受逮捕、羈押等刑事處分。
   (2)告知債務人將查封依法不得查封之財產。
   (3)向債務人催收債權金額以外或法律禁止請求之費用。
   (4)虛偽陳述債務人不清償債務，法院將實施拘提、管收、查封或拍賣等執行行為。

9. **有下列情形之一者，視為第2款影響他人正常居住、就學、工作、營業或生活之騷擾方法：**
   (1)持續或於非催收時間內，以電話、傳真、簡訊、電子郵件等通訊方法或訪問債務人居住所、學校、工作、營業地點或其他場所，向債務人催收。
   (2)以明信片進行催收，或於信封上使用任何文字、符號及其他方式，足使第三人知悉債務人負有債務或其他有關債務人私生活之資訊。但公司名稱，不在此限。
   (3)以佈告、招牌或其他類似方法，致第三人知悉債務人負有債務或其他有關債務人私生活之資訊。

(十二) **禁止複委任他人代為處理債權催收。**

(十三) 受委託機構應定期或隨時向金融機構回報債權催收處理、客戶申訴處理等情形；受委託機構及員工於內部管理或催收作業等有違反法規之情形時，應將相關案情立即回報金融機構。

(十四) 受委託機構於聘僱人員時，應取得該受僱人員書面同意金融機構及財團法人金融聯合徵信中心得蒐集、處理及利用其個人資料。

(十五) 受委託機構應將違反第四條各款規定而離職之人員資料提供金融機構
　　　 報送財團法人金融聯合徵信中心予以登錄，登錄資料應包括：
　　1.基本資料。　　2.離職日期。　　3.離職原因。

(十六) **金融機構委任受委託機構時，應將受委託機構基本資料報送財團法人金**
　　　 融聯合徵信中心，受委託機構如有違反規定而終止契約時，同意由金融
　　　 機構報送財團法人金融聯合徵信中心予以登錄，登錄資料應包括：
　　1.受委託機構基本資料。
　　2.簽訂契約及終止契約日期。
　　3.違反本辦法事由。

二、 設立申訴窗口及作業流程

(一) 金融機構催收作業委外，應設置客戶申訴窗口及申訴專線電話，並指定
　　 專人負責。

(二) 金融機構受理客戶申訴時，應親自處理，不得請客戶逕向受委託機構申
　　 訴。處理完畢，亦應將處理結果親自告知客戶，不得委由受委託機構告
　　 知。上開處理時間以不超過**三個營業日**為原則。

(三) 客戶與催收人員對催收金額認定有爭議，而向金融機構詢問時，金融機
　　 構應明確告知客戶應償還之債權金額。

(四) 客戶向金融機構確認委外催收受託機構名稱時，金融機構應明確告知客
　　 戶。

(五) 受委託機構因有不符合本要點之催收行為發生時，致客戶無法接受受委
　　 託機構對其債務之催收，而直接向金融機構洽商債務之清償事宜時，金
　　 融機構應受理並積極處理。

(六) 金融機構應注意受催收債務人或第三人申訴情形，應定期、適時向財團
　　 法人金融聯合徵信中心所建置受委託機構暨員工登錄系統查詢相關資
　　 料，如有達依委外契約規定受委託機構應解聘不適任員工標準，及金融
　　 機構應終止與受委託機構契約之重大事由時，應依本辦法及委外契約規
　　 定辦理。

(七) 金融機構如發現受委託機構或其聘僱人員，於所委託之業務涉有暴力、
　　 脅迫、恐嚇討債等情事時，應儘速報請治安單位處理。

三、派案作業流程

(一) **金融機構於提供客戶資料與受委託機構時，應注意下列事項：**
　1. 金融機構對提供資訊與受委託機構需有嚴謹作業程序及監督管理措施。
　2. 金融機構應要求並監督受委託機構及其員工不得外洩客戶資訊或作不當之使用。
　3. 金融機構不得提供對債務履行無法律上義務者之資料與受委託機構。

(二) 金融機構將當月委託案件明細電子檔案傳送至受委託機構，受委託機構派員（**二名以上人員**）至金融機構取件，並於規定期限內將案件資料歸還金融機構。若受委託機構不須使用委託案件之卷宗檔案，則受委託機構確認電子檔無誤後，須簽收委案明細寄還金融機構。

(三) 受委託機構取件時，取件人員必須確實清點件數，清點無誤後簽收，並由金融機構及受委託機構**各執一份取件明細存檔備查。**

四、 退件作業流程

(一) 受委託機構於案件委託期限到期日，除催收紀錄及錄音檔案外，須將客戶相關資料文件及檔案退還金融機構，不得留存退件客戶任何相關資料文件。

(二) 受委託機構將客戶相關資料及檔案退還金融機構後，金融機構應**將必要留存資料存檔備查**，並訂定適當保存期限。

五、核帳作業流程

金融機構至少**每月**應與受委託機構核對客戶入帳明細，以確認客戶入帳資料無誤，如發現有超收客戶金額之情形，金融機構應立即將超收金額歸還客戶。

六、稽核作業流程

(一) **定期稽核：**金融機構至少**每半年定期**對受委託機構進行稽核，稽核重點：
　1. 催收作業流程控管。　　　2. 檔案管理。
　3. 錄音系統。　　　　　　　4. 申訴案件處理流程。
　5. 受委託機構內部稽核作業。

(二) **不定期稽核**：金融機構除定期稽核受委託機構外，尚須執行不定期專案稽核，以查核催理行為是否符合規範。

(三) **專案稽核**：金融機構所委託之受委託機構及員工，經其他金融機構依規定報送聯徵中心登錄在案者，如未構成解約重大事由時，金融機構應加強對該受委託機構之查核頻率及範圍。

七、考評

金融機構至少**每季**應評估受委託機構是否符合委託條件，若經考評為不符合機構，則須汰換受委託機構。評估內容以下列五點為主：

(一) 受委託機構之資格條件。　　　　(二)受委託機構之作業流程控管。

(三) 客戶申訴處理作業流程。　　　　(四)受委託機構之辦公處所硬體設備。

(五) 受委託機構之內部稽核控管。

牛刀小試 ··

(　　) **1** 受委託機構對申訴案件，除將處理結果告知客戶外，原則上應於幾日內以書面副本通知金融機構。？　(A)三個營業日　(B)三日　(C)五個營業日　(D)五日。

(　　) **2** 下列何者非明文禁止的催收行為？　(A)暴力討債　(B)致電請求還款　(C)至債務人工作場所催債　(D)脅迫對方還錢。

(　　) **3** 下列何者非視為虛偽、詐欺或誤導之方法？　(A)告知債務人將查封依法不得查封之財產　(B)虛偽陳述或暗示債務人不清償債務將受逮捕、羈押等刑事處分　(C)向債務人催收債權金額以外或法律禁止請求之費用　(D)告知債務人，將走法律程序，行使債權。

(　　) **4** 下列敘述何者錯誤？　(A)金融機構催收作業委外，應設置客戶申訴窗口及申訴專線電話，並指定專人負責　(B)客戶與催收人員對催收金額認定有爭議，而向金融機構詢問時，金融機構應明確告知客戶應償還之債權金額　(C)受委託機構取件時，取件人員必須確實清點件數，清點無誤後簽收，並由金融機構及受委託機構各執一份取件明細存檔備查　(D)受委託機構將客戶相關資料及檔案退還金融機構後，金融機構應將必要留存資料登記後銷毀，並訂定適當保存期限。

解答與解析

1 (A)。受委託機構對申訴案件，應儘速處理。處理完畢後，除將處理結果告知客戶外，並同時以書面副本通知金融機構。上開處理時間以不超過三個營業日為原則。

2 (B)。訂定受委託機構之工作準則，其內容至少應包括不得有下列各項禁止催收行為，且受委託機構應明定解聘或懲罰違反相關規定員工之標準。

1.不得有暴力、恐嚇、脅迫、辱罵、騷擾、虛偽、詐欺或誤導債務人或第三人或造成債務人隱私受侵害之其他不當之債務催收行為。

2.不得以影響他人正常居住、就學、工作、營業或生活之騷擾方法催收債務。

3.催收時間為上午七時至晚上十時止。但經債務人同意者，不在此限。

4.不得以任何方式透過對第三人之干擾或催討為之。

5.為取得債務人之聯繫資訊，而與第三人聯繫時，應表明身分及其目的係為取得債務人之聯繫資訊。如經第三人請求，應表明係接受特定金融機構之委託，受委託機構之名稱，外訪時並應出具授權書。

6.受委託機構及員工不得向債務人或第三人收取債款或任何費用。但如係法院執行扣薪需要，受委託機構為金融機構訴訟代理人並經該金融機構同意代收該扣薪款時，不在此限。

3 (D)。有下列情形之一者，視為第1款虛偽、詐欺或誤導之方法：

1.虛偽陳述或暗示債務人不清償債務將受逮捕、羈押等刑事處分。

2.告知債務人將查封依法不得查封之財產。

3.向債務人催收債權金額以外或法律禁止請求之費用。

4.虛偽陳述債務人不清償債務，法院將實施拘提、管收、查封或拍賣等執行行為。

5.經該金融機構同意代收該扣薪款時，不在此限。

4 (D)。 1.設立申訴窗口及作業流程
　　(1)金融機構催收作業委外，應設置客戶申訴窗口及申訴專線電話，並指定專人負責。
　　(2)金融機構受理客戶申訴時，應親自處理，不得請客戶逕向受委託機構申訴。處理完畢，亦應將處理結果親自告知客戶，不得委由受委託機構告知。上開處理時間以不超過三個營業日為原則。
　　(3)客戶與催收人員對催收金額認定有爭議，而向金融機構詢問時，金融機構應明確告知客戶應償還之債權金額。
　　(4)客戶向金融機構確認委外催收受託機構名稱時，金融機構應明確告知客戶。
　　(5)受委託機構因有不符合本要點之催收行為發生時，致客戶無法接受受委託機構對其債務之催收，而直接向金融機構洽商債務之清償事宜時，金融機構應受理並積極處理。
　　(6)金融機構應注意受催收債務人或第三人申訴情形，應定期、適時向財團法人金融聯合徵信中心所建置受委託機構暨員工登錄系統查詢相關資料，如有達依委外契約規定受委託機構應解聘不適任員工標準，及金融機構應終止與受委託機構契約之重大事由時，應依本辦法及委外契約規定辦理。
　　(7)金融機構如發現受委託機構或其聘僱人員，於所委託之業務涉有暴力、脅迫、恐嚇討債等情事時，應儘速報請治安單位處理。
　2.派案作業流程
　　(1)金融機構於提供客戶資料與受委託機構時，應注意下列事項：
　　　A. 金融機構對提供資訊與受委託機構需有嚴謹作業程序及監督管理措施。
　　　B. 金融機構應要求並監督受委託機構及其員工不得外洩客戶資訊或作不當之使用。
　　　C. 金融機構不得提供對債務履行無法律上義務者之資料與受委託機構。
　　(2)金融機構將當月委託案件明細電子檔案傳送至受委託機構，受委託機構派員（二名以上人員）至金融機構取

件，並於規定期限內將案件資料歸還金融機構。若受委
託機構不須使用委託案件之卷宗檔案，則受委託機構確
認電子檔無誤後，須簽收委案明細寄還金融機構。

(3) 受委託機構取件時，取件人員必須確實清點件數，清點
無誤後簽收，並由金融機構及受委託機構各執一份取件
明細存檔備查。

3.退件作業流程

(1) 受委託機構於案件委託期限到期日，除催收紀錄及錄音
檔案外，須將客戶相關資料文件及檔案退還金融機構，
不得留存退件客戶任何相關資料文件。

(2) 受委託機構將客戶相關資料及檔案退還金融機構後，
金融機構應將必要留存資料存檔備查，並訂定適當保
存期限。

重點 3　受委託機構作業流程　　重要度 ★★★

金融機構須監督管理委外催收作業，受委託機構對於委託事項如有履行不能
或履行困難之虞者，對委託機構負有立即通知之義務。

受委託機構應建立下列作業流程，金融機構將定期與不定期查核是否確實執行。

一、 催收人員教育訓練

受委託機構須針對新進催收人員及在職催收人員舉辦催收相關作業教育訓
練，以提昇催收人員專業素質，降低申訴案件發生率。訓練相關資料須存檔
以供查核，檔案保存期限至少一年。

二、 催收作業流程

受委託機構應建立催收作業流程，包含電催作業流程及外訪作業流程。催收
人員應依據所訂定之催收流程催理案件且催理過程**須全程錄音記錄**，以避免
受委託機構催收人員有不當催討行為。

(一) 受委託機構催收程序行為樣態準則

1. 催收程序行為樣態定義

(1)電話催收：透過電話、簡訊、電話語音，藉以向債務人進行催收之行為。

(2)信函催收：透過書面、傳真、電子郵件或其他電子文件等通訊方法，藉以向債務人傳達意思表示之催收行為。

(3)外訪催收：透過人員訪問債務人居住所、學校、工作、營業地點或其他場所，藉以直接與債務人進行面對面溝通之催收行為。

(4)法律程序催收：透過法律程序，藉以確認債權或實現債權之催收行為。

2. 作業準則

(1)共通準則

　A.受委託機構及其員工（以下簡稱「催收人」）不得有暴力、恐嚇、脅迫、辱罵、騷擾、虛偽、詐欺或誤導債務人或第三人或造成債務人隱私受侵害之其他不當之催收行為。有下列情形時，視為虛偽、詐欺或誤導之方法：

　　a.虛偽陳述或暗示債務人不清償債務將受逮捕、羈押等刑事處分。

　　b.告知債務人將查封依法不得查封之財產。

　　c.向債務人催收債權金額以外或法律禁止請求之費用。

　　d.虛偽陳述債務人不清償債務，法院將實施拘提、管收、查封或拍賣等執行行為。

　B.催收人不得以影響他人正常居住、就學、工作、營業或生活之騷擾方法催收債務。

　C.催收人不得以任何方式透過對第三人之干擾或催討進行催收。

　D.催收人為取得債務人之聯繫資訊，而與第三人聯繫時，應表明身分及其目的係為取得債務人之聯繫資訊，如第三人表示拒絕，催收人應即停止聯繫行為；如經第三人請求，應表明係接受特定金融機構之委託，受委託機構之名稱。

　E.催收人不得向債務人或第三人收取債款或任何費用。但如係法院執行扣薪需要，受委託機構為金融機構訴訟代理人並經該金融機構同意代收該扣薪款時，不在此限。

　F.催收人對外不得以金融機構名義辦理受託處理事項，不得自稱銀行行員或法院人員，須表明是受金融機構委託處理逾期帳款催收業務之獨立受委託機構。

(2)電話催收作業準則

A. 受委託機構相關作業人員之電話需裝設錄音系統，並將催收過程全程錄音。

B. 電話催收時間為上午七時至晚上十時止。但經債務人同意者，不在此限。

C. 不得持續或於非催收時間內向債務人進行電話催收。但經債務人同意者，不在此限。

D. 電話催收應維持基本電話禮儀。

E. 遇債務人有特殊境遇，應適時表達關懷之意。

(3)信函催收作業準則

A. 信函應依中華民國銀行商業同業公會全國聯合會範本制定，並應經律師審閱無違反「金融機構作業委託他人處理內部作業制度及程序辦法」及其他相關法令之虞，並送主管機關備查。

B. **不得**以明信片進行催收，或於信封上使用任何文字、符號及其他方式，足使第三人知悉債務人負有債務或其他有關債務人私生活之資訊。但公司名稱，不在此限。

C. 不得以傳真進行催收，但如確信傳真內容僅債務人始得知悉時，不在此限。

(4)外訪催收作業準則

A. 催收人應以**二人一組**方式進行外訪催收作業，且應儀容端正、維持基本禮儀，不得有奇裝異服或不當舉止。

B. 催收人進行外訪催收時，應配帶員工識別證，對債務人或第三人表明係接受某特定金融機構之委託身分，並出示授權書。

C. 催收人進行外訪催收時，應將外訪過程中與債務人或其相關人之談話內容全程錄音。未經債務人同意，不得擅自以任何形式進入其居住處所，且不得拿取債務人或相關人所有之任何物品。

D. 外訪過程嚴禁使用暴力、肢體碰觸、張貼大字報、噴漆塗鴉等方式進行催收；不得以佈告、招牌或其他類似方法，致第三人知悉債務人負有債務或其他有關債務人私生活之資訊。

E. 外訪催收時間為上午七時至晚上十時止。但經債務人同意者，不在此限。

F. 不得持續或於非催收時間內向債務人進行外訪催收。

(5)法律程序催收作業準則

　　A.對債務人進行法律訴訟程序，應依相關法規及法院通知、裁定辦理。

　　B.對於經向法院提起訴訟程序之債務人，於接獲法院通知出庭時，不得有勸使當事人無須出庭，俾利依民事訴訟法第385條第1項之規定，聲請一造辯論判決之情事。

　　C.催收人就其受委任處理法律程序之案件，非經委託機構特別委任，不得捨棄、認諾、撤回、和解。

(二) 受委託機構之保密機制

1. 受委託機構之受僱人員須簽訂員工服務規約暨保密承諾書。

2. 受委託機構之受僱人員處理所有委託機構及其客戶資料，均應遵守「電腦處理個人資料保護法」之規定。

3. 受委託機構對於金融機構及客戶資料須有嚴密保護措施，確保接觸資料者不外洩金融機構及客戶資料，且不得為其他不當利用。

4. 金融機構傳送至受委託機構之電子資料檔案，須存放於密碼/認證控管之電腦中，非經金融機構同意者，不得任意取得相關資料。

三、 申訴案件處理作業流程

(一) 受委託機構應設置申訴案件專責處理單位及專線電話，並指定專人負責處理客戶申訴案件。

(二) 受委託機構接獲申訴案件時，應立即調閱催收記錄及錄音檔案，以確認催收人員是否有不當催理行為，並對申訴案件處理作業流程確實記錄存檔備查。

(三) 受委託機構對申訴案件，應儘速處理。處理完畢後，除將處理結果告知客戶外，並同時以書面副本通知金融機構。上開處理時間以不超過三個營業日為原則。

(四) 金融機構因處理客戶申訴案件，要求受委託機構提供催收記錄、錄音檔案等相關資料時，受委託機構應儘速提供。

四、檔案管理作業流程

受委託機構應妥善保管金融機構所委託催理案件之檔案，非經金融機構同意不得複製相關資料。檔案管理作業流程包含案件進件及退件作業流程。檔案管理須符合下列規則：

(一) 受委託機構應建立委託案件進件處理流程。明訂有權責讀取案件資料之人員及保管相關資料之機制，以避免客戶相關資料外洩，確保客戶權益。

(二) 受委託機構至金融機構收取委託業務相關文件之人員須經由受委託機構主管授權之人員。

(三) 受委託機構收取金融機構委託案件相關資料時應採密閉式封箱或封袋，以預防客戶相關資料外洩。

(四) 非經金融機構同意，受委託機構之催收人員不得列印、下載或抄錄任何客戶相關資料。

(五) 受委託機構領取案件資料與歸還案件資料時，取件人員必須確實清點件數，清點無誤後簽收，並由金融機構及受託機構各執一份取件明細存檔備查。

(六) 所有檔案卷宗置於設有安控密碼之獨立檔案室內，卷宗之調閱須經權責人員審核過後並詳實記錄調閱歸還情形。進出檔案室人員須經負責主管授權之人員始能進入，並設立進出登記控管表。

(七) 受委託機構應建立退件作業流程。受委託機構應於案件委託期間屆滿時，將委託案件相關資料及檔案退還金融機構。

五、內部稽核作業

受委託機構應建立內部稽核制度。受委託機構除配合金融機構定期、不定期及專案稽核外，亦應建立內部控管機制，定期與不定期進行內部稽核，以查核催收行為是否符合各項作業流程，並留存稽核記錄以供查核。

受委託機構之內部稽核項目包含以上所載之作業流程。

牛刀小試

( )　**1** 催收人員教育訓練相關資料，需存檔以供核查，檔案保存期限至少多久？
(A)三個月　　　　　(B)六個月
(C)九個月　　　　　(D)十二個月。

( )　**2** 下列敘述何者錯誤？
(A)受委託機構之受僱人員須簽訂員工服務規約暨保密承諾書
(B)受委託機構應設置申訴案件專責處理單位及專線電話，並指定專人負責處理客戶申訴案件
(C)金融機構因處理客戶申訴案件，要求受委託機構提供催收紀錄、錄音檔案等相關資料時，受委託機構應儘速提供
(D)受委託機構經營好外部信用即可，毋庸建立內部稽核制度。

解答與解析

1 (D)。受委託機構須針對新進催收人員及在職催收人員舉辦催收相關作業教育訓練，以提昇催收人員專業素質，降低申訴案件發生率。訓練相關資料須存檔以供查核，檔案保存期限至少一年。

2 (D)。受委託機構應建立內部稽核制度。受委託機構除配合金融機構定期、不定期及專案稽核外，亦應建立內部控管機制，定期與不定期進行內部稽核，以查核催收行為是否符合各項作業流程，並留存稽核紀錄以供查核。受委託機構之內部稽核項目包含以上所載之作業流程。

重點4　債權催收受託機構之評鑑標準及評比項目　　重要度 ★★★

主旨：建立公正客觀之評鑑標準及評比項目，以確保金融機構催收作業委外最低標準化作業能有效執行，並保障金融機構及客戶之權益，減少客戶申訴及提升委外催收之服務品質。

說明：以下即針對金融機構如何從眾多良莠不齊之委外催收機構評選出優良的合作對象，以及就目前已合作的委外催收機構訂定出公正客觀之評比項目及評鑑標準。

新進委外催收機構之遴選標準

一、法令規章

(一) 被遴選機構應依公司法或商業登記法辦理登記並取得主管機關核發載有辦理金融機構金錢債權管理服務業務之公司登記證明文件或商業登記證明文件，或被遴選機構為律師事務所或會計師事務所。

(二) 受委託機構虧損未達實收資本額三分之一者。但虧損超過實收資本額三分之一，如已依相關規定完成增資程序者，不在此限。

(三) 受委託機構之催收人員應依金融監督管理委員會頒定「金融機構作業委託他人處理內部作業制度及程序辦法」規定，完成本會或本會認可之機構舉辦有關催收專業訓練課程或測驗，而領有合格證書，且無下列情事之一之人員：

　1.曾犯刑法、組織犯罪防制條例、檢肅流氓條例、槍砲彈藥刀械管制條例等相關暴力犯罪，經判刑確定或通緝有案尚未結案者。

　2.受破產之宣告尚未復權者。

　3.使用票據經拒絕往來或有其他債信不良紀錄尚未了結者。

　4.無行為能力、限制行為能力或受輔助宣告尚未撤銷者。

　5.違反本要點而離職，並經金融機構報送財團法人金融聯合徵信中心登錄者。

(四) 被遴選機構負責人應無「銀行負責人應具備條件資格準則」第三條第一項除第十三款外之各款所述情形，並出具相關之聲明書。

(五) 被遴選機構須承諾不得違反法令強制或禁止規定、公共秩序及善良風俗，對經營、管理及客戶權益，不得有不利之影響，並應確保遵循銀行法、洗錢防制法、電腦處理個人資料保護法及其他法令之規定。

(六) 被遴選機構須確認金融監督管理委員會及中央銀行等得取得相關資料或報告，及進行金融檢查。

(七) 就委外事項之範圍，被遴選機構須同意主管機關得依銀行法第45條規定辦理。

(八) 被遴選機構須承諾本身其及員工不得有本要點規定禁止之情事。

(九) 被遴選機構須承諾於聘僱人員時，取得聘僱人員書面同意金融機構及財團法人金融聯合徵信中心得蒐集、處理及利用其個人資料。

(十) 被遴選機構須承諾將違反「金融機構辦理應收債權催作業委外處理要點」而離職之聘僱人員資料提供金融機構報送財團法人金融聯合徵信中心予以登錄。

(十一) 被遴選機構須承諾如違反規定而解除契約時，同意由金融機構報送財團法人金融聯合徵信中心予以登錄。

二、被遴選機構及其負責人、內部主要成員管理

被遴選機構及其負責人、經理人、法律顧問等，應無任何信用不良之紀錄。

三、被遴選機構應依相關規定訂定標準化作業流程，並能確實執行。

四、被遴選機構現行運作情況

(一) 以該機構目前配合之金融機構為評量參考。

(二) 參考該機構目前處理之總案件量、金額及總回收款作為評量參考。

五、被遴選機構軟硬體設施暨催收系統

(一) **軟硬體設施：**

1. 系統容量需足夠容納所委託處理之客戶資料。

2. 總分支機構資料之連動。

3. **配合度、速度、正確性：**是否能在規定的時間內提供本行所需之正確資料。

4. PC一人一台，電話至少一人一線。

5. 被遴選機構為承辦受託事務之需，須具有完備之電腦作業處理設備，且應備有功能完善之催收系統輔助催收作業進行。

6. 被遴選機構相關作業人員之電話須裝設錄音系統，錄音系統須與電腦系統配合可即時調閱錄音，以供稽核或遇爭議時查證之用，需所有電話暨外訪時均予以錄音並製作備份且至少保存六個月以上，其錄音紀錄不得有刪除或竄改之情形。

7. 被遴選機構相關作業人員電腦須設密碼控管，使用之電腦應採非開放式區域網路之主機系統，且不可提供外露儲存裝置。

8. **庫房、機房之門禁及錄影設備**：存放客戶資料文件檔案室及錄音機房應設有可記錄進出登記之門禁，確保客戶資料安全。

(二) **催收系統**：

1. 資料庫之建立具完整性及備份。
2. 作業流程自動化。
3. 對客戶所有資料安全有安全控管機制。
4. 可提供金融機構所需之相關報表。

六、被遴選機構專業程度及組織架構

(一) **專業分工**：內部建制單位依功能相互分工且互相制衡，建立完善的作業流程並避免弊端產生。

(二) **教育訓練**：新進員工基礎的教育培訓及在職員工之專業教育訓練。

(三) **員工解聘及懲罰**：解聘或懲罰違反規定員工之標準。

(四) **申訴案件處理作業流程**：應訂定客戶糾紛處理及預防程序，明訂糾紛處理時效及補救措施等規範；設置專責人員，處理客戶之申訴及可能申訴案件之處理，並立即通知銀行相關權責單位。

(五) **檔案管理作業流程**：對金融機構委託之案件涉及客戶資訊者，是否有嚴密保護措施，確保接觸資料者不外洩金融機構及客戶之資料，且不得為其他不當利用行為之安控機制。

(六) **保密措施**：被遴選機構任用之相關作業人員須填寫保密承諾書，以確保金融機構之機密及客戶權益。

(七) **內部稽核機制**：被遴選機構對於內部作業流程應建立內部控管機制，定期與不定期進行內部稽核，並視需要辦理專案稽核，稽核內容須存檔備查。受託事項如有履行不能、履行困難或履行困難之虞者，對金融機構負有立即通知之義務。

(八) **緊急應變計劃**：被遴選機構須成立危機應變處理小組，並訂定危機處理流程及辦法，至少應包含下列事項：

1. **電腦系統**：須確保系統穩定及系統重建作業規範及每日異地備份作業。
2. **電力供應**：須有不斷電系統，以確保資料之完整性。
3. 其他可能導致被遴選機構因服務品質下降、臨時終止契約或停止營運等因素，影響金融機構之經營或金融機構客戶之權益之應變計劃。

金融機構遴選委外催收機構之評比項目

評比項目	評鑑標準	是否符合規定
一、**法令規範**	1.被遴選機構是否**依公司法或商業登記法辦理登記並取得主管機關核發載有辦理金融機構金錢債權管理服務業務之公司登記證明文件或商業登記證明文件者**，或受託機構為律師事務所或會計師事務所。	
	2.被遴選機構是否**無虧損**達實收資本額三分之一者（虧損超過實收資本額三分之一，但已依相關規定完成增資程序者，**視同符合規定**）	
	3.被遴選機構聘僱之催收人員是否依金融監督管理委員會頒定「金融機構作業委託他人處理內部作業制度及程序辦法」規定，完成本會或本會認可之機構舉辦有關催收專業訓練課程或測驗，而領有合格證書，且無下列情事之一之人員： (1)曾犯刑法、組織犯罪防制條例、檢肅流氓條例、槍砲彈藥刀械管制條例等相關暴力犯罪，經判刑確定或通緝有案尚未結案者。 (2)受破產之宣告尚未復權者。 (3)使用票據經拒絕往來或有其他債信不良紀錄尚未了結者。 (4)無行為能力、限制行為能力**或受輔助宣告尚未撤銷**者。 (5)違反本要點而離職，並經金融機構報送財團法人金融聯合徵信中心登錄者。	
	4.被遴選機構負責人應無「銀行負責人應具備條件資格準則」第三條第一項除第十三款外之各款所述情形，是否出具相關之聲明書。	
	5.被遴選機構是否承諾不得違反法令強制或禁止規定、公共秩序及善良風俗，對經營、管理及客戶權益，不得有不利之影響，並應確保遵循銀行法、洗錢防制法、電腦處理個人資料保護法及其他法令之規定。	

評比項目	評鑑標準	是否符合規定
一、法令規範	6.被遴選機構是否承諾依金融監督管理委員會、中央銀行及中央存款保險股份有限公司等要求,提供相關資料或報告,並接受金融檢查。	
	7.被遴選機構是否承諾就委外事項之範圍,同意主管機關得依銀行法第四十五條規定辦理。	
	8.被遴選機構及其負責人、經理人、法律顧問等,是否無任何信用不良之紀錄。	
	9.被遴選機構是否承諾於聘僱人員時,取得聘僱人員書面同意金融機構及財團法人金融聯合徵信中心得蒐集、處理及利用其個人資料。	
	10.被遴選機構是否承諾將違反規定而離職之人員資料提供金融機構報送財團法人金融聯合徵信中心予以登錄。	
	11.被遴選機構是否承諾如違反規定而解除契約時,同意由金融機構報送財團法人金融聯合徵信中心予以登錄。	
二、認證	被遴選機構是否依相關規定訂定標準化作業流程,並確實執行。	
三、軟硬體設施	1.系統容量是否足夠容納所委託處理之客戶資料。	
	2.總分支機構資料是否連動。	
	3.是否能即時、正確提供本行所需之正確資料。	
	4.是否一人一台PC;電話至少一人一線。	
	5.是否具完備之電腦作業處理設備。	
	6.是否安置專業錄音設備與電腦系統進行整合,可即時調閱錄音,以供稽核或遇爭議時查證之用,需所有電話暨外訪時均予以錄音並製作備份且至少保存六個月以上,其錄音紀錄不得有刪除或竄改之情形。	
	7.相關作業人員電腦是否設密碼控管,使用之電腦是否採非開放式區域網路之主機系統,且是否無外露儲存裝置。	
	8.庫房、機房是否有門禁及錄影設備。	

評比項目	評鑑標準	是否 符合規定
四、 催收系統	1.是否備有功能完善之催收系統，輔助催收作業之進行。	
	2.資料庫的建立是否具完整性及製作備份。	
	3.作業流程是否自動化。	
	4.對客戶所有資料安全是否有安全控管機制。	
	5.是否提供相關管理報表。	
	6.催收紀錄是否不得篡改。	
五、 組織架構	1.是否有專業分工如〔成立電催組、外訪組、調戶謄組、法務組、帳務組、IT人員、內部控制單位與稽核單位等，建立完善的作業流程〕。	
	2.是否有教育訓練人員及制度，對新進員工施予基礎教育培訓及對在職員工施予專業教育訓練。	
	3.是否有客訴服務單位，訂定客戶糾紛處理及預防程序，明訂糾紛處理時效及補救措施等規範；是否有設置專責人員，處理客戶之申訴及可能申訴案件之處理，並立即通知金融機構相關權責單位。	
	4.是否明定解聘或懲罰違反規定員工之標準。	
	5.是否有內部控制機制，定期與不定期進行內部考核，受委任事項如有履行不能、履行困難或履行困難之虞者，是否立即通知金融機構。	
	6.是否有緊急應變計劃，是否成立危機應變處理小組，是否制定危機處理流程及辦法，至少包括電腦系統、電力供應等應變計畫，以確保受委任事項之正常運作。	
	7.是否訂定標準化作業流程，並符合相關規定。	
六、 召募作業	召募作業辦法是否符合本行要求。	

評比項目	評鑑標準	是否符合規定
七、 外訪作業	1.是否有獨立之組織與完整規範。	
	2.是否有完整之訓練。	
	3.是否全部2人1組。	
	4.外訪時服裝是否端正。	
	5.外訪時是否全程錄音。	
	6.是否有查核制度。	
八、 電催作業	1.是否有完整之訓練與規範。	
	2.是否有查核制度。	
	3.是否全程錄音。	
九、 錄音作業	1.外訪與電催錄音是否保存半年。	
	2.錄音是否備份儲存。	
	3.被遴選機構是否執行抽聽機制。	
十、 信函作業	1.所有信函使用與寄發是否有控管機制。	
	2.被遴選機構是否有查核機制。	
	3.所有信函內容與格式是否依銀行公會所訂範本制定。	
十一、 客訴作業	1.是否成立客訴服務單位。	
	2.是否明訂糾紛處理時效及補救措施等規範。	
	3.是否設置專責人員，處理客戶之申訴及可能申訴案件。	
	4.是否有客訴處理報告，並應於稽核報告中揭露。	

評比項目	評鑑標準	是否 符合規定
十二、 稽核作業	1.是否有稽核單位及相關規範。	
	2.是否定期與不定期落實執行。	
	3.是否有稽核報告。	
	4.是否有稽核缺失改善與追蹤。	
十三、 安控作業	1.員工及相關人員是否均簽署保密承諾書。	
	2.是否有門禁維護管理機制。	
	3.電腦系統使用是否有資料安全管理機制。	
	4.文件處理是否有管理機制及獨立保存空間並上鎖。	
	5.是否有符合本行要求之資料列印管理辦法及執行情形。	
	6.與客戶個人資料是否有銷毀機制。	
	7.是否有安控執行及報告。	

金融機構對受委託機構辦理評比之項目（每季一次）

評比項目	評鑑標準	是否 符合規定
一、 法令規範	1.**受委託機構是否無複委任他人處理債權催收之情事。**	
	2.受委託機構是否**無虧損達**實收資本額三分之一之情形（虧損超過實收資本額三分之一，但已依相關規定完成增資程序者，**視同符合規定**）。	
	3.受委託機構機構負責人、經理人、法律顧問等，是否無任何信用不良之紀錄。	
	4.受委託機構機構聘僱之催收人員是否依金融監督管理委員會頒定「金融機構作業委託他人處理內部作業制度及程序辦法」規定，完成本會或本會認可之機構有關催收專業訓練課程或測驗，而領有合格證書。	
	5.受委託機構聘僱之催收人員未依金融監督管理委員會頒定「金融機構作業委託他人處理內部作業制度及程序辦法」規定完成本會或本會認可之機構舉辦有關催收專業訓練課程或測驗並領有合格證書者，是否於任職後兩個月內補正。	
	6.受委託機構機構之聘僱人員是否無曾犯刑法、組織犯罪防制條例、檢肅流氓條例、槍砲彈藥刀械管制條例等相關暴力犯罪，經判刑確定或通緝有案尚未結案者。	
	7.受委託機構機構之聘僱人員是否無受破產之宣告尚未復權者。	
	8.受委託機構機構之聘僱人員是否無使用票據經拒絕往來或有其他債信不良紀錄尚未了結者。	
	9.受委託機構機構之聘僱人員是否無無行為能力、限制行為能力**或受輔助宣告尚未撤銷**者。	

評比項目	評鑑標準	是否 符合規定
一、 法令規範	10.受委託機構機構之聘僱人員是否無違反本要點而離職,並經金融機構報送財團法人金融聯合徵信中心登錄之紀錄者。	
	11.受委託機構是否於聘僱人員時,取得該聘僱人員書面同意金融機構及財團法人金融聯合徵信中心得蒐集、處理及利用其個人資料。	
	12.受委託機構是否將違反規定而離職之人員資料提供金融機構報送財團法人金融聯合徵信中心予以登錄。	
二、 軟硬體設施	1.系統容量是否足夠容納所委託處理之客戶資料。	
	2.總分支機構資料是否正常連動。	
	3.是否能即時、正確提供本行所需之正確資料。	
	4.是否一人一台PC,電話至少一人一線。	
	5.受委託機構相關作業人員電腦是否設密碼控管,使用之電腦是否採非開放式區域網路之主機系統,且是否無外露儲存裝置。	
	6.庫房、機房是否有門禁及錄影設備,是否依規定執行。	
三、 催收系統	1.資料庫的建立是否具完整性及製作備份。	
	2.對客戶所有資料安全是否有安全控管機制。	
	3.本行所需之相關管理報表是否即時、正確。	
	4.委任之新案,是否於一個工作日內完成灌檔與分派案件。	
四、 組織架構	1.受委託機構是否對新進員工施予基礎教育培訓及對在職員工施予專業教育訓練。	
	2.客訴案件是否立即通知本行相關權責單位,是否符合處理時效及規範。	

評比項目	評鑑標準	是否 符合規定
四、 組織架構	3.受委託機構是否明定解聘或懲罰違反規定員工之標準。	
	4.受委託機構是否定期與不定期進行內部考核。	
五、 召募作業	1.受委託機構之召募作業辦法是否符合本行要求。	
	2.受委託機構是否依本行核定之召募作業辦法執行召募工作。	
六、 電催作業	1.是否全程錄音。	
	2.電催時間是否合乎上午七時至晚上10時止之規定。	
	3.是否有業務需要延長電催時間,是否經債務人同意並完成報備。	
	4.話術是否無不當與不合乎本行要求之情形。	
	5.除法院執行扣薪需要,受委託機構為金融機構訴訟代理人並經該金融機構同意代收該扣薪款外,是否無向客戶收款之情事。	
	6.是否無恐嚇、脅迫、辱罵、騷擾、虛偽、詐欺或誤導債務人或第三人或造成債務人隱私受侵害之其他不當之情事。	
	7.是否無以影響他人正常居住、就學、工作、營業或生活之騷擾方法催收債務。	
	8.為取得債務人之聯繫資訊,而與第三人聯繫時,是否有表明身分及其目的係為取得債務人之聯繫資訊。且經第三人請求,有表明係接受特定金融機構之委託,受委託機構之名稱。	
七、 外訪作業	1.是否全部2人1組。	
	2.外訪時服裝是否端正。	
	3.外訪時是否全程錄音。	

評比項目	評鑑標準	是否 符合規定
七、 外訪作業	4.外訪時間是否合乎上午七時至晚上10時止之規定。	
	5.話術是否**無**不當**或不符合**本行**規定**。	
	6.除法院執行扣薪需要，受委託機構為金融機構訴訟代理人並經該金融機構同意代收該扣薪款外，是否無向客戶收款之情事。	
	7.是否無暴力、恐嚇、脅迫、辱罵、騷擾、虛偽、詐欺或誤導債務人或第三人或造成債務人隱私受侵害之其他不當之債務催收情事。	
	8.是否無以影響他人正常居住、就學、工作、營業或生活之騷擾方法催收債務之情事。	
	9.為取得債務人之聯繫資訊，而與第三人聯繫時，是否有表明身分及其目的係為取得債務人之聯繫資訊。且經第三人請求，有表明係接受特定金融機構之委託，受委託機構之名稱，並應出具授權書。	
	10.是否配帶員工識別證及金融機構授權書。	
	11.除經債務人同意外，是否**未發生**擅自以任何形式進入其居住處所之情事。	
八、 錄音作業	1.外訪與電催錄音是否保存6個月以上。	
	2.錄音紀錄是否無刪除及篡改之情事。	
	3.受委託機構是否執行抽聽機制。	
九、 信函作業	1.所有信函內容與格式是否依銀行公會所訂範本制定，並經本行書面同意。	
	2.所有信函內寄送對象與時機，是否合乎本行規定。	
十、 保人作業	對保證人催收時是否取得本行書面同意。	

評比項目	評鑑標準	是否 符合規定
十一、 客訴作業	1.是否依本行要求執行。	
	2.客訴案件是否符合糾紛處理時效及補救措施等規範。	
	3.處理客戶之申訴及可能申訴案件之專責人員是否具專業能力。	
	4.接獲客戶申訴案件是否立即通知本行相關權責單位。	
	5.客戶申訴案件是否於稽核報告中揭露。	
十二、 稽核作業	1.是否定期與不定期落實執行。	
	2.是否有稽核報告。	
	3.是否有稽核缺失改善與追蹤。	
十三、 安控作業	1.受委託機構對涉及客戶資訊者,是否有查核紀錄。	
	2.所有接觸本行案件員工是否均簽署保密承諾書。	
	3.門禁維護是否良好。	
	4.電腦系統使用是否設定使用者密碼,非授權使用者不能進入系統。	
	5.電腦是否均設定螢幕保護程式。	
	6.作業人員軟碟是否全部撤除。	
	7.是否限制非必要人員保有INTERNET。	
	8.與本行往來E-MAIL是否加密。	
	9.文件處理人員是否於獨立空間作業。	
	10.本行文件是否有獨立保存空間並上鎖。	
	11.是否限處理本行委託案件之作業人員始能接觸本行文件。	

評比項目	評鑑標準	是否 符合規定
十三、 安控作業	12.電腦房門禁作業是否維護良好。	
	13.是否有資料列印管理辦法及執行情形並經本行同意。	
	14.催收紀錄是否無法刪除及竄改。	
	15.處理委託案件資料之人員與系統是否無外洩之可能。	
	16.本行結束委任案件文件是否已銷毀。	
	17.本行結束委任案件之客戶基本資料電腦檔是否已刪除。	
	18.是否有安控執行報告。	

催收機構評鑑作業方式

一、金融機構應每季按評比項目及評鑑標準，對受委託機構進行評量。

二、金融機構對受委託機構辦理評量後，應於每季終了後1個月內，將通過評量而續予委託之催收機構名單，併同評鑑結果報送銀行公會，由銀行公會彙總後將名單公佈於網站上，供會員機構參考。

三、金融機構如有新委任或終止與受委託機構契約時，應立即將名單等資料報送銀行公會。

第10章

金融機構出售不良債權應注意事項

章前導讀

· 本章節學習著重於出售不良債權程序、出售無擔保消費者不良債權之規定、聯徵中心不良紀錄揭露期間。

· 本章為行政法規，法條將以「本事項」代替金融機構出售不良債權應注意事項之全稱。

重點 1　出售不良債權應注意事項　重要度 ★★★

一、金融機構出售不良債權時，除依其他法令規定外，並應依本注意事項辦理（本事項1Ⅰ）。

　　前項之金融機構係指銀行、信用合作社、票券金融公司及信用卡業務機構（本事項1Ⅱ）。

二、金融機構之不良債權，除下列情形得予出售外，應以**自行催理**為原則（本事項2）：

(一) 金融機構最近四季季底之平均逾期放（帳）款比率大於**百分之三**，經自行催理，仍無法改善，並經董（理）事會決議通過之案件。

(二) 聯貸授信案件或與聯貸授信案件之借戶相同且需與聯貸案件併同處理之案件。

(三) 境外分行之授信案件及國際金融業務分行之境外授信案件。

(四) 因建商未能履約，為協助建案承購戶之交屋，經協調處理未果，報經董（理）事會決議通過之案件。但該不良債權買賣契約應約定買受人應盡力協助爭取承購戶權益。

三、金融機構出售不良債權時，**除聯貸案件係由參貸行共同決定外**，應依下列規定辦理（本事項3）：

(一) 擬出售不良債權前，倘以**不動產**為擔保者，應重新衡量擔保品之公允價值，並依據其內部債權回收管理之資料或外部專家估價以決定建議底價。如建議底價逾實收資本額**百分之二十**或**新臺幣三億元以上**時或應買人之資格條件未明確排除關係人時，其估價不得僅依內部債權回收管理之資料為之。

(二) 擬出售之不良債權標的及標售條件內容等資料應提報董（理）事會決議，決議過程應注意利益迴避原則，並盡保密之義務。

(三) 擬出售之不良債權標的如含銀行法第三十三條及金融控股公司法第四十四條所稱之利害關係人授信案件，應經**三分之二以上董（理）事出席，及出席董（理）事四分之三以上之同意**。

四、金融機構出售不良債權時，應訂定應買人之消極資格條件，且應與買受人約定不得有不當催收行為（本事項4）。

五、金融機構出售不良債權之作業程序應依下列規定辦理（本事項5）：

(一) **除下列情形外，應以公開標售為原則：**

　1. 債權可全數收回或有明確市場價格時，得以個案議價方式出售。但不得有利害關係人非常規交易情事。

　2. 不良債權經公開標售而未成交者，得與參與競標之最高出價應買人議價之。惟成交價格不得低於該應買人之原始出價。

　3. 境外分行之不良債權及國際金融業務分行之境外不良債權，得依當地實務出售。

(二) 公開發行之金融機構於董（理）事會決議通過出售不良債權後，應即於臺灣證券交易所之公開資訊觀測站公告申報相關資訊。非公開發行之金融機構，除金融控股公司之子公司，由母公司公告申報外，應於所屬業別公會網站為之。

(三) 金融機構標售不良債權之公告，須刊登於所屬業別之公會網站。自公告日起至領取標售資料截止日，至少須為**七個工作日**，領取標售資料截止日至決標日，除無擔保案件至少須有**七個工作日**外，其餘案件應有**二十八日**以上工作日。

(四) 出售標的之借款人、保證人、背書人、擔保物提供人、本注意事項第三點規定估價之外部專家，及前述之人擔任負責人之法人不得參與議價或投標。

(五) 對於應買人之資格條件，應於領標時進行資格審查，不得以於標售公告聲明「保留拒絕投標人投標權利」之方式拒絕特定應買人。

(六) 金融機構如擬對得標之應買人辦理授信，則該授信應為擔保授信且所徵取之擔保品不得包括自身所出售之不良債權。

(七) 招標程序不得有限制競爭或妨礙公平競爭之情形。

(八) 金融機構應於買賣合約簽訂後**五日內**於本會銀行局金融機構網際網路申報系統申報出售不良債權之資料。

(九) 金融機構出售不良債權於交割完畢後，應將處理結果提報董（理）事會備查。

六、標售公告內容或投標須知，應符合公平合理原則，並應揭露下列各項內容（本事項6）：

(一) 得標後之付款條件。

(二) 金融機構如指定催收機構時，應公告委託催收之契約內容、指定之催收機構名單以及相關催收費用之計算。

(三) 如保留不予決標之權利則應敘明不予決標之特定事由。

七、金融機構出售不良債權，如由關係人得標時，應依下列規定辦理（本事項7）：

(一) **交易資訊之揭露**：應於其財務報表中揭露該債權之買受人、總債權金額及買受價格等資訊。

(二) **交易之事後管理**：金融機構應要求買受者**每半年**回報各戶債權回收金額及各類債權回收金額。

(三) **售後之稽核**：出售合約訂定後，金融機構內部稽核部門應將關係人交易之各項交易條件、履約情形作成稽核報告，並依內部控制及稽核制度實施辦法提報審計委員會或監察人。

八、第三點第一款及前點所稱關係人之範圍，依「國際會計準則」第二十四號及「公開發行銀行財務報告編製準則」第十九條規定辦理（本事項8）。

九、售後管理（本事項9）：

(一) 金融機構出售不良債權，如買受人未依契約完成付款者，應就未支付部分依各業別「資產評估損失準備提列及逾期放款催收款呆帳處理辦法」規定提足損失準備。

(二) **附條件交易之管理**：買賣契約訂有利潤分享條件者，應明訂利潤分享之具體內容，以及金融機構後續進行稽核之方式。

(三) 契約簽訂之付款條件應與公告之付款條件相同，且契約一經簽訂，付款條件即不得變更。

十、外國銀行在臺分行對於本注意事項規定之董事會義務得由其總行授權人員負責（本事項10）。

十一、 各金融機構應將本注意事項之內容，納入內部控制及內部稽核項目，並依據銀行、信用合作社、票券金融公司之內部控制及稽核制度實施辦法規定，辦理內部稽核及自行查核（本事項11）。

牛刀小試

(　) **1** 下列哪個機構不得出售不良債權？ (A)法院 (B)銀行 (C)信用合作社 (D)票券金融公司。

(　) **2** 下列敘述何者錯誤？ (A)擬出售之不良債權標的及標售條件內容等資料應提報董（理）事會決議，決議過程應注意利益迴避原則，並盡保密之義務 (B)金融機構出售不良債權時，應訂定應買人之消極資格條件，且應與買受人約定不得有不當催收行為 (C)標售公告內容或投標須知，應符合公平合理原則 (D)外國銀行在臺分行對於本注意事項規定之董事會義務可由分行負責。

解答與解析

1 (A)。金融機構出售不良債權時，除依其他法令規定外，並應依本注意事項辦理。前項之金融機構係指銀行、信用合作社、票券金融公司及信用卡業務機構。

2 (D)。外國銀行在臺分行對於本注意事項規定之董事會義務得由其總行授權人員負責（本事項10）。

重點 **2** 應與買受人約定不得有不當催收行為

一、金融機構如符合「金融機構出售不良債權應注意事項」第2點規定得辦理不良債權之出售，除同點第2、3款規定案件外，應依下列事項辦理，不適用本會94年12月19日金管銀(四)字第09440010950號函之規定：

(一) 債務人依「消費者債務清理條例」第151條規定申請協商期間，金融機構不得出售該不良債權。

(二) 應與買受人約定**不得將不良債權再轉售予第三人**，並應委託原出售之金融機構或其指定或同意之催收機構進行催收作業。催收機構應承諾遵守銀行法及相關法令規定，出售債權之金融機構應建立內部控制及稽核制度，有效規範及查核各該催收行為並承擔催收機構不當催收行為之責任。

(三) 已出售之不良債權，如客戶依「消費者債務清理條例」第151條規定提出協商並成立者，應與買受人約定比照該協商條件逕向債務人協商。

(四) 已出售之不良債權，如債務人依中華民國銀行商業同業公會全國聯合會訂定之「金融機構辦理95年度銀行公會債務協商／前置協商毀諾後個別協商一致性方案」提出協商並成立者，應與買受人約定依該協商條件辦理。

(五) 已出售之擔保債權為「個人購車及購屋貸款定型化契約應記載事項」第5條之1所稱自用住宅借款者，當客戶依「消費者債務清理條例」第151條規定提出協商時，應與買受人約定依前開應記載事項有關不行使加速條款或延長還款期限之規定辦理。

(六) 應與買受人約定就買受之非企業戶擔保債權如經買受人執行完畢而仍無法完全受清償者，應比照前揭之(三)、(四)辦理。

(七) 買受人如違反相關約定者，金融機構應至少就已違約之不良債權範圍與該買受人解約並將債權買回，同時請求違約金；另應將買受人名單登錄於財團法人金融聯合徵信中心供各金融機構參考。

(八) 前揭相關規定及違約時應買回之不良債權範圍與違約金計算方式等均應於契約中明定，並經法令遵循主管確認；並於與買受人簽約前，將相關前揭約定事項，以書面告知債務人。

二、金融機構應將違約買受人名單登錄於財團法人金融聯合徵信中心供各金融機構參考之作業，事先與買受人約定，並取得買受人書面同意，且如買受人為自然人者，金融機構應於事前踐行個人資料保護法第8條規定之告知義務。

三、金融機構應參考「金融機構作業委託他人處理內部作業制度及程序辦法」第14條所列各款情事，與買受人約定不得有不當催收行為。

四、金融機構除要求應買機構應提供已依公司法或商業登記法辦理登記並取得載有金融機構金錢債權收買業務之公司登記證明文件或商業登記證明文，並參考「金融機構作業委託他人處理內部作業制度及程序辦法」第13條第2款至第6款規定，併於標售公告中訂定應買人之資格條件。

五、金融機構違反本規定者，本會將視情節，依銀行法及相關法令處理。

六、本函發布前已依「金融機構出售不良債權應注意事項」規定辦理公告之標售案件或已委託他人辦理標售之案件不在此限。

七、本會101年11月21日金管銀票字第10140003530號函自即日停止適用。

牛刀小試

(　　) 下列關於不良債權之出售何者錯誤？
(A)應與買受人約定不得將不良債權再轉售予第三人，並應委託原出售之金融機構或其指定或同意之催收機構進行催收作業
(B)買受人如違反相關約定者，金融機構應至少就已違約之不良債權範圍與該買受人解約並將債權買回，但不得請求違約金
(C)出售債權之金融機構應建立內部控制及稽核制度
(D)債務人依「消費者債務清理條例」第151條規定申請協商期間，金融機構不得出售該不良債權。

解答與解析

(B)。 選項B應為可請求違約金。

重點 **3** 聯徵中心不良紀錄揭露期間

重要度 ★★★

主旨： 貴中心因變更負責人、資料保有期限及揭露予金融機構查詢利用範圍等事項，申請辦理變更登記並換發執照乙案，准予照辦。

說明： 一、復　貴中心97年10月15日金徵（研）字第0970018972號函。

二、個人資料檔案保有期限之登記事項變更登記為：

「一、資料保存至特定目的消失。

二、提供會員金融機構於符合特定目的下之利用，當事人之揭露期間為：

(一)逾期、催收及呆帳紀錄，自清償之日起揭露三年，但呆帳紀錄最長不超過自轉銷之日起揭露五年。

(二)退票紀錄自退票日起揭露三年，拒絕往來紀錄自通報日起揭露三年。但對於退票已清償並辦妥註記者，自辦妥清償註記之日起揭露六個月；拒絕往來提前解除者，自拒絕往來提前解除之日起揭露六個月。

(三)破產宣告紀錄或清算裁定註記，自宣告日或裁定開始清算日起揭露十年。更生註記，自更生方案履行完畢日起註記四年，但最長不超逾法院認可更生方案之日起十年。

(四)信用卡資料

1.信用卡資料揭露期限，自停卡發生日起揭露五年。但款項未繳之強制停卡資料，未清償者，自停卡發生日起揭露七年；已清償者，自清償日起揭露六個月，但最長不超過自停卡發生日起七年。

2.特約商店資料揭露期限，自解約發生日起揭露五年；特約商店每日請款交易資料，自請款交易日起揭露一年。

3.信用卡戶帳款資料揭露期限，繳款資料自繳款截止日起揭露一年，催收及呆帳紀錄自清償之日起揭露六個月，但呆帳紀錄未清償者，自轉銷之日起揭露五年。

(五)會計師受懲戒處分資料，除撤銷簽證之核准及除名者永久揭露外，餘皆自處分或懲戒日起揭露五年。

(六)其他信用不良紀錄，自事實發生日起揭露五年。但其他法令或契約對於各該資料揭露利用期限另有規定或約定者，從其規定或約定。

(七)其他資料之揭露至特定目的消失為止。」

三、原發金融業電腦處理個人資料執照予以註銷，隨函檢附融電更字第970035號金融業電腦處理個人資料執照乙紙。所繳證照費新台幣肆仟伍佰元，本會銀行局已收悉。

第11章　消費者債務清理條例

重點 1　消費者債務清理程序　　重要度 ★★★★

一、此程序係針對五年內未從事營業活動或從事小規模營業活動營業額平均每月不超過新台幣二十萬元之自然人,有不能清償債務或不能清償之虞者,得依本條例所定程序清償債務。

二、程序分為兩階段三部分(詳後述)
(一) 第一階段:前置協商(調解)由最大債權金融機構主辦。
(二) 第二階段:於第一階段不成立者始得聲請並由地方法院審理裁定。
　　 1. 更生。　　　　　 2.清算。

重點 2　法條介紹　　重要度 ★★★★

一、總則

(一) **通則**:
　　1. **目的**:為使負債務之消費者得依本條例所定程序清理其債務,以調整其與債權人及其他利害關係人之權利義務關係,保障債權人之公平受償,謀求消費者經濟生活之更生及社會經濟之健全發展,特制定本條例(本條例1)。

2. **消費者定義**：本條例所稱消費者，指五年內未從事營業活動或從事小規模營業活動之自然人（本條例2Ⅰ）。

前項小規模營業指營業額平均每月新臺幣二十萬元以下者（本條例2Ⅱ）。

前項所定數額，**司法院**得因情勢需要，以命令增減之（本條例2Ⅲ）。

3. **聲請更生清算之要件**：債務人不能清償債務或有不能清償之虞者，得依本條例所定更生或清算程序，清理其債務（本條例3）。

4. **債務清理之管轄**：更生及清算事件專屬債務人住所地或居所地之地方法院管轄（本條例5Ⅰ）。

不能依前項規定定管轄法院者，由債務人主要財產所在地之地方法院管轄（本條例5Ⅱ）。

5. **聲請費用**：聲請更生或清算，徵收聲請費新臺幣**一千元**（本條例6Ⅰ）。

郵務送達費及法院人員之差旅費不另徵收。但所需費用超過應徵收之聲請費者，其超過部分，依實支數計算徵收（本條例6Ⅱ）。

前項所需費用及進行更生或清算程序之必要費用，法院得酌定相當金額，定期命**聲請人預納**之，逾期未預納者，除別有規定外，法院得**駁回**更生或清算之聲請（本條例6Ⅲ）。

6. **聲請費用之免納**：債務人聲請清算而無資力支出前條費用者，得聲請法院以**裁定**准予暫免繳納（本條例7Ⅰ）。

無資力支出費用之事由，應釋明之（本條例7Ⅱ）。

法院准予暫免繳納費用之裁定，**不得抗告**（本條例7Ⅲ）。

第一項暫免繳納之費用，**由國庫墊付**（本條例7Ⅳ）。

7. **程序之補正**：聲請更生或清算不合程式或不備其他要件者，法院應以裁定駁回之。但其情形可以補正者，法院應定期間先命補正（本條例8）。

8. **關係人之答覆義務**：債務人之親屬、為債務人管理財產之人或其他關係人，於法院查詢債務人之財產、收入及業務狀況時，有答覆之義務（本條例10Ⅰ）。

前項之人對於法院之查詢，無故不為答覆或為虛偽之陳述者，法院得以裁定處新臺幣三千元以上三萬元以下之罰鍰（本條例10Ⅱ）。

第一項之人已受前項裁定，仍無故不為答覆或為虛偽之陳述者，法院得連續處罰之（本條例10Ⅲ）。

法院為前二項裁定前，應使被處罰人有陳述意見之機會（本條例10 Ⅳ）。

第二項、第三項裁定，抗告中應停止執行（本條例10 Ⅴ）。

9. **債務清償事件之裁判**：更生或清算事件之裁判，由獨任法官以裁定行之（本條例11 Ⅰ）。

抗告，由管轄之地方法院以合議裁定之（本條例11 Ⅱ）。

抗告法院之裁定，以抗告不合法而駁回者，不得再為抗告。但得向原法院提出異議（本條例11 Ⅲ）。

前項異議，準用民事訴訟法第四百八十四條第二項及第三項規定（本條例11 Ⅳ）。

除前二項情形外，對於抗告法院之裁定，僅得以其適用法規顯有錯誤為理由，向直接上級法院再為抗告（本條例11 Ⅴ）。

依本條例所為之裁定，不得聲請再審（本條例11 Ⅵ）。

10. **駁回裁定之陳述機會**：法院就更生或清算之聲請為駁回裁定前，應使債務人有到場陳述意見之機會（本條例11-1）。

11. **更清程序撤回方法與限制**：法院裁定開始更生或清算程序後，非經已申報無擔保及無優先權債權人全體同意，債務人不得撤回更生或清算之聲請。法院於裁定前，已依第十九條規定為保全處分者，亦同（本條例12 Ⅰ）。

更生或清算聲請之撤回，應以書狀為之（本條例12 Ⅱ）。

第一項債權人自撤回書狀送達之日起，十日內未提出異議者，視為同意撤回（本條例12 Ⅲ）。

12. **宣告破產之限制**：債務人依本條例聲請更生或清算者，債權人不得依破產法規定聲請宣告債務人破產（本條例13）。

13. **公告方法**：本條例所定之公告，應揭示於法院公告處、資訊網路及其他適當處所；法院認為必要時，並得命登載於公報或新聞紙，或用其他方法公告之（本條例14 Ⅰ）。

前項公告，除本條例別有規定外，自最後揭示之翌日起，對所有利害關係人發生送達之效力（本條例14 Ⅱ）。

(二) **前置協商或前置調解**：

1. **與金融機構協商或調解**：債務人對於金融機構負債務者，在聲請更生或清算前，應向**最大債權金融機構**請求協商債務清償方案，或向其住、居

所地之法院或鄉、鎮、市、區調解委員會聲請債務清理之調解（本條例151Ⅰ）。

債務人為前項請求或聲請，應以**書面**為之，並提出財產及收入狀況說明書、債權人及債務人清冊、**及按債權人之人數提出繕本或影本**（本條例151Ⅱ）。

第四十三條第二項、第五項至第七項規定，於前項情形準用之（本條例151Ⅲ）。

債權人為金融機構者，於協商或調解時，由最大債權金融機構代理其他金融機構。但其他金融機構以書面向最大債權金融機構為反對之表示者，不在此限（本條例151Ⅳ）。

債權人為金融機構、資產管理公司或受讓其債權者，應提出債權說明書予債務人，並準用第三十三條第二項第一款至第五款規定（本條例151Ⅴ）。

債務人請求協商或聲請調解後，任一債權金融機構對債務人聲請強制執行，或不同意延緩強制執行程序，**視為協商或調解不成立**（本條例151Ⅵ）。

協商或調解成立者，債務人不得聲請更生或清算。但因不可歸責於己之事由，致履行有困難者，不在此限（本條例151Ⅶ）。

第七十五條第二項規定，於前項但書情形準用之（本條例151Ⅷ）。

本條例施行前，債務人依金融主管機關協調成立之中華民國銀行公會會員，辦理消費金融案件無擔保債務協商機制與金融機構成立之協商，準用前二項之規定（本條例151Ⅸ）。

2. **金融機構債權移轉第三人**：債務人請求協商時，視為同意或授權受請求之金融機構，得向稅捐或其他機關、團體查詢其財產、收入、業務及信用狀況（本條例151-1Ⅰ）。

前項金融機構應即通知其他債權人與債務人為債務清償之協商，並將前項查詢結果供其他債權人閱覽或抄錄（本條例151-1Ⅱ）。

債權人之債權移轉於第三人者，應提出相關證明文件，由受請求之金融機構通知該第三人參與協商（本條例151-1Ⅲ）。

協商成立者，應以書面作成債務清償方案，由當事人簽名、蓋章或按指印；協商不成立時，應於七日內付與債務人證明書（本條例151-1Ⅳ）。

3. **債務清償方案之審核**：前條第一項受請求之金融機構應於協商成立之翌日起**七日**內，將債務清償方案送請金融機構所在地之管轄法院審核。但當事人就債務清償方案已依公證法第十三條第一項規定，請求公證人作成公證書者，不在此限（本條例152 Ⅰ）。

　　前項債務清償方案，法院應盡速審核，認與法令無牴觸者，應以裁定予以認可；認與法令牴觸者，應以裁定不予認可（本條例152 Ⅱ）。

　　前項裁定，不得抗告（本條例152 Ⅲ）。

　　債務清償方案經法院裁定認可後，**得為執行名義**（本條例152 Ⅳ）。

4. **協商之期間**：自債務人提出協商請求之翌日起逾**三十日不開始協商**，或自開始協商之翌日起逾**九十日協商不成立**，債務人得逕向法院聲請更生或清算（本條例153）。

5. **聲請法院調解**：債務人依第一百五十一條第一項聲請法院調解，徵收聲請費新臺幣一千元（本條例153-1 Ⅰ）。

　　債務人於**法院調解不成立**之日起**二十日內**，聲請更生或清算者，以其調解之聲請，視為更生或清算之聲請，不另徵收聲請費（本條例153-1 Ⅱ）。

　　債務人於調解期日到場而調解不成立，得當場於法院書記官前，以言詞為前項更生或清算之聲請（本條例153-1 Ⅲ）。

　　債權人之債權移轉於第三人者，應提出相關證明文件，由法院或鄉、鎮、市、區調解委員會通知該第三人參與調解（本條例153-1 Ⅳ）。

6. **協商方案債權人加入更清程序之限制**：債務清償方案協商或調解成立後，債務人經法院裁定開始更生或清算程序，債權人依債務清償方案未受全部清償者，仍得以其在協商或調解前之原有債權，加入更生或清算程序；其經法院裁定開始清算程序者，應將債權人已受清償部分，加算於清算財團，以定其應受分配額（本條例154 Ⅰ）。

　　前項債權人，應俟其他債權人所受清償與自己已受清償之程度達同一比例後，始得再受清償（本條例154 Ⅱ）。

(三) 監督人及管理人：

　1. **監督人與管理人選任**：法院裁定開始更生或清算程序後，得命司法事務官進行更生或清算程序；必要時，得選任律師、會計師或其他適當之自然人或法人一人為監督人或管理人（本條例16 Ⅰ）。

　　法院認為必要時，得命監督人或管理人提供相當之擔保（本條例16 Ⅱ）。

監督人或管理人之**報酬，由法院定之，有優先受清償之權**（本條例16 Ⅲ）。

法院選任法人為監督人或管理人之辦法，由**司法院**定之（本條例16 Ⅳ）。

法院命司法事務官進行更生或清算程序，**未選任**監督人或管理人者，除別有規定或法院另有限制外，有關法院及監督人、管理人所應進行之程序，**由司法事務官為**之（本條例16 Ⅴ）。

法院裁定開始更生或清算程序後，**未選任監督人或管理人**，亦未**命司法事務官**進行更生或清算程序者，除別有規定外，有關監督人或管理人之職務，**由法院為之**（本條例16 Ⅵ）。

2. **法院之指揮監督權**：監督人或管理人應受法院之指揮、監督。法院得隨時命其為清理事務之報告，及為其他必要之調查（本條例17 Ⅰ）。

法院得因**債權人會議**決議或依職權撤換監督人或管理人。但於撤換前，應使其有陳述意見之機會（本條例17 Ⅱ）。

3. **監督人或管理人之善良管理人注意義務**：監督人或管理人應以**善良管理人**之注意，執行其職務；非經法院許可，不得辭任（本條例18 Ⅰ）。

監督人或管理人違反前項義務致利害關係人受有損害時，應負損害賠償責任（本條例18 Ⅱ）。

(四) **債務人財產之保全**：

1. **保全處分**：法院就更生或清算之聲請為裁定前，得因利害關係人之聲請或依職權，以裁定為下列保全處分（本條例19 Ⅰ）：

(1)債務人財產之保全處分。

(2)債務人履行債務及債權人對於債務人行使債權之限制。

(3)對於債務人財產強制執行程序之停止。

(4)受益人或轉得人財產之保全處分。

(5)其他必要之保全處分。

前項保全處分，除法院裁定開始更生或清算程序外，其期間不得逾**六十日**；必要時，法院得依利害關係人聲請或依職權以裁定**延長一次，延長期間不得逾六十日**（本條例19 Ⅱ）。

第一項保全處分，法院於駁回更生或清算之聲請或認為必要時，得依利害關係人聲請或依職權變更或撤銷之（本條例19 Ⅲ）。

第二項期間屆滿前，更生或清算之聲請經駁回確定者，第一項及第三項保全處分失其效力（本條例19 Ⅳ）。

第一項及第三項保全處分之執行，由該管法院依職權準用強制執行法關於假扣押、假處分執行之規定執行之（本條例19 Ⅴ）。

第一項至第三項之裁定應公告之（本條例19 Ⅵ）。

2. **監督人或管理人之撤銷權**：債務人所為之下列行為，除本條例別有規定外，**監督人或管理人得撤銷之**（本條例20 Ⅰ）：

(1)債務人於法院裁定開始更生或清算程序前，**二年內**所為之無償行為，有害及債權人之權利者。

(2)債務人於法院裁定開始更生或清算程序前，**二年內**所為之**有償行為**，於行為時明知有害及債權人之權利，而受益人於受益時亦知其情事者。

(3)債務人於法院裁定開始更生或清算程序前，六個月內所為提供擔保、清償債務或其他有害及債權人權利之行為，而受益人於受益時，明知其有害及債權人之權利者。

(4)債務人於法院裁定開始更生或清算程序前，六個月內所為提供擔保、清償債務或其他有害及債權人權利之行為，而該行為非其義務或其義務尚未屆清償期者。

債務人與其配偶、直系親屬或家屬間成立之有償行為及債務人以**低於市價一半**之價格而處分其財產之行為，視為無償行為（本條例20 Ⅱ）。

債務人與其**配偶、直系親屬或家屬**間成立第一項第三款之行為者，**推定受益人於受益時知其行為有害及債權人之權利**（本條例20 Ⅲ）。

第一項第三款之提供擔保，係在法院裁定開始更生或清算程序之日起六個月前承諾並經公證者，不得撤銷（本條例20 Ⅳ）。

第一項之撤銷權，自法院裁定開始更生或清算程序之翌日起，一年間不行使而消滅（本條例20 Ⅴ）。

債務人因得撤銷之行為而負履行之義務者，其撤銷權雖因前項規定而消滅，債務人或管理人仍得拒絕履行（本條例20 Ⅵ）。

第二項及第三項之規定，於債務人與第四條所定之人及其配偶、直系親屬或家屬間所為之有償行為，準用之（本條例20 Ⅶ）。

3. **對轉得人行使撤銷權**：第二十條之撤銷權，對於轉得人有下列情形之一者，亦得行使之（本條例22 Ⅰ）：

(1)轉得人於**轉得時**知其前手有撤銷原因。

(2)轉得人係債務人或第四條所定之人之配偶、直系親屬或家屬或曾有此關係。**但轉得人證明於轉得時不知其前手有撤銷原因者,不在此限。**

(3)轉得人係無償取得。

前條第一項第一款之規定,於前項情形準用之(本條例22 Ⅱ)。

4. **不生效力之行為**:債務人聲請更生或清算後,其無償行為,不生效力;有償行為逾越**通常管理行為或通常營業範圍**,相對人於行為時**明知**其事實者,對於債權人不生效力(本條例23 Ⅰ)。

前項所定不生效力之行為,監督人或管理人得請求相對人及轉得人**返還**其所受領之給付。**但轉得人係善意並有償取得者,不在此限**(本條例23 Ⅱ)。

5. **終止或解除**:法院裁定開始更生或清算程序時,債務人所訂**雙務契約**,當事人之一方**尚未完全履行**,監督人或管理人得終止或解除契約。但依其情形顯失公平者,不在此限(本條例24 Ⅰ)。

前項情形,他方當事人得催告監督人或管理人於**二十日內**確答是否終止或解除契約,**監督人逾期不為確答者,喪失終止或解除權;管理人**逾期不為確答者,**視為終止或解除契約**(本條例24 Ⅱ)。

6. **訴訟程序當然終止**:債權人於法院裁定開始更生或清算程序前,就應屬債務人之財產,提起代位訴訟、撤銷訴訟或其他保全權利之訴訟,於更生或清算程序開始時尚未終結者,訴訟程序在監督人或管理人承受訴訟或更生或清算程序終止或終結以前**當然停止**(本條例27)。

(五) **債權之行使及確定**:

1. **清算債權**:對於債務人之債權,於法院裁定開始更生或清算程序前成立者,為更生或清算債權(本條例28 Ⅰ)。

前項債權,除本條例別有規定外,不論有無執行名義,非依更生或清算程序,不得行使其權利(本條例28 Ⅱ)。

2. **劣後債權**:下列各款債權為**劣後債權,僅得就其他債權受償餘額而受清償**;於更生或清算程序終止或終結後,亦同(本條例29 Ⅰ):

(1)法院裁定開始更生或清算程序前,因不履行金錢債務所生損害賠償、違約金及其他費用,總額逾其本金週年比率**百分之二**部分。有擔保或優先權債權之損害賠償、違約金及其他費用,亦同。

(2)法院裁定開始更生或清算程序後所生之利息。

(3)因法院裁定開始更生或清算程序後不履行債務所生之損害賠償及違約金。有擔保或優先權債權之損害賠償及違約金，亦同。

(4)罰金、罰鍰、怠金、滯納金、滯報金、滯報費、怠報金及追徵金。

前項第四款所定債權，於法律有特別規定者，依其規定（本條例29Ⅱ）。

債權人參加更生或清算程序所支出之費用，不得請求債務人返還之（本條例29Ⅲ）。

3. **連帶債務債權人之權利**：數人就同一給付各負全部履行之責任者，其中一人或數人或其全體受法院開始更生或清算程序之裁定時，債權人得就其債權於裁定時之現存額，對各更生債務人或清算財團行使權利（本條例30Ⅰ）。

保證人受法院開始更生或清算程序之裁定時，債權人得就其債權於裁定時之現存額行使權利（本條例30Ⅱ）。

4. **共同債務人之權利**：數人就同一給付各負全部履行之責任者，其中一人或數人受法院開始更生或清算程序之裁定時，其他共同債務人得以將來求償權總額為債權額而行使其權利。但債權人已以更生或清算程序開始時之現存債權額行使權利者，不在此限（本條例31Ⅰ）。

前項規定，於為債務人提供擔保之人及債務人之保證人準用之（本條例31Ⅱ）。

5. **票據付款人之權利**：匯票發票人或背書人受法院開始更生或清算程序裁定，付款人或預備付款人不知其事實而為承兌或付款者，其因此所生之債權，得為更生或清算債權而行使其權利（本條例32Ⅰ）。

前項規定，於支票及其他以給付金錢或其他物件為標的之有價證券準用之（本條例32Ⅱ）。

6. **附期限債權**：附期限之債權未到期者，於法院裁定開始更生或清算程序時，視為已到期（本條例32-1Ⅰ）。

法院裁定開始更生或清算程序後始到期之債權無利息者，其債權額應扣除自法院裁定開始更生或清算程序時起至到期時止之法定利息（本條例32-1Ⅱ）。

7. **債權說明書**：債權人應於法院所定申報債權之期間內提出**債權說明書**，申報其債權之**種類**、**數額**及**順位**；其有證明文件者，並應提出之（本條例33Ⅰ）。

債權人為金融機構、資產管理公司者，前項債權說明書並應表明下列事項（本條例33 Ⅱ）：

(1)尚未清償之債權本金及債權發生日。

(2)利息及違約金之金額及其計算方式。

(3)債務人已償還金額。

(4)前款金額抵充費用、利息、本金之順序及數額。

(5)供還款之金融機構帳號、承辦人及聯絡方式。

(6)其他債務人請求之事項，經法院認為適當者。

前項債權人未依前項規定提出債權說明書者，法院應依債務人之聲請，以裁定定期命債權人補正。逾期未補正者，法院依第三十六條為裁定時，依全辯論意旨斟酌之（本條例33 Ⅲ）。

債權人因非可歸責於己之事由，致未於第一項所定期間申報債權者，得於其事由消滅後**十日內**補報之。但不得逾法院所定補報債權之期限（本條例33 Ⅳ）。

債權人申報債權逾申報期限者，監督人或管理人應報由法院以裁定駁回之。但有前項情形者，不在此限（本條例33 Ⅴ）。

監督人或管理人收受債權申報，應於補報債權期限屆滿後，編造債權表，由法院公告之，並應送達於債務人及已知住居所、事務所或營業所之債權人（本條例33 Ⅵ）。

未選任監督人或管理人者，前項債權表，由法院編造之（本條例33 Ⅶ）。

8. **消滅時效中斷**：消滅時效，因申報債權而中斷（本條例34 Ⅰ）。

時效之期間終止時，因非可歸責於債權人之事由，致不能依前項規定中斷其時效者，自其妨礙事由消滅時起，**一個月內**，其時效不完成（本條例34 Ⅱ）。

9. **優先權之申報**：債權人對於債務人之特定財產有優先權、質權、抵押權、留置權或其他擔保物權者，仍應依本條例規定申報債權（本條例35 Ⅰ）。

監督人或管理人於必要時，得請求前項債權人交出其權利標的物或估定其價額。債權人無正當理由而不交出者，監督人或管理人得聲請法院將該標的物取交之（本條例35 Ⅱ）。

10. **對申報債權之異議**：對於債權人所申報之債權及其種類、數額或順位，債務人或其他債權人得自債權表送達之翌日起，監督人、管理人或其他利害關係人得自債權表公告最後揭示之翌日起，於**十日內**提出異議（本條例36 Ｉ ）。

前項異議，由法院裁定之，並應送達於異議人及受異議債權人（本條例36 Ⅱ ）。

對於前項裁定提起抗告，抗告法院於裁定前，應行言詞辯論（本條例36 Ⅲ ）。

對於第二項裁定提起抗告，不影響債權人會議決議之效力，受異議之債權於裁定確定前，仍依該裁定之內容行使權利。但依更生或清算程序所得受償之金額，應予提存（本條例36 Ⅳ ）。

債權人所申報之債權，未經依第一項規定異議或異議經裁定確定者，視為確定，對債務人及全體債權人有確定判決同一之效力（本條例36 Ⅴ ）。

(六) **債權人會議**：

1. **債權人會議**：法院於必要時得依職權召集債權人會議（本條例38 Ｉ ）。

法院召集債權人會議時，應預定期日、處所及其應議事項，於期日**五日前**公告之（本條例38 Ⅱ ）。

債權人會議由法院指揮（本條例39 Ｉ ）。

監督人或管理人應列席債權人會議（本條例39 Ⅱ ）。

債務人應出席債權人會議，並答覆法院、監督人、管理人或債權人之詢問（本條例41）。

2. **代理限制**：債權人會議，債權人得以書面委任代理人出席。但同一代理人所代理之人數逾申報債權人人數**十分之一**者，其超過部分，法院得禁止之（本條例40）。

牛刀小試

(　　) **1** 下列敘述何者錯誤？ (A)消費者債務清理程序適用對象為五年內未從事營業活動或從事小規模營業活動營業額平均每月不超過新臺幣二十萬元之自然人 (B)更生及清算事件專屬債務人住所地或居所地之地方法院管轄 (C)聲請更生或清算，徵收

聲請費新臺幣一百元　(D)法院於必要時得依職權召集債權人會議。

( )　**2**　下列敘述何者錯誤？　(A)債務人之親屬、為債務人管理財產之人或其他關係人，於法院查詢債務人之財產、收入及業務狀況時，有答覆之義務　(B)前項之人對於法院之查詢，無故不為答覆或為虛偽之陳述者，法院得逮捕之　(C)更生或清算事件之裁判，由獨任法官以裁定行之　(D)法院就更生或於法院之查詢，無故不為答覆或為虛偽之陳述者，法院得以裁定處新臺幣三千元以上三萬元以下之罰鍰，但不得逮捕。

( )　**3**　下列敘述何者正確？　(A)債務人依本條例聲請更生或清算者，債權人不得依破產法規定聲請宣告債務人破產　(B)債務人聲請更生或清算，可以口頭告知法院　(C)債務人請求協商或聲請調解後，任一債權金融機構對債務人聲請強制執行，或不同意延緩強制執行程序，應將聲請駁回　(D)債權人之債權不得移轉於第三人者。

( )　**4**　下列敘述何者錯誤？　(A)法院得因債權人會議決議或依職權撤換監督人或管理人。但於撤換前，應使其有陳述意見之機會　(B)法院選任法人為監督人或管理人之辦法，由法務部定之　(C)債務人與其配偶、直系親屬或家屬間成立之有償行為及債務人以低於市價一半之價格而處分其財產之行為，視為無償行為　(D)監督人或管理人應以善良管理人之注意，執行其職務；非經法院許可，不得辭任。

( )　**5**　下列何者非劣後債權？　(A)罰金　(B)保險金　(C)滯納金　(D)怠報金。

( )　**6**　下列敘述何者錯誤？　(A)債務人聲請更生或清算後，其無償行為，不生效力　(B)債權人參加更生或清算程序所支出之費用，得請求債務人返還之　(C)保證人受法院開始更生或清算程序之裁定時，債權人得就其債權於裁定時之現存額行使權利　(D)附期限之債權未到期者，於法院裁定開始更生或清算程序時，視為已到期。

( ) **7** 法院招集債權人會議應於其日前幾日公告？ (A)5 (B)7 (C)9 (D)10。

解答與解析

1 (C)。聲請更生或清算，徵收聲請費新臺幣一千元（本條例6 I）。

2 (B)。

3 (A)。選項B債務人為前項請求或聲請，應以書面為之，並提出財產及收入狀況說明書、債權人及債務人清冊，及按債權人之人數提出繕本或影本（本條例151 II）。選項C債務人請求協商或聲請調解後，任一債權金融機構對債務人聲請強制執行，或不同意延緩強制執行程序，視為協商或調解不成立（本條例151 VI）。選項D債權人之債權移轉於第三人者，應提出相關證明文件，由受請求之金融機構通知該第三人參與協商（本條例151-1 III）。

4 (B)。法院選任法人為監督人或管理人之辦法，由司法院定之（本條例16 IV）。

5 (B)。下列各款債權為**劣後債權，僅得就其他債權受償餘額而受清償**；於更生或清算程序終止或終結後，亦同（本條例29 I）：

  (1)法院裁定開始更生或清算程序前，因不履行金錢債務所生損害賠償、違約金及其他費用，總額逾其本金週年比率百分之二部分。有擔保或優先權債權之損害賠償、違約金及其他費用，亦同。

  (2)法院裁定開始更生或清算程序後所生之利息。

  (3)因法院裁定開始更生或清算程序後不履行債務所生之損害賠償及違約金。有擔保或優先權債權之損害賠償及違約金，亦同。

  (4)罰金、罰鍰、怠金、滯納金、滯報金、滯報費、怠報金及追徵金。

6 (B)。債權人參加更生或清算程序所支出之費用，不得請求債務人返還之（本條例29 III）。

7 (A)。法院召集債權人會議時，應預定期日、處所及其應議事項，於期日五日前公告之（本條例38 II）。

二、更生

(一) 更生之聲請及開始：

1. **更生之聲請：** 債務人無擔保或無優先權之本金及利息債務總額未逾新臺幣一千二百萬元者，於法院裁定開始清算程序或宣告破產前，得向法院聲請更生（本條例42 Ⅰ ）。

   前項債務總額，司法院得因情勢需要，以命令增減之（本條例42 Ⅱ ）。

2. **債權人、債務人清冊：** 債務人聲請更生時，應提出財產及收入狀況說明書及其債權人、債務人清冊（本條例43 Ⅰ ）。

   前項債權人清冊，應表明下列事項（本條例43 Ⅱ ）：

   (1)債權人之姓名或名稱及地址，各債權之數額、原因及種類。

   (2)有擔保權或優先權之財產及其權利行使後不能受滿足清償之債權數額。

   (3)自用住宅借款債權。

   有自用住宅借款債務之債務人聲請更生時，應同時表明其更生方案是否定自用住宅借款特別條款（本條例43 Ⅲ ）。

   第二項第三款之自用住宅指債務人所有，供自己及家屬居住使用之建築物。如有二以上住宅，應限於其中主要供居住使用者。自用住宅借款債權指債務人為建造或購買住宅或為其改良所必要之資金，包括取得住宅基地或其使用權利之資金，以住宅設定擔保向債權人借貸而約定分期償還之債權（本條例43 Ⅳ ）。

   第一項債務人清冊，應表明債務人之姓名或名稱及地址，各債務之數額、原因、種類及擔保（本條例43 Ⅴ ）。

   第一項財產及收入狀況說明書，應表明下列事項，並提出證明文件（本條例43 Ⅵ ）：

   (1)財產目錄，並其性質及所在地。

   (2)最近五年是否從事營業活動及平均每月營業額。

   (3)收入及必要支出之數額、原因及種類。

   (4)依法應受債務人扶養之人。

   債務人就前項第三款必要支出所表明之數額，與第六十四條之二第一項、第二項規定之必要生活費用數額相符者，毋庸記載其原因、種類及提出證明文件；未逾該必要生活費用數額，經債務人釋明無須負擔必要支出一部或全部者，亦同（本條例43 Ⅶ ）。

3. **債務人據實報告義務**：法院認為必要時，得定期命債務人據實報告更生聲請前**二年內**財產變動之狀況，並對於前條所定事項補充陳述、提出關係文件或為其他必要之調查（本條例44）。

4. **更生程序之裁定**：法院開始更生程序之裁定，應載明其年、月、日、時，並即時發生效力（本條例45Ⅰ）。

前項裁定不得抗告，並應公告之（本條例45Ⅱ）。

5. **更生聲請之駁回**：更生之聲請有下列情形之一者，**應駁回之**（本條例46）：

(1)債務人曾依本條例或破產法之規定而受刑之宣告。

(2)債務人曾經法院認可和解、更生或調協，因可歸責於己之事由，致未履行其條件。

(3)債務人經法院通知，無正當理由而不到場，或到場而故意不為真實之陳述，或無正當理由拒絕提出關係文件或為財產變動狀況之報告。

6. **開始更生程序之公告**：法院**裁定開始更生程序後**，應即將下列事項公告之（本條例47Ⅰ）：

(1)開始更生程序裁定之主文及其年、月、日、時。

(2)選任監督人者，其姓名、住址；監督人為法人者，其名稱、法定代理人及事務所或營業所。

(3)申報、補報債權之期間及債權人應於期間內向監督人申報債權；未選任監督人者，應向法院為之；其有證明文件者，並應提出之。

(4)不依前款規定申報、補報債權之失權效果。

(5)對於已申報、補報債權向法院提出異議之期間。

(6)召集債權人會議者，其期日、處所及應議事項。

前項第三款申報債權之期間，應自開始更生程序之**翌日起**，為**十日以上二十日以下**；補報債權期間，應自申報債權期間屆滿之**翌日起二十日以**內（本條例47Ⅱ）。

債權人依第二十六條第一項規定行使權利者，前項申報債權之期間，應自契約終止或解除之翌日起算。但申報或補報債權不得逾債權人會議可決更生方案或法院裁定認可更生方案日之前一日（本條例47Ⅲ）。

第一項公告及債權人清冊應送達於已知住居所、事務所或營業所之債權人，該公告另應送達於債務人（本條例47Ⅳ）。

債權人清冊已記載之債權人，視為其已於申報債權期間之首日為與清冊記載同一內容債權之申報（本條例47Ⅴ）。

7. **停止訴訟及強制執行程序**：法院裁定開始更生程序後，就債務人之財產依法應登記者，應通知該管登記機關為登記（本條例48 I ）。

法院裁定開始更生程序後，對於債務人不得開始或繼續訴訟及強制執行程序。但有擔保或有優先權之債權，不在此限（本條例48 II ）。

8. **更生方案之公告**：法院應將債務人之財產及收入狀況報告書及更生方案公告之（本條例51）。

9. **抵銷之限制**：債權人於法院裁定開始更生程序前對於債務人負有債務者，以於債權補報期間屆滿前得抵銷者為限，得於該期間屆滿前向債務人為抵銷，並通知監督人或向法院陳報（本條例52 I ）。

有下列各款情形之一者，不得為抵銷（本條例52 II ）：

(1)債權人已知有更生聲請後而對債務人負債務。但其負債務係基於法定原因或基於其知悉以前所生之原因者，不在此限。

(2)債務人之債務人在法院裁定開始更生程序後，對於債務人取得債權或取得他人之更生債權。

(3)債務人之債務人已知有更生聲請後而取得債權。但其取得係基於法定原因或基於其知悉以前所生之原因者，不在此限。

(二) **更生之可決及認可**：

1. **提出更生方案**：

債務人應於收受債權表後**十日內**提出更生方案於法院（本條例53 I ）。

更生方案應記載下列事項（本條例53 II ）：

(1)清償之金額。

(2)三個月給付一次以上之分期清償方法。

(3)最終清償期，自認可更生方案裁定確定之翌日起**不得逾六年**。但更生方案定有**自用住宅借款特別條款**，或債務人與其他**有擔保或有優先權之債權人成立清償協議**，或為達第六十四條第二項第三款、第四款之**最低清償總額者，得延長為八年**。

普通保證債權受償額未確定者，以監督人估定之不足受償額，列入更生方案，並於債權人對主債務人求償無效果時，按實際不足受償額，依更生條件受清償（本條例53 III ）。

債權人或債務人對前項估定金額有爭議者，準用第三十六條第一項至第四項規定（本條例53 IV ）。

債務人未依限提出更生方案者，法院得裁定開始清算程序（本條例53 Ⅴ）。

債務人就第四十三條、第四十四條所定之事項，無法為完全之陳述或表明者，法院裁定開始更生程序後，債務人於必要時，得向直轄市或縣（市）政府申請協助作成更生方案（本條例53 Ⅵ）。

前項申請之程序及相關辦法，由司法院會同行政院定之（本條例53 Ⅶ）。

2. **自用住宅借款特別條例**：債務人得與自用住宅借款債權人協議，於更生方案定自用住宅借款特別條款。但自用住宅另**有其他擔保權且其權利人不同意更生方案**者，不在此限（本條例54）。

3. **自用住宅借款債務之延長**：自用住宅借款特別條款不能依前條規定協議時，該借款契約雖有債務人因喪失期限利益而清償期屆至之約定，債務人仍得不受其拘束，逐依下列各款方式之一定之（本條例54-1 Ⅰ）：

   (1)就原約定自用住宅借款債務未清償之本金、已到期之利息及法院裁定開始更生程序前已發生未逾本金週年比率百分之二部分之違約金總額，於原約定最後清償期前，按月平均攤還，並於各期給付時，就未清償本金，依原約定利率計付利息。

   (2)於更生方案所定最終清償期屆至前，僅就原約定自用住宅借款債務未清償本金，依原約定利率按月計付利息；該期限屆至後，就該本金、前已到期之利息及法院裁定開始更生程序前已發生未逾本金週年比率百分之二部分之違約金總額，於原約定最後清償期前，按月平均攤還，並於各期給付時，就未清償本金，依原約定利率計付利息。

   自用住宅借款債務原約定最後清償期之殘餘期間較更生方案所定最終清償期為短者，得延長至該最終清償期（本條例54-1 Ⅱ）。

   債務人依前二項期限履行有困難者，得再延長其履行期限至**六年**（本條例54-1 Ⅲ）。

   依前項延長期限者，應就未清償本金，依原約定利率計付利息（本條例54-1 Ⅳ）。

4. **債務減免**：下列債務，非經債權人之同意，不得減免之（本條例55 Ⅰ）：

   (1)罰金、罰鍰、怠金及追徵金。

   (2)債務人因故意侵權行為所生損害賠償之債務。

   (3)債務人履行法定扶養義務之費用。

　　前項未經債權人同意減免之債務，於更生方案所定清償期間屆滿後，債務人仍應負清償責任（本條例55Ⅱ）。

5. **法院裁定開始清算程序**：債務人有下列情形之一者，法院得裁定開始清算程序（本條例56）：
   (1)無正當理由不出席債權人會議或不回答詢問。
   (2)不遵守法院之裁定或命令，致更生程序無法進行。

6. **法院應力謀更生條件之公允**：債權人會議時，監督人應提出債權表，依據調查結果提出債務人資產表，報告債務人財產及收入之狀況，並陳述對債務人所提出更生方案之意見（本條例57Ⅰ）。
   更生條件應由債權人與債務人自由磋商，法院應力謀雙方之妥協及更生條件之公允（本條例57Ⅱ）。

7. **利害關係人列席**：債務人提出之更生方案，如有保證人、提供擔保之人或其他共同負擔債務之人，得列席債權人會議陳述意見（本條例58Ⅰ）。
   法院應將債權人會議期日及更生方案之內容通知前項之人（本條例58Ⅱ）。

8. **更生方案之可決**：債權人會議可決更生方案時，應有出席已申報無擔保及無優先權債權人過半數之同意，而其所代表之債權額，並應逾已申報無擔保及無優先權總債權額之**二分之一**（本條例59Ⅰ）。
   計算前項債權，**應扣除劣後債權**（本條例59Ⅱ）。
   更生方案定有自用住宅借款特別條款者，該借款債權人對於更生方案無表決權（本條例59Ⅲ）。

9. **更生方案之同意**：法院得將更生方案之內容及債務人財產及收入狀況報告書通知債權人，命債權人於法院所定期間內以**書面**確答是否同意該方案，逾期不為確答，視為**同意**（本條例60Ⅰ）。
   同意及視為同意更生方案之已申報無擔保及無優先權債權人過半數，且其所代表之債權額，逾已申報無擔保及無優先權總債權額之二分之一時，視為債權人會議可決更生方案（本條例60Ⅱ）。
   前條第二項、第三項規定，於前項情形準用之（本條例60Ⅲ）。

10. **更生方案之可決效果**：更生方案未依前二條規定可決時，除有第十二條、第六十四條規定情形外，法院應以裁定開始清算程序（本條例61Ⅰ）。
    法院為前項裁定前，應使債權人、債務人有陳述意見之機會（本條例61Ⅱ）。

第一項裁定得為抗告，並於裁定確定時，始得進行清算程序（本條例
61 Ⅲ）。

11. **法院之認可裁定**：更生方案經可決者，法院應為認可與否之裁定（本條例62 Ⅰ）。

法院為認可之裁定時，因更生方案履行之必要，對於債務人在未依更生條件全部履行完畢前之生活程度，得為相當之限制（本條例62 Ⅱ）。

第一項裁定應公告之，認可之裁定應送達於不同意更生方案之債權人；不認可之裁定應送達於債務人（本條例62 Ⅲ）。

對於第一項認可之裁定提起抗告者，以不同意更生方案之債權人為限（本條例62 Ⅳ）。

12. **裁定不認可之情形**：有下列情形之一者，除有第十二條規定情形外，法院應以裁定不認可更生方案（本條例63 Ⅰ）：

(1)債權人會議可決之更生方案對不同意或未出席之債權人不公允。

(2)更生程序違背法律規定而不能補正。

(3)更生方案違反法律強制或禁止規定，或有背於公共秩序、善良風俗。

(4)以不正當方法使更生方案可決。

(5)已申報無擔保及無優先權之本金及利息債權總額逾新臺幣一千二百萬元。

(6)更生方案定有自用住宅借款特別條款，而債務人仍有喪失住宅或其基地之所有權或使用權之虞。

(7)更生方案所定自用住宅借款特別條款非依第五十四條或第五十四條之一規定成立。

(8)更生方案無履行可能。

(9)債務人有虛報債務、隱匿財產，或對於債權人中之一人或數人允許額外利益，情節重大。

前項第五款所定債權總額，司法院得因情勢需要，以命令增減之（本條例63 Ⅱ）。

第六十一條第二項規定，於第一項情形準用之（本條例63 Ⅲ）。

13. **法院逕行裁定認可更生方案**：債務人有薪資、執行業務所得或其他固定收入，依其收入及財產狀況，可認更生方案之條件已盡力清償者，法院應以裁定認可更生方案。債務人無固定收入，更生方案有保證人、提供擔保之人或其他共同負擔債務之人，法院認其條件公允者，亦同（本條例64 Ⅰ）。

有下列情形之一者，法院不得為前項之認可（本條例64 Ⅱ）：

(1)債務人於**七年內**曾依破產法或本條例規定受免責。

(2)有前條第一項各款情形之一。

(3)無擔保及無優先權債權受償總額，顯低於法院裁定開始更生程序時，依清算程序所得受償之總額。

(4)無擔保及無優先權債權受償總額，低於債務人聲請更生前**二年間**，可處分所得扣除自己及依法應受其扶養者所必要生活費用之數額。

計算前項第三款清算程序所得受償之總額時，應扣除不易變價之財產，及得依第九十九條以裁定擴張不屬於清算財團範圍之財產（本條例64 Ⅲ）。

法院為第一項認可裁定前，應將更生方案之內容及債務人之財產及收入狀況報告書通知債權人，並使債權人有陳述意見之機會（本條例64 Ⅳ）。

14. **同時裁定開始清算程序：法院裁定不認可更生方案時，應同時裁定開始清算程序**（本條例65 Ⅰ）。

對於不認可更生方案之裁定提起抗告者，前項開始清算程序之裁定，並受抗告法院之裁判（本條例65 Ⅱ）。

第一項裁定確定時，始得進行清算程序（本條例65 Ⅲ）。

15. **更生程序之終結**：更生程序於更生方案認可裁定確定時終結（本條例66 Ⅰ）。

法院於認可裁定確定後，應依職權付與兩造確定證明書（本條例66 Ⅱ）。

16. **更生方案之效力**：更生方案經法院裁定認可確定後，除本條例別有規定外，對於**全體債權人**均有效力；其定有自用住宅借款特別條款者，該借款債權人並受拘束；對於債務人有求償權之共同債務人、保證人或為其提供擔保之第三人，亦同（本條例67 Ⅰ）。

債權人為金融機構者，債務人得以**書面**請求最大債權金融機構統一辦理收款及撥付款項之作業（本條例67 Ⅱ）。

17. **優先權不受影響**：更生不影響有擔保或有優先權之債權人之權利。但本條例別有規定或經該債權人同意者，不在此限（本條例68）。

18. **更生程序終結之效力**：更生程序終結時，除本條例別有規定外，依第十九條所為之保全處分失其效力；依第四十八條不得繼續之強制執行程序，視為終結（本條例69）。

19. **開始或繼續強制執行程序**：更生方案效力所不及之有擔保或有優先權債權人，於更生程序終結後，得開始或繼續強制執行程序（本條例70 Ⅰ）。

對於債務人之特定財產有優先權或擔保權之債權人聲請強制執行時，債務人得於拍賣公告前向執行法院聲明，願按拍定或債權人承受之價額，提出現款消滅該標的物上之優先權及擔保權（本條例70 Ⅱ）。

前項情形，債務人未於受執行法院通知後**七日內**繳足現款者，仍由拍定人買受或債權人承受（本條例70 Ⅲ）。

第二項拍賣標的物為土地者，其價額應扣除土地增值稅（本條例70 Ⅳ）。

前三項規定，於依其他法律所為之拍賣，準用之（本條例70 Ⅴ）。

20. **債權人對第三人之權利不受影響**：債權人對於債務人之共同債務人、保證人或為其提供擔保之第三人所有之權利，不因更生而受影響（本條例71）。

21. **額外利益**：債務人對債權人允許更生方案所未定之額外利益者，其允許不生效力（本條例72）。

(三) **更生之履行及免責**：

1. **更生條件履行完畢之效力**：債務人依更生條件全部履行完畢者，除本條例別有規定外，已申報之債權未受清償部分及未申報之債權，均視為消滅。但其未申報係因不可歸責於債權人之事由者，債務人仍應依更生條件負履行之責（本條例73 Ⅰ）。

債務人就前項但書債權，因不可歸責於己之事由，致履行有困難者，得聲請法院裁定延長其履行期限。**但延長之期限不得逾二年**（本條例73 Ⅱ）。

2. **未依更生條件履行**：更生方案經法院裁定認可確定後，債務人未依更生條件履行者，債權人得以之為**執行名義**，聲請對債務人及更生之保證人、提供擔保之人或其他共同負擔債務之人為強制執行。但債權人之債權有第三十六條之異議，而未裁定確定者，不在此限（本條例74 Ⅰ）。

債權人聲請對債務人為強制執行時，法院得依債務人之聲請裁定開始清算程序（本條例74 Ⅱ）。

3. **不可歸責之履行不能**：更生方案經法院裁定認可確定後，債務人因不可歸責於己之事由，致履行有困難者，得聲請法院裁定延長其履行期限。但延長之期限**不得逾二年**（本條例75 Ⅰ）。

債務人可處分所得扣除自己及依法應受其扶養者所必要生活費用之餘額，連續**三個月**低於更生方案應清償之金額者，推定有前項事由（本條例75 Ⅱ）。

第一項延長期限顯有重大困難，債務人對各債權人之清償額已達原定數額三分之二，且無擔保及無優先權債權受償總額已逾依清算程序所得受償之總額時，法院得依債務人之聲請，為免責之裁定。但於裁定前，應使債權人有陳述意見之機會（本條例75 Ⅲ）。

前三項規定，於定自用住宅借款特別條款之債權不適用之（本條例75 Ⅳ）。

債務人有第一項履行困難情形者，法院得依其聲請裁定開始清算程序（本條例75 Ⅴ）。

4. **裁定撤銷更生**：自法院認可更生方案之**翌日起一年內**，發見債務人有虛報債務、隱匿財產，或對於債權人中之一人或數人允許額外利益之情事者，法院得依債權人之聲請裁定撤銷更生，**並應同時裁定開始清算程序**（本條例76 Ⅰ）。

對於撤銷更生之裁定提起抗告者，前項開始清算程序之裁定，並受抗告法院之裁判（本條例76 Ⅱ）。

第一項裁定確定時，始得進行清算程序（本條例76 Ⅲ）。

5. **程序之流用**：法院裁定開始更生程序後，債務人免責前，法院裁定開始清算程序，其已進行之更生程序，適於清算程序者，作為清算程序之一部；其更生聲請視為清算聲請（本條例78 Ⅰ）。

前項情形，於更生程序已申報之債權，視為於清算程序已申報債權；更生程序所生之費用或履行更生方案所負之債務，視為財團費用或債務（本條例78 Ⅱ）。

6. **清算程序重定應受分配額**：更生方案經法院裁定認可確定後，債務人尚未完全履行，而經法院裁定開始清算程序時，債權人依更生條件已受清償者，其在更生前之原有債權，仍加入清算程序，並將已受清償部分加算於清算財團，以定其應受分配額（本條例79 Ⅰ）。

前項債權人，應俟其他債權人所受之分配與自己已受清償之程度達同一比例後，始得再受分配（本條例79 Ⅱ）。

牛刀小試

(　)　**1**　下列敘述何者錯誤？　(A)法院認為必要時，得定期命債務人據
實報告更生聲請前二年內財產變動之狀況，並對於前條所定事
項補充陳述、提出關係文件或為其他必要之調查　(B)法院開
始更生程序之裁定，應載明其年、月、日、時，並即時發生效
力　(C)法院應將債務人之財產及收入狀況報告書及更生方案
隱蔽之　(D)債務人應於收受債權表後十日內提出更生方案於
法院。

(　)　**2**　下列敘述何者錯誤？　(A)債務人提出之更生方案，如有保證
人、提供擔保之人或其他共同負擔債務之人，得列席債權人會
議陳述意見　(B)法院得將更生方案之內容及債務人財產及收
入狀況報告書通知債權人，命債權人於法院所定期間內以書面
確答是否同意該方案，逾期不為確答，視為不同意　(C)更生
方案經可決者，法院應為認可與否之裁定　(D)法院裁定不認
可更生方案時，應同時裁定開始清算程序。

解答與解析

1 (C)。法院應將債務人之財產及收入狀況報告書及更生方案公告之
（本條例51）。

2 (B)。法院得將更生方案之內容及債務人財產及收入狀況報告書通
知債權人，命債權人於法院所定期間內以書面確答是否同意
該方案，逾期不為確答，視為同意（本條例60Ⅰ）。

三、清算

(一) 清算之聲請與開始：

1. **清算之聲請**：債務人於法院裁定開始更生程序或許可和解或宣告破產前，
得向法院聲請清算；債權人縱為一人，債務人亦得為聲請（本條例80）。

2. **聲請清算應提出之文件**：債務人聲請清算時，應提出**財產及收入狀況說
明書**及其債權人、債務人**清冊**（本條例81Ⅰ）。

前項債權人清冊，應表明下列事項（本條例81 Ⅱ）：

(1)債權人之姓名或名稱及地址，各債權之數額、原因及種類。

(2)有擔保權或優先權之財產及其權利行使後不能受滿足清償之債權數額。

第一項債務人清冊，應表明債務人之姓名或名稱及地址，各債務之數額、原因、種類及擔保（本條例81 Ⅲ）。

第一項財產及收入狀況說明書，應表明下列事項，並提出證明文件（本條例81 Ⅳ）：

(1)財產目錄，並其性質及所在地。

(2)最近五年是否從事營業活動及平均每月營業額。

(3)收入及必要支出之數額、原因及種類。

(4)依法應受債務人扶養之人。

第四十三條第七項規定，於前項第三款情形準用之（本條例81 Ⅴ）。

3. **法院依職權訊問**：法院裁定開始清算程序前，得依職權訊問債務人、債權人及其他關係人，並得定期命債務人據實報告清算聲請前**二年內**財產變動之狀況（本條例82 Ⅰ）。

債務人違反前項報告義務者，法院得駁回清算之聲請（本條例82 Ⅱ）。

4. **開始清算程序之裁定**：法院開始清算程序之裁定，應載明其年、月、日、時，並即時發生效力（本條例83 Ⅰ）。

前項裁定，不得抗告（本條例83 Ⅱ）。

5. **財產不足清償清算程序費用**：債務人之財產不敷清償清算程序之費用時，法院應裁定開始清算程序，並同時終止清算程序（本條例85 Ⅰ）。

前項同時終止清算程序之裁定得為抗告（本條例85 Ⅱ）。

第一項裁定應公告之，並送達於已知之債權人（本條例85 Ⅲ）。

6. **開始清算程序之公告**：法院裁定開始清算程序後，應公告下列事項（本條例86 Ⅰ）：

(1)開始清算程序裁定之主文及其年、月、日、時。

(2)選任管理人者，其姓名、住址及處理清算事務之地址。管理人為法人者，其名稱、法定代理人及事務所或營業所。

(3)債務人之債務人及屬於清算財團之財產持有人，對於債務人不得為清償或交付其財產，並應即交還或通知管理人或法院指定之人。如於申報債權之期間，無故不交還或通知者，對於清算財團因此所受之損害，應負賠償責任。

(4)申報、補報債權之期間及債權人應於申報、補報期間內向管理人申報其債權；未選任管理人者，應向法院為之；其有證明文件者，並應提出之。

(5)不依前款規定申報、補報債權之失權效果。

(6)對於已申報、補報債權向法院提出異議之期間。

(7)召集債權人會議者，其期日、處所及應議事項。

第四十七條第二項至第五項之規定，於前項情形準用之。但債權人依第二十六條第一項規定行使權利者，不得逾最後分配表公告日之前一日（本條例86 II）。

7. **清算之登記**：法院裁定開始清算程序時，就債務人或清算財團有關之登記，應即通知該管登記機關為清算之登記（本條例87 I）。

管理人亦得持開始清算程序之裁定，向前項登記機關聲請為清算之登記（本條例87 II）。

債務人因繼承、強制執行、徵收、法院之判決，或其他非因法律行為，於登記前已取得不動產物權者，法院得因管理人之聲請，通知登記機關登記為債務人所有（本條例87 III）。

已為清算登記之清算財團財產，經管理人為返還或讓與者，法院得依其聲請，囑託該管登記機關塗銷其清算登記後登記之（本條例87 IV）。

8. **生活程度**：債務人聲請清算後，其生活不得逾越一般人通常之程度，法院並得依利害關係人之聲請或依職權限制之（本條例89 I）。

債務人非經法院之許可，不得離開其住居地；法院並得通知入出境管理機關，限制其出境（本條例89 II）。

9. **拘提債務人之要件**：債務人有下列情形之一者，法院得拘提之。但以有強制其到場之必要者為限（本條例90）。

(1)受合法通知，無正當理由而不到場。

(2)顯有逃匿之虞。

(3)顯有隱匿、毀棄或處分屬於清算財團財產之虞。

(4)無正當理由違反前條第二項之規定。

10. **管收債務人之要件**：債務人有下列情形之一，非予管收顯難進行清算程序者，法院得管收之（本條例91 I）：

(1)有前條第二款、第三款或第四款之情形。

(2)違反第一百零二條第一項、第一百零三條第一項之規定。

管收期間不得超過三個月（本條例91 II）。

11. **清算財團之財產所為法律行為之限制**：債務人因法院裁定開始清算程序，對於應屬清算財團之財產，**喪失其管理及處分權**（本條例94 I）。

法院裁定開始清算程序後，債務人就應屬清算財團之財產所為之法律行為，非經管理人之承認，不生效力（本條例94 II）。

前項情形，法律行為之相對人得催告管理人於**十日內**確答是否承認，逾期未為確答者，視為拒絕承認（本條例94 III）。

債務人於法院裁定開始清算程序之日所為之法律行為，推定為清算程序開始後所為（本條例94 IV）。

12. **管理人不為承認之效力**：管理人不為前條第二項之承認時，得聲請法院裁定命相對人返還所受領之給付物、塗銷其權利取得之登記或為其他回復原狀之行為（本條例95 I）。

對於前項裁定提起抗告，抗告法院於裁定前，應行言詞辯論（本條例95 II）。

前二項裁定確定時，有確定判決同一之效力（本條例95 III）。

相對人不依第一項裁定履行者，法院得依管理人之聲請強制執行或囑託登記機關塗銷其權利取得之登記。但相對人提起抗告時，應停止執行（本條例95 IV）。

(二) **清算財團之構成與管理**：

1. **清算財團**：下列財產為清算財團（本條例98 I）：

(1)法院裁定開始清算程序時，屬於債務人之一切財產及將來行使之財產請求權。

(2)法院裁定開始清算程序後，程序終止或終結前，債務人因繼承或無償取得之財產。

專屬於債務人本身之權利及禁止扣押之財產，不屬於清算財團（本條例98 II）。

2. **擴張不屬於清算財產之範圍**：法院於裁定開始清算程序後**一個月內**，得依債務人之聲請或依職權，審酌債務人之生活狀況、清算財團財產之種類及數額、債務人可預見之收入及其他情事，以裁定擴張不屬於清算財團財產之範圍（本條例99）。

3. **債務人之繼承**：債務人之繼承在聲請清算前**三個月內**開始者，於聲請清算後不得拋棄繼承（本條例100）。

4. **提出清算財團之財產**：法院裁定開始清算程序後，債務人應將屬於清算財團之財產，記載書面提出於法院及管理人（本條例101）。

5. **移交義務**：債務人及其使用人應將與其財產有關之一切簿冊、文件及其所管有之一切財產，移交管理人或法院指定之人。但禁止扣押之財產，不在此限（本條例102 I ）。
   前項之人拒絕為移交時，法院得依聲請或依職權強制執行之（本條例102 II ）。

6. **答覆義務**：債務人對於管理人關於其財產、收入及業務狀況之詢問，有答覆之義務（本條例103 I ）。
   第十條之規定，於管理人調查債務人之財產、收入及業務狀況時準用之。但受查詢人為個人而有正當理由者，不在此限（本條例103 II ）。

7. **保全行為**：債務人之權利屬於清算財團者，管理人應為必要之保全行為（本條例104）。

8. **管理人編造資產表**：管理人應將已收集及可收集之債務人資產，編造資產表，由法院公告之（本條例105 I ）。
   債權表及資產表應存置於法院及處理清算事務之處所，供利害關係人閱覽或抄錄（本條例105 II ）。

9. **財團費用**：下列各款為財團費用（本條例106 I ）：
   (1)由國庫墊付之費用。
   (2)因清算財團之管理、變價與分配所生之費用及清算財團應納之稅捐。
   (3)因債權人共同利益所需聲請及審判上之費用。
   (4)管理人之報酬。
   債務人及依法應受其扶養者之必要生活費及喪葬費，視為財團費用（本條例106 II ）。

10. **財團債務**：下列各款為財團債務（本條例107）：
    (1)管理人關於清算財團所為行為而生之債務。

　　(2)管理人為清算財團請求履行雙務契約所生之債務，或因法院裁定開始
　　　清算程序後應履行雙務契約而生之債務。

　　(3)為清算財團無因管理所生之債務。

　　(4)因清算財團不當得利所生之債務。

11. **清償次序**：下列各款應先於清算債權，隨時由清算財團清償之（本條例
　　108）：

　　(1)財團費用。

　　(2)財團債務。

　　(3)第二十一條第一項第二款、第二十六條第二項之債務。

　　(4)在法院裁定開始清算程序前六個月內，債務人本於勞動契約所積欠之
　　　勞工工資而不能依他項方法受清償者。

12. **清算財團不足清償時之清償次序**：前條情形，於清算財團不足清償時，依
　　下列順序清償之；順序相同者，按債權額比例清償之（本條例109）：

　　(1)第一百零六條第一項第一款至第四款之財團費用。

　　(2)第一百零七條第一款之財團債務。

　　(3)第一百零六條第二項之財團費用、第一百零七條第二款至第四款及前
　　　條第三款、第四款之財團債務。

(三) 清算債權與債權人會議：

　1. **清算債權金額**：債權之標的如非金錢，或雖為金錢而其金額不確定，或
　　為外國貨幣者，由管理人以法院裁定開始清算程序時之估定金額列入分
　　配。普通保證債權受償額或定期金債權金額或存續期間不確定者，亦同
　　（本條例111 Ⅰ）。

　　債權人或債務人對前項估定金額有爭議者，準用第三十六條規定（本條
　　例111 Ⅱ）。

　　附條件之債權，得以其全額為清算債權（本條例111 Ⅲ）。

　2. **別除權**：在法院裁定開始清算程序前，對於債務人之財產有質權、抵押
　　權、留置權或其他擔保物權者，就其財產有別除權（本條例112 Ⅰ）。

　　有別除權之債權人得不依清算程序行使其權利。但管理人於必要時，得
　　將別除權之標的物拍賣或變賣，就其賣得價金扣除費用後清償之，並得
　　聲請法院囑託該管登記機關塗銷其權利之登記（本條例112 Ⅱ）。

　3. **行使別除權後未能受清償之債權**：有別除權之債權人，得以行使別除權
　　後未能受清償之債權，為清算債權而行使其權利。但未依清算程序申報
　　債權者，不在此限（本條例113）。

4. **第三人之財產**：不屬於債務人之財產，其權利人得不依清算程序，向管理人取回之（本條例114Ⅰ）。

債務人於法院裁定開始清算程序前或管理人於法院裁定開始清算程序後，將前項財產讓與第三人，而未受領對待給付者，取回權人得向管理人請求讓與其對待給付請求權（本條例114Ⅱ）。

前項情形，管理人受有對待給付者，取回權人得請求交付之（本條例114Ⅲ）。

5. **有優先權債權之清償**：對於清算財團之財產有優先權之債權，先於他債權而受清償，優先權之債權有同順位者，各按其債權額之比例而受清償（本條例116）。

6. **債權人抵銷**：債權人於法院裁定開始清算程序時，對於債務人負有債務者，無論給付種類是否相同，得不依清算程序而為抵銷（本條例117Ⅰ）。

債權人之債權為附期限或附解除條件者，均得為抵銷（本條例117Ⅱ）。

附停止條件之債權，其條件於債權表公告後**三十日**內成就者，得為抵銷（本條例117Ⅲ）。

附解除條件之債權人為抵銷時，應提供相當之擔保，並準用第一百二十四條第二項之規定（本條例117Ⅳ）。

第五十二條第二項之規定，於第一項至第三項之情形，準用之（本條例117Ⅴ）。

7. **債權人會議**：債權人會議得議決下列事項（本條例118）：
   (1)清算財團之管理及其財產之處分方法。
   (2)營業之停止或繼續。
   (3)不易變價之財產返還債務人或拋棄。

   債權人會議之決議，應有出席已申報無擔保債權人過半數，而其所代表之債權額超過已申報無擔保總債權額之半數者之同意（本條例120Ⅰ）。

   計算前項債權，應扣除劣後債權（本條例120Ⅱ）。

8. **法院不召集債權人會議**：法院不召集債權人會議時，得以裁定代替其決議。但法院裁定前應將第一百零一條規定之書面通知債權人（本條例121Ⅰ）。

   前項裁定不得抗告，並應公告之（本條例121Ⅱ）。

(四) **清算財團之分配及清算程序之終了**：

1. **清算財團財產之分配**：自債權表公告之翌日起**三十日後**，清算財團之財產可分配時，管理人應即分配於債權人（本條例123 I）。

   前項分配，管理人應作成分配表，記載分配之順位、比例及方法（本條例123 II）。

   分配表，應經法院之認可，並公告之（本條例123 III）。

   對於分配表有異議者，應自公告之翌日起十日內，向法院提出之（本條例123 IV）。

   前項異議由法院裁定之（本條例123 V）。

2. **附解除條件債權**：附解除條件債權受分配時，應提供相當之擔保，無擔保者，應提存其分配額（本條例124 I）。

   附解除條件債權之條件，自最後分配表公告之翌日起十日內尚未成就時，其已提供擔保者，免除擔保責任，返還其擔保品（本條例124 II）。

3. **附停止條件之債權**：附停止條件之債權或將來行使之請求權，自債權表公告之翌日起**三十日**內，尚不能行使者，不得加入分配（本條例125）。

4. **提存分配金額**：關於清算債權有異議，致分配有稽延之虞時，管理人得按照分配比例提存相當之金額，而將所餘財產分配於其他債權人（本條例126 I）。

   債權人之住居所、事務所、營業所或地址變更而未向管理人陳明者，管理人得將其應受分配金額提存之（本條例126 II）。

5. **分配完結之報告**：管理人於最後分配完結時，應即向法院提出關於分配之報告（本條例127 I）。

   法院接到前項報告後，應即為清算程序終結之裁定（本條例127 II）。

   前項裁定不得抗告，並應公告之（本條例127 III）。

6. **追加分配**：清算程序終止或終結後，發現可分配於債權人之財產時，法院應依管理人之聲請以裁定許可追加分配。但其財產於清算程序終止或終結之裁定確定之翌日起二年後始發現者，不在此限（本條例128 I）。

   前項追加分配，於債務人受免責裁定確定後，仍得為之，並準用第一百二十三條規定（本條例128 II）。

第一項情形，清算程序未行申報及確定債權程序者，應續行之（本條例128 Ⅲ）。

7. **清算財團之財產不敷清償費用及債務**：法院裁定開始清算程序後，如清算財團之財產不敷清償第一百零八條所定費用及債務時，法院因管理人之聲請或依職權以裁定終止清算程序（本條例129 Ⅰ）。

法院為前項裁定前，應使管理人及債權人有陳述意見之機會（本條例129 Ⅱ）。

第一項裁定不得抗告，並應公告之（本條例129 Ⅲ）。

(五) **免責及復權**：

1. **債務人債務之免除**：法院為終止或終結清算程序之裁定確定後，除別有規定外，應以裁定免除債務人之債務（本條例132）。

2. **不免責之裁定**：法院裁定開始清算程序後，債務人有薪資、執行業務所得或其他固定收入，扣除自己及依法應受其扶養者所必要生活費用之數額後仍有餘額，而普通債權人之分配總額低於債務人聲請清算前**二年間**，可處分所得扣除自己及依法應受其扶養者所必要生活費用之數額者，法院應為不免責之裁定。但債務人證明經普通債權人全體同意者，不在此限（本條例133）。

3. **不免責之事由**：債務人有下列各款情形之一者，法院應為不免責之裁定。但債務人證明經普通債權人全體同意者，不在此限（本條例134）：

(1)於**七年內**曾依破產法或本條例規定受免責。

(2)故意隱匿、毀損應屬清算財團之財產，或為其他不利於債權人之處分，致債權人受有損害。

(3)捏造債務或承認不真實之債務。

(4)聲請清算**前二年內**，因消費奢侈商品或服務、賭博或其他投機行為，所負債務之總額逾聲請清算時無擔保及無優先權債務之半數，而生開始清算之原因。

(5)於清算聲請**前一年內**，已有清算之原因，而隱瞞其事實，使他人與之為交易致生損害。

(6)明知已有清算原因之事實，非基於本人之義務，而以特別利於債權人中之一人或數人為目的，提供擔保或消滅債務。

(7)隱匿、毀棄、偽造或變造帳簿或其他會計文件之全部或一部，致其財產之狀況不真確。

(8)故意於財產及收入狀況說明書為不實之記載，或有其他故意違反本條
　　例所定義務之行為，致債權人受有損害，或重大延滯程序。

4. **違反情節輕微**：債務人有前條各款事由，情節輕微，法院審酌普通債權
　　人全體受償情形及其他一切情狀，認為適當者，得為免責之裁定（本條
　　例135）。

5. **陳述意見**：前三條情形，法院於裁定前應依職權調查，或命管理人調查
　　以書面提出報告，並使債權人、債務人有到場陳述意見之機會（本條例
　　136Ⅰ）。
　　債務人對於前項調查，應協助之（本條例136Ⅱ）。

6. **免責裁定確定之效力**：免責裁定確定時，除別有規定外，對於已申報及
　　未申報之債權人均有效力。對於債務人有求償權之共同債務人、保證人
　　或為其提供擔保之第三人，亦同（本條例137Ⅰ）。
　　前項規定不影響債權人對於債務人之共同債務人、保證人或為其提供擔
　　保之第三人之權利（本條例137Ⅱ）。

7. **不受免責裁定影響之債務**：下列債務，不受免責裁定之影響（本條例
　　138）：
　　(1)罰金、罰鍰、怠金及追徵金。
　　(2)債務人因故意或重大過失侵權行為所生損害賠償之債務。
　　(3)稅捐債務。
　　(4)債務人履行法定扶養義務之費用。
　　(5)因不可歸責於債權人之事由致未申報之債權，債務人對該債權清償額
　　　未達已申報債權受償比例之債務。
　　(6)由國庫墊付之費用。

8. **裁定撤銷之免責**：自法院為免責裁定確定之**翌日起一年內**，發現債務人
　　有虛報債務、隱匿財產或以不正當方法受免責者，法院得依債權人之聲
　　請或依職權裁定撤銷免責。但有第一百三十五條得為免責之情形者，不
　　在此限（本條例139）。

9. **不免責裁定確定後得為強制執行**：法院為不免責或撤銷免責之裁定確定
　　後，債權人得以確定之債權表為執行名義，聲請對債務人為強制執行。
　　法院裁定開始清算程序前，債權人已取得執行名義者，於確定之債權表
　　範圍，亦同。但依第一百三十三條不免責之情形，自裁定確定之**翌日起
　　二年內**，不得為之（本條例140Ⅰ）。

前項債權人對債務人為強制執行時,債務人得聲請執行法院通知債權表上之其他債權人;於聲請時,視為其他債權人就其債權之現存額已聲明參與分配。其應徵收之執行費,於執行所得金額扣繳之(本條例140 Ⅱ)。

10. **繼續償還後聲請裁定免責(一)**:債務人因第一百三十三條之情形,受不免責之裁定確定後,繼續清償達該條規定之數額,且各普通債權人受償額均達其應受分配額時,得聲請法院裁定免責(本條例141 Ⅰ)。

法院依第一百三十三條規定為不免責裁定,裁定正本應錄前項、第一百四十二條規定,及債務人嗣後聲請裁定免責時,須繼續清償各普通債權之最低應受分配額之說明(本條例141 Ⅱ)。

第六十七條第二項規定,於債務人依第一項規定繼續清償債務,準用之(本條例141 Ⅲ)。

11. **繼續償還後聲請裁定免責(二)**:法院為不免責或撤銷免責之裁定確定後,債務人繼續清償債務,而各普通債權人受償額均達其債權額之**百分之二十**以上者,法院得依債務人之聲請裁定免責(本條例142 Ⅰ)。

前條第三項規定,於債務人依前項規定繼續清償債務,準用之(本條例142 Ⅱ)。

12. **繼續清償之抵充**:法院為不免責或撤銷免責之裁定確定後,債務人對清算債權人所為清償,應先抵充費用,次充原本(本條例142-1 Ⅰ)。

前項規定,於本條例中華民國一百年十二月十二日修正之條文施行前已受前項裁定之債務人,於修正條文施行後所為清償,亦適用之(本條例142-1 Ⅱ)。

13. **撤銷免責之裁定確定前對債務人取得之債權**:於免責裁定確定後,至撤銷免責之裁定確定前對債務人取得之債權,有優先於清算債權受清償之權利(本條例143)。

14. **復權之聲請**:債務人有下列各款情形之一者,得向法院為復權之聲請(本條例144):

(1)依清償或其他方法解免全部債務。

(2)受免責之裁定確定。

(3)於清算程序終止或終結之翌日起三年內，未因第一百四十六條或第
一百四十七條之規定受刑之宣告確定。

(4)自清算程序終止或終結之翌日起滿五年。

15. **撤銷復權之裁定**：債務人依前條第一款至第三款之規定復權，於清算程序
終止或終結之翌日起五年內，因第一百四十六條或第一百四十七條之規定
受刑之宣告確定者，法院應依職權撤銷復權之裁定（本條例145）。

牛刀小試 ....

( ) **1** 下列敘述何者錯誤？
(A)法院裁定開始清算程序前，得依職權訊問債務人、債權人
及其他關係人
(B)債務人因法院裁定開始清算程序，對於應屬清算財團之財
產，喪失其管理及處分權
(C)債務人之財產不敷清償清算程序之費用時，法院應裁定開
始清算程序，並同時終止清算程序
(D)法院裁定開始清算程序時，就債務人或清算財團有關之登
記，應僅得由債務人通知該管登記機關為清算之登記。

( ) **2** 下列敘述何者錯誤？
(A)債務人對於管理人關於其財產、收入及業務狀況之詢問，
有答覆之義務
(B)債權之標的如非金錢，或雖為金錢而其金額不確定，或為
外國貨幣者，由管理人以法院裁定開始清算程序時之估定
金額列入分配
(C)不屬於債務人之財產，其權利人不得依清算程序，向管理
人取回之
(D)在法院裁定開始清算程序前，對於債務人之財產有質權、
抵押權、留置權或其他擔保物權者，就其財產有別除權。

( ) **3** 下列敘述何者錯誤？
(A)債權人之債權為附期限或附解除條件者，均得為抵銷
(B)附停止條件之債權，其條件於債權表公告後二十日內成就
者，得為抵銷

(C)附解除條件債權受分配時，應提供相當之擔保，無擔保者，應提存其分配額

(D)法院為不免責或撤銷免責之裁定確定後，債務人對清算債權人所為清償，應先抵充費用，次充原本。

解答與解析

1 **(D)**。法院裁定開始清算程序時，就債務人或清算財團有關之登記，應即通知該管登記機關為清算之登記（本條例87Ⅰ）。

2 **(C)**。不屬於債務人之財產，其權利人得不依清算程序，向管理人取回之（本條例114Ⅰ）。

3 **(B)**。附停止條件之債權，其條件於債權表公告後三十日內成就者，得為抵銷（本條例117Ⅲ）。

精選範題

( )　**1**　下列關於銀行資產評估損失準備提列及逾期放款催收款呆帳處理辦法之敘述，何者錯誤？　(A)銀行對資產負債表表內及表外之非授信資產評估，應按資產之特性，依一般公認會計原則及其他相關規定，基於穩健原則評估可能損失，並提足損失準備　(B)銀行對資產負債表表內及表外之授信資產，應按規定確實評估，並以第一類授信資產債權餘額扣除對於我國政府機關（指中央及地方政府）之債權餘額後之百分之五、第二類授信資產債權餘額之百分之十、第三類授信資產債權餘額之百分之十五、第四類授信資產債權餘額之百分之五十及第五類授信資產債權餘額全部之和為最低標準，提足備抵呆帳及保證責任準備　(C)為強化銀行對特定授信資產之損失承擔能力，主管機關於必要時，得要求銀行提高特定授信資產之備抵呆帳及保證責任準備　(D)銀行依規定所提列之損失準備、備抵呆帳及保證責任準備，經主管機關或金融檢查機關（構）評估不足時，銀行應立即依主管機關要求或金融檢查機關（構）檢查意見補足。

( )　**2**　下列關於銀行對資產負債表表內及表外之授信資產之敘述，何者正確？　(A)正常之授信資產列為第一類　(B)不良之授信資產，應按債權之擔保情形及逾期時間之長短予以評估，分別列為第二類應予注意者，第三類可望收回者，第四類收回困難者　(C)第五類收回無望者　(D)以上皆為是。

( )　**3**　下列不良授信資產之敘述，何者正確？　(A)應予注意者：指授信資產經評估有足額擔保部分，且授信戶積欠本金或利息超過清償期1個月至12個月者；或授信資產經評估已無擔保部分，且授信戶積欠本金或利息超過清償期1個月至3個月者；或授信資產雖未屆清償期或到期日，但授信戶已有其他債信不良者　(B)可望收回者：指授信資產經評估有足額擔保部分，且授信戶積欠本金或利息超過清償期12個月者；或授信資產經評估已無擔保部分，且授信戶積欠本金或利息超過清償期3個月至6個月者　(C)收回困難者：指授信資產經評估已無擔保部分，且授信戶積欠本金或利息超過清償期6個月至12個月者　(D)以上皆是。

( ) **4** 下列不良授信資產之敘述，何者正確？ (A)收回困難者：指授信資產經評估已無擔保部分，且授信戶積欠本金或利息超過清償期6個月至12個月者 (B)收回無望者：指授信資產經評估已無擔保部分，且授信戶積欠本金或利息超過清償期12個月者；或授信資產經評估無法收回者 (C)可望收回者：指授信資產經評估有足額擔保部分，且授信戶積欠本金或利息超過清償期12個月者；或授信資產經評估已無擔保部分，且授信戶積欠本金或利息超過清償期3個月至6個月者 (D)以上皆是。

( ) **5** 本辦法稱逾期放款，指積欠本金或利息超過清償期_____，或雖未超過，但已向主、從債務人訴追或處分擔保品者？ (A)一個月 (B)兩個月 (C)三個月 (D)五個月。

( ) **6** 下列何者屬於呆帳？ (A)債務人因解散、逃匿、和解、破產之宣告或其他原因，致債權之全部或一部不能收回者 (B)擔保品及主、從債務人之財產經鑑價甚低或扣除先順位抵押權後，已無法受償，或執行費用接近或可能超過銀行可受償金額，執行無實益者 (C)擔保品及主、從債務人之財產經多次減價拍賣無人應買，而銀行亦無承受實益者 (D)以上皆是。

( ) **7** 下列關於金融機構作業委託他人處理內部作業制度及程序辦法之敘述，何者錯誤？ (A)金融機構作業委託他人處理者，可以口頭約定之 (B)本辦法適用之金融機構，包括本國銀行及其國外分行、外國銀行在臺分行、信用合作社、票券金融公司及經營信用卡業務之機構 (C)金融機構應依主管機關規定方式，確實申報有關作業委外項目、內容及範圍等資料 (D)代收消費性貸款、信用卡帳款作業，但受委託機構以經主管機關核准者為限。

( ) **8** 金融機構對於涉及營業執照所載業務項目或客戶資訊之相關作業委外，下列事項範圍何者屬之？ (A)資料處理：包括資訊系統之資料登錄、處理、輸出，資訊系統之開發、監控、維護，及辦理業務涉及資料處理之後勤作業 (B)表單、憑證等資料保存之作業 (C)貿易金融業務之後勤處理作業。但以信用狀開發、讓購、及進出口託收為限 (D)以上皆是。

( ) **9** 金融機構對於涉及營業執照所載業務項目或客戶資訊之相關作業委外，下列事項範圍何者屬之？ (A)代收消費性貸款、信用卡帳款作業，但受委託機構以經主管機關核准者為限 (B)提供信用額度之往來授信客戶之信用分析報告編製 (C)車輛貸款業務之行銷、貸放作業管理及服務諮詢作業，但不含該項業務授信審核之准駁 (D)以上皆是。

( ) **10** 下列何者非屬委外內部作業規範應載明之事項？ (A)指定專責單位及其職權規範 (B)成本管理原則及作業程序 (C)委外事項範圍 (D)客戶權益保障之內部作業及程序。

( ) **11** 金融機構應定期及不定期對受委託辦理應收債權催收作業之機構進行查核及監督，確保無違反下列何規定？ (A)不得有暴力、恐嚇、脅迫、辱罵、騷擾、虛偽、詐欺或誤導債務人或第三人或造成債務人隱私受侵害之其他不當之債務催收行為 (B)不得以影響他人正常居住、就學、工作、營業或生活之騷擾方法催收債務 (C)催收時間為上午七時至晚上十時止，但經債務人同意者，不在此限 (D)以上皆是。

( ) **12** 金融機構委外作業應慎選受委託機構，並應由＿＿＿＿選擇並簽訂委外契約？ (A)總行單一部門 (B)分行單一部門 (C)總行各部門 (D)分行各部門。

( ) **13** 金融機構至少每＿＿＿應評估受委託機構是否符合委託條件？ (A)年 (B)季 (C)月 (D)日。

( ) **14** 金融機構出售不良債權之售後管理，下列何者正確？ (A)金融機構出售不良債權，如買受人未依契約完成付款者，應就未支付部分依各業別「資產評估損失準備提列及逾期放款催收款呆帳處理辦法」規定提足損失準備 (B)附條件交易之管理：買賣契約訂有利潤分享條件者，應明訂利潤分享之具體內容，以及金融機構後續進行稽核之方式 (C)契約簽訂之付款條件應與公告之付款條件相同，且契約一經簽訂，付款條件即不得變更 (D)以上皆是。

（　）**15** 消費者債務清理程序係針對_____未從事營業活動或從事小規模營業活動營業額平均每月不超過新台幣_____元之自然人？(A)三年；十萬　(B)三年；二十萬　(C)五年；十萬　(D)五年；二十萬。

（　）**16** 消費者指___內未從事營業活動或從事小規模營業活動之自然人？　(A)五　(B)十　(C)十五　(D)二十。

（　）**17** 下列關於消費者債務清理條例之敘述，何者正確？　(A)債務人不能清償債務或有不能清償之虞者，得依本條例所定更生或清算程序，清理其債務　(B)更生及清算事件專屬債務人住所地或居所地之地方法院管轄　(C)債務人聲請清算而無資力支出前條費用者，得聲請法院以裁定准予暫免繳納　(D)以上皆是。

（　）**18** 法院召集債權人會議時，應預定期日、處所及其應議事項，於期日_____前公告之？　(A)十日　(B)七日　(C)五日　(D)三日。

（　）**19** 債權人會議，債權人得以書面委任代理人出席。但同一代理人所代理之人數逾申報債權人人數_____者，其超過部分，法院得禁止之？　(A)十分之一　(B)七分之一　(C)五分之一　(D)三分之一。

（　）**20** 債務人無擔保或無優先權之本金及利息債務總額未逾新臺幣_____者，於法院裁定開始清算程序或宣告破產前，得向法院聲請更生？　(A)一千萬元　(B)一千二百萬元　(C)一千四百萬元　(D)一千六百萬元。

解答與解析

1 (B)。銀行對資產負債表表內及表外之授信資產，應按第三條及前條規定確實評估，並以第一類授信資產債權餘額扣除對於我國政府機關（指中央及地方政府）之債權餘額後之百分之一、第二類授信資產債權餘額之百分之二、第三類授信資產債權餘額之百分之十、第四類授信資產債權餘額之百分之五十及第五類授信資產債權餘額全部之和為最低標準，提足備抵呆帳及保證責任準備（銀行資產評估損失準備提列及逾期放款催收款呆帳處理辦法5Ⅰ）。

2 (D)　　　**3 (D)**　　　**4 (D)**

5 (C)。本辦法稱逾期放款，指積欠本金或利息超過清償期三個月，或雖未超過三個月，但已向主、從債務人訴追或處分擔保品者（銀行資產評估損失準備提列及逾期放款催收款呆帳處理辦法7Ⅰ）。

6 (D)。逾期放款及催收款，具有下列情事之一者，應扣除估計可收回部分後轉銷為呆帳（銀行資產評估損失準備提列及逾期放款催收款呆帳處理辦法11）：

(1)債務人因解散、逃匿、和解、破產之宣告或其他原因，致債權之全部或一部不能收回者。

(2)擔保品及主、從債務人之財產經鑑價甚低或扣除先順位抵押權後，已無法受償，或執行費用接近或可能超過銀行可受償金額，執行無實益者。

(3)擔保品及主、從債務人之財產經多次減價拍賣無人應買，而銀行亦無承受實益者。

(4)逾期放款及催收款逾清償期二年，經催收仍未收回者。

7 (A)。金融機構作業委託他人處理者，應簽訂書面契約，並依本辦法辦理，但涉及外匯作業事項並應依中央銀行有關規定辦理（本辦法2Ⅰ）。

8 (D)。金融機構對於涉及營業執照所載業務項目或客戶資訊之相關作業委外，以下列事項範圍為限（本辦法3Ⅰ）：

(1)資料處理：包括資訊系統之資料登錄、處理、輸出，資訊系統之開發、監控、維護，及辦理業務涉及資料處理之後勤作業。

(2)表單、憑證等資料保存之作業。

(3)代客開票作業，包括支票、匯票。

(4)貿易金融業務之後勤處理作業。但以信用狀開發、讓購、及進出口託收為限。

(5)代收消費性貸款、信用卡帳款作業，但受委託機構以經主管機關核准者為限。

(6)提供信用額度之往來授信客戶之信用分析報告編製。

(7)信用卡發卡業務之行銷業務、客戶資料輸入作業、表單列印作業、裝封作業、付交郵寄作業，及開卡、停用掛失、預借現金、緊急性服務等事項之電腦及人工授權作業。

(8)電子通路客戶服務業務，包括電話自動語音系統服務、電話行銷業務、客戶電子郵件之回覆與處理作業、電子銀行客戶及電子商務之相關諮詢及協助，及電話銀行專員服務。

(9)車輛貸款業務之行銷、貸放作業管理及服務諮詢作業，但不含該項業務授信審核之准駁。

(10)消費性貸款行銷，但不含該項業務授信審核之准駁。

(11)房屋貸款行銷業務，但不含該項業務授信審核之准駁。

(12)應收債權之催收作業。

(13)委託代書處理之事項，及委託其他機構處理因債權承受之擔保品等事項。

(14)車輛貸款逾期繳款之尋車及車輛拍賣，但不含拍賣底價之決定。

(15)鑑價作業。

(16)內部稽核作業，但禁止委託其財務簽證會計師辦理。

(17)不良債權之評價、分類、組合及銷售。但應於委外契約中訂定受委託機構參與作業合約之工作人員，於合約服務期間或合約終止後一定合理期間內，不得從事與委外事項有利益衝突之工作或提供有利益衝突之顧問或諮詢服務。

(18)有價證券、支票、表單及現鈔運送作業及自動櫃員機裝補鈔作業。

(19)金塊、銀塊、白金條塊等貴金屬之報關、存放、運送及交付。

(20)其他經主管機關核定得委外之作業項目。

9 (D)。見第8題解析。

10 (B)。前項所稱委外內部作業規範應載明下列事項（金融機構作業委託他人處理內部作業制度及程序辦法4 Ⅱ）：

(1)指定專責單位及其職權規範。　(2)委外事項範圍。
(3)客戶權益保障之內部作業及程序。　(4)風險管理原則及作業程序。
(5)內部控制原則及作業程序。　(6)其他委外作業事項及程序。

11 (D)。金融機構應定期及不定期對受委託辦理應收債權催收作業之機構進行查核及監督，確保無違反下列各款規定（金融機構作業委託他人處理內部作業制度及程序辦法14 Ⅰ）：

(1)不得有暴力、恐嚇、脅迫、辱罵、騷擾、虛偽、詐欺或誤導債務人或第三人或造成債務人隱私受侵害之其他不當之債務催收行為。

(2)不得以影響他人正常居住、就學、工作、營業或生活之騷擾方法催收債務。

(3)催收時間為上午七時至晚上十時止。但經債務人同意者，不在此限。

(4)不得以任何方式透過對第三人之干擾或催討為之。

(5)為取得債務人之聯繫資訊，而與第三人聯繫時，應表明身分及其目的係為取得債務人之聯繫資訊。如經第三人請求，應表明係接受特定金融機構之委託，受委託機構之名稱，外訪時並應出具授權書。

(6)受委託機構及員工不得向債務人或第三人收取債款或任何費用。但如係法院執行扣薪需要，受委託機構為金融機構訴訟代理人並經該金融機構同意代收該扣薪款時，不在此限。

(7)受委託機構之外訪人員需配帶員工識別證，並應將外訪過程中與客戶或其相關人之談話內容全程錄音。未經債務人同意，不可擅自以任何形式進入其居住處所。

12 (A)。金融機構委外作業應慎選受委託機構，並應由總行單一部門選擇並簽訂委外契約。

13 (B)。金融機構至少每季應評估受委託機構是否符合委託條件，若經考評為不符合機構，則須汰換受委託機構。

14 (D)。

15 (D)。此程序係針對五年內未從事營業活動或從事小規模營業活動營業額平均每月不超過新台幣二十萬元之自然人，有不能清償債務或不能清償之虞者，得依本條例所定程序清償債務

16 (A)。本條例所稱消費者，指五年內未從事營業活動或從事小規模營業活動之自然人（消費者債務清理條例2Ⅰ）。

17 (D)。

18 (C)。法院召集債權人會議時，應預定期日、處所及其應議事項，於期日五日前公告之（消費者債務清理條例38Ⅱ）。

19 (A)。債權人會議，債權人得以書面委任代理人出席。但同一代理人所代理之人數逾申報債權人人數十分之一者，其超過部分，法院得禁止之（消費者債務清理條例40）。

20 (B)。債務人無擔保或無優先權之本金及利息債務總額未逾新臺幣一千二百萬元者，於法院裁定開始清算程序或宣告破產前，得向法院聲請更生（消費者債務清理條例42Ⅰ）。

第三篇 個人資料保護法與催收規範

第12章 個人資料保護法

📝 章前導讀

· 本章之學習重點著重於個人資料行使權利之保護、非公務機關對個人資料之蒐集處理及利用、損害賠償及團體訴訟。

本法第4、5、9、10、11、12、13、19、20、22、27、29、41、42條與催收規範相關，請考生多留意。

重點 個人資料保護法之內容 重要度 ★★★★

一、總則

(一) **立法目的**：為規範個人資料之蒐集、處理及利用，以避免人格權受侵害，並促進個人資料之合理利用，特制定本法（個資法1）。

(二) **用詞定義**：本法用詞，定義如下（個資法2）：

1. **個人資料**：指自然人之姓名、出生年月日、國民身分證統一編號、護照號碼、特徵、指紋、婚姻、家庭、教育、職業、病歷、醫療、基因、性生活、健康檢查、犯罪前科、聯絡方式、財務情況、社會活動及其他得以直接或間接方式識別該個人之資料。

2. **個人資料檔案**：指依系統建立而得以自動化機器或其他非自動化方式檢索、整理之個人資料之集合。

3. **蒐集**：指以任何方式取得個人資料。

4. **處理**：指為建立或利用個人資料檔案所為資料之記錄、輸入、儲存、編輯、更正、複製、檢索、刪除、輸出、連結或內部傳送。

5. **利用**：指將蒐集之個人資料為處理以外之使用。

6. **國際傳輸**：指將個人資料作跨國（境）之處理或利用。

7. **公務機關**：指依法行使公權力之中央或地方機關或行政法人。

8. **非公務機關**：指前款以外之自然人、法人或其他團體。

9. **當事人**：指個人資料之本人。

(三) **基本行為規範**：

1. **個人資料行使權利之保護**：當事人就其個人資料依本法規定行使之下列權利，不得預先拋棄或以特約限制之（個資法3）：

   (1)查詢或請求閱覽。

   (2)請求製給複製本。

   (3)請求補充或更正。

   (4)請求停止蒐集、處理或利用。

   (5)請求刪除。

2. **受委託處理個人資料之機關之權責**：受公務機關或非公務機關委託蒐集、處理或利用個人資料者，於本法適用範圍內，視同委託機關（個資法4）。

3. **蒐集、處理、利用應遵守事項**：個人資料之蒐集、處理或利用，應尊重當事人之權益，依誠實及信用方法為之，不得逾越特定目的之必要範圍，並應與蒐集之目的具有正當合理之關聯（個資法5）。

4. **不得蒐集、處理、利用之個人資料**：有關病歷、醫療、基因、性生活、健康檢查及犯罪前科之個人資料，不得蒐集、處理或利用。但有下列情形之一者，不在此限（個資法6Ⅰ）：

   (1)法律明文規定。

   (2)公務機關執行法定職務或非公務機關履行法定義務必要範圍內，且事前或事後有適當安全維護措施。

   (3)當事人自行公開或其他已合法公開之個人資料。

   (4)公務機關或學術研究機構基於醫療、衛生或犯罪預防之目的，為統計或學術研究而有必要，且資料經過提供者處理後或經蒐集者依其揭露方式無從識別特定之當事人。

   (5)為協助公務機關執行法定職務或非公務機關履行法定義務必要範圍內，且事前或事後有適當安全維護措施。

   (6)經當事人**書面**同意。但逾越特定目的之必要範圍或其他法律另有限制不得僅依當事人書面同意蒐集、處理或利用，或其同意違反其意願者，不在此限。

依前項規定蒐集、處理或利用個人資料，準用第八條、第九條規定；其中前項第六款之書面同意，準用第七條第一項、第二項及第四項規定，並以**書面**為之（個資法6Ⅱ）。

5. **本法有關書面同意之意義**：第十五條第二款及第十九條第一項第五款所稱同意，指當事人經蒐集者告知本法所定應告知事項後，所為允許之意思表示（個資法7Ⅰ）。

第十六條第七款、第二十條第一項第六款所稱同意，指當事人經蒐集者明確告知特定目的外之其他利用目的、範圍及同意與否對其權益之影響後，單獨所為之意思表示（個資法7Ⅱ）。

公務機關或非公務機關明確告知當事人第八條第一項各款應告知事項時，當事人如未表示拒絕，並已提供其個人資料者，推定當事人已依第十五條第二款、第十九條第一項第五款之規定表示同意（個資法7Ⅲ）。

蒐集者就本法所稱經當事人同意之事實，應負舉證責任（個資法7Ⅳ）。

6. **蒐集個人資料應告知當事人之事項及其例外**：公務機關或非公務機關依第十五條或第十九條規定向當事人蒐集個人資料時，應明確告知當事人下列事項（個資法8Ⅰ）：

(1)公務機關或非公務機關名稱。

(2)蒐集之目的。

(3)個人資料之類別。

(4)個人資料利用之期間、地區、對象及方式。

(5)當事人依第三條規定得行使之權利及方式。

(6)當事人得自由選擇提供個人資料時，不提供將對其權益之影響。

有下列情形之一者，得免為前項之告知（個資法8Ⅱ）：

(1)依法律規定得免告知。

(2)個人資料之蒐集係公務機關執行法定職務或非公務機關履行法定義務所必要。

(3)告知將妨害公務機關執行法定職務。

(4)告知將妨害公共利益。

(5)當事人明知應告知之內容。

(6)個人資料之蒐集非基於營利之目的，且對當事人顯無不利之影響。

7. **處理或利用個人資料應向當事人告知之事項及其例外**：公務機關或非公務機關依第十五條或第十九條規定蒐集非由當事人提供之個人資料，應於處理或利用前，向當事人告知個人資料來源及前條第一項第一款至第五款所列事項（個資法9Ⅰ）。

有下列情形之一者，得免為前項之告知（個資法9Ⅱ）：

(1)有前條第二項所列各款情形之一。

(2)當事人自行公開或其他已合法公開之個人資料。

(3)不能向當事人或其法定代理人為告知。

(4)基於公共利益為統計或學術研究之目的而有必要，且該資料須經提供者處理後或蒐集者依其揭露方式，無從識別特定當事人者為限。

(5)大眾傳播業者基於新聞報導之公益目的而蒐集個人資料。

第一項之告知，得於首次對當事人為利用時併同為之（個資法9Ⅲ）。

8. **對個人資料當事人請求之義務及其例外**：公務機關或非公務機關應依當事人之請求，就其蒐集之個人資料，答覆查詢、提供閱覽或製給複製本。但有下列情形之一者，不在此限（個資法10）：

(1)妨害國家安全、外交及軍事機密、整體經濟利益或其他國家重大利益。

(2)妨害公務機關執行法定職務。

(3)妨害該蒐集機關或第三人之重大利益。

9. **個人資料正確性與刪除、停止蒐集、處理或利用**：公務機關或非公務機關應維護個人資料之正確，並應主動或依當事人之請求更正或補充之（個資法11Ⅰ）。

個人資料正確性有爭議者，應主動或依當事人之請求停止處理或利用。但因執行職務或業務所必須，或經當事人**書面**同意，並經註明其爭議者，不在此限（個資法11Ⅱ）。

個人資料蒐集之特定目的消失或期限屆滿時，應主動或依當事人之請求，刪除、停止處理或利用該個人資料。但因執行職務或業務所必須或經當事人**書面**同意者，不在此限（個資法11Ⅲ）。

違反本法規定蒐集、處理或利用個人資料者，應主動或依當事人之請求，刪除、停止蒐集、處理或利用該個人資料（個資法11Ⅳ）。

因可歸責於公務機關或非公務機關之事由，未為更正或補充之個人資料，應於更正或補充後，通知曾提供利用之對象（個資法11Ⅴ）。

10. **個人資料遭違法侵害之告知義務**：公務機關或非公務機關違反本法規定，致個人資料被竊取、洩漏、竄改或其他侵害者，應查明後以適當方式通知當事人（個資法12）。

11. **受理當事人請求之處理期限**：公務機關或非公務機關受理當事人依第十條規定之請求，應於十五日內，為准駁之決定；必要時，得予延長，延長之期間不得逾**十五**日，並應將其原因以書面通知請求人（個資法13Ⅰ）。
公務機關或非公務機關受理當事人依第十一條規定之請求，應於**三十日**內，為准駁之決定；必要時，得予延長，延長之期間不得逾**三十日**，並應將其原因以書面通知請求人（個資法13Ⅱ）。

12. **酌收必要成本費用**：查詢或請求閱覽個人資料或製給複製本者，公務機關或非公務機得酌收必要成本費用（個資法14）。

二、公務機關對個人資料之蒐集、處理及利用

(一) 對個人資料之蒐集、處理及利用之限制：

1. **蒐集與處理之限制**：公務機關對個人資料之蒐集或處理，除第六條第一項所規定資料外，應有特定目的，並符合下列情形之一者（個資法15）：
(1)執行法定職務必要範圍內。
(2)經當事人同意。
(3)對當事人權益無侵害。

2. **利用之限制**：公務機關對個人資料之利用，除第六條第一項所規定資料外，應於執行法定職務必要範圍內為之，並與蒐集之特定目的相符。但有下列情形之一者，得為特定目的外之利用（個資法16）：
(1)法律明文規定。
(2)為維護國家安全或增進公共利益所必要。
(3)為免除當事人之生命、身體、自由或財產上之危險。
(4)為防止他人權益之重大危害。
(5)公務機關或學術研究機構基於公共利益為統計或學術研究而有必要，且資料經過提供者處理後或經蒐集者依其揭露方式無從識別特定之當事人。
(6)有利於當事人權益。
(7)經當事人同意。

(二) **個資資料檔案之公開與維護：**
  1. **應公開之事項與方式：**公務機關應將下列事項公開於電腦網站，或以其他適當方式供公眾查閱；其有變更者，亦同（個資法17）：
    (1)個人資料檔案名稱。
    (2)保有機關名稱及聯絡方式。
    (3)個人資料檔案保有之依據及特定目的。
    (4)個人資料之類別。
  2. **個人資料檔案應專人維護：**公務機關保有個人資料檔案者，應指定專人辦理安全維護事項，防止個人資料被竊取、竄改、毀損、滅失或洩漏（個資法18）。

三、非公務機關對個人資料之蒐集、處理及利用

(一) **對個人資料之蒐集、處理及利用之限制：**
  1. **蒐集或處理之限制：**非公務機關對個人資料之蒐集或處理，除第六條第一項所規定資料外，應有特定目的，並符合下列情形之一者（個資法19Ⅰ）：
    (1)法律明文規定。
    (2)與當事人有契約或類似契約之關係，且已採取適當之安全措施。
    (3)當事人自行公開或其他已合法公開之個人資料。
    (4)學術研究機構基於公共利益為統計或學術研究而有必要，且資料經過提供者處理後或經蒐集者依其揭露方式無從識別特定之當事人。
    (5)經當事人同意。
    (6)為增進公共利益所必要。
    (7)個人資料取自於一般可得之來源。但當事人對該資料之禁止處理或利用，顯有更值得保護之重大利益者，不在此限。
    (8)對當事人權益無侵害。
    蒐集或處理者知悉或經當事人通知依前項第七款但書規定禁止對該資料之處理或利用時，應主動或依當事人之請求，刪除、停止處理或利用該個人資料（個資法19Ⅱ）。
  2. **利用之限制：**非公務機關對個人資料之利用，除第六條第一項所規定資料外，應於蒐集之特定目的必要範圍內為之。但有下列情形之一者，得為特定目的外之利用（個資法20Ⅰ）：

(1)法律明文規定。

(2)為增進公共利益所必要。

(3)為免除當事人之生命、身體、自由或財產上之危險。

(4)為防止他人權益之重大危害。

(5)公務機關或學術研究機構基於公共利益為統計或學術研究而有必要，且資料經過提供者處理後或經蒐集者依其揭露方式無從識別特定之當事人。

(6)經當事人同意。

(7)有利於當事人權益。

非公務機關依前項規定利用個人資料行銷者，當事人表示拒絕接受行銷時，應即停止利用其個人資料行銷（個資法20 Ⅱ）。

非公務機關於首次行銷時，應提供當事人表示拒絕接受行銷之方式，並支付所需費用（個資法20 Ⅲ）。

(二) 主管機關之行政監督：

1. **得限制國際傳輸個人資料**：非公務機關為國際傳輸個人資料，而有下列情形之一者，中央目的事業主管機關得限制之（個資法21 Ⅰ）：

(1)涉及國家重大利益。

(2)國際條約或協定有特別規定。

(3)接受國對於個人資料之保護未有完善之法規，致有損當事人權益之虞。

(4)以迂迴方法向第三國（地區）傳輸個人資料規避本法。

2. **得檢查、扣留、複製資料或檔案**：中央目的事業主管機關或直轄市、縣（市）政府為執行資料檔案安全維護、業務終止資料處理方法、國際傳輸限制或其他例行性業務檢查而認有必要或有違反本法規定之虞時，得派員攜帶執行職務證明文件，進入檢查，並得命相關人員為必要之說明、配合措施或提供相關證明資料（個資法22 Ⅰ）。

中央目的事業主管機關或直轄市、縣（市）政府為前項檢查時，對於得沒入或可為證據之個人資料或其檔案，得扣留或複製之。對於應扣留或複製之物，得要求其所有人、持有人或保管人提出或交付；無正當理由拒絕提出、交付或抗拒扣留或複製者，得採取對該非公務機關權益損害最少之方法強制為之（個資法22 Ⅱ）。

中央目的事業主管機關或直轄市、縣（市）政府為第一項檢查時，得率同資訊、電信或法律等專業人員共同為之（個資法22 Ⅲ）。

對於第一項及第二項之進入、檢查或處分，非公務機關及其相關人員不得規避、妨礙或拒絕（個資法22 Ⅳ）。

參與檢查之人員，因檢查而知悉他人資料者，負保密義務（個資法22 Ⅴ）。

3. **對扣留物或複製物之處理**：對於前條第二項扣留物或複製物，應加封緘或其他標識，並為適當之處置；其不便搬運或保管者，得命人看守或交由所有人或其他適當之人保管（個資法23 Ⅰ）。

扣留物或複製物已無留存之必要，或決定不予處罰或未為沒入之裁處者，應發還之。但應沒入或為調查他案應留存者，不在此限（個資法23 Ⅱ）。

4. **對檢查、扣留、複製資料或檔案不服之聲明異議**：非公務機關、物之所有人、持有人、保管人或利害關係人對前二條之要求、強制、扣留或複製行為不服者，得向中央目的事業主管機關或直轄市、縣（市）政府聲明異議（個資法24 Ⅰ）。

前項聲明異議，中央目的事業主管機關或直轄市、縣（市）政府認為有理由者，應立即停止或變更其行為；認為無理由者，得繼續執行。經該聲明異議之人請求時，應將聲明異議之理由製作紀錄交付之（個資法24 Ⅱ）。

對於中央目的事業主管機關或直轄市、縣（市）政府前項決定不服者，僅得於對該案件之實體決定聲明不服時一併聲明之。但第一項之人依法不得對該案件之實體決定聲明不服時，得單獨對第一項之行為逕行提起行政訴訟（個資法24 Ⅲ）。

5. **違反本法規定之處分**：非公務機關有違反本法規定之情事者，中央目的事業主管機關或直轄市、縣（市）政府除依本法規定裁處罰鍰外，並得為下列處分（個資法25 Ⅰ）：

(1)禁止蒐集、處理或利用個人資料。

(2)命令刪除經處理之個人資料檔案。

(3)沒入或命銷燬違法蒐集之個人資料。

(4)公布非公務機關之違法情形，及其姓名或名稱與負責人。

中央目的事業主管機關或直轄市、縣（市）政府為前項處分時，應於防制違反本法規定情事之必要範圍內，採取對該非公務機關權益損害最少之方法為之（個資法25 Ⅱ）。

6. **檢查結果之公布**：中央目的事業主管機關或直轄市、縣（市）政府依第二十二條規定檢查後，未發現有違反本法規定之情事者，經該非公務機關同意後，得公布檢查結果（個資法26）。

7. **個人資料檔案之安全維護**：非公務機關保有個人資料檔案者，應採行適當之安全措施，防止個人資料被竊取、竄改、毀損、滅失或洩漏（個資法27Ⅰ）。

中央目的事業主管機關得指定非公務機關訂定個人資料檔案安全維護計畫或業務終止後個人資料處理方法（個資法27Ⅱ）。

前項計畫及處理方法之標準等相關事項之辦法，由中央目的事業主管機關定之（個資法27Ⅲ）。

四、損害賠償及團體訴訟

(一) **損害賠償**：

1. **公務機關之損害賠償責任**：公務機關違反本法規定，致個人資料遭不法蒐集、處理、利用或其他侵害當事人權利者，負損害賠償責任。但損害因天災、事變或其他不可抗力所致者，不在此限（個資法28Ⅰ）。

被害人雖非財產上之損害，亦得請求賠償相當之金額；其名譽被侵害者，並得請求為回復名譽之適當處分（個資法28Ⅱ）。

依前二項情形，如被害人不易或不能證明其實際損害額時，得請求法院依侵害情節，以**每人每一事件新臺幣五百元以上二萬元以下計算**（個資法28Ⅲ）。

對於同一原因事實造成多數當事人權利受侵害之事件，經當事人請求損害賠償者，其合計最高總額以新臺幣二億元為限。但因該原因事實所涉利益超過新臺幣二億元者，以該所涉利益為限（個資法28Ⅳ）。

同一原因事實造成之損害總額逾前項金額時，被害人所受賠償金額，不受第三項所定每人每一事件最低賠償金額新臺幣五百元之限制（個資法28Ⅴ）。

第二項請求權，不得讓與或繼承。但以金額賠償之請求權已依契約承諾或已起訴者，不在此限（個資法28Ⅵ）。

2. **非公務機關之損害賠償責任：**

非公務機關違反本法規定，致個人資料遭不法蒐集、處理、利用或其他侵害當事人權利者，負損害賠償責任。但能證明其無故意或過失者，不在此限（個資法29Ⅰ）。

依前項規定請求賠償者，適用前條第二項至第六項規定（個資法29Ⅱ）。

3. **損害賠償請求權之消滅時效：**損害賠償請求權，自請求權人知有損害及賠償義務人時起，因**二年**間不行使而消滅；自損害發生時起，逾**五年**者，亦同（個資法30）。

4. **損害賠償之適用法：**損害賠償，除依本法規定外，公務機關適用國家賠償法之規定，非公務機關適用民法之規定（個資法31）。

(二) **團體訴訟：**

1. **得提起團體訴訟之法人資格要件：**依本章規定提起訴訟之財團法人或公益社團法人，應符合下列要件（個資法32）：

(1)財團法人之登記財產總額達新臺幣一千萬元或社團法人之社員人數達一百人。

(2)保護個人資料事項於其章程所定目的範圍內。

(3)許可設立三年以上。

2. **管轄法院：**依本法規定對於公務機關提起損害賠償訴訟者，專屬該機關所在地之地方法院管轄。對於非公務機關提起者，專屬其主事務所、主營業所或住所地之地方法院管轄（個資法33Ⅰ）。

前項非公務機關為自然人，而其在中華民國現無住所或住所不明者，以其在中華民國之居所，視為其住所；無居所或居所不明者，以其在中華民國最後之住所，視為其住所；無最後住所者，專屬中央政府所在地之地方法院管轄（個資法33Ⅱ）。

第一項非公務機關為自然人以外之法人或其他團體，而其在中華民國現無主事務所、主營業所或主事務所、主營業所不明者，專屬中央政府所在地之地方法院管轄（個資法33Ⅲ）。

3. **團體訴訟之提起與擴張：**對於同一原因事實造成多數當事人權利受侵害之事件，財團法人或公益社團法人經受有損害之當事人**二十人**以上以書面授與訴訟實施權者，得以**自己之名義**，提起損害賠償訴訟。當事人得於言詞辯論終結前以**書面**撤回訴訟實施權之授與，並通知法院（個資法34Ⅰ）。

前項訴訟，法院得依聲請或依職權公告曉示其他因同一原因事實受有損害之當事人，得於一定期間內向前項起訴之財團法人或公益社團法人授與訴訟實施權，由該財團法人或公益社團法人於第一審言詞辯論終結前，擴張應受判決事項之聲明（個資法34 Ⅱ）。

其他因同一原因事實受有損害之當事人未依前項規定授與訴訟實施權者，亦得於法院公告曉示之一定期間內起訴，由法院併案審理（個資法34 Ⅲ）。

其他因同一原因事實受有損害之當事人，亦得聲請法院為前項之公告（個資法34 Ⅳ）。

前二項公告，應揭示於法院公告處、資訊網路及其他適當處所；法院認為必要時，並得命登載於公報或新聞紙，或用其他方法公告之，其費用由國庫墊付（個資法34 Ⅴ）。

依第一項規定提起訴訟之財團法人或公益社團法人，其標的價額超過新臺幣六十萬元者，超過部分暫免徵裁判費（個資法34 Ⅵ）。

4. **訴訟實施權授予撤回之效力**：當事人依前條第一項規定撤回訴訟實施權之授與者，該部分訴訟程序當然停止，該當事人應即聲明承受訴訟，法院亦得依職權命該當事人承受訴訟。（個資法35 Ⅰ）

財團法人或公益社團法人依前條規定起訴後，因部分當事人撤回訴訟實施權之授與，致其餘部分**不足二十人者**，仍得就其餘部分繼續進行訴訟（個資法35 Ⅱ）。

5. **團體訴訟個當事人損害賠償請求權之時效**：各當事人於第三十四條第一項及第二項之損害賠償請求權，其時效應分別計算（個資法36）。

6. **訴訟實施權授予限制**：財團法人或公益社團法人就當事人授與訴訟實施權之事件，有為一切訴訟行為之權。但當事人得限制其為捨棄、撤回或和解（個資法37 Ⅰ）。

前項當事人中一人所為之限制，其效力不及於其他當事人（個資法37 Ⅱ）。

第一項之限制，應於第三十四條第一項之文書內表明，或以書狀提出於法院（個資法37 Ⅲ）。

7. **團體訴訟判決之上訴**：當事人對於第三十四條訴訟之判決不服者，得於財團法人或公益社團法人上訴期間屆滿前，撤回訴訟實施權之授與，依法提起上訴（個資法38 Ⅰ）。

財團法人或公益社團法人於收受判決書正本後，應即將其結果通知當事人，並應於七日內將是否提起上訴之意旨以書面通知當事人（個資法38 Ⅱ）。

8. **團體訴訟所得賠償之交付**：財團法人或公益社團法人應將第三十四條訴訟結果所得之賠償，扣除訴訟必要費用後，分別交付授與訴訟實施權之當事人（個資法39 Ⅰ）。

提起第三十四條第一項訴訟之財團法人或公益社團法人，均不得請求報酬（個資法39 Ⅱ）。

9. **團體訴訟應委任律師代理訴訟**：依本章規定提起訴訟之財團法人或公益社團法人，應委任律師代理訴訟（個資法40）。

五、罰則

(一) **處刑罰之罰則**：

1. 意圖為自己或第三人不法之利益或損害他人之利益，而違反第六條第一項、第十五條、第十六條、第十九條、第二十條第一項規定，或中央目的事業主管機關依第二十一條限制國際傳輸之命令或處分，足生損害於他人者，處五年以下有期徒刑，得併科新臺幣一百萬元以下罰金（個資法41）。

2. **妨害個人資料檔案之正確足生損害他人罪**：意圖為自己或第三人不法之利益或損害他人之利益，而對於個人資料檔案為非法變更、刪除或以其他非法方法，致妨害個人資料檔案之正確而足生損害於他人者，處五年以下有期徒刑、拘役或科或併科新臺幣一百萬元以下罰金（個資法42）。

3. **本國領域外犯罪**：中華民國人民在中華民國領域外對中華民國人民犯前二條之罪者，亦適用之（個資法43）。

4. **公務員犯罪**：公務員假借職務上之權力、機會或方法，犯本章之罪者，加重其刑至二分之一（個資法44）。

5. **告訴乃論**：本章之罪，須告訴乃論。但犯第四十一條之罪者，或對公務機關犯第四十二條之罪者，不在此限（個資法45）。

6. **從重原則**：犯本章之罪，其他法律有較重處罰規定者，從其規定（個資法46）。

(二) **處行政罰之罰則**：

1. **非公務機關違法蒐集、處理、利用、國際傳輸個人資料**：非公務機關有下列情事之一者，由中央目的事業主管機關或直轄市、縣（市）政府處新臺幣五萬元以上五十萬元以下罰鍰，並令限期改正，屆期未改正者，按次處罰之（個資法47）：

   (1)違反第六條第一項規定。

   (2)違反第十九條規定。

   (3)違反第二十條第一項規定。

   (4)違反中央目的事業主管機關依第二十一條規定限制國際傳輸之命令或處分。

2. **非公務機關違反應告知、通知或應主動、依請求辦理等事項**：非公務機關有下列情事之一者，由中央目的事業主管機關或直轄市、縣（市）政府限期改正，屆期未改正者，按次處新臺幣二萬元以上二十萬元以下罰鍰（個資法48）：

   (1)違反第八條或第九條規定。

   (2)違反第十條、第十一條、第十二條或第十三條規定。

   (3)違反第二十條第二項或第三項規定。

   (4)違反第二十七條第一項或未依第二項訂定個人資料檔案安全維護計畫或業務終止後個人資料處理方法。

3. **非公務機關無正當理由，規避、妨礙、拒絕中央目的事業主管機關或直轄市、縣（市）政府進入、檢查或處分**：非公務機關無正當理由違反第二十二條第四項規定者，由中央目的事業主管機關或直轄市、縣（市）政府處新臺幣二萬元以上二十萬元以下罰鍰（個資法49）。

4. **對非公務機關代表人、管理人之處罰**：非公務機關之代表人、管理人或其他有代表權人，因該非公務機關依前三條規定受罰鍰處罰時，除能證明已盡防止義務者外，應並受同一額度罰鍰之處罰（個資法50）。

六、附則

(一) **其他適用與不適用本法之規定**：有下列情形之一者，不適用本法規定（個資法51 Ⅰ）：

   (1)自然人為單純個人或家庭活動之目的，而蒐集、處理或利用個人資料。

(2)於公開場所或公開活動中所蒐集、處理或利用之未與其他個人資料結合之影音資料。

公務機關及非公務機關,在中華民國領域外對中華民國人民個人資料蒐集、處理或利用者,亦適用本法(個資法51 II)。

(二) **委任、委託辦理相關規定**:第二十二條至第二十六條規定由中央目的事業主管機關或直轄市、縣(市)政府執行之權限,得委任所屬機關、委託其他機關或公益團體辦理;其成員因執行委任或委託事務所知悉之資訊,負保密義務(個資法52 I)。

前項之公益團體,不得依第三十四條第一項規定接受當事人授與訴訟實施權,以自己之名義提起損害賠償訴訟(個資法52 II)。

(三) **特定目的及個人資料類別**:法務部應會同中央目的事業主管機關訂定特定目的及個人資料類別,提供公務機關及非公務機關參考使用(個資法53)。

(四) **告知義務及處罰**:本法中華民國九十九年五月二十六日修正公布之條文施行前,非由當事人提供之個人資料,於本法一百零四年十二月十五日修正之條文施行後為處理或利用者,應於處理或利用前,依第九條規定向當事人告知(個資法54 I)。

前項之告知,得於本法中華民國一百零四年十二月十五日修正之條文施行後首次利用時併同為之(個資法54 II)。

未依前二項規定告知而利用者,以違反第九條規定論處(個資法54 III)。

(五) **施行細則**:本法施行細則,由法務部定之(個資法55)。

(六) **施行日期**:本法施行日期,由行政院定之(個資法56 I)。

現行條文第十九條至第二十二條及第四十三條之刪除,自公布日施行(個資法56 II)。

前項公布日於現行條文第四十三條第二項指定之事業、團體或個人應於指定之日起六個月內辦理登記或許可之期間內者,該指定之事業、團體或個人得申請終止辦理,目的事業主管機關於終止辦理時,應退還已繳規費(個資法56 III)。

已辦理完成者,亦得申請退費(個資法56 IV)。

前項退費，應自繳費義務人繳納之日起，至目的事業主管機關終止辦理之日止，按退費額，依繳費之日郵政儲金之一年期定期存款利率，按日加計利息，一併退還。已辦理完成者，其退費，應自繳費義務人繳納之日起，至目的事業主管機關核准申請之日止，亦同（個資法56 Ⅴ）。

牛刀小試

( ) **1** 下列何者非屬個人資料？
(A)自然人之姓名 　　　　　　(B)自然人之出生年月日
(C)自然人之國民身分證 　　　 (D)法人之姓名。

( ) **2** 下列敘述何者錯誤？
(A)受公務機關或非公務機關委託蒐集、處理或利用個人資料者，於本法適用範圍內，視同委託機關
(B)查詢或請求閱覽個人資料或製給複製本者，公務機關或非公務機關不得酌收必要成本費用
(C)扣留物或複製物已無留存之必要，或決定不予處罰或未為沒入之裁處者，應發還之。但應沒入或為調查他案應留存者，不在此限
(D)損害賠償請求權，自請求權人知有損害及賠償義務人時起，因二年間不行使而消滅；自損害發生時起，逾五年者，亦同。

解答與解析

1 (D)。 個人資料：指自然人之姓名、出生年月日、國民身分證統一編號、護照號碼、特徵、指紋、婚姻、家庭、教育、職業、病歷、醫療、基因、性生活、健康檢查、犯罪前科、聯絡方式、財務情況、社會活動及其他得以直接或間接方式識別該個人之資料。（個資法2）

2 (B)。 查詢或請求閱覽個人資料或製給複製本者，公務機關或非公務機關得酌收必要成本費用（個資法14）

精選範題

( )　**1**　下列何者非屬個人資料保護法之範疇？　(A)自然人之姓名
　　　　(B)出生年月日　(C)國民身分證統一、護照號碼　(D)戶籍地。

( )　**2**　下列關於個人資料保護法之敘述，何者正確？
　　　　(A)當事人就其個人資料依規定行使權利，不得預先拋棄或以特
　　　　　　約限制之
　　　　(B)個人資料之蒐集、處理或利用，應尊重當事人之權益，依誠
　　　　　　實及信用方法為之，不得逾越特定目的之必要範圍，並應與
　　　　　　蒐集之目的具有正當合理之關聯
　　　　(C)公務機關或非公務機關應維護個人資料之正確，並應主動或
　　　　　　依當事人之請求更正或補充之
　　　　(D)以上皆是。

( )　**3**　下列關於個人資料保護法之敘述，何者正確？
　　　　(A)個人資料正確性有爭議者，應主動或依當事人之請求停止處
　　　　　　理或利用。但因執行職務或業務所必須，或經當事人書面同
　　　　　　意，並經註明其爭議者，不在此限
　　　　(B)違反本法規定蒐集、處理或利用個人資料者，應主動或依當
　　　　　　事人之請求，刪除、停止蒐集、處理或利用該個人資料
　　　　(C)查詢或請求閱覽個人資料或製給複製本者，公務機關或非公
　　　　　　務機關得酌收必要成本費用
　　　　(D)以上皆是。

( )　**4**　公務機關或非公務機關依個人資料保護法第十五條或第十九條規
　　　　定向當事人蒐集個人資料時，應明確告知當事人下列事項何者非
　　　　屬之？
　　　　(A)公務機關或非公務機關名稱
　　　　(B)公務機關或非公務機關執行人員之個人資料
　　　　(C)個人資料之類別
　　　　(D)蒐集之目的。

(　)　**5**　下列關於個人資料保護法之敘述，何者正確？
　　　　(A)因可歸責於公務機關或非公務機關之事由，未為更正或補充
　　　　　　之個人資料，應於更正或補充後，通知曾提供利用之對象
　　　　(B)公務機關或非公務機關受理當事人依第十條規定之請求，應
　　　　　　於十五日內，為准駁之決定
　　　　(C)公務機關或非公務機關受理當事人依第十一條規定之請求，
　　　　　　應於三十日內，為准駁之決定
　　　　(D)以上皆是。

(　)　**6**　公務機關應將何事項公開於電腦網站，或以其他適當方式供公
　　　　眾查閱？　(A)個人資料檔案名稱　(B)保有機關名稱及聯絡方
　　　　式　(C)個人資料檔案保有之依據及特定目的　(D)以上皆是。

(　)　**7**　下列何者非個人資料保護法中，主管機關之行政監督的範疇？
　　　　(A)得限制國際傳輸個人資料
　　　　(B)得限制國內傳輸個人資料
　　　　(C)得檢查、扣留、複製資料或檔案
　　　　(D)對扣留物或複製物之處理。

(　)　**8**　下列關於個人資料保護法之敘述，何者錯誤？
　　　　(A)公務機關違反本法規定，致個人資料遭不法蒐集、處理、利
　　　　　　用或其他侵害當事人權利者，負損害賠償責任
　　　　(B)如被害人不易或不能證明其實際損害額時，得請求法院依侵
　　　　　　害情節，以每人每一事件新臺幣五百元以上五萬元以下計算
　　　　(C)對於同一原因事實造成多數當事人權利受侵害之事件，經當
　　　　　　事人請求損害賠償者，其合計最高總額以新臺幣二億元為限
　　　　(D)非公務機關違反本法規定，致個人資料遭不法蒐集、處理、
　　　　　　利用或其他侵害當事人權利者，負損害賠償責任。

(　)　**9**　損害賠償請求權，自請求權人知有損害及賠償義務人時起，因
　　　　＿＿年間不行使而消滅；自損害發生時起，逾＿＿＿年者，亦
　　　　同？
　　　　(A)兩；五　(B)三；五　(C)兩；六　(D)三；六。

解答與解析

1 (D)。個人資料：指自然人之姓名、出生年月日、國民身分證統一編號、護照號碼、特徵、指紋、婚姻、家庭、教育、職業、病歷、醫療、基因、性生活、健康檢查、犯罪前科、聯絡方式、財務情況、社會活動及其他得以直接或間接方式識別該個人之資料。

2 (D)　　　**3 (D)**

4 (B)。公務機關或非公務機關依第十五條或第十九條規定向當事人蒐集個人資料時，應明確告知當事人下列事項（個資法8Ⅰ）：
(1)公務機關或非公務機關名稱。
(2)蒐集之目的。
(3)個人資料之類別。
(4)個人資料利用之期間、地區、對象及方式。
(5)當事人依第三條規定得行使之權利及方式。
(6)當事人得自由選擇提供個人資料時，不提供將對其權益之影響。

5 (D)　　　**6 (D)**　　　**7 (B)**

8 (B)。依前二項情形，如被害人不易或不能證明其實際損害額時，得請求法院依侵害情節，以每人每一事件新臺幣五百元以上二萬元以下計算（個資法28Ⅲ）。

9 (A)。損害賠償請求權，自請求權人知有損害及賠償義務人時起，因二年間不行使而消滅；自損害發生時起，逾五年者，亦同（個資法30）。

第四篇 消費者保護法介紹

第13章 消費者保護法

✏ **章前導讀**

· 本章節之學習著重於定型化契約之規範、消費者保護行政體系、發生消費爭議時處理之管道，以及催收過程中之消費者保護行為。

重點 **1** 消費者權益 　　　　重要度 ★★★★

一、健康與安全保障

(一) **目的**：為保護消費者權益，促進國民消費生活安全，提昇國民消費生活品質，特制定本法（消保法1 Ⅰ）。

有關消費者之保護，依本法之規定，本法未規定者，適用其他法律（消保法1 Ⅱ）。

(二) **定義**：本法所用名詞定義如下（消保法2）：

(1)消費者：指以消費為目的而為交易、使用商品或接受服務者。

(2)企業經營者：指以設計、生產、製造、輸入、經銷商品或提供服務為營業者。

(3)消費關係：指消費者與企業經營者間就商品或服務所發生之法律關係。

(4)消費爭議：指消費者與企業經營者間因商品或服務所生之爭議。

(5)消費訴訟：指因消費關係而向法院提起之訴訟。

(6)消費者保護團體：指以保護消費者為目的而依法設立登記之法人。

(7)定型化契約條款：指企業經營者為與多數消費者訂立同類契約之用，所提出預先擬定之契約條款。不限於書面，其以放映字幕、張貼、牌示、網際網路、或其他方法表示者亦屬之。

(8)個別磋商條款：指契約當事人個別磋商而合意之契約條款。

(9)定型化契約：指以企業經營者提出之定型化契約條款作為契約內容之全部或一部而訂立之契約。

(10)通訊交易：指企業經營者以廣播、電視、電話、傳真、型錄、報紙、雜誌、網際網路、傳單或其他類似之方法，消費者於未能檢視商品或服務下而與企業經營者所訂立之契約。

(11)訪問交易：指企業經營者未經邀約而與消費者在其住居所、工作場所、公共場所或其他場所所訂立之契約。

(12)分期付款：指買賣契約約定消費者支付頭期款，餘款分期支付，而企業經營者於收受頭期款時，交付標的物與消費者之交易型態。

(三) **製造者責任**：從事設計、生產、製造商品或提供服務之企業經營者，於提供商品流通進入市場，或提供服務時，應確保該商品或服務，符合當時科技或專業水準可合理期待之安全性（消保法7 I）。

商品或服務具有危害消費者生命、身體、健康、財產之可能者，應於明顯處為警告標示及緊急處理危險之方法（消保法7 II）。

企業經營者違反前二項規定，致生損害於消費者或第三人時，應負連帶賠償責任。但企業經營者能證明其無過失者，法院得減輕其賠償責任（消保法7 III）。

企業經營者主張其商品於流通進入市場，或其服務於提供時，符合當時科技或專業水準可合理期待之安全性者，就其主張之事實負舉證責任（消保法7-1 I）。

商品或服務不得僅因其後有較佳之商品或服務，而被視為不符合前條第一項之安全性（消保法7-1 II）。

(四) **經銷者責任**：從事經銷之企業經營者，就商品或服務所生之損害，與設計、生產、製造商品或提供服務之企業經營者連帶負賠償責任。但其對於損害之防免已盡相當之注意，或縱加以相當之注意而仍不免發生損害者，不在此限（消保法8 I）。

前項之企業經營者，改裝、分裝商品或變更服務內容者，視為第七條之企業經營者（消保法8 II）。

(五) **輸入者責任**：輸入商品或服務之企業經營者，視為該商品之設計、生產、製造者或服務之提供者，負本法第七條之製造者責任（消保法9）。

(六) **回收商品或停止服務**：企業經營者於有事實足認其提供之商品或服務有危害消費者安全與健康之虞時，應即回收該批商品或停止其服務。但企業經營者所為必要之處理，足以除去其危害者，不在此限（消保法10Ⅰ）。
　　商品或服務有危害消費者生命、身體、健康或財產之虞，而未於明顯處為警告標示，並附載危險之緊急處理方法者，準用前項規定（消保法10Ⅱ）。

二、定型化契約

(一) **意義**：指以企業經營者提出之定型化契約條款作為契約內容之全部或一部而訂立之契約（消保法2第9款）。

(二) **原則**：
　1. **平等互惠原則與不明確條款解釋原則**：企業經營者在定型化契約中所用之條款，應本平等互惠之原則（消保法11Ⅰ）。
　　定型化契約條款如有疑義時，應為有利於**消費者**之解釋（消保法11Ⅱ）。
　2. **消費者審閱原則**：企業經營者與消費者訂立定型化契約前，應有三十日以內之合理期間，供消費者審閱全部條款內容（消保法11-1Ⅰ）。
　　企業經營者以定型化契約條款使消費者拋棄前項權利者，無效（消保法11-1Ⅱ）。
　　違反第一項規定者，其條款不構成契約之內容。但消費者得主張該條款仍構成契約之內容（消保法11-1Ⅲ）。
　　中央主管機關得選擇特定行業，參酌定型化契約條款之重要性、涉及事項之多寡及複雜程度等事項，公告定型化契約之審閱期間（消保法11-1Ⅳ）。
　3. **誠信公平原則**：定型化契約中之條款違反誠信原則，對消費者顯失公平者，無效（消保法12Ⅰ）。
　　定型化契約中之條款有下列情形之一者，推定其顯失公平（消保法12Ⅱ）：
　　(1)違反平等互惠原則者。
　　(2)條款與其所排除不予適用之任意規定之立法意旨顯相矛盾者。
　　(3)契約之主要權利或義務，因受條款之限制，致契約之目的難以達成者

(三) **定型化契約條款是否構成契約內容之認定**：企業經營者應向消費者明示定型化契約條款之內容；明示其內容顯有困難者，應以顯著之方式，公告其內容，並經消費者同意者，該條款即為契約之內容（消保法13 I）。

企業經營者應給與消費者定型化契約書。但依其契約之性質致給與顯有困難者，不在此限（消保法13 II）。

定型化契約書經消費者**簽名或蓋章**者，企業經營者應給與消費者該定型化契約書**正本**（消保法13 III）。

定型化契約條款未經記載於定型化契約中而依正常情形顯非消費者所得預見者，該條款不構成契約之內容（消保法14）。

企業經營者與消費者訂立定型化契約前，應有三十日以內之合理期間，供消費者審閱全部條款內容（消保法11-1 I）。

企業經營者以定型化契約條款使消費者拋棄前項權利者，無效（消保法11-1 II）。

違反第一項規定者，其條款不構成契約之內容。但消費者得主張該條款仍構成契約之內容（消保法11-1 III）。

中央主管機關得選擇特定行業，參酌定型化契約條款之重要性、涉及事項之多寡及複雜程度等事項，公告定型化契約之審閱期間（消保法11-1 IV）。

(四) **效力**：定型化契約中之條款違反誠信原則，對消費者顯失公平者，無效（消保法12 I）。

定型化契約中之條款有下列情形之一者，推定其顯失公平（消保法12 II）：

(1)違反平等互惠原則者。

(2)條款與其所排除不予適用之任意規定之立法意旨顯相矛盾者。

(3)契約之主要權利或義務，因受條款之限制，致契約之目的難以達成者。

定型化契約中之定型化契約條款**牴觸個別磋商條款**之約定者，其牴觸部分無效（消保法15）。

定型化契約中之定型化契約條款，全部或一部無效或不構成契約內容之一部者，除去該部分，契約亦可成立者，該契約之其他部分，仍為有效。但對當事人之一方顯失公平者，該契約全部無效（消保法16）。

中央主管機關為預防消費糾紛，保護消費者權益，促進定型化契約之公平化，得選擇特定行業，擬訂其定型化契約應記載或不得記載事項，報請行政院核定後公告之（消保法17 I）。

前項應記載事項，依契約之性質及目的，其內容得包括（消保法17Ⅱ）：

(1)契約之重要權利義務事項。

(2)違反契約之法律效果。

(3)預付型交易之履約擔保。

(4)契約之解除權、終止權及其法律效果。

(5)其他與契約履行有關之事項。

第一項不得記載事項，依契約之性質及目的，其內容得包括（消保法17Ⅲ）：

(1)企業經營者保留契約內容或期限之變更權或解釋權。

(2)限制或免除企業經營者之義務或責任。

(3)限制或剝奪消費者行使權利，加重消費者之義務或責任。

(4)其他對消費者顯失公平事項。

違反第一項公告之定型化契約，其定型化契約條款無效。該定型化契約之效力，依前條規定定之（消保法17Ⅳ）。

中央主管機關公告應記載之事項，雖未記載於定型化契約，仍構成契約之內容（消保法17Ⅴ）。

企業經營者使用定型化契約者，主管機關得隨時派員查核（消保法17Ⅵ）。

(五) **行政規制（公告與查核）**：中央主管機關得選擇特定行業，參酌定型化契約條款之重要性、涉及事項之多寡及複雜程度等事項，公告定型化契約之審閱期間（消保法11-1Ⅳ）。

中央主管機關為預防消費糾紛，保護消費者權益，促進定型化契約之公平化，得選擇特定行業，擬訂其定型化契約應記載或不得記載事項，報請行政院核定後公告之（消保法17Ⅰ）。

企業經營者使用定型化契約者，主管機關得隨時派員查核（消保法17Ⅵ）。

三、特種交易

(一) **通訊交易或訪問交易**：

1. **通訊交易與訪問交易的意義**：指企業經營者以廣播、電視、電話、傳真、型錄、報紙、雜誌、網際網路、傳單或其他類似之方法，消費者於未能檢視商品或服務下而與企業經營者所訂立之契約稱之為通訊交易（消保法2第10款）。

企業經營者未經邀約而與消費者在其住居所、工作場所、公共場所或其他場所所訂立之契約稱之為訪問交易（消保法2第11款）。

2. **通訊交易與訪問交易之告知義務**：企業經營者以通訊交易或訪問交易方式訂立契約時，應將下列資訊以清楚易懂之文句記載於書面，提供消費者（消保法18 Ｉ）：

(1)企業經營者之名稱、代表人、事務所或營業所及電話或電子郵件等消費者得迅速有效聯絡之通訊資料。

(2)商品或服務之內容、對價、付款期日及方式、交付期日及方式。

(3)消費者依第十九條規定解除契約之行使期限及方式。

(4)商品或服務依第十九條第二項規定排除第十九條第一項解除權之適用。

(5)消費申訴之受理方式。

(6)其他中央主管機關公告之事項。

經由網際網路所為之通訊交易，前項應提供之資訊應以可供消費者完整查閱、儲存之電子方式為之（消保法18 Ⅱ）。

3. **通訊交易與訪問交易之解除契約**：通訊交易或訪問交易之消費者，得於收受商品或接受服務後七日內，以退回商品或書面通知方式解除契約，無須說明理由及負擔任何費用或對價。但通訊交易有合理例外情事者，不在此限（消保法19 Ｉ）。

前項但書合理例外情事，由行政院定之（消保法19 Ⅱ）。

企業經營者於消費者收受商品或接受服務時，未依前條第一項第三款規定提供消費者解除契約相關資訊者，第一項七日期間自提供之次日起算。但自第一項七日期間起算，已逾四個月者，解除權消滅（消保法19 Ⅲ）。

消費者於第一項及第三項所定期間內，已交運商品或發出書面者，契約視為解除（消保法19 Ⅳ）。

通訊交易或訪問交易違反本條規定所為之約定，其約定無效（消保法19 Ⅴ）。

4. **通訊交易與訪問交易契約解除後之處理**：消費者依第十九條第一項或第三項規定，以書面通知解除契約者，除當事人另有個別磋商外，企業經營者應於收到**通知之次日起十五日**內，至原交付處所或約定處所取回商品（消保法19-2 Ｉ）。

企業經營者應於取回商品、收到消費者退回商品或解除服務契約**通知**之**次日起十五日**內,返還消費者已支付之對價(消保法19-2 Ⅱ)。

契約經解除後,企業經營者與消費者間關於回復原狀之約定,對於消費者較民法第二百五十九條之規定不利者,無效(消保法19-2 Ⅲ)。

(二) **現物要約**:

1. **意義**:係指企業經營者未經消費者要約而對之郵寄或投遞商品之行銷行為。

2. **商品之處理**:未經消費者要約而對之郵寄或投遞之商品,消費者不負保管義務(消保法20 Ⅰ)。

   前項物品之寄送人,經消費者定相當期限通知取回而逾期未取回或無法通知者,視為拋棄其寄投之商品。雖未經通知,但在寄送後逾一個月未經消費者表示承諾,而仍不取回其商品者,亦同(消保法20 Ⅱ)。

3. **損害賠償**:消費者得請求償還因寄送物所受之損害,及處理寄送物所支出之必要費用(消保法20 Ⅲ)。

(三) **分期付款買賣**:

1. **意義**:指買賣契約約定消費者支付頭期款,餘款分期支付,而企業經營者於收受頭期款時,交付標的物與消費者之交易型態(消保法2第12款)。

2. **要式契約**:企業經營者與消費者分期付款買賣契約應以**書面**為之(消保法21 Ⅰ)。

   前項契約書應載明下列事項(消保法21 Ⅱ):

   (1)頭期款。

   (2)各期價款與其他附加費用合計之總價款與現金交易價格之差額。

   (3)利率。

   企業經營者未依前項規定記載利率者,其利率按現金交易價格週年利率百分之五計算之(消保法21 Ⅲ,細則21)。

   企業經營者違反第二項第一款、第二款之規定者,消費者不負現金交易價格以外價款之給付義務(消保法21 Ⅳ)。

四、消費資訊之規範

(一) **廣告真實義務**:

1. **企業經營者責任**:企業經營者應確保廣告內容之真實,其對消費者所負之義務不得低於廣告之內容(消保法22 Ⅰ)。

企業經營者之商品或服務廣告內容，於契約成立後，應確實履行（消保法22 Ⅱ）。

企業經營者對消費者從事與信用有關之交易時，應於廣告上明示應付所有總費用之年百分率（消保法22-1 Ⅰ）。

前項所稱總費用之範圍及年百分率計算方式，由各目的事業主管機關定之（消保法22-1 Ⅱ）。

2. **媒體經營者責任**：刊登或報導廣告之媒體經營者明知或可得而知廣告內容與事實不符者，就消費者因信賴該廣告所受之損害與企業經營者負連帶責任（消保法23 Ⅰ）。

前項損害賠償責任，不得預先約定限制或拋棄（消保法23 Ⅱ）。

(二) **標示說明義務**：

1. **依法標示義務**：企業經營者應依商品標示法等法令為商品或服務之標示（消保法24 Ⅰ，細則25）。

2. **輸入商品之標示說明義務**：輸入之商品或服務，應附中文標示及說明書，其內容不得較原產地之標示及說明書簡略（消保法24 Ⅱ）。

輸入之商品或服務在原產地附有警告標示者，準用前項之規定（消保法24 Ⅲ）。

(三) **出具保證書義務**：

企業經營者對消費者保證商品或服務之品質時，應主動出具書面保證書（消保法25 Ⅰ）。

前項保證書應載明下列事項（消保法25 Ⅱ）：

(1)商品或服務之名稱、種類、數量，其有製造號碼或批號者，其製造號碼或批號。

(2)保證之內容。

(3)保證期間及其起算方法。

(4)製造商之名稱、地址。

(5)由經銷商售出者，經銷商之名稱、地址。

(6)交易日期。

(四) **適當包裝義務**：企業經營者對於所提供之商品應按其性質及交易習慣，為防震、防潮、防塵或其他保存商品所必要之包裝，以確保商品之品質與消費者之安全。但不得誇張其內容或為過大之包裝（消保法26）。

牛刀小試

( ) **1** 下列敘述何者錯誤？ (A)定型化契約條款如有疑義時，應為有利於企業經營者之解釋 (B)企業經營者與消費者訂立定型化契約前，應有三十日以內之合理期間，供消費者審閱全部條款內容 (C)定型化契約書經消費者簽名或蓋章者，企業經營者應給與消費者該定型化契約書正本 (D)定型化契約中之條款違反誠信原則，對消費者顯失公平者，無效。

( ) **2** 下列敘述何者錯誤？ (A)定型化契約中之定型化契約條款牴觸個別磋商條款之約定者，其牴觸部分無效 (B)企業經營者未經邀約而與消費者在其住居所、工作場所、公共場所或其他場所所訂立之契約稱之為通訊交易 (C)中央主管機關公告應記載之事項，雖未記載於定型化契約，仍構成契約之內容 (D)企業經營者與消費者分期付款買賣契約應以書面為之。

解答與解析

1 (A)。定型化契約條款如有疑義時，應為有利於消費者之解釋（消保法11 Ⅱ）

2 (B)。企業經營者未經邀約而與消費者在其住居所、工作場所、公共場所或其他場所所訂立之契約稱之為訪問交易（消保法2第11款）。

重點 **2** 消費者保護行政監督　　重要度 ★★★★

一、政府對消費者保護之義務

政府為達成本法目的，應實施下列措施，並應就與下列事項有關之法規及其執行情形，定期檢討、協調、改進之（消保法3 Ⅰ）：

(一) 維護商品或服務之品質與安全衛生。

(二) 防止商品或服務損害消費者之生命、身體、健康、財產或其他權益。

(三) 確保商品或服務之標示，符合法令規定。

(四) 確保商品或服務之廣告，符合法令規定。

(五) 確保商品或服務之度量衡，符合法令規定。

(六) 促進商品或服務維持合理價格。

(七) 促進商品之合理包裝。

(八) 促進商品或服務之公平交易。

(九) 扶植、獎助消費者保護團體。

(十) 協調處理消費爭議。

(十一) 推行消費者教育。

(十二) 辦理消費者諮詢服務。

(十三) 其他依消費生活之發展所必要之消費者保護措施。

政府為達成前項之目的，應制定相關法律（消保法3 Ⅱ）。

政府、企業經營者及消費者均應致力於充實消費資訊，提供消費者運用，俾能採取正確合理之消費行為，以維護其安全與權益（消保法5）。

二、消費者保護行政體系

(一) **監督機關**：**行政院**為監督與協調消費者保護事務，應定期邀集有關部會首長、全國性消費者保護團體代表、全國性企業經營者代表及學者、專家，提供本法相關事項之諮詢（消保法40）。

(二) **主管機關**：本法所稱主管機關：在中央為目的事業主管機關；在直轄市為直轄市政府；在縣（市）為縣（市）政府（消保法6）。

(三) **消費者保護官**：行政院、直轄市、縣（市）政府應置消費者保護官若干名。消費者保護官任用及職掌之辦法，由行政院定之（消保法39）。

三、違反本法規定之罰則

(一) **行政法**：

1. **罰鍰**：違反第二十四條、第二十五條或第二十六條規定之一者，經主管機關通知改正而逾期不改正者，處新臺幣二萬元以上二十萬元以下罰鍰（消保法56）。

企業經營者使用定型化契約，違反中央主管機關依第十七條第一項公告之應記載或不得記載事項者，除法律另有處罰規定外，經主管機關令其限期改正而屆期不改正者，處新臺幣三萬元以上三十萬元以下罰鍰；經

再次令其限期改正而屆期不改正者,處新臺幣五萬元以上五十萬元以下罰鍰,並得按次處罰(消保法56-1)。

企業經營者規避、妨礙或拒絕主管機關依第十七條第六項、第三十三條或第三十八條規定所為之調查者,處新臺幣三萬元以上三十萬元以下罰鍰,並得按次處罰(消保法57)。

企業經營者違反主管機關依第三十六條或第三十八條規定所為之命令者,處新臺幣六萬元以上一百五十萬元以下罰鍰,並得按次處罰(消保法58)。

企業經營者有第三十七條規定之情形者,主管機關除依該條及第三十六條之規定處置外,並得對其處新臺幣十五萬元以上一百五十萬元以下罰鍰(消保法59)。

2. **停(歇)業處分**:企業經營者違反本法規定,生產商品或提供服務具有危害消費者生命、身體、健康之虞者,影響社會大眾經中央主管機關認定為情節重大,中央主管機關或行政院得立即命令其停止營業,並儘速協請消費者保護團體以其名義,提起消費者損害賠償訴訟(消保法60)。

3. **強制執行**:本法所定之罰鍰,由主管機關處罰,經限期繳納後,屆期仍未繳納者,依法移送行政執行(消保法62)。

(二) **從重處罰及刑事責任**:依本法應予處罰者,其他法律有較**重**處罰之規定時,**從其規定**;涉及刑事責任者,並應即移送偵查(消保法61)。

牛刀小試

( ) 下列敘述何者錯誤?
(A)政府、企業經營者及消費者均應致力充實消費資訊,提供消費者運用
(B)行政院為消費者保護行政體系之監督者
(C)違反消費者保護法可被處以罰鍰、停(歇)業處分、強制執行
(D)本法所稱主管機關,在直轄市為各級法院。

解答與解析

(D)。本法所稱主管機關:在中央為目的事業主管機關;在直轄市為直轄市政府;在縣(市)為縣(市)政府(消保法6)。

重點 3　消費爭議之處理

一、申訴

消費者與企業經營者因商品或服務發生消費爭議時，消費者得向企業經營者、消費者保護團體或消費者服務中心或其分中心申訴（消保法43 Ⅰ）。

企業經營者對於消費者之申訴，應於申訴之日起**十五日內**妥適處理之（消保法43 Ⅱ）。

消費者依第一項申訴，未獲妥適處理時，得向直轄市、縣（市）政府**消費者保護官**申訴（消保法43 Ⅲ）。

二、調解

(一) **申請**：消費者依前條申訴未能獲得妥適處理時，得向直轄市或縣（市）**消費爭議調解委員會**申請調解（消保法44）。

(二) **受理及程序進行**：前條消費爭議調解事件之受理、程序進行及其他相關事項之辦法，由行政院定之（消保法44-1）。

(三) **處所與保密原則**：調解程序，於直轄市、縣（市）政府或其他適當之處所行之，其程序得**不公開**（消保法45-1 Ⅰ）。

調解委員、列席協同調解人及其他經辦調解事務之人，對於調解事件之內容，除已公開之事項外，應保守秘密（消保法45-1 Ⅱ）。

(四) **當事人不能合意但已甚接近之調解**：

1. **職權調解**：關於消費爭議之調解，當事人不能合意但已甚接近者，**調解委員**得斟酌一切情形，求兩造利益之平衡，於不違反兩造當事人之主要意思範圍內，依職權提出解決事件之方案，並送達於當事人（消保法45-2 Ⅰ）。

   前項方案，應經參與**調解委員過半數之同意**，並記載第四十五條之三所定異議期間及未於法定期間提出異議之法律效果（消保法45-2 Ⅱ）。

2. **消費爭議解決方案之異議**：當事人對於前條所定之方案，得於送達後**十日之不變期間內**，提出異議（消保法45-3 Ⅰ）。

   於前項期間內提出異議者，視為調解不成立；其未於前項期間內提出異議者，視為已依該方案成立調解（消保法45-3 Ⅱ）。

第一項之異議，消費爭議調解委員會應通知他方當事人（消保法
45-3 Ⅲ）。

(五) **小額消費爭議之調解：**

1. **小額爭議職權調解之送達**：關於小額消費爭議，當事人之一方無正當理
由，不於調解期日到場者，調解委員得審酌情形，依到場當事人一造之
請求或依職權提出解決方案，並送達於當事人（消保法45-4 Ⅰ）。
前項之方案，應經全體調解委員過半數之同意，並記載第四十五條之五
所定異議期間及未於法定期間提出異議之法律效果（消保法45-4 Ⅱ）。
第一項之送達，不適用公示送達之規定（消保法45-4 Ⅲ）。
第一項小額消費爭議之額度，由**行政院**定之（消保法45-4 Ⅳ）。

2. **小額爭議職權調解之異議**：當事人對前條之方案，得於送達後**十日**之不
變期間內，提出異議；未於異議期間內提出異議者，視為已依該方案成
立調解（消保法45-5 Ⅰ）。
當事人於異議期間提出異議，經調解委員另定調解期日，無正當理由不
到場者，視為依該方案成立調解（消保法45-5 Ⅱ）。

(六) **調解書之作成與效力**：調解成立者應作成調解書（消保法46 Ⅰ）。
前項調解書之作成及效力，準用鄉鎮市調解條例第二十五條至第二十九
條之規定（消保法46 Ⅱ）。

三、消費訴訟

(一) **意義**：消費訴訟：指因消費關係而向法院提起之訴訟（消保法2第5款）。

(二) **提起**：消費者在依法提出申訴及調解後，仍未獲妥適處理時，得依法提
起消費訴訟；**消費者**亦得不經申訴或調解程序逕行提起消費訴訟；**消費
者保護團體**及**消費者保護官**亦得依法提起消費訴訟。

(三) **管轄**：消費訴訟，得由消費關係**發生地**之法院管轄（消保法47）。

(四) **假執行**：法院為企業經營者敗訴之判決時，得依職權宣告為**減免擔保**之
假執行（消保法48 Ⅱ）。

(五) **消費者保護團體之提起訴訟：**

1. 消費者損害賠償訴訟：
消費者保護團體對於同一之原因事件，致使眾多消費者受害時，得受讓**二十
人以上**消費者損害賠償請求權後，以自己名義，提起訴訟。消費者得於言詞
辯論終結前，終止讓與損害賠償請求權，並通知法院（消保法50 Ⅰ）。

前項訴訟，因部分消費者終止讓與損害賠償請求權，致人數不足二十人者，不影響其實施訴訟之權能（消保法50 II）。

第一項讓與之損害賠償請求權，包括民法第一百九十四條、第一百九十五條第一項非財產上之損害（消保法50 III）。

前項關於消費者損害賠償請求權之時效利益，應依讓與之消費者單獨個別計算（消保法50 IV）。

消費者保護團體受讓第三項所定請求權後，應將訴訟結果所得之賠償，扣除訴訟及依前條第二項規定支付予律師之必要費用後，交付該讓與請求權之消費者（消保法50 V）。

消費者保護團體就第一項訴訟，不得向消費者請求報酬（消保法50 VI）。

2. 不作為訴訟：

消費者保護官或消費者保護團體，就企業經營者重大違反本法有關保護消費者規定之行為，得向法院訴請停止或禁止之（消保法53 I）。

前項訴訟免繳裁判費（消保法53 II）。

(六) **消費者保護官之提起不作為訴訟**：消費者保護官或消費者保護團體，就企業經營者重大違反本法有關保護消費者規定之行為，得向法院訴請停止或禁止之（消保法53 I）。

(七) **選定當事人之損害賠償訴訟**：因同一消費關係而被害之多數人，依民事訴訟法第四十一條之規定，選定一人或數人起訴請求損害賠償者，法院得徵求原被選定人之同意後公告曉示，其他之被害人得於一定之期間內以書狀表明被害之事實、證據及應受判決事項之聲明、併案請求賠償。其請求之人，視為已依民事訴訟法第四十一條為選定（消保法54 I）。

前項併案請求之書狀，應以**繕本**送達於兩造（消保法54 II）。

第一項之期間，至少**應有十日**，**公告**應黏貼於法院牌示處，並登載新聞紙，其費用由國庫墊付（消保法54 III）。

(八) **懲罰性賠償金**：依本法所提之訴訟，因企業經營者之**故意**所致之損害，消費者得請求損害額**五倍**以下之懲罰性賠償金；但因**重大過失**所致之損害，得請求**三倍**以下之懲罰性賠償金，因**過失**所致之損害，得請求損害額**一倍**以下之懲罰性賠償金（消保法51）。

(九) **停止營業之情形**：企業經營者違反本法規定，生產商品或提供服務具有危害消費者生命、身體、健康之虞者，影響社會大眾經中央主管機關認定為情節重大，中央主管機關或行政院得立即命令其停止營業，並儘速協請消費者保護團體以其名義，提起消費者損害賠償訴訟（消保法60）。

牛刀小試

( ) **1** 下列何者非消費爭議申訴之對象？
(A)企業經營者
(B)消費者保護團體
(C)消費者服務中心或其分中心
(D)消費爭議調解委員會。

( ) **2** 企業經營者對於消費者之申訴，應於申訴之日起幾日內處理之？
(A)5 (B)7 (C)10 (D)15。

( ) **3** 小額消費爭議之額度，由哪個機關定之？
(A)考試院 (B)行政院 (C)立法院 (D)司法院。

( ) **4** 同一原因事件須達幾人，方可由消費者保護團體提起訴訟？
(A)10 (B)20 (C)50 (D)100。

解答與解析

1 (D)。消費者依前條申訴未能獲得妥適處理時，得向直轄市或縣（市）消費爭議調解委員會申請「調解」（消保法44）。

2 (D)。企業經營者對於消費者之申訴，應於申訴之日起十五日內妥適處理之（消保43Ⅰ後段）。

3 (B)。小額消費爭議之額度，由行政院定之（消保法45-4Ⅳ）。

4 (B)。消費者保護團體對於同一之原因事件，致使眾多消費者受害時，得受讓二十人以上消費者損害賠償請求權後，以自己名義，提起訴訟。消費者得於言詞辯論終結前，終止讓與損害賠償請求權，並通知法院（消保法50Ⅰ）。

重點 4　催收過程的消費者保護行為

一、商品製造人或服務提供人之責任

從事設計、生產、製造商品或提供服務之企業經營者，於提供商品流通進入市場，或提供服務時，應確保該商品或服務，符合當時科技或專業水準可合理期待之安全性（消保法7 Ⅰ ）。

商品或服務具有危害消費者生命、身體、健康、財產之可能者，應於明顯處為警告標示及緊急處理危險之方法（消保法7 Ⅱ ）。

企業經營者違反前二項規定，致生損害於消費者或第三人時，應負連帶賠償責任。但企業經營者能證明其無過失者，法院得減輕其賠償責任（消保法7 Ⅲ ）。

二、企業經營者應為之措施

企業經營者對於其提供之商品或服務，應重視消費者之健康與安全，並向消費者說明商品或服務之使用方法，維護交易之公平，提供消費者充分與正確之資訊，及實施其他必要之消費者保護措施（消保法4）。

三、定型化契約條款之無效

定型化契約中之條款違反誠信原則，對消費者顯失公平者，無效（消保法12 Ⅰ ）。

定型化契約中之條款有下列情形之一者，推定其顯失公平（消保法12 Ⅱ ）：

(一) 違反平等互惠原則者。

(二) 條款與其所排除不予適用之任意規定之立法意旨顯相矛盾者。

(三) 契約之主要權利或義務，因受條款之限制，致契約之目的難以達成者。

四、定型化契約內容及給予

企業經營者應向消費者明示定型化契約條款之內容；明示其內容顯有困難者，應以顯著之方式，公告其內容，並經消費者同意者，該條款即為契約之內容（消保法13 Ⅰ ）。

企業經營者應給與消費者定型化契約書。但依其契約之性質致給與顯有困難者，不在此限（消保法13 Ⅱ ）。

定型化契約書經消費者簽名或蓋章者，企業經營者應給與消費者該定型化契約書**正本**（消保法13Ⅲ）。

定型化契約條款未經記載於定型化契約中而依正常情形顯非消費者所得預見者，該條款不構成契約之內容（消保法14）。

五、企業經營者對消費者所負之義務不得低於廣告之內容

企業經營者應確保廣告內容之真實，其對消費者所負之義務不得低於廣告之內容（消保法22Ⅰ）。

企業經營者之商品或服務廣告內容，於契約成立後，應確實履行（消保法22Ⅱ）。

六、申訴

消費者與企業經營者因商品或服務發生消費爭議時，消費者得向企業經營者、消費者保護團體或消費者服務中心或其分中心申訴（消保法43Ⅰ）。

企業經營者對於消費者之申訴，應於申訴之日起十五日內妥適處理之（消保法43Ⅱ）。

消費者依第一項申訴，未獲妥適處理時，得向直轄市、縣（市）政府消費者保護官申訴（消保法43Ⅲ）。

七、消費者求懲罰性賠償金之訴訟

依本法所提之訴訟，因企業經營者之故意所致之損害，消費者得請求損害額五倍以下之懲罰性賠償金；但因重大過失所致之損害，得請求三倍以下之懲罰性賠償金，因過失所致之損害，得請求損害額一倍以下之懲罰性賠償金（消保法51）。

八、罰鍰

企業經營者規避、妨礙或拒絕主管機關依第十七條第六項、第三十三條或第三十八條規定所為之調查者，處新臺幣三萬元以上三十萬元以下罰鍰，並得按次處罰（消保法57）。

企業經營者違反主管機關依第三十六條或第三十八條規定所為之命令者，處

新臺幣六萬元以上一百五十萬元以下罰鍰，並得按次處罰（消保法58）。

九、停止營業之情形

企業經營者違反本法規定，生產商品或提供服務具有危害消費者生命、身體、健康之虞者，影響社會大眾經中央主管機關認定為情節重大，中央主管機關或行政院得立即命令其停止營業，並盡速協請消費者保護團體以其名義，提起消費者損害賠償訴訟（消保法60）。

牛刀小試

(　　) 下列敘述何者錯誤？

　　(A)定型化契約中之條款違反誠信原則，對消費者顯失公平者，無效

　　(B)定型化契約書經消費者簽名或蓋章者，企業經營者應給與消費者該定型化契約書影本

　　(C)定型化契約中之條款，違反平等互惠原則者，推定其顯失公平

　　(D)企業經營者應給與消費者定型化契約書。但依其契約之性質致給與顯有困難者，不在此限。

解答與解析

(B)。 定型化契約書經消費者簽名或蓋章者，企業經營者應給與消費者該定型化契約書**正本**（消保法13 Ⅲ）

第14章 金融消費者保護法

章前導讀

· 本章節之學習重點著重於金融消費者之保護及爭議處理，需特別注意廣告相關規定、業務承攬及營業促銷活動之內容與責任、考量銷售適合度、契約內容及風險揭露之權利義務。

重點 1 總則

重要度 ★★★★

一、 立法目的

為保護金融消費者權益，公平、合理、有效處理金融消費爭議事件，以增進金融消費者對市場之信心，並促進金融市場之健全發展，特制定本法（金保法1）。

二、 主管機關

本法之主管機關為**金融監督管理委員會**（金保法2）。

三、 金融服務業之定義

本法所定金融服務業，包括銀行業、證券業、期貨業、保險業、電子票證業及其他經主管機關公告之金融服務業（金保法3 Ⅰ）。

前項銀行業、證券業、期貨業及保險業之範圍，依金融監督管理委員會組織法第二條第三項規定。但不包括證券交易所、證券櫃檯買賣中心、證券集中保管事業、期貨交易所及其他經主管機關公告之事業（金保法3 Ⅱ）。

第一項所稱電子票證業，指電子票證發行管理條例第三條第二款之發行機構（金保法3 Ⅲ）。

四、　金融消費者之定義

本法所稱金融消費者，指接受金融服務業提供金融商品或服務者。但不包括下列對象（金保法4Ⅰ）：

(一) 專業投資機構。

(二) 符合一定財力或專業能力之自然人或法人。

前項專業投資機構之範圍及一定財力或專業能力之條件，由主管機關定之（金保法4Ⅱ）。

金融服務業對自然人或法人未符合前項所定之條件，而協助其創造符合形式上之外觀條件者，該自然人或法人仍為本法所稱金融消費者（金保法4Ⅲ）。

五、　金融消費爭議

本法所稱金融消費爭議，指金融消費者與金融服務業間因商品或服務所生之民事爭議（金保法5）。

六、　責任不得預先約定限制或免除

本法所定金融服務業對金融消費者之責任，不得預先約定限制或免除（金保法6Ⅰ）。

違反前項規定者，**該部分約定無效**（金保法6Ⅱ）。

牛刀小試

(　　) 下列敘述何者錯誤？

(A)本法所稱金融消費者，指接受金融服務業提供金融商品或服務者

(B)金融消費保護法之主管機關為金融調整委員會

(C)本法所稱金融消費爭議，指金融消費者與金融服務業間因商品或服務所生之民事爭議

(D)本法所定金融服務業對金融消費者之責任，不得預先約定限制或免除。

解答與解析

(B)。 本法之主管機關為金融監督管理委員會（金保法2）。

重點 **2**　　金融消費者之保護　　　重要度 ★★

一、　善良管理人之注意義務

金融服務業與金融消費者訂立提供金融商品或服務之契約，應本公平合理、平等互惠及誠信原則（金保法7 I ）。

金融服務業與金融消費者訂立之契約條款顯失公平者，該部分條款無效；契約條款如有疑義時，應為有利於金融消費者之解釋（金保法7 II ）。

金融服務業提供金融商品或服務，應盡善良管理人之注意義務；其提供之金融商品或服務具有信託、委託等性質者，並應依所適用之法規規定或契約約定，負忠實義務（金保法7 III ）。

二、　廣告、業務招攬及營業促銷活動之內容與責任

金融服務業刊登、播放廣告及進行業務招攬或營業促銷活動時，不得有虛偽、詐欺、隱匿或其他足致他人誤信之情事，並應確保其廣告內容之真實，其對金融消費者所負擔之義務不得低於前述廣告之內容及進行業務招攬或營業促銷活動時對金融消費者所提示之資料或說明（金保法8 I ）。

前項廣告、業務招攬及營業促銷活動之方式、內容及其他應遵行事項之辦法，由主管機關定之（金保法8 II ）。

金融服務業不得藉金融教育宣導，引薦個別金融商品或服務（金保法8 III ）。

三、　銷售適合度考量之義務

金融服務業與金融消費者訂立提供金融商品或服務之契約前，應充分瞭解金融消費者之相關資料，以確保該商品或服務對金融消費者之適合度（金保法9 I ）。

前項應充分瞭解之金融消費者相關資料、適合度應考量之事項及其他應遵行事項之辦法，由主管機關定之（金保法9 II ）。

四、 契約內容及風險揭露之權利義務

金融服務業與金融消費者訂立提供金融商品或服務之契約前，應向金融消費者充分說明該金融商品、服務及契約之重要內容，並充分揭露其風險（金保法10Ⅰ）。

前項涉及個人資料之蒐集、處理及利用者，應向金融消費者充分說明個人資料保護之相關權利，以及拒絕同意可能之不利益；金融服務業辦理授信業務，應同時審酌借款戶、資金用途、還款來源、債權保障及授信展望等授信原則，不得僅因金融消費者拒絕授權向經營金融機構間信用資料之服務事業查詢信用資料，作為不同意授信之唯一理由（金保法10Ⅱ）。

第一項金融服務業對金融消費者進行之說明及揭露，應以金融消費者能充分瞭解之文字或其他方式為之，其內容應包括但不限交易成本、可能之收益及風險等有關金融消費者權益之重要內容；其相關應遵循事項之辦法，由主管機關定之（金保法10Ⅲ）。

金融服務業提供之金融商品屬第十一條之二第二項所定之複雜性高風險商品者，前項之說明及揭露，除以非臨櫃之自動化通路交易或金融消費者不予同意之情形外，應錄音或錄影（金保法10Ⅳ）。

五、 懲罰性賠償

金融服務業違反前二條規定，致金融消費者受有損害者，應負損害賠償責任。但金融服務業能證明損害之發生非因其未充分瞭解金融消費者之商品或服務適合度或非因其未說明、說明不實、錯誤或未充分揭露風險之事項所致者，不在此限（金保法11）。

金融服務業因違反本法規定應負損害賠償責任者，對於故意所致之損害，法院得因金融消費者之請求，依侵害情節，酌定損害額**三倍**以下之懲罰性賠償；對於**過失**所致之損害，得酌定損害額**一倍**以下之懲罰性賠償（金保法11-3Ⅰ）。

前項懲罰性賠償請求權，自請求權人**知**有得受賠償之原因時起二年間不行使而消滅；自賠償**原因發生之日**起逾五年者，亦同（金保法11-3Ⅱ）。

六、 提報董事會事項

金融服務業應訂定業務人員之酬金制度，並提報董（理）事會通過（金保法11-1Ⅰ）。

前項酬金制度應衡平考量客戶權益、金融商品或服務對金融服務業及客戶可能產生之各項風險，不得僅考量金融商品或服務之業績目標達成情形（金保法11-1Ⅱ）。

前項金融服務業業務人員酬金制度應遵行之原則，由所屬同業公會擬訂，報請主管機關核定（金保法11-1Ⅲ）。

金融服務業初次銷售之複雜性高風險商品應報經董（理）事會或常務董（理）事會通過（金保法11-2Ⅰ）。

前項所定複雜性高風險商品類型，由主管機關定之（金保法11-2Ⅱ）。

第一項複雜性高風險商品及前條第一項之酬金制度，於外國金融服務業在臺分支機構，應經其在臺負責人同意（金保法11-2Ⅲ）。

七、 主管機關處分

金融服務業未依第二章有關金融消費者之保護規定辦理者，主管機關得限期令其改正，並得視情節之輕重，為下列處分（金保法12-1Ⅰ）：

(一) 警告。

(二) 停止該金融商品全部或一部之銷售。

(三) 對金融服務業就其全部或部分業務為一年以下之停業。

(四) 命令金融服務業停止其董（理）事、監察人、經理人或受僱人一年以下執行職務。

(五) 命令金融服務業解除其董（理）事、監察人、經理人或受僱人職務。

(六) 其他必要之處置。

金融服務業未依前項主管機關命令於限期內改正者，主管機關得再限期令其改正，並依前項規定處分；情節重大者，並得廢止其營業許可（金保法12-1Ⅱ）。

八、 內部控制與稽核制度之規範

金融服務業應將第八條至第十條、第十一條之一及第十一條之二規定事項，納入其內部控制及稽核制度，並確實執行（金保法12）。

牛刀小試

(　　)下列敘述何者錯誤？　(A)金融服務業與金融消費者訂立提供金融商品或服務之契約，應本公平合理、平等互惠及誠信原則　(B)金融服務業得藉金融教育宣導，引薦個別金融商品或服務　(C)懲罰性賠償請求權，自請求權人知有得受賠償之原因時起二年間不行使而消滅　(D)金融服務業應訂定業務人員之酬金制度，並提報董（理）事會通過。

解答與解析

(B)。金融服務業不得藉金融教育宣導，引薦個別金融商品或服務（金保法8 Ⅲ）。

重點3　金融消費爭議處理　重要度 ★★★★

一、 爭議處理機構之設立

為公平合理、迅速有效處理金融消費爭議，以保護金融消費者權益，應依本法設立爭議處理機構（金保法13 Ⅰ）。

金融消費者就金融消費爭議事件應先向金融服務業提出申訴，金融服務業應於收受申訴之日起三十日內為適當之處理，並將處理結果回覆提出申訴之金融消費者；金融消費者不接受處理結果者或金融服務業逾上述期限不為處理者，金融消費者得於收受處理結果或期限屆滿之日起六十日內，向爭議處理機構申請評議；金融消費者向爭議處理機構提出申訴者，爭議處理機構之金融消費者服務部門應將該申訴移交金融服務業處理（金保法13 Ⅱ）。

爭議處理機構除處理金融消費爭議外，並應辦理對金融服務業及金融消費者之教育宣導，使金融服務業與金融消費者均能充分瞭解正確之金融消費觀念及金融消費關係之權利與義務，以有效預防金融消費爭議發生（金保法13 Ⅲ）。

爭議處理機構辦理金融消費爭議處理及前項業務，得向金融服務業收取年費及爭議處理服務費（金保法13 Ⅳ）。

前項年費及服務費之收取標準及有關規定由主管機關定之（金保法13 Ⅴ）。

二、 消費者保護團體申請評議

為保護金融消費者，主管機關得指定金融相關之財團法人或公益社團法人，對於金融服務業與金融消費者間因同一原因事實受有損害之金融消費爭議事件，由二十人以上金融消費者以**書面**授與評議實施權後，**以自己名義**，依第二十三條至第二十八條規定為金融消費者進行評議程序（金保法13-1 I）。

前項金融消費者於申請評議後作成評議決定前，終止評議實施權之授與者，應通知爭議處理機構，該部分之評議程序先行停止；該金融消費者應於**七個工作日**內以**書面**向爭議處理機構表明自行續行評議，屆期未表明者，視為撤回該部分之評議申請（金保法13-1 II）。

第一項受指定之金融相關財團法人或公益社團法人申請評議後，因部分金融消費者終止評議實施權之授與，致其餘部分不足二十人者，爭議處理機構應就其餘部分繼續進行評議（金保法13-1 III）。

爭議處理機構作成之評議書，應由依第一項規定授與評議實施權之各金融消費者，依第二十九條及第三十條規定表明接受或拒絕評議決定及是否申請將評議書送法院核可（金保法13-1 IV）。

第一項法人應具備之資格要件、同一原因事實之認定基準、評議實施權授與之範圍、評議程序之進行及其他應遵行事項之辦法，由主管機關定之（金保法13-1 V）。

三、 爭議處理機構之基金設立來源

爭議處理機構為財團法人，捐助財產**總額**為新臺幣十億元，除民間捐助外，由政府分**五年**編列預算捐助。爭議處理機構**設立時**之捐助財產為新臺幣二億元（金保法14 I）。

爭議處理機構設基金，基金來源如下（金保法14 II）：

(一) 捐助之財產。

(二) 依前條第四項向金融服務業收取之年費及服務費。

(三) 基金之孳息及運用收益。

(四) 其他受贈之收入。

爭議處理機構之下列事項，由主管機關定之（金保法14 III）：

(一) 組織與設立、財務及業務之監督管理、變更登記之相關事項、捐助章程應記載事項。

(二) 各金融服務業繳交年費、服務費之計算方式。

(三) 基金之收支、保管及運用辦法。

(四) 董事、監察人之任期與解任、董事會之召集與決議、董事會與監察人之職權及其他應遵行事項。

四、 通案處理原則之訂定

爭議處理機構應設董事會，置董事七人至十一人（金保法15 I ）。

爭議處理機構置**監察人一人至三人**（金保法15 II ）。

爭議處理機構之董事及監察人，由主管機關就學者、專家及公正人士遴選（派）之（金保法15 III ）。

董事會應由全體董事三分之二以上之出席，**出席董事過半數之同意**，選出董事一人為董事長，經主管機關核可後生效（金保法15 IV ）。

董事、董事會及監察人不得介入評議個案之處理（金保法15 V ）。

五、 爭議處理機構處理調處之程序

爭議處理機構設金融消費者服務部門，辦理協調金融服務業處理申訴及協助評議委員處理評議事件之各項審查準備事宜（金保法16 I ）。

爭議處理機構內部人員應具備之資格條件，由爭議處理機構擬訂，報請主管機關核定（金保法16 II ）。

六、 申請評議程序之訂定及不受理之情形

金融消費者申請評議，應填具申請書，載明當事人名稱及基本資料、請求標的、事實、理由、相關文件或資料及申訴未獲妥適處理之情形。

金融消費者申請評議有下列各款情形之一者，爭議處理機構應決定不受理，並以書面通知金融消費者及金融服務業。但其情形可以補正者，爭議處理機構應通知金融消費者於合理期限內補正（金保法24）：

(一) 申請不合程式。

(二) 非屬金融消費爭議。

(三) 未先向金融服務業申訴。

(四) 向金融服務業提出申訴後，金融服務業處理申訴中尚未逾三十日。

(五) 申請已逾法定期限。

(六) 當事人不適格。

(七) 曾依本法申請評議而不成立。

(八) 申請評議事件已經法院判決確定，或已成立調處、評議、和解、調解或仲裁。

(九) 其他主管機關規定之情形。

七、 評議委員之預審及利益迴避

爭議處理機構於受理申請評議後，應由評議委員會主任委員指派評議委員三人以上為預審委員先行審查，並研提審查意見報告（金保法25 Ⅰ）。

評議委員對於評議事項涉及本人、配偶、二親等以內之親屬或同居家屬之利益、曾服務於該金融服務業離職未滿三年或有其他足認其執行職務有偏頗之虞時，應自行迴避；經當事人申請者，亦應迴避（金保法25 Ⅱ）。

前項情形，如評議委員及當事人對於應否迴避有爭議，應由爭議處理機構評議委員會決議該評議委員是否應予迴避，並由爭議處理機構將決議結果於決議之日起三日內，以書面通知當事人（金保法25 Ⅲ）。

評議委員會主任委員應於預審委員自行迴避或前項評議委員會決議預審委員應予迴避之日起五日內，另行指派預審委員（金保法25 Ⅳ）。

八、 書面審理原則

評議程序以**書面**審理為原則，並使當事人有於合理期間陳述意見之機會（金保法26 Ⅰ）。

評議委員會認為有必要者，得通知當事人或利害關係人至指定處所陳述意見；當事人請求到場陳述意見，評議委員會認有正當理由者，應給予到場陳述意見之機會（金保法26 Ⅱ）。

前項情形，爭議處理機構應於陳述意見期日七日前寄發通知書予當事人或利害關係人（金保法26 Ⅲ）。

九、 評議程序

預審委員應將審查意見報告提送評議委員會評議（金保法27 Ⅰ）。

評議委員會應公平合理審酌評議事件之一切情狀，以全體評議委員二分之一以上之出席，出席評議委員二分之一以上之同意，作成評議決定（金保法27 Ⅱ）。

十、 評議書之形式及送達

評議委員會之評議決定應以爭議處理機構名義作成評議書，送達當事人（金保法28 I ）。

前項送達，準用民事訴訟法有關送達之規定（金保法28 II ）。

十一、評議決定之成立

當事人應於評議書所載期限內，以書面通知爭議處理機構，表明接受或拒絕評議決定之意思。評議經當事人雙方接受而成立（金保法29 I ）。

金融服務業於事前以書面同意或於其商品、服務契約或其他文件中表明願意適用本法之爭議處理程序者，對於評議委員會所作其應向金融消費者給付每一筆金額或財產價值在一定額度以下之評議決定，應予接受；評議決定超過一定額度，而金融消費者表明願意縮減該金額或財產價值至一定額度者，亦同（金保法29 II ）。

前項一定額度，由爭議處理機構擬訂，報請主管機關核定後公告之（金保法29 III ）。

十二、評議書送請法院核可及效力之規定

金融消費者得於評議成立之日起**九十日**之不變期間內，申請爭議處理機構將評議書送請法院核可。爭議處理機構應於受理前述申請之日起**五日內**，將評議書及卷證送請爭議處理機構事務所所在地之管轄地方法院核可。但爭議處理機構送請法院核可前，金融服務業已依評議成立之內容完全履行者，免送請核可（金保法30 I ）。

除有第三項情形外，法院對於前項之評議書應予核可。法院核可後，應將經核可之評議書併同評議事件卷證發還爭議處理機構，並將經核可之評議書以正本送達當事人及其代理人（金保法30 II ）。

法院因評議書內容牴觸法令、違背公共秩序或善良風俗或有其他不能強制執行之原因而未予核可者，法院應將其理由通知爭議處理機構及當事人（金保法30 III ）。

評議書依第二項規定經法院核可者，**與民事確定判決有同一之效力**，當事人就該事件不得再行起訴或依本法申訴、申請評議（金保法30 IV ）。

評議書經法院核可後，依法有無效或得撤銷之原因者，當事人得向管轄地方法院提起宣告評議無效或撤銷評議之訴（金保法30 Ⅴ）。

前項情形，準用民事訴訟法第五百條至第五百零二條及第五百零六條、強制執行法第十八條第二項規定（金保法30 Ⅵ）。

牛刀小試

( ) **1** 下列敘述何者錯誤？ (A)金融消費者就金融消費爭議事件應先向金融服務業提出申訴，金融服務業應於收受申訴之日起三十日內為適當之處理 (B)前項申訴之結果毋庸回覆申訴之金融消費者，逕行交給主管機關即可 (C)金融消費者得於收受處理結果或期限屆滿之日起六十日內，向爭議處理機構申請評議 (D)金融消費者向爭議處理機構提出申訴者，爭議處理機構之金融消費者服務部門應將該申訴移交金融服務業處理。

( ) **2** 下列何者非爭議處理機構設基金時基金來源？ (A)捐助之財產 (B)基金之孳息及運用收益 (C)向金融機構貸款 (D)其他受贈之收入。

( ) **3** 金融消費者得於評議成立之日幾日內申請爭議處理機構將評議書送請法院核可？ (A)70 (B)90 (C)100 (D)120。

解答與解析

1 (B)。 金融消費者就金融消費爭議事件應先向金融服務業提出申訴，金融服務業應於收受申訴之日起三十日內為適當之處理，並將處理結果回覆提出申訴之金融消費者；金融消費者不接受處理結果者或金融服務業逾上述期限不為處理者，金融消費者得於收受處理結果或期限屆滿之日起六十日內，向爭議處理機構申請評議；金融消費者向爭議處理機構提出申訴者，爭議處理機構之金融消費者服務部門應將該申訴移交金融服務業處理（金保法13 Ⅱ）。

2 (C)。 爭議處理機構設基金，基金來源如下（金保法14 Ⅱ）：
1.捐助之財產。
2.依前條第四項向金融服務業收取之年費及服務費。
3.基金之孳息及運用收益。
4.其他受贈之收入。

3 (B)。 金融消費者得於評議成立之日起**九十日**之不變期間內，申請爭議處理機構將評議書送請法院核可。爭議處理機構應於受理前述申請之日起五日內，將評議書及卷證送請爭議處理機構事務所所在地之管轄地方法院核可。但爭議處理機構送請法院核可前，金融服務業已依評議成立之內容完全履行者，免送請核可（金保法30Ⅰ）

重點 4　附則 　　　　　　　　　　　　　重要度 ★

一、 罰則

金融服務業有下列情形之一者，處新臺幣三十萬元以上一千萬元以下罰鍰（金保法30-1Ⅰ）：

(一) 違反第八條第二項所定辦法中有關廣告、業務招攬、營業促銷活動方式或內容之規定。

(二) 違反第九條第一項規定未充分瞭解金融消費者相關資料及確保金融消費者之適合度，或同條第二項所定辦法中有關適合度應考量事項之規定。

(三) 違反第十條第一項規定，未向金融消費者充分說明金融商品、服務、契約之重要內容或充分揭露風險，或違反同條第三項所定辦法中有關說明、揭露應以金融消費者能充分瞭解之方式或內容之規定。

(四) 違反第十一條之一規定，未訂定或未依主管機關核定應遵行之原則訂定酬金制度或未確實執行。

金融服務業對自然人或法人未符合第四條第二項所定之條件，而協助其創造符合形式上之外觀條件者，處新臺幣一千萬元以上五千萬元以下罰鍰（金保法30-1Ⅱ）。

金融服務業有前二項情形之一，且情節重大者，主管機關得於其所得利益之範圍內酌量加重，不受前二項罰鍰最高額之限制（金保法30-1Ⅲ）。

金融服務業有下列情形之一者，處新臺幣三十萬元以上三百萬元以下罰鍰（金保法30-2）：

(一) 違反第十一條之一第一項或第十一條之二第三項規定，業務人員酬金制度未提報董（理）事會通過，或未經外國金融服務業在臺分支機構負責人同意。

(二) 違反第十一條之二第一項或第三項規定，初次銷售之複雜性高風險商品未報經董（理）事會或常務董（理）事會通過，或未經外國金融服務業在臺分支機構負責人同意。

爭議處理機構之董事、監察人、評議委員、受任人或受僱人違反本法或依本法所發布之命令者，主管機關得解除其董事、監察人、評議委員、受任人或受僱人之職務（金保法31）。

二、　爭議處理之溯及力

金融消費者於本法施行前已向主管機關及其所屬機關、金融服務業所屬同業公會或財團法人保險事業發展中心申請申訴、和解、調解、調處、評議及其他相當程序，其爭議處理結果不成立者，得於爭議處理結果不成立之日起六十日內申請評議；自爭議處理結果不成立之日起已逾六十日者，得依第十三條第二項規定向金融服務業重新提出申訴，金融消費者不接受處理結果或金融服務業逾三十日處理期限不為處理者，得向爭議處理機構申請評議（金保法32）。

金融服務業從事廣告業務招攬及營業促銷活動辦法

金管法字第10000707321號令

第1條　本辦法依金融消費者保護法第八條第二項規定訂定之。

第2條　金融服務業從事廣告、業務招攬及營業促銷活動，應依本辦法之規定；本辦法未規定者，應按業務類別，分別適用各該業務法令規定及自律規範。

第3條　本辦法所稱廣告、業務招攬及營業促銷活動，指以促進業務為目的，利用下列傳播媒體、宣傳工具或方式，就業務及相關事務為傳遞、散布、宣傳、推廣、招攬或促銷者：
　　一、報紙、雜誌、期刊或其他出版印刷刊物。
　　二、宣傳單、海報、廣告稿、新聞稿、信函、簡報、投資說明書、保險建議書、公開說明書、貼紙、日（月）曆、電話簿或其他印刷物。

三、電視、電影、電話、電腦、傳真、手機簡訊、廣播、廣播電臺、幻燈片、跑馬燈或其他通訊傳播媒體。

四、看板、布條、招牌、牌坊、公車或其他交通工具上之廣告或其他任何形式之靜止或活動之工具與設施。

五、與公共領域相關之網際網路、電子看板、電子郵件、電子視訊、電子語音或其他電子通訊傳播設備。

六、舉辦現場講習會、座談會、說明會、現場展示會或其他公開活動。

七、其他任何形式之廣告宣傳、業務招攬及營業促銷活動。

第4條　金融服務業從事廣告、業務招攬及營業促銷活動,應依社會一般道德、誠實信用原則及保護金融消費者之精神,遵守下列原則:

一、應致力充實金融消費資訊及確保內容之真實,避免誤導金融消費者,對金融消費者所負擔義務不得低於廣告之內容及進行業務招攬或營業促銷活動時所提示之資料或說明。

二、對金融商品或服務內容之揭露如涉及利率、費用、報酬及風險時,應以衡平及顯著之方式表達。

三、應以中文表達並力求淺顯易懂,必要時得附註原文。

四、應以金融服務業名義為之。

第5條　金融服務業從事廣告、業務招攬及營業促銷活動,不得有下列各款之情事:

一、違反法令、主管機關之規定或自律規範。

二、虛偽不實、詐欺、隱匿、或其他足致他人誤信。

三、損害金融服務業或他人營業信譽。

四、冒用或使用相同或近似於他人之註冊商標、服務標章或名號,致有混淆金融消費者之虞。

五、故意截取報章雜誌不實之報導作為廣告內容。

六、對於業績及績效作誇大之宣傳。

七、藉主管機關對金融商品或服務之核准或備查程序,誤導金融消費者認為主管機關已對該金融商品或服務提供保證。

八、除依法得逕行辦理之金融商品或服務外,對未經主管機關核准或備查之金融商品或服務,預為宣傳或促銷。

九、使用之文字或訊息內容使人誤信能保證本金之安全或保證獲利。

十、刻意以不明顯字體標示附註與限制事項。

第**6**條　金融服務業應訂定廣告、業務招攬及營業促銷活動之宣傳資料製作管理規範，及其散發公布之控管作業流程。

金融服務業從事廣告、業務招攬及營業促銷活動之宣傳資料，於對外使用前，應按業務種類，依前項規範審核，確認內容無不當、不實陳述、誤導金融消費者、違反相關法令及自律規範之情事者，始得為之。

第**7**條　本辦法自中華民國一百年十二月三十日施行。

金融服務業確保金融商品或服務適合金融消費者辦法

金管法字第10600540300號令修正發布

第**1**條　本辦法依金融消費者保護法第九條第二項規定訂定之。

第**2**條　金融服務業與金融消費者訂立提供金融商品或服務之契約前，應依本辦法規定充分瞭解金融消費者之相關資料及依不同金融商品或服務之特性，建立差異化事前審查機制，以確保該商品或服務對金融消費者之適合度；本辦法未規定者，應按業務類別，分別適用各該業務法令及自律規範之規定。

第**3**條　金融服務業與金融消費者訂立契約時，須有適當之單位或人員審核簽約程序及金融消費者所提供資訊之完整性後，始得辦理。

第**4**條　銀行業及證券期貨業提供投資型金融商品或服務，於訂立契約前，應充分瞭解金融消費者之相關資料，其內容至少應包括下列事項：

一、接受金融消費者原則：應訂定金融消費者往來之條件。

二、瞭解金融消費者審查原則：應訂定瞭解金融消費者審查作業程序，及留存之基本資料，包括金融消費者之身分、財務背景、所得與資金來源、風險偏好、過往投資經驗及簽訂契約目的與需求等。該資料之內容及分析結果，應經金融消費者以簽名、蓋用原留印鑑或其他雙方同意之方式確認；修正時，亦同。

三、評估金融消費者投資能力：除參考前款資料外，並應綜合考量下列資料，以評估金融消費者之投資能力：

(一) 金融消費者資金操作狀況及專業能力。

(二) 金融消費者之投資屬性、對風險之瞭解及風險承受度。

(三) 金融消費者服務之合適性，合適之投資建議範圍。

第5條　前條所稱投資型金融商品或服務，係指下列商品或服務：

一、信託業辦理特定金錢信託業務或特定有價證券信託業務，受託投資國內外有價證券、短期票券或結構型商品。

二、信託業辦理具運用決定權之金錢信託或有價證券信託，以財務規劃或資產負債配置為目的，受託投資國內外有價證券、短期票券或結構型商品。

三、信託業運用信託財產於黃金或衍生性金融商品。

四、共同信託基金業務。

五、信託資金集合管理運用帳戶業務。

六、銀行與客戶承作之衍生性金融商品及結構型商品業務。

七、黃金及貴金屬業務。但不包括受託買賣集中市場或櫃檯買賣市場交易之黃金業務。

八、受託買賣非集中市場交易且具衍生性商品性質之外國有價證券業務。

九、證券商營業處所經營衍生性金融商品及槓桿交易商經營槓桿保證金契約交易業務。

十、證券投資信託基金及境外基金。但不包括受託買賣集中市場或櫃檯買賣市場交易之證券投資信託基金。

十一、期貨信託基金。但不包括受託買賣集中市場或櫃檯買賣市場交易之期貨信託基金。

十二、全權委託投資業務。

十三、全權委託期貨交易業務。

第6條　銀行業及證券期貨業提供投資型金融商品或服務前，應依各類金融商品或服務之特性評估金融商品或服務對金融消費者之適合度；銀行業並應設立商品審查小組，對所提供投資型金融商品進行上架前審查。

前項金融商品或服務適合度之內容，至少應包括金融消費者風險承受等級及金融商品或服務風險等級之分類，以確認金融消費者足以承擔該金融商品或服務之相關風險。

第7條　金融服務業於兼營證券期貨業務、擔任基金銷售機構或受境外基金機構委任於國內辦理私募時，應遵守本辦法規定。

第8條　保險業在提供金融消費者訂立保險契約或相關服務前，應充分瞭解金融消費者，其內容至少應包括下列事項：

一、金融消費者基本資料
    (一) 要保人及被保險人之基本資料。
    (二) 要保人與被保險人及被保險人與受益人之關係。
    (三) 其他主管機關規定之基本資料。
二、接受金融消費者原則：應訂定金融消費者投保之條件。
三、瞭解金融消費者審查原則：應瞭解金融消費者之投保目的及需求程度，並進行相關核保程序。
前項第一款所定基本資料，至少應包括姓名、性別、出生年月日、身分證字號及聯絡方式；金融消費者為法人時，為法人之名稱、代表人、地址、聯絡電話等。

第9條 保險業在提供金融消費者財產保險及非投資型保險商品或服務前，應考量之適合度事項如下：
一、金融消費者是否確實瞭解其所交保險費係用以購買保險商品。
二、金融消費者投保險種、保險金額及保險費支出與其實際需求是否相當。
三、金融消費者如係購買以外幣收付之非投資型保險商品時，應瞭解客戶對匯率風險之承受能力。

第10條 保險業在提供金融消費者投資型保險商品或服務前，應考量之適合度事項如下：
一、金融消費者是否確實瞭解其所交保險費係用以購買保險商品。
二、金融消費者投保險種、保險金額及保險費支出與其實際需求是否相當。
三、金融消費者之投資屬性、風險承受能力，及是否確實瞭解投資型保險之投資損益係由其自行承擔。
四、建立交易控管機制，避免提供金融消費者逾越財力狀況或不合適之商品或服務。

第11條 金融服務業應依法令、主管機關規定及自律規範訂定內部作業規範，並落實執行，以確保提供金融商品或服務對金融消費者之適合度。

第12條 本辦法自中華民國一百年十二月三十日施行。
本辦法修正條文，自發布日施行。

金融消費爭議處理機構設立及管理辦法

金管會107.10.16金管法字第10701176560號令修正發布

第一章　總則

第1條　本辦法依金融消費者保護法（以下簡稱本法）第十三條第五項及第十四條第三項規定訂定之。

第二章　機構之設立

第2條　金融消費爭議處理機構（以下簡稱爭議處理機構）之設立，應由全體願任董事檢附下列文件一式四份，向金融監督管理委員會（以下簡稱本會）申請設立許可：

一、申請書：載明目的、名稱、主事務所所在地、財產總額、業務項目及其他必要事項。

二、捐助章程正本。

三、捐助財產清冊。捐助財產之現金部分，應附金融機構之存款證明或其他足資證明之文件；其他財產部分，應附土地、建物所有權或其他相關證明文件。

四、董事名冊、董事國民身分證影本及董事與監察人間之親屬關係表。

五、願任董事同意書。

六、爭議處理機構及董事之印鑑或簽名清冊。

七、董事會成立會議紀錄。

八、監察人名冊、國民身分證影本、願任監察人同意書及其印鑑或簽名清冊。

九、捐助人同意移轉捐助財產為爭議處理機構所有之同意書。

十、業務計畫及資金運用說明書。

爭議處理機構之董事會應自收受本會設立許可文書之日起三十日內，向法院聲請法人登記，並於法院完成登記之日起三十日內，將法人登記證書影本報本會備查；其於法人登記後，應向所在地稅捐稽徵機關申請扣繳編號，併報本會備查。

第3條　爭議處理機構之登記事項如有變更，應於變更之日起十五日內填具變更申請書連同有關文件各四份，申請本會核可後向法院辦理變更登記。

第4條 爭議處理機構於設立許可後，捐助人應於法院登記完成後九十日內，將捐助財產全部移轉予爭議處理機構，以爭議處理機構名義登記或專戶儲存金融機構，並報本會備查。

前項捐助財產之種類為現金者，應以籌備處名義於金融機構開立專戶儲存，並於申請許可前存入。

第5條 爭議處理機構之捐助章程，應記載下列事項：

一、爭議處理機構之名稱、捐助目的及主事務所所在地。

二、捐助財產之種類、數額及保管運用方法。

三、業務項目及其管理方法。

四、董事及監察人名額、資格、產生方式、任期、任期中出缺補選（派）及任期屆滿之改選（派）事項。

五、董事會之組織、決議之方法及其職權。

六、會計制度、會計年度之起訖期間及預算、決算之編送時限。

七、事務單位之組織。

八、解散後賸餘財產之歸屬。

九、捐助章程作成日期。

十、關於主管機關規定之其他事項。

第6條 爭議處理機構之下列事項，應申報本會核可，修改時亦同：

一、捐助章程。

二、取得或處分固定資產處理程序。

三、內部控制制度。

四、其他依本法或本會規定應行申報核可之事項。

第三章　組織及人員

第7條 爭議處理機構應設董事會，置董事七人至十一人。

董事之任期三年，連選（派）得連任，每屆期滿連任之董事，不得逾全體董事人數三分之二。

董事會應由全體董事三分之二以上之出席，出席董事過半數之同意，選出董事一人為董事長，經本會核可後生效。

第8條 董事會由董事長召集之，並為主席。董事長因故不能召集及主持會議時，由董事長指定董事一人代理，董事長未指定代理人時，或不為召集時，由董事互推一人召集及主持會議。

董事會每三個月至少舉行一次，必要時得召集臨時董事會。

第 9 條　爭議處理機構董事會之議事錄，應於決議之日起五日內函報本會備查。

第 10 條　董事會職權如下：
一、基金之籌措、管理及運用。
二、董事長之推選及解聘。
三、評議委員會評議委員之遴選。
四、業務規則之訂定或修改。
五、內部組織之訂定及管理。
六、工作計畫之研訂及推動。
七、年度預算及決算之審定。
八、捐助章程變更之擬議。
九、不動產處分或設定負擔之擬議。
十、其他章程規定事項之擬議或決議。

第 11 條　董事會之決議應有二分之一以上董事出席及出席董事過半數之同意。
前項會議，董事應親自出席，若有特殊事由，得載明授權範圍並出具委託書，委託其他董事代理出席。但每名董事以代理一名為限。
董事或監察人執行職務時，有利益衝突者，應自行迴避。但董事長推選及董事改選時，不在此限。
前項所稱利益衝突，指董事或監察人得因其作為或不作為，直接或間接使本人或其關係人獲取利益或減少損失者。

第 12 條　爭議處理機構對於下列事項，應經董事三分之二以上出席，及出席董事四分之三以上之同意行之：
一、章程變更。
二、組織規程之訂定及變更。
三、法人之解散或目的之變更。
四、不動產之購置、處分或設定負擔。
五、申請貸款。
六、超過一定金額以上之採購支出。
七、基金保管運用方式之變更。
前項第一款章程變更，如有民法第六十二條或第六十三條之情事，本會得聲請法院為必要處分。
第一項第一款至第三款及第六款事由應報經本會核可後，始得為之。
第一項事項之討論，應於會議十日前將議程通知全體董事，並報請本會備查，本會得派員列席。
第一項第六款之一定金額，由本會定之。

第**13**條 爭議處理機構置監察人一人至三人。

監察人得隨時調查爭議處理機構之業務及財務狀況，查核簿冊文件，並得請求董事會提出報告。

監察人各得單獨行使監察權，發現董事會執行職務有違反法令、捐助章程或業務規則之行為時，應即通知董事會停止其行為，同時副知本會，並於三日內以書面敘明相關事實函報本會。

第七條第二項之規定，於監察人準用之。

第**14**條 爭議處理機構內部單位之組織、員額編制及職稱，應訂定組織規程，並申報本會核定，修改時亦同。

前項各單位副主管以上之人員異動，應於異動後十五日內報請本會備查。

第**15**條 爭議處理機構對人員之進用、待遇、考勤、獎懲、訓練、進修、退休、資遣、撫卹等，應訂定人事管理規定，申報本會核定；修正時，亦同。

爭議處理機構對人員待遇之支給，除前項人事管理規定訂定者外，不得另立科目支給。

第**16**條 爭議處理機構之經理人及受雇人不得以任何方式兼任金融服務業之任何職務或名譽職位。

第**17**條 爭議處理機構之經理人及受雇人於執行職務涉及本身利害關係時，應行迴避。

第**18**條 爭議處理機構之董事、監察人、經理人及受雇人，不得有下列行為：

一、對非依法令所為之查詢，洩漏職務上所獲悉之秘密。

二、對於職務上或違背職務之行為，要求期約或收受不正當利益。

三、其他違反金融法令或本會規定應為或不得為之情事。

第四章　財務及業務

第**19**條 爭議處理機構辦理本法業務應訂定業務規定，報經本會核定，修改時亦同。

前項業務規定中，應規定下列事項：

一、提供金融消費爭議相關事項之諮詢服務。

二、辦理協調金融服務業處理申訴案件程序。

三、辦理對金融服務業及金融消費者教育宣導之執行方式。

四、請求金融服務業提供相關文件資料之處理程序。

五、處理調處之程序、迴避、調處期限及其他應遵行之事項。

六、處理評議之程序、評議期限及其他應遵行事項。

七、主管機關委託辦理事項。

八、其他有助於達成本法目的之業務。

第20條 爭議處理機構會計事務之處理，其會計基礎應採權責發生制，會計年度之起迄以曆年制為準，並應依其會計事務性質、業務實際情形及發展管理上之需要，制定會計制度送本會備查。

前項會計制度之內容，至少應包括下列項目：

一、總說明。

二、帳簿組織系統圖。

三、會計科目、會計簿籍及會計報表之說明與用法。

四、普通會計事務處理程序。

五、收款、付款及財產管理辦法。

第21條 爭議處理機構每年應於七月底前，將次年度預算書及業務計畫書報送本會，另於次年四月十五日前將決算書連同會計師查核報告一併報送本會。預算書及決算書於報送本會時，如涉及財產總額變更者，應同時報請本會許可後，向法院為變更登記。本會為瞭解爭議處理機構其實際財產總額與法院登記財產總額是否相符，得隨時加以查察。

前項之預算書及決算書應包括資產負債表、收支餘絀表、現金流量表、主要財產目錄及有關附表。

爭議處理機構應於每季結束後十五日內，就業務及預算執行情形，函報本會備查。

第22條 為瞭解爭議處理機構之業務，本會得隨時通知其提出業務及財務報告，必要時並得派員查核，或委託會計師查核。

第23條 爭議處理機構應保存下列文件，備供本會派員查核：

一、捐助章程。

二、董事及監察人名冊。

三、法院核發之法人登記證書。

四、最近五年董事會及監察人會議紀錄。

五、財產目錄及最近十年預算書、決算書及會計師查核簽證之財務報告。

六、最近十年之帳簿及最近五年之相關憑證。

第五章　費用收取及基金運用

第24條　爭議處理機構收入來源如下：
一、捐助之財產。
二、自金融服務業收取之年費及服務費。
三、基金之孳息及運用收益。
四、其他受贈之收入。

第25條　爭議處理機構每年收取之年費及服務費，其總額不超過全體金融服務業前一年度營業收入之萬分之零點八；其中八分之五為年費、八分之三為服務費。
　　爭議處理機構每年年度終了之收支結餘，應轉列入次一年度收費總額調整。
　　各金融服務業應繳交之年費按其前一年度營業收入占全體金融覆物業營業收入之比例計算。
　　第一項及前項所定營業收入以金融監督管理委員會監理年費檢查費計繳標準及規費收取辦法（以下簡稱收取辦法）第四條至第五條之一、第六條第二項及第三項為計算基準。
　　中華郵政股份有限公司儲匯業務計算營業收入，以實際營業收入之四分之一計算。
　　各金融服務業應繳交年費低於新臺幣五百元者，仍應以五百元計收。
　　金融服務業應於每年八月底前繳交第一項規定之年費及服務費。
　　有關年費之收取，準用收取辦法第七條、第八條及第十條規定；服務費之收取，準用收取辦法第八條規定。

第26條　各金融服務業應繳交之服務費，其計算方式如下：
　　各金融服務業應繳納之服務費＝全體金融服務業應繳納之服務費總額×（各金融服務業前一年度各種屬性之爭議案件件數乘以各該案件屬性所對應權重加總後之數額／全體金融服務業前一年度各種屬性之爭議案件件數乘以各該案件屬性所對應權重加總後之數額）。
　　前項所稱爭議案件，係指金融消費者向爭議處理機構申請評議，或金融消費者向本會申請評議案件，經本會移由爭議處理機構處理者。但不包括經爭議處理機構決定不受理者。
　　第一項所稱案件屬性，可區分為：
一、評議屬性：爭議案件經評議委員會作成全部或部分有利於申請人之評議決定者。

二、其他屬性：爭議案件經申請人撤回、調處成立，或評議委員
　　會作成全部不利於申請人之評議決定者。

第一項所稱各該案件屬性所對應權重，評議屬性比其他屬性為四
比一。

第26-1條　依本法第十三條之一申請評議案件，每件按其書面授與評議
實施權之金融消費者人數，依案件結案屬性所對應權重，以下列
標準計收服務費：

一、一百人以下者，以二倍計收。

二、超過一百人者，每增加一百人增收一倍，增加不足一百人
　　者，以一百人計。

案件結案有二種屬性者，以多數結果為該案件之屬性。但二種屬
性人數相同者，以各屬性所對應權重加總後之平均數為其權重，
依前項標準計收服務費。

金融消費者依本法第十三條之一第二項終止評議實施權之授與
時，應依下列方式及前二項規定計收服務費：

一、未於七個工作日內以書面向爭議處理機構表明自行續行評
　　議，而視為撤回評議申請者，計入其他屬性人數。

二、於七個工作日內以同一原因事實，書面向爭議處理機構表明
　　自行續行評議者，計入案件結果所屬屬性人數。

第一項金融消費者人數之計算，不包括經爭議處理機構決定不受
理者。

第27條　爭議處理機構之資金運用，除支應業務之需要外，以下列各款為限：

一、存放金融機構。

二、購買公債、國庫券、金融債券、可轉讓定期存單、銀行承兌
　　匯票及銀行保證商業本票。

三、購置業務所需之動產及不動產。

四、其他經主管機關核准之運用項目。

爭議處理機構資金運用，應研擬年度運用方案，提請董事會核議
通過後據以執行；另每年資金運用之成效，應提報董事會備查。

第28條　爭議處理機構應於金融機構設立專戶，以利收入、支出款項控管。

第29條　本辦法自中華民國一百年十二月三十日施行。

本辦法修正條文，除中華民國一百零一年十二月二十五日修正發
布之第二十五條及第二十六條，自一百零二年一月一日施行；
一百零四年八月十四日修正之條文，自一百零五年一月一日施行
外，自發布日施行。

金融消費爭議處理機構評議委員資格條件聘任解任及評議程序辦法

金管法字第10801948381號修正發布

第一章　總則

第1條　本辦法依金融消費者保護法（以下簡稱本法）第十三條之一第五項、第十八條第二項、第二十三條第一項及第二十四條第二項第九款規定訂定之。

第二章　評議委員資格條件、聘任及解任

第2條　金融消費爭議處理機構（以下簡稱爭議處理機構）設評議委員會，置評議委員九人至二十五人，必要時得予增加。

評議委員應由爭議處理機構董事會遴選具備相關專業學養或實務經驗之學者、專家、公正人士，報請主管機關核定後聘任之。評議委員應具備下列資格條件之一：

一、曾任教育部認可之國內外大專院校法律、金融、保險等相關系所助理教授以上職務五年以上者。

二、曾任金融服務業及金融相關周邊機構業務主管職務合計十年以上者。

三、曾在各級政府消費者保護、法制、訴願或金融監理單位任職合計十年以上者。

四、曾任法官、檢察官或曾執行律師、會計師業務合計十年以上者。

五、曾任國內外仲裁機構仲裁人十年以上並有金融服務業仲裁經驗者。

第3條　評議委員之任期三年，期滿得續聘。主任委員應為專任，其餘評議委員得為兼任。

評議委員出缺，得補聘其缺額，補聘委員之任期至原委員任期屆滿之日為止。

第4條　有下列情事之一者，不得充任評議委員；其已充任者，由董事會解任之：

一、有公司法第三十條所定情事之一。

二、任公務員而受免除職務、撤職、剝奪退休(職、伍)金或休職之處分。

三、任律師而受律師法處以停止執行職務或除名之懲戒處分。

四、任會計師而受證券交易法處以停止或撤銷簽證工作之處分。

五、任會計師而受會計師法處以停止執行業務或除名之處分。

六、因違反金融法規，經主管機關命令撤換或解任，尚未逾五年。

七、有事實證明曾從事或涉及不誠信或不正當之活動。

第5條 兼任之評議委員，均為無給職。

第三章　評議程序

第6條 評議委員對所知悉金融消費爭議之資料及評議過程，除法規另有規定或經爭議雙方之同意外，應保守秘密。

第7條 評議委員應斟酌事件之事實證據，依公平合理原則，超然獨立進行評議。

第8條 有關爭議處理機構所檢附之資料，評議委員應於評議程序完畢後，返還於爭議處理機構。

第9條 評議委員應在爭議處理機構訂定之時程內，完成評議程序，以避免拖延評議程序，致當事人權益受損。

第10條 評議委員有違反第六條至前條規定者，爭議處理機構得為必要之處置。

第11條 評議委員遇有下列情形之一者，應自行迴避，不得執行評議：

一、評議事件涉及本人、配偶、二親等以內之親屬或同居家屬之利益。

二、曾服務於評議事件之金融服務業離職未滿三年。

三、有其他足認其執行職務有偏頗之虞。

經當事人申請特定評議委員應予迴避或評議委員對於應否迴避有爭議者，應由爭議處理機構評議委員會決議該評議委員是否應予迴避，並由爭議處理機構將決議結果於決議之日起三日內以書面通知評議委員及當事人。

前項應否迴避之決議，應由全體評議委員過半數之同意行之。但涉及是否應予迴避爭議之評議委員，不得參與表決。

評議委員會主任委員應於預審委員自行迴避或前項評議委員會決議預審委員應予迴避之日起五日內，另行指派預審委員。

第12條 金融消費者就金融消費爭議事件應先向金融服務業提出申訴，金融服務業應於收受申訴之日起三十日內為適當之處理，並將處理

結果回覆提出申訴之金融消費者。

金融消費者不接受前項處理結果或金融服務業逾前項期限不為處理者，金融消費者得於收受處理結果或期限屆滿之日起六十日內，向爭議處理機構申請評議。

金融消費者向爭議處理機構提出申訴者，爭議處理機構之金融消費者服務部門應將該申訴移交金融服務業處理。

第13條　金融消費者申請評議，應填具申請書，載明當事人名稱及基本資料、請求標的、事實、理由及申訴未獲妥適處理之情形，並檢具相關文件或資料。

第14條　對於申請評議之案件，爭議處理機構應先為程序上之審查，其無第十五條所定應不受理評議之情形者，再為實體上之審查。

申請書不合法定程式者，爭議處理機構應酌定合理期間通知申請人補正。

對應不受理評議之申請案，應註明不受理原因並移送評議委員會覆核後，爭議處理機構應以書面通知金融消費者及金融服務業。

符合評議受理條件之爭議案件，爭議處理機構應以書面通知金融服務業，於十個工作日內以書面向爭議處理機構陳述意見，並副知申請人。申請人於收受該陳述書後十個工作日內，得以書面向爭議處理機構提出補充理由書。

第15條　金融消費者申請評議有下列各款情形之一者，爭議處理機構應決定不受理，並以書面通知金融消費者及金融服務業。但其情形可以補正者，爭議處理機構應通知金融消費者於合理期限內補正：

一、申請不合程式。

二、非屬金融消費爭議。

三、未先向金融服務業申訴。

四、向金融服務業提出申訴後，金融服務業處理申訴中尚未逾三十日。

五、申請已逾法定期限。

六、當事人不適格。

七、曾依本法申請評議而不成立。

八、申請評議事件已經法院判決確定，或已成立調處、評議、和解、調解或仲裁。

九、申請評議事件純屬債務協商、投資表現、信用評等或定價政策之範圍者。

前項第九款所稱定價政策，指利率、費率、手續費、承銷價、貸放成數及鑑價；其屬衍生性金融商品或認購（售）權證者，該商品之定價政策包括定價模型及定價依據；其屬保險商品者，指保險商品之費率釐定政策，包括預定利率及商品價格等。

第16條　爭議處理機構受理評議申請後，得試行調處；當事人任一方不同意調處或經調處不成立者，應續行評議。

續行評議案件，應由評議委員會主任委員依評議委員專業領域及爭議事件性質，指派評議委員三人以上為預審委員先行審核。

預審委員應以全體預審委員三分之二以上之同意，作成審查意見報告，並提送評議委員會評議。

爭議處理機構有下列情形之一，得委請諮詢顧問提供專業意見：

一、預審委員審查評議案件時，認為事實、爭點或相關細節有釐清必要，經全體預審委員三分之二以上同意。

二、對於評議案件涉及醫事、交通事故、核保、精算或其他金融實務，於評議委員會主任委員依本法第二十五條第一項規定指派預審委員審查前，有先行整理案情之必要。

三、為評議案件處理之一致性，有研議通案法令爭議或建立通案處理原則之必要。

第17條　評議委員會由主任委員視申請評議案件需要召集會議。主任委員不克出席會議時，由出席評議委員互推一人代理。

評議委員會應公平合理審酌評議事件之一切情狀，超然獨立進行評議，以全體評議委員二分之一以上之出席，出席評議委員二分之一以上之同意，作成評議決定。

主席不參與表決。但於議案表決可否同數時，得加入使其通過或使其否決。

第18條　評議決定，除合於本法第二十二條規定之事件外，應自爭議處理機構受理評議申請之日起三個月內為之；必要時，得予延長，並通知當事人。延長以一次為限，最長不得逾二個月。

評議程序以書面審理為原則，評議委員會認為有必要者，得於陳述意見期日七日前書面通知當事人或利害關係人親自至指定處所陳述意見或邀諮詢顧問列席評議委員會說明。

當事人請求到場陳述意見，評議委員會認有正當理由者，應給予親自到場陳述意見之機會，並於陳述意見期日七日前書面通知當事人。

前項所稱受理評議申請之日，其起算如下：

一、無補正情形者，自爭議處理機構收受評議申請之次日起算。

二、申請人補正或提出補充理由書者，自爭議處理機構最後收受補正或補充理由書之次日起算；申請人未依通知補正者，自補正期間屆滿之次日起算。

三、申請人於延長評議期間提出補充理由書者，自爭議處理機構受補充理由書之次日起算。但不得逾二個月。

第19條 評議申請案件經申請人填具申請書申請撤回者，評議委員會應即終結評議程序，並通知申請人及金融服務業。

第20條 爭議處理機構對於評議委員會之評議決定，應以爭議處理機構名義作成評議書，並於決定作成之日起七個工作日內送達當事人；評議書之送達，準用民事訴訟法有關送達規定。

評議書應記載下列事項，並應設置專卷，至少保存五年：

一、當事人雙方之姓名或名稱及住居所。

二、評議決定（含給付之金額）。

三、案件事實及爭點摘要。

四、當事人雙方主張之理由及證據資料。

五、評議理由及其法令依據。

六、當事人對於評議決定以書面為接受或拒絕表示之期限及逾期未為者視為拒絕。

七、評議書作成日期。

第21條 當事人應於評議書所載期限內，以書面通知爭議處理機構，表明接受或拒絕評議決定之意思。評議經當事人雙方接受而成立。

第22條 評議書有誤寫、誤算或其他類似之顯然錯誤者，爭議處理機構得隨時或依申請更正之；其正本與原本不符者，亦同。

申請人之請求，評議決定有遺漏者，爭議處理機構得隨時或依申請補充評議之。

第23條 金融消費者得於評議成立之日起九十日之不變期間內，申請爭議處理機構將評議書送請法院核可。爭議處理機構應於受理前述申請之日起五日內，將評議書及卷證送請爭議處理機構事務所所在地之管轄地方法院核可。

評議書依前項規定經法院核可者，與民事確定判決有同一之效力，當事人就該事件不得再行起訴或依本法申訴、申請評議。

第四章　團體評議

第24條　主管機關依本法第十三條之一第一項指定之金融相關之財團法人或公益社團法人（以下簡稱受指定之法人）應符合下列要件：

一、完成設立登記滿三年。

二、登記財產總額新臺幣壹億元以上之財團法人，或社員人數五百人以上之社團法人。

三、董（理）事及監察人合計三分之二以上應具備金融或消費者保護之專業。

四、置有金融消費者保護專門人員。

前項第三款所稱具金融或消費者保護之專業，係指其董（理）事及監察人具備下列資格條件之一者：

一、曾任教育部認可之國內外大專院校法律、金融、保險等相關系所助理教授以上職務五年以上。

二、曾任金融服務業、金融相關周邊機構或金融爭議處理機構業務主管職務合計十年以上。

三、曾在各級政府消費者保護、法制、訴願或金融監理單位任職合計十年以上。

四、曾任法官、檢察官或曾執行律師、會計師業務合計十年以上。

五、曾任國內外仲裁機構仲裁人十年以上並有金融服務業仲裁經驗。

第一項第四款所稱金融消費者保護專門人員，指該法人處理本法第十三條之一第一項業務人員中，具有下列資格條件之一者：

一、曾任法官、檢察官、消費者保護官或律師工作三年以上。

二、曾在各級政府消費者保護、法制、訴願或金融監理單位任職三年以上。

第25條　本法第十三條之一第一項所稱同一原因事實，係指同一金融服務業者提供同一金融商品或服務，致生損害於多數有共同利益之金融消費者，並得共同請求之情形。

第26條　主管機關依本法第十三條之一第一項為指定時，應考量金融消費爭議事件之屬性及專業性，以書面載明指定日期，通知受指定之法人，並刊登政府公報公告之。

第27條　受指定之法人應於受指定日期之翌日起三日內對外公告下列事項：

一、指定之主管機關名稱、指定之公文發文日期與文號及指定日期。

二、受指定之法人名稱及主事務所所在地。

三、認定同一原因事實之範圍。

四、受理金融消費者以書面授與評議實施權之地點、方式及期間。

五、其他相關之資訊。

前項公告應揭示於受指定之法人主事務所所在地、網路及其他適當處所；必要時，並得以其他方法公告之。

受指定之法人應於受指定日期之翌日起七日內向爭議處理機構申請立案，並於第一項第四款公告之受理期間屆滿之翌日起三個月內向爭議處理機構申請評議及函報主管機關備查。

第28條 金融消費者授與評議實施權時，應填具評議實施權授與同意書及其他相關資料，並檢具已向金融服務業完成申訴程序之證明文件。

金融消費者授與評議實施權，而未依前項填具相關資料並檢具證明文件時，受指定之法人應不接受其授與評議實施權。但其情形可以補正者，受指定之法人應通知金融消費者於合理期限內補正。

受指定之法人有為授與評議實施權之金融消費者為一切進行調處、評議程序行為之權。但金融消費者得於第一項之同意書內表明限制其為調處之同意及評議申請之撤回。

前項授與評議實施權人中一人所為之限制，其效力不及於其他授與評議實施權人。

第29條 受指定之法人申請評議，應填具申請書，載明當事人及授與評議實施權之金融消費者名稱及基本資料、請求標的、事實、理由及申訴未獲妥適處理之情形，並檢具相關文件或資料。

第30條 受指定之法人申請評議有第十五條第一項各款所定情形之一者，爭議處理機構應決定不受理，並以書面通知受指定之法人及金融服務業。但其情形可以補正者，爭議處理機構應通知受指定之法人於合理期限內補正。

授與評議實施權之部分金融消費者有第十五條第一項各款所定情形之一者，爭議處理機構應決定不受理，並以書面通知受指定之法人及金融服務業，並就其餘部分續行評議。

符合評議受理條件之爭議案件，爭議處理機構應以書面通知金融服務業，於二十個工作日內以書面向爭議處理機構陳述意見，並副知受指定之法人。受指定之法人於收受該陳述書後二十個工作日內，得以書面向爭議處理機構提出補充理由書。

第31條 受指定之法人申請評議後，因部分金融消費者終止評議實施權之授與，致其餘部分不足二十人者，爭議處理機構應就其餘部分繼續進行評議。

第32條　受指定之法人申請評議後，爭議處理機構依第十六條規定，得試行調處；受指定之法人得經授與評議實施權之部分或全部金融消費者之同意，就各該消費者之部分與金融服務業成立調處，爭議處理機構應就該成立調處部分做成調處書送達受指定之法人及金融服務業，並就未成立調處部分續行評議。

第33條　受指定之法人不得向授與評議實施權之金融消費者請求報酬或費用。

第34條　團體評議，本章未規定者，適用前二章之規定。

第五章　附則

第35條　本辦法自中華民國一百零四年五月三日施行。
　　　　　本辦法修正條文，自發布日施行。

精選範題

( ) **1** 指以消費為目的而為交易、使用商品或接受服務者，稱為？
(A)消費者 (B)企業經營者 (C)生產者 (D)製造者。

( ) **2** 指企業經營者為與多數消費者訂立同類契約之用，所提出預先擬定之契約條款。不限於書面，其以放映字幕、張貼、牌示、網際網路、或其他方法表示者亦屬之，稱為？ (A)定型化契約條款 (B)消費性契約條款 (C)借貸契約條款 (D)贈與契約條款。

( ) **3** 下列關於消費者保護法之敘述，何者正確？ (A)從事設計、生產、製造商品或提供服務之企業經營者，於提供商品流通進入市場，或提供服務時，應確保該商品或服務，符合當時科技或專業水準可合理期待之安全性 (B)商品或服務具有危害消費者生命、身體、健康、財產之可能者，應於明顯處為警告標示及緊急處理危險之方法 (C)從事經銷之企業經營者，就商品或服務所生之損害，與設計、生產、製造商品或提供服務之企業經營者連帶負賠償責任 (D)以上皆是。

( ) **4** 下列關於消費者保護法之敘述，何者正確？ (A)輸入商品或服務之企業經營者，視為該商品之設計、生產、製造者或服務之提供者，負本法第七條之製造者責任 (B)企業經營者於有事實足認其提供之商品或服務有危害消費者安全與健康之虞時，應即回收該批商品或停止其服務 (C)商品或服務有危害消費者生命、身體、健康或財產之虞，而未於明顯處為警告標示，並附載危險之緊急處理方法者，準用消保法第十條之規定 (D)以上皆是。

( ) **5** 下列何者非定型化契約之原則？ (A)平等互惠原則與不明確條款解釋原則 (B)公正公開原則 (C)誠信公平原則 (D)消費者審閱原則。

( ) **6** 下列關於定型化契約之敘述，何者錯誤？ (A)定型化契約條款如有疑義時，應為有利於消費者之解釋 (B)企業經營者以定型

化契約條款使消費者拋棄消費者審閱之權利者，其契約效力未定　(C)定型化契約中之條款違反誠信原則，對消費者顯失公平者，無效　(D)企業經營者應向消費者明示定型化契約條款之內容；明示其內容顯有困難者，應以顯著之方式，公告其內容，並經消費者同意者，該條款即為契約之內容。

( )　**7**　企業經營者與消費者訂立定型化契約前，應有＿＿＿日以內之合理期間，供消費者審閱全部條款內容？　(A)三十日　(B)二十日　(C)十日　(D)五日。

( )　**8**　下列關於定型化契約之敘述，何者錯誤？　(A)企業經營者應給與消費者定型化契約書　(B)定型化契約條款未經記載於定型化契約中而依正常情形顯非消費者所得預見者，該條款不構成契約之內容　(C)企業經營者與消費者訂立定型化契約前，應有二十日以內之合理期間，供消費者審閱全部條款內容　(D)定型化契約中之條款違反誠信原則，對消費者顯失公平者，無效。

( )　**9**　定型化契約中之定型化契約條款牴觸個別磋商條款之約定者，其牴觸部分？　(A)有效　(B)無效　(C)效力未定　(D)個案判斷。

( )　**10**　下列關於個人資料保護法之敘述，何者正確？　(A)中央主管機關公告應記載之事項，雖未記載於定型化契約，仍構成契約之內容　(B)企業經營者使用定型化契約者，主管機關得隨時派員查核　(C)中央主管機關得選擇特定行業，參酌定型化契約條款之重要性、涉及事項之多寡及複雜程度等事項，公告定型化契約之審閱期間　(D)以上皆是。

( )　**11**　下列關於金融消費者保護法之敘述，何者正確？　(A)本法所定金融服務業，包括銀行業、證券業、期貨業、保險業、電子票證業及其他經主管機關公告之金融服務業　(B)本法所稱金融消費者，指接受金融服務業提供金融商品或服務者　(C)本法所稱金融消費爭議，指金融消費者與金融服務業間因商品或服務所生之民事爭議　(D)以上皆是。

( )　**12**　金融消費者保護法之主管機關為＿＿＿？　(A)金融監督管理委員會　(B)行政院主計處　(C)行政院　(D)監察院。

( ) **13** 下列關於金融消費者保護法之敘述，何者正確？ (A)本法所定金融服務業對金融消費者之責任，不得預先約定限制或免除。 (B)金融服務業與金融消費者訂立提供金融商品或服務之契約，應本公平合理、平等互惠及誠信原則 (C)金融服務業應訂定業務人員之酬金制度，並提報董（理）事會通過 (D)以上皆是。

( ) **14** 下列關於金融消費者保護法之敘述，何者正確？ (A)爭議處理機構為財團法人，捐助財產總額為新臺幣十億元，除民間捐助外，由政府分五年編列預算捐助。爭議處理機構設立時之捐助財產為新臺幣二億元 (B)爭議處理機構應設董事會，置董事七人至十一人 (C)爭議處理機構置監察人一人至三人 (D)以上皆是。

( ) **15** 下列關於金融消費者保護法之敘述，何者正確？ (A)董事會應由全體董事三分之二以上之出席，出席董事過半數之同意，選出董事一人為董事長，經主管機關核可後生效 (B)董事、董事會及監察人不得介入評議個案之處理 (C)評議委員均應獨立公正行使職權 (D)以上皆是。

解答與解析

1 (A) **2 (A)** **3 (D)** **4 (D)** **5 (B)**

6 (B)。企業經營者以定型化契約條款使消費者拋棄前項權利者，無效（消保法11-1 Ⅱ）。

7 (A)。企業經營者與消費者訂立定型化契約前，應有三十日以內之合理期間，供消費者審閱全部條款內容（消保法11-1 Ⅰ）

8 (C)。企業經營者與消費者訂立定型化契約前，應有三十日以內之合理期間，供消費者審閱全部條款內容（消保法11-1 Ⅰ）。

9 (B)。定型化契約中之定型化契約條款牴觸個別磋商條款之約定者，其牴觸部分無效（消保法15）。

10 (D) **11 (D)**

12 (A)。本法之主管機關為金融監督管理委員會（金保法2）。

13 (D) **14 (D)** **15 (D)**

第15章　客戶滿意

章前導讀

· 本章節之學習重點著重於客戶的需求、顧客滿意、顧客滿意經營的基本理念、CS 活動的 4P 策略以及變革的祈禱。

重點 1　服務信條　　　　重要度 ★★

一、 美國沃爾瑪（Wal-Mart）公司的服務信條有二：

第一條：客戶永遠是對的。

第二條：當客戶有錯時，請參照第一條。

以上兩個服務信條說明了客戶重要性以及客戶至上的道理，同時啟發現在企業在經營管理上應遵循的兩大法則：

(一) 把顧客當老婆來看待。

(二) 建立「**顧客導向**」的管理活動。

知識加油站

客戶導向係指企業以滿足顧客需求、增加顧客價值為經營出發點，在經營過程中，分析顧客的消費能力、消費偏好以及消費行為，以調整新產品之開發和營銷，積極適應顧客需求，避免脫離顧客實際需求。

戴維·奧斯本和特德·蓋普勒認為，顧客導向的積極作用在於：

1. 顧客導向的組織可促使服務提供者對顧客真正負起應有的責任。

2. 顧客導向的組織使組織成員在決策時，能減少政治因素的不當干預。

3. 顧客導向的組織可激發出組織成員更多的創新行為。

4.顧客導向的組織可對民眾提供更廣泛的選擇。

5.顧客導向的組織其產出較能符合大眾的需求,不容易形成浪費。

6.顧客導向的組織能培養顧客的選擇能力,並協助其瞭解本身應有的地位和權益。

7.顧客導向的組織可創造出更多公平的機會。

二、台鹽對員工的兩條要求:

(一) **太陽下山**:指每個員工都必須在太陽下山之前完成自己當天的任務,如果顧客提出要求,也必須在太陽下山之前滿足顧客。

(二) **10英呎態度**:當顧客走進員工所處10英呎的範圍內時,員工就必須主動詢問顧客有什麼要求,而且說話時必須注視顧客的眼睛。

重點2　顧客　重要度 ★★

一、顧客定義

(一) 內部顧客:工作流程中所面對的。

(二) 外部顧客。

二、找出顧客的需求有下列四者方式

(一) 顧客抱怨時:時時傾聽、處處關心。

(二) 將顧客的抱怨做成意見調查表(顧客滿意度調查表)。

(三) 蒐集第一線工作夥伴的意見報告。

(四) 各種展示會的現場顧客所反映的意見。

三、依照顧客的需求規劃出我們的產品與工作流程,以符合顧客需求。
解決顧客問題＋滿足顧客需求＝顧客滿意(CS)。

小叮嚀

顧客需求三層次(DHD):

1. DEMAND(最基本的需求):以航空公司為例,「安全」為乘客的基本要求,可以達到六十分的階段,只能讓企業存活。

2. HOPE(期望值):顧客依過去的經驗,對產品與服務所產生的「期望值」。如乘客期望的是「飛機準時」、「服務親切」、「機票便宜」,企業若能做到此層面即可算是好服務,但也只能算是七十五分的以客為尊。

3. DREAM:喜出望外的驚喜服務,超越顧客需求的去努力。

知識加油站

顧客滿意（CS）（重要度★★★★★）

一、構想

(一) 經營的基本理念：

　　1.最終商品為顧客滿意

　　2.顧客滿意決定於和顧客的接點：顧客滿意與否絕大部分取決於和顧客的接點上。企業內部如何運作，顧客無從得知也不會去關心。客戶唯一能夠據以判斷的，只有自己眼睛所見與親身所經歷。顧客滿意經營對於每一項工作的目的，都是以對顧客有什麼好處的觀點來重新建立，以顧客的基準來規範工作並確認其意義。

　　3.根據顧客接點安排工作：顧客的行動與企業活動息息相關，因此必須針對這些相互關聯的事項作全盤考量。在所有牽連中，針對到底有哪些接點、檢討哪些接點比較重要以及哪些接點沒有處理好。

　　4.顧客滿意的四個接點：環境、資訊、產品、人，人與顧客接觸的時間是服務品質關鍵中的關鍵，若前三項有些不足或許用人的服務可以彌補回來，但若是人的服務出了問題，前三項做得再好，顧客也不一定滿意。

(二) 真誠的瞬間：

　　1.標榜尊重客戶選擇眼光的超級市場與便利商店，能使顧客滿意嗎？答案是：「滿意的是產品的品質，不滿意的是販賣者缺乏人性的關懷與真誠的溝通！」

　　2.探討客戶是否感到滿意時，要先了解客戶在乎的是販賣者（店員及服務人員）所透露出剎那間的真誠關懷與令人感動的溝通行為。

　　3.交易過程掌握接觸點，開創機會－真誠的瞬間

　　4.日本SOGO百貨訂立的CS三大原則：

　　　(1)掌握接待客戶的關鍵時刻MOMENT OF TRUTH，讓顧客在接觸的一瞬間，就心存感激。

　　　(2)持續進行客戶滿意及不滿意調查。

　　　(3)經營者必須依顧客滿意來做經濟決策。

　　5.真誠瞬間的流程：在每個接觸點讓顧客感動。

　　　例 美容沙龍

　　　　A.在原處（應以立姿）

　　　　B.在原處以目光追尋客人，視需要給予幫助

　　　　C.靠近消費者

　　　　D.引導入諮詢室，免費皮膚檢測、飲料提供

E. 介紹沙龍環境與本店沙龍所有衛生消毒要點
F. 更衣
G. 請勞駕上美容床包頭、圍巾及蓋被
H. 噴香水
I. 護膚
J. 更衣並可試穿內衣，調整美容床
K. 請至諮詢室，準備果汁，在測試一次皮膚，並拿鏡子讓客戶可在旁端詳皮膚
L. 締結，送至門口
M. 打電話

例 服務業－大飯店
A. 向大飯店預約
B. 總機將預約電話交給櫃檯
C. 完成預訂手續
D. 當天顧客開車來到飯店
E. 服務人員向前迎接並拿下行李
F. 車鑰匙交給服務人員
G. 在櫃檯辦理登記住房手續
H. 服務人員引導到房間
I. 乘電梯
J. 服務人員開啟房間房門
K. 向顧客說明房間設備，同時退下

———————— 退房 ————————

L. 辦理退房手續 / 呼叫服務生
M. 請服務生將行李拿下
N. 出納櫃台結帳，交回鑰匙
O. 確認金額並付款
P. 走出大門，要求停提車
Q. 從停車場把車開出來
R. 服務人員將行李放置車上
S. 出發

參考資料：突破雜誌97期113頁-佐藤知蒙教授

6. 優質的催收人員（電訪、外訪、法務）皆應仿照如前流程，寫出屬於自己工作內容的MOMENT OF TRUTH，且在每個接觸點都要讓顧客感動。

(三) 感動：

1. 有人說：「未來的年代是感動的年代。」感動就是心靈的充實感，在緊張急促的人生旅途中，人與人每次接觸的印象，總是在來去匆匆、默默點頭間消失。而消費的關鍵字就是感動。

2. 感動的故事：在寒冷的冬天，一陣陣的冬雨，有一家素食餐館的牆壁上寫著幾個斗大的字：「小心感冒，先喝一杯薑母茶吧！」此時，熱騰騰的薑母茶就放在隔壁，在這陰雨綿綿的日子裡，店家老闆就用這種體貼的行為，就會讓顧客深深受到「感動」。

   幾年前曾參與一家公司的教育訓練活動，授課老師要求學員上台做「即席演講」，其演講的內容是：如何讓台下的人「感動」。大家頓時互相對看，一時之間竟沒有人願意主動上台演講。其實，理由很簡單，因為要隨便找個話題且言之有物，已是不容易，還要求讓人聽了為之動容，更是不容易；約莫停了半分鐘，終於有位自告奮勇的女生上台，細數著她學騎車的經歷，雖然言詞中夾帶著緊張，故事內容也平鋪直述，但我卻被她的勇敢與真心所感動。

   用「心」講話容易讓人感動，觸發真誠，縮短彼此的距離，增加相互的信任與友誼；相反的，用「頭腦」說話很容易產生權威及壓迫感，就像是在指導人，徒增人的疏離距離。在我們周遭之中，就存在著數不盡的大小演講，時時充斥在我們耳邊，有感動的、有壓迫的，常有感動的心才容易觸動著人際交往與待人接物的脈絡，來開啟對周遭萬物的敏感度與憐憫心。

   達文西曾說過：「感動是科學的泉源。」當人類面對理性與物化教條思維時，擁有一顆「感動」的心，往往是邁向創新靈感及解決問題的道路，身為催收工作者，更需要有顆感動的赤子之心。

二、顧客滿意中的4P策略

(一) CS活動中的4P：

1. PRODUCT產品
2. PEOPLE人員
3. PROCESS過程
4. PROGRESS改進

(二) 確保品質的方法

1. 無法掌握產品的品質，就不要妄想處理好CS。
2. 滿意的顧客來自於滿意的員工（ES→CS）。
3. 戴明曾說：「確保品質的方法，不是來自於檢驗，而是來自於不斷地流程改善。」

三、 策略是甚麼

(一) 策略的觀點其實非常簡單，S.W.O.T.（STRENGTH. WEAKNESS.OPPORTUN ITY.THREAT.）的分析，最足以表達策略規劃的真義。換言之，策略規劃的一方面是希望了解環境變遷的趨勢，掌握機會，逃避威脅；一方面則需要發揮競爭優勢以彌補經營劣勢。外在環經變遷所出現的機會與本身競爭優勢之間，若能形成交集，就是未來最佳營運範疇與經營策略了！策略規劃並不等於成功，也不等於賺錢！策略是決策的一種方式，不做策略規劃的人或企業，完全不知道賺錢或賠錢的原因。

(二) 策略就是另開闢一條新的跑道，策略不是做得更好，而是做不一樣的事情，讓自己很不一樣（PURPLE COW=紫牛化=差異化）。策略就是要創造差異化，即是MAKE A DIFFERENCE。

(三) 在臺灣催收公司高達六十多家，供大於求，競爭激烈，誰有好策略，便是最後贏家。

四、 變革的祈禱

(一) 外部的環境一直不斷地改變，唯一不變的就是變。並不是最大的、最強的或是最快的就會贏，最能順應環境變化的才能長存。

尼布爾的禱告中曾說：「神啊！求您賜我寧靜的心，接受我所不能改變的事，賜我勇氣，改變我所能改變；賜我智慧，分辨兩者的差別。神啊！求您教導我，珍惜每一天，享受其中的每一刻，以苦難作為通往平安之路，紀念這是耶穌所賜，並非我配得，信靠您降服您的旨意，這樣，我必在此生得享喜樂，將來與您一起，享受永生福樂，阿們。」頗值得深思。經營企業與個人是相同的，當面臨問題、挫折、困頓、橫逆，找不到解決方法時，大家皆恨不得祈求蒼天，請求神明賜予力量。但蒼天真的能給予改變的力量嗎？靠自己思維與態度的改變，往往才能領悟出神的意旨。

(二) 「神」是甚麼？用現代的語言來解釋就是：有格局、有遠見、知人所謂之地叫神。而「明」是甚麼？就是識人所未識。所以可以這麼說，神明的力量就是一種洞穿事情本質的遠見。

(三) 在工作或生活中學習去分辨可以改變與不能改變的事情：

1. 有勇敢的心去改變我所能改變的事

例 公司要裁員是上班族不能改變事情，但是自我充實強化競爭力卻是可以改變的。因此，與其坐著擔心自己要失業，不如鼓起勇氣來做些轉變，使自己有找到更好工作的實力。

2. 以謙虛（平靜）的心去面對不能改變的事情。

3. 用智慧去分辨何事可改變、何事不能改變，看似簡單，但很多人不知如何分辨其中的不同，因此經常生活在莫名又不知道該如何是好的恐懼深淵中。

4. 緊張、害怕、擔心，都不能解決問題，遇到問題時先用智慧思考找出自己所能掌握的並且勇於改變的；不能改變的就用謙虛來接受這個事實。如此才是解決問題的正確途徑。

5. 智慧是甚麼？

   (1)複雜的東西把它簡單化就是智慧。   (2)冷靜（高EQ）就是智慧。

   (3)「用心」就有力量，就是智慧。

6. CS經營管理，組織必須扁平化、簡單化。

7. 客訴處理必須心平氣和以及好EQ。

8. 服務過程必須用心，才能減少客訴，進而業績亮麗。

9. 每件催收案子依照上面思維與態度處理，必定將有助於問題的解決。

四、與顧客的每個接點（MOMENT OF TRUTH），讓顧客感動、使顧客滿意。然後再透過顧客關係管理（CTM）來激勵，使顧客固定化，進而忠誠。

> **小叮嚀**
>
> 五贏係指企業主、股東、員工、顧客、社區皆贏。

五、忠誠度高、續購或換購皆與我們來往，則成本下降、利潤產生。

六、雙贏或五贏。

牛刀小試

( )　**1**　處理客訴的二大法寶？　(A)冷靜+誠意　(B)冷靜+情緒　(C)情緒+誠意　(D)情緒+溝通。

( )　**2**　工作上，應如何使客戶滿意，以下何者為非？　(A)以客為尊　(B)樂於助人的組織文化　(C)滿意的顧客來自於滿意的員工　(D)以上皆是。

解答與解析

1 (A)。選項(A)是客訴處理的二大法寶；選項(D)是解決問題的關鍵。

2 (D)。

第16章 服務與品質

✎ 章前導讀

· 本章節之學習重點著重於服務的性質與特徵、服務與產品的基本差異、服務品質的意義、服務品質模型、服務品質缺口、服務本質及顧客流失的原因。

重點 1 服務
重要度 ★★

一、 顧客的期望

(一) 了解「顧客期望甚麼樣的服務」乃（業者）我們要掌握競爭優勢的不二法門。

(二) 其實客戶想要的是最基本的東西，即「提供一定水準的服務績效」。換言之，即客戶期望我們做好本分的事。

> 例 去修車的客戶，會較重視維修能力，希望一次就能修好，此外最好還能解釋需要修理或更換零件的原因。

(三) 客戶對服務的期望可分為以下兩個層次，**兩者之間存在容忍區**，三者（包含「容忍」）間的關係，將會因為服務過程與服務結果互為消長。

1. **渴望層次**：客戶期望得到的服務。

2. **差強人意層次**：客戶尚能接受的服務。

(四) **影響顧客價格期望的因素**：

1. 價格－許多客戶相信，他們付的錢越多，服務就應該越好。

2. 承諾－承諾多、服務少，此舉無異是欺騙客戶，無法擁有固定的客源，多服務、少承諾，缺點是對顧客的吸引力不夠、生意清淡。因此能提供多少服務，即給予多少承諾，乃是最佳策略。

3. 越有經驗的客戶，對服務期望越高，就越容易發牢騷。

4. 對客戶有影響力之第三人，其意見將會改變客戶對服務的要求。

5. 當面臨緊急情況的期望以及服務失誤的補救情況時，客戶會本能地提高對服務的期望。

> 例 一位去維修汽車的客戶曾說：「如果第一次未修好，下次送修時，我會變得更挑剔，甚至要求維修人員做更徹底的檢查。」

(五) **我們應努力之五大方向：**

1. 公平對待所有客戶：建立「客戶對公司信賴」的觀念。
2. 提供可靠的服務：了解客戶對「第一次就做好」的需求，強調此服務理念，建立「可靠服務團隊」，並對員工服務的表現，列有獎懲辦法。
3. 說到就又做到：可靠及準確地提供所承諾的服務，此點即是「服務」最根本原則。
4. 重視服務過程：提供可靠的服務，只能維持生存；而完美的服務過程，才能使我們擁有掌握競爭優勢的機會。
5. 建立顧客關係：一旦和客戶建立起良好的關係，客戶面對服務時的容忍區將變得很有彈性。而服務人員也能從這位「好朋友」的口中，得到寶貴資訊。

例 服務品質如何、競爭者動向、客戶需求等。

平常就要加強與客戶間的人際關係（CRM）當親友不小心踩到你的腳，你一定會原諒他；但若是陌生人踩了你的腳，又不道歉，你一定會覺得不愉快，甚至對他破口大罵！同樣的道理，與客戶相處得很好，則小事化無，不提抗議。

二、 服務的定義

(一) 服務：勞務、藝術、態度、過程。
(二) 將服務當成一種勞務、藝術、態度和過程來檢驗。
(三) 藝術=沒有明確的答案=有無限可創新的空間。
(四) 最佳的服務往往來自於創新的做法，這就是服務好玩的地方。
(五) 態度是服務的關鍵，態度親切比動作標準來得重要。
(六) 過程為服務帶來紀律與秩序感，如此服務人員才能專注在工作上。

三、 服務的性質與特徵

(一) **不可觸知性－無形**：基本上，服務是一種行為、績效，而非實體產品，因此無法向實體產品一樣去看、感覺、嘗試或觸摸，也因此客戶很難事先評斷服務品質的好壞。
(二) **不可儲存性－無法庫存**：受到前面特性的影響，可以發現無形服務無法像有形產品般將存貨儲存起來。當需求穩定的時候，企業可以事先規劃

雇用人員提供服務，這時不可儲存性不會產生大問題；但需求變動大時，企業面臨的問題就比較棘手。

(三) **生產與消費的並存性－產銷一體**：大多數的服務都是生產與消費同時進行。實體產品都是廠商生產出來以後，進行銷售，客戶再行消費購買。許多服務如交通運輸服務、美容、音樂會表演等，在生產的過程裡，客戶都必須在現場，否則無法消費。

(四) **品質異質性－因人而異**：有形產品的製造，因為來自於標準化的機器設備，因此品質可以達到同質性。但在勞力較密集的服務業，維持服務品質的一致性，就成了一個重要的課題。

重點 2　服務與一般物質產品的比較

重要度 ★★★

一、 服務是向購買者提供的活動，相較於一般物質產品相比，兩者是有差異的。

二、服務無限－永遠有改善空間

所謂無限，即是站在牆之外的某處，然後面對牆走到這段距離的一半之處，接下來再走到所剩下距離的對半，如此一再減半距離的向前走，結果還是無法觸摸到那面牆。在服務業裡面，永遠有改善的空間，即使你把基本的東西都做對了，你前面仍然有無限的改善空間，這也正是我們覺得服務業好玩的地方。顧客服務沒有止盡，就像接力賽一樣需要隨時在起跑線上待命，蓄勢待發、不斷改善循環。戴明曾說：「確保品質的方法並不是來自於檢驗，而是來自於不斷地流程改善。」

三、服務與產品的基本差異

	服務	產品
是否可觸知	不可	可
目的	提供活動、利益	客觀存在的物體、實體

	服務	產品
價值	存在於所有權的不移轉	存在於所有權的移轉
是否容易消失	容易消失	可長久儲存
可否分割	不可分割	可分稱等級，限定規格
服務品質是否可標準化	品質容易變化	產品可標準化
可否大量生產	否，難以標準化	可
是否可進行品質控管	較難	可

小叮嚀

1. 有三種生物最讓人捉摸不定。(1)外交官、(2)顧客、(3)螃蟹；顧客既然難以捉摸，顧客的忠誠度就很值錢。而顧客的忠誠度絕大部分都是建立在「人」上面，而不是建立在「物」上面。
2. 顧客流失的原因第一名佔百分之六十四是來自於員工服務不佳或漠不關心；第二名佔百分之十八則是來自於員工不能完全減少顧客的不滿、抱怨；剩下的部分才是價格、顧客和競爭公司關係密切等原因。

重點 3　品質　重要度 ★★★★

一、 品質的定義

(一) 消費者－品質就是「適用」。

(二) 生產者－品質就是「符合規格」。

(三) 戴明－品質就是「縮小差距」

(四) 符合顧客需求就是品質－「符合顧客需求」本身是一種思考的哲學，包含三個重要的因素：顧客、需求、符合。

二、 品質與品級

(一) 賓士汽車和國產小轎車何者品質較佳？

(二) 以「符合顧客需求」的角度來看，兩者品質一樣好！

(三) 但二者有差異嗎？有的！不是品質的差異，而是品級的差異。

(四) 要求在相同的市場區隔、相似的科技水準條件下，評估兩者分別滿足顧客需求的程度，如此所作的品質比較，才是符合品質的。

三、 品質面面觀

(一) **品質**：就是第一次就把事情做對。

(二) **品質－E值**（exchange rate）。

小叮嚀

1. 韓非子曾說過一個故事：某酒館有香氣四溢的美酒，但是主人卻將一頭兇狗綁在店門口，酒客想上門，卻又怕被狗咬，結果酒店生意清淡，酒的味道變酸，只好關門倒店。這則故事中，狗就是無禮的接待人員。由此可見，全面品質管理（TQM）的重要性。

2. 孫子兵法火攻篇內有一句話：「夫戰勝攻取，而不修其功者凶，命曰費留。」此則在說明售後服務的重要性。在打勝戰之後，必須好好善後，鞏固勝利，也就是商品成功賣出去後，不要忘記提供最佳的售後服務，否則就是不修其功者凶。「費留」是危險、前功盡棄的意思，優質的催收人員一定要慎重地考慮與處理這個問題。

重點 4　服務品質　　　重要度 ★★★★★

一、 意義

(一) 服務的目的就是為了要滿足客戶對品質的要求，而在商品提供給客戶使用之後，服務就是讓客戶更有「品質」。

(二) 服務品質的**五大決定因素**（美國德州農機大學研究中心所發展出來的一項公式）。

1. **可靠度**－指可以令人信賴的且正確的執行所承諾的服務能力。它是最重要的服務品質決定因素；它是卓越服務行銷的核心要素。可靠度佔服務品質的重要性約百分之三十二。

2. **反應度**－指員工願意幫助客戶提供及時服務的意願，佔服務品質重要性約百分之二十二。

3. **保證**－指員工的知識與禮貌，以及給客戶一種信任感與信心的能力，佔服務品質的重要性約百分之十九。有時候雖然服務提供者能力不足，但恭謙有禮的服務態度，往往也能加以彌補，創造客戶的滿意度。

4. **同理心**－是指以一種「感同身受」的情懷，也就是提供關心與個人化的服務客戶，佔服務品質的重要性約百分之十六。

5. **有形化**－是指將無形的服務及硬體設施、設備、服務人員，以及各種傳播材料呈現的努力，佔服務品質重要性約百分之十一。印刷精美的書面資料、穿著筆挺制服的員工，都是將無形服務有形化的利器。

(三) **服務品質的關鍵：**
　　1. 接納的態度。　　2. 尊重的態度。　　3. 體諒的態度。

(四) **態度親切比標準動作更重要（良好的態度是精準與效率）**

二、　重要性

(一) 服務就像鎖鏈一樣，環環相扣緊密結合，壞了一個環扣，將功虧一簣。企業上上下下任一環節的疏忽或配合不當，都可能導致顧客不滿意的原因。

(二) 依據統計結果分析，在二十七個遭遇不良服務的人當中，其中有二十六個人不會抱怨，（因為他們覺得得不償失，徒增煩惱且浪費時間）。僅有一位消費者會電話申訴或口頭抱怨（約4%）。

(三) **口碑的影響力：**（人嘴最利）

(四) 一次不好的服務，需要12次好的服務來修正。
　　1. 滿意的客戶：1×5（好的口碑）
　　2. 不滿意的客戶：1×10↑（壞的口碑）
　　3. 不滿意的僅有4%向你抱怨，其他的96%會默默離去。

重點 5 服務品質模型 重要度 ★★

一、 「服務品質」簡單的說就是：

「消費者事前期望與實際感受到的服務，兩者之間的比較」。如果是

(一) 期望值＜感受值→服務品質好。

(二) 期望值＝感受值→服務品質普通。

(三) 期望值＞感受值→服務品質差。

二、 影響消費者服務期望的四個方向：

(一) **口碑**：消費者的親朋好友，口耳相傳，對於消費者的事前期望，會產生莫大影響。

(二) **個人需要**：服務業最傷腦筋的地方，就是每個人的需要雖然大同小異，但這「小異」程度上的不同，就大大地影響消費者事前的期望。

(三) **過去經驗**：個人過去的消費和經驗，對於服務期望也會有影響。

(四) **廣告宣傳**：廣告和促銷的溝通說詞及宣傳水準，也會對消費者的事前期望有所影響。

三、服務品質缺口的五大構面（GAP）是服務品質良窳的關鍵處

(一) 企業與消費者間。　　(二)企業認知與服務設計。

(三) 服務設計與服務傳誦。　(四)服務傳誦與外界溝通。

(五) 實際與期望。

牛刀小試

( ) **1** 服務品質的五大決定因素，下列何者為非？ (A)保證 (B)可靠度 (C)同理心 (D)以上皆是。

( ) **2** 服務品質係指消費者事前期望與實際感受服務，其兩者間之比較，假如期望小於感受值，代表何種意義？ (A)服務品質差 (B)服務品質普通 (C)服務品質好 (D)以上皆非。

解答與解析

1 (D)。 五大決定因素為可靠度、反應度、保證、同理心、有形化。

2 (C)。「服務品質」簡單的說就是:「消費者事前期望與實際感受到的服務,兩者之間的比較」。如果是
(1) 期望值<感受值→服務品質好。
(2) 期望值=感受值→服務品質普通。
(3) 期望值>感受值→服務品質差。

第17章 客訴

📝 章前導讀

- 本章之學習重點著重於客訴所造成的影響、客訴原因、處理客訴時應有的心理建設，客訴處理技巧，處理客訴五大要訣。

重點 1 生命就是反射　　　　重要度 ★★

一、 故事

有一位小男孩跟他的父親走在深山裡，小男孩不小心跌倒了，忍不住痛苦大叫了一聲；但令他吃驚的是，山中某處傳來了重複他的聲音。

小男孩好奇地大聲問：「你是誰？」

結果他得到的答案也是：「你是誰？」

小男孩很生氣地大聲吼著：「膽小鬼～」

這一次得到的答案也是：「膽小鬼～」

小男孩很好奇地問他父親：「這到底是怎麼回事啊？」

父親跟兒子說：「兒子啊！注意聽喔。」

父親大吼了一聲：「我欽佩你！」

結果傳回來的也是：「我欽佩你！」

同樣地，父親再一次大聲的說：「你是第一名！」

結果傳回來的也是：「你是第一名！」

小男孩感到訝異與不解。

此時父親跟小男孩解釋：「一般人稱這是回音，但實際上這是生命；我們所做所說的每一件事情，最後都會回應到我們身上。」

二、 執行重點

生命就是很簡單的回應（反射、回音）我們所做過的事。

做好服務，當然客戶反射回應給我們的就是好的口碑；不良的服務，當然反射回應的就是抱怨！

重點 **2** 客訴的定義 　　重要度 ★★★★

客訴就是指在催收過程中使用不當的方法，導致債務人本人、保證人或第三人，向**委託業者、資產管理公司、催收公司、主管機關或警政單位**等處投訴，並因而須進行相關調查及處分者而言。

重點 **3** 客訴所造成的影響 　　重要度 ★★★★★

一、造成委託業者的困擾與不被諒解、不被信任，甚至導致委案量縮減或不委案的嚴重後果。

二、被其他債務人或第三人藉此刁難質疑，對於回收績效造成不良影響。

三、公司同仁自信心及情緒遭受干擾，影響工作績效。

四、公司同仁因此受懲處，影響到個人績效考核及收入，甚至連坐主管。

五、重大客訴事件懲處結果，也可能導致該同仁未來無法在催收產業繼續生存。

六、報章雜誌的負面報導，造成公司負面形象，人員素質深受質疑。

七、造成社會大眾對催收產業的負面印象，進而影響招募工作。

八、政府相關單位或委託業者加強稽核，造成公司同仁額外的工作負擔。

重點 **4** 客訴為何層出不窮 　　重要度 ★★★

一、客訴為何層出不窮

(一) 消費型態的變化

理性消費時代	重視品質、性能及價格	好壞為判斷
感性消費時代	重視品牌、設計及使用	喜歡、不喜歡為判斷
感動消費時代	重視滿足感及喜悅	滿意、不滿意為判斷

(二) 市場成熟化，就是物品滯銷的代名詞，各行各業都要轉型成某種程度的「服務業」。但服務業必須透過「人」，而人有「情緒」問題，抱怨因此產生。

(三) 理論或實務上，服務品質的五大缺口（GPA；落差），所以客戶會抱怨。

(四) 在供過於求的時代，客戶的選擇權利呈現爆炸性的成長，由於有比較，客戶越來越難服侍。

(五) 客戶的喜新厭舊心理。

(六) 客戶是一隻餵不飽的大恐龍，削價競爭，絕非上策。

(七) 客戶／消費者有話要說的新時代。

二、主要客訴原因

(一) 對第三者不當催收。

(二) 對第三者洩漏債務人訊息。

(三) 催收時言語譏諷或用語粗俗。

(四) 催收時語言不當暴力暗示。

(五) 連續密集電話騷擾。

(六) 催收信函仿法院公文格式。

三、企業減少客訴之道，就是「將心比心」，凡事站在消費者立場，從顧客的權益出發，滿足顧客需求。

四、現代企業經營者應經常思考

(一) 顧客的需求是甚麼？　　　　　(二)公司提供的核心產品是甚麼？

(三) 公司的有形產品是甚麼？　　　(四)公司還有哪些衍生產品？

(五) 公司的服務水準到底如何？　　(六)公司的客訴系統如何？

五、要使顧客成為終身顧客，就必須先從減少客訴開始。

重點 **5** 　客訴處理時應有的心理建設

重要度 ★★★

一、客訴與電話服務是服務業者經營管理的重要關鍵，任何服務業都必須學習如何妥善處理，但是因為其內容會依人、事、時、地、物而有別，尤其會因行業之別而有很大的差異。所以不容易有一套葵花寶典可以一體適用於各行各業。

二、因此，其成敗之關鍵不是尋找一成不變的經典，而是要做好服務人員或業務人員的心理建設，使所有服務人員在面對客戶的時候都能有正確且健康的心理。

三、服務人員應有的心理建設

(一) 當客戶提出抱怨或打電話來時，如果很兇且態度不好，並非表示他在生你的氣或對誰不滿，你不必難過、緊張或害怕，更不需要生氣，冷靜對應、耐心處理，仔細而盡速妥善解決即可。

　　客戶提出抱怨，表示有幾種可能：

　1. 客戶他所發現問題是真的，而且可能已經對他造成傷害或不安。

　2. 客戶他所發現的問題很難處理，而且他不知道該怎麼辦。

　　此時客戶怎麼可能有好的態度，所以優質的服務人員（催收人員）不應該也不必要去計較客戶抱怨時的態度，應該心存感激，這樣當然不會跟顧客發生衝突。

(二) 平常心坦然面對

　　如果客戶質問的事，剛好可能是你弄錯或疏忽的事情，或是你的團隊弄錯了，也不必慌張，更不需要去搪塞。

　　切記：沒有一件事情是只有一個人要負責的，每一件事都是整個服務團隊大家要共同負責的（生命共同體）。

(三) 客戶提出的疑難，其實是在檢驗：

　1. 你平時例行的作業是否確實？

　2. 你的工作態度是否正確？

　3. 你的人生觀是否健康？

　4. 整個團隊間彼此是否合作？

5. 大家的工作壓力是不是太大及是否能承受更大的壓力。

所以，客訴其實等於是免費為你的工作和團體進行「健康檢查」。

四、執行重點

(一) 理解客訴即是禮物。

(二) 客訴並非洪水猛獸，應把客訴視為「策略工具」，化危機為轉機。

重點6　客訴要在萌芽時趁早摘掉　重要度 ★★

一、 執行重點

(一) 不要避開客訴，要迅速應對。　(二)對客訴要冷靜傾聽到最後。

(三) 不做議論，坦率道歉。　(四)要尊重顧客的立場。

(五) 不感情用事。　(六)不談顧客的不是。

二、 抱怨要即早處理

(一) 面對問題的「反應速度」代表的是「品質觀」。

(二) 不要拖延，否則抱怨會如滾雪球般，越滾越大（惡質化）。

(三) 勇敢面對，不逃避。

(四) 立即處理，動作快一些。

(五) 客訴是A任務（艾森豪原理），所以要及早處理。

三、 艾森豪原理

(一) **定義**：又叫十字法則或四象限法則，畫一個十字，分成四個象限，分別是重要緊急的，重要不緊急的，不重要緊急的，不重要不緊急的，把自己要做的事都放進去，然後先做最重要而緊急那一象限中的事，這樣以來，工作生活效率將大大提高。

(二) **執行重點**：

1. 艾森豪原理=優先順序原理。

2. 我們的精力往往被緊急但不重要的事情所佔用，而不是把時間用在真正重要的事情上。

3. 美國艾森豪將軍的決策原理是簡單、實用的輔助工具。

4. 依照每一件任務的緊急性與重要性高低，有四種評價與任務處理的可能性。

　(1)重要／緊急屬於A任務。他們必須立即開始，並且由你親自處理，客訴就是A任務。

　(2)重要／較不緊急屬於B任務。

　(3)較不重要／緊急屬於C任務。

　(4)較不重要／較不緊急屬於P任務。既不重要又不緊急的任務要保持距離或拋棄到垃圾桶裡去。

5. 營收（錢）＝量×質。優質的催收人員，每天工作量繁重，更需要善用艾森豪原理，以利提升績效。

四、　故事：金融服務業的瓶子

(一) **故事內容**：優先順位的概念

有位教授拿出一個五加侖的廣口玻璃瓶放在講桌上，隨後教授取出一堆拳頭大小的石頭仔細地一塊塊放進玻璃瓶，直到石頭高出瓶口，再放不下去了。教授問：「瓶子滿了？」所有學生都回答：「滿了。」教授反問：「真的？」

教授伸手從桌下拿出一桶小石頭，倒了一些進去，並敲擊玻璃瓶使小石頭填滿大石頭的間隙。教授第二次問：「現在瓶子滿了嗎？」有位學生回答：「可能還沒有。」教授說：「很好！」他伸手從桌下拿出一桶沙子，慢慢填進玻璃瓶內，沙子填滿大石頭跟小石頭的間隙。教授再一次問學生：「瓶子滿了嗎？」學生大聲說：「沒滿。」然後教授拿了一瓶水倒進玻璃瓶，直到水面與瓶口平。

(二) **執行重點**：

1. **這個故事真正的意思是要告訴我們**：如果你不事先放大石頭，之後再也不能放大石頭進去，也就是必須有優先順位的概念。

2. **你生命中的大石頭是甚麼？**

金融服務業（催收產業）的大石頭是甚麼？

答案：

(1)求穩（大石頭）　　　　　(2) 求好（小石頭）

(3)求快（沙）　　　　　　　(4) 求成長（水）

重點 7 客戶投訴的處理及控管 重要度 ★★★

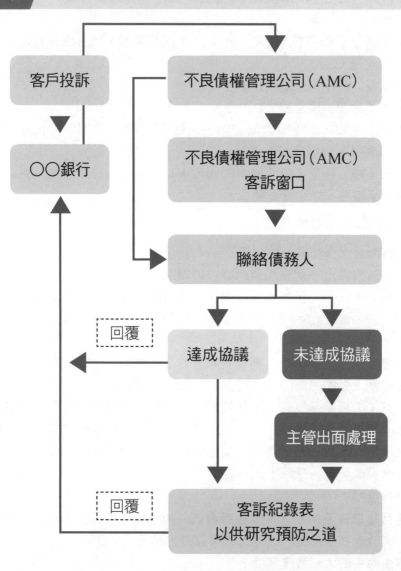

重點 **8** 客訴控管 重要度 ★★★

一、成立客訴服務單位。

二、設置專責人員處理客訴事件。

三、制定客訴認知、防範、處理的基本教戰手冊。

四、明定客訴之補救措施。

五、客訴處理報告應於內部稽核報告中揭露。

重點 **9** 預防重於治療、管理勝於處理

重要度 ★★

一、 預防重於治療、管理勝於處理。（平常做好施肥管理）

(一) 事先做好服務，讓顧客感動進而忠誠，如此抱怨一定減少。

(二) 做好「顧客關係」管理，則「容忍區」（滿意的範圍）就變得有彈性，可減少發生抱怨。

二、 服務是永無止盡的，即使力求完美，客戶投訴依然在所難免。

其實如果能在第一時間讓客戶投訴得到滿意的解決，比起沒有投訴的客戶，他們更可能成為長期的「忠誠客戶」，這就是「化投訴為機遇」的道理。客戶投訴的處理，是顧客服務舉足輕重的一環，也是展現「卓越服務力」的最佳機會。

三、 若不幸產生抱怨（謹慎處理農藥）

(一) 處理客訴的流程與注意事項

(二) 處理客訴的五大要訣

重點 10　處理客訴的流程和注意事項

重要度 ★★★★★

一、 表示感謝

客訴是一種免費且最好的禮物，所以首先要感謝客訴。先向客戶感謝購買本公司產品（或說謝謝你的指教！），如果不針對「謝謝你」做解釋，那麼將淪為無誠意、無意義的口頭禪，而解釋時也應自然，以免淪為諂媚。

二、 向顧客致歉

緊接著就是道歉，SORRY！可以緩解客戶的心情。「表示感謝」再緊接著「向顧客致歉」就是先處理心理的事，再來處理事情。

三、 凝神傾聽

傾聽=LISTEN≠HEAR。採取低姿勢傾聽客戶的抱怨，讓對方一吐為快。你要把他當成「重大事件」來處理，一邊聽，並當場用筆記下來。

四、 分析原因

確認要點之後，必須冷靜分析原因。

五、 尋找對策

在自己權限內可以當場解決的問題，就立即解決。在自己權限以外，就不可輕易承諾，向應負責的部門諮詢及請求配合。

六、 傳遞對策

盡速通知客戶解決方案的內容，使其明白我方負責到底的誠意與決心。

七、 進行處理

ACTION執行力，當客戶同意你的解決方案時，應迅速處理。

> **小叮嚀**
> 1. 逐步完成，按部就班。
> 2. 先處理心理的事情，再處理事情。
> 3. 冷靜＋誠意，就是處理客訴的兩大法寶。
> 4. 態度滿分，服務百分，抱怨就一定歸零。
> 5. 平穩的情緒。
> 6. 掌握溝通的技巧。

八、 追蹤檢討

在處理完畢之後，再利用電話、親訪、書信方式進行「滿意追蹤」，讓客戶重建對我方的信賴感，同樣的錯誤，不可重蹈覆轍。

| 重點 **11** | **處理客訴五大要訣** | 重要度 ★★★ |

一、 耐心多一點

客戶之所以會抱怨，一定是對公司的產品或服務不滿意或覺得公司虧欠了他，因此很可能是抱著一肚子氣而來，就像一個鼓脹的皮球。此時客訴處理人員如果不能讓這皮球先洩完氣，這樣不但容易忽略客訴的真正原因，而且容易造成溝通上的障礙，尤其是在還沒聽完客戶抱怨就打斷話或批評客戶的不是，如此更容易造成與客戶之間的衝突了！這就好像是兩個鼓脹的皮球，只會越撞越遠，因此比較理想的抱怨處理模式，應該要耐心傾聽完客戶的抱怨，也就是讓他氣先洩完了，就自然比較能夠聽進我方的解釋或道歉。

二、 態度好一點

既然客戶向公司抱怨的原因，很可能是對公司的產品或服務品質不夠滿意，或覺得公司虧欠了他，那麼惡劣的抱怨處理態度，無疑會讓客戶對公司產生更壞的印象。雪上加霜往往會讓事情更加惡化，嚴重者還可能怒目相向、訴之暴力，甚至對簿公堂。相反的，和善的處理態度往往可以先消除客戶一半的怒氣，此時客戶才能以比較理智的心情與我方溝通。

三、 動作快一點

處理抱怨的動作快，第一時間讓客戶感受到尊重，第二表示公司有解決問題的誠意，第三則可以及時防止顧客負面渲染，對公司造成更大傷害。

四、 補償多一點

客戶抱怨之後，往往希望能得到公司的補償，既然是公司提供的產品或服務出了問題，才導致客戶需要花費額外的時間與精力來要求賠償。

因此，只要公司確認有必要提供補償給客戶，就必須提供額外的利益以補償客戶花費的時間精力。公司所提供的額外利益，常常可以讓客戶體會到公司處理抱怨的誠意，當然也是消滅怒氣的一大良方。

五、 層次高一點

抱怨處理所涉及的管理階層，當然也會影響到處理效果及客戶感受，每個抱怨的客戶都希望他的問題受到重視，因此適當地提高抱怨處理人員的管理階層，往往可以讓客戶覺得受到尊重，一旦客戶覺得受到尊重，他就比較容易接受道歉。既然客戶願意接受道歉，他的氣就可以消，氣消的客戶當然比較容易溝通，並接受公司的各種補償措施。

牛刀小試

(　　) **1** 客訴，係指在催收過程中使用不當方法，導致被債務人本人、保證人或第三人，向何處投訴，並因而須進行相關調查及處分？
(A)委託業者　　　　(B)資產管理公司
(C)催收公司　　　　(D)以上皆是。

(　　) **2** 客訴控管之方法，應為？
(A)成立客訴中心
(B)設置專責人員處理客訴案件
(C)制定客訴認知、防範、處理之基本教戰手冊
(D)以上皆是。

解答與解析

1 (D)。 客訴就是指在催收過程中使用不當的方法，導致債務人本人、保證人或第三人，向委託業者、資產管理公司、催收公司、主管機關或警政單位等處投訴，並因而須進行相關調查及處分者而言。

2 (D)。

章前導讀

· 本章之學習重點著重於情緒的特性、EQ 五大領域、測驗 EQ 的方法。

重點 1　何謂EQ

重要度 ★★

一、EQ是情緒商數（EMOTION QUOTIENT）。

二、情緒（EMOTION），根據牛津字典的解釋，是「心靈、感覺或情感的激動或騷動」。

三、在心理學上，情緒是指在面臨各種情境時，促使我們採取某種行動的內在驅力（DRIVE）。在情緒的表現上，每個人有很大的個別差異，有的人生氣時破口大罵，有的人悶在心裡不說話。

四、強調「情緒」是決定成功的重要因素之一，喚起大家對「情緒」的重視。

五、情緒變化起因於期望（目標）與認知（事實）有差異。

六、實績－目標＝差異＝問題＝壓力＝情緒反應。

七、如果期望過高與事實不符，則挫折加大，就會有負面情緒；了解自己的期望，適當修正，澄清自己務實看法，將有助於情緒平和（期望可以調整）。

八、對事實的認知，取決於個人的知識與經驗，透過腦袋的思考，可以重新定義對事實的看法。例如對別人加諸在你身上的批評，可以解釋為他希望刺激你表現得更成功，因此越受批評越努力往前衝（認知受經驗、信念、解釋之影響）。

九、 平穩的情緒→優質的傾聽（LISTEN）→互動→溝通→協調→合作。

十、 催收人員每天收到的牌一定是屬於「壞牌」，如何將手中的壞牌打成「好牌」？方法無他，耐心、高EQ、溝通協調能力都是必備的基本功夫。

重點 2　情緒的特性　　　　　重要度 ★★

一、 仔細觀察一個人的情緒，可以發現情緒有下列幾種特性：

(一) 情緒發作通常是快速，但不精確的反應
在工作場合中，同事之間如因對方不給面子而傷及自尊時，有時會反應過度，出現勃然大怒或衝動失控的狀況。

(二) 情緒有附著的傾向（附著性）
當低潮的情緒出現時，通常不會因偶一的振奮就完全消失無蹤，長期士氣低落時，若僅一次的鼓勵拉抬是無法恢復士氣的。

(三) 情緒有累積的作用（累積性）
人際之間相處的情感糾葛，這些留在身上的感覺與情緒會有累積的傾向。例如對特定人的好惡，會深化加重原有的情緒。若討厭那個人，就會越看越討厭。

(四) 情緒有感染力（感染性）
當一個人快樂時，通常周遭的人也感受到其輕鬆快樂的心情。

二、 執行重點：

(一) 催收人員的自我修練：時時保持著身心合一的微笑，愉快地打開電腦，快樂地執行每個案子，將有助於業績的提升。

(二) 身心合一的微笑 ≠ 皮笑肉不笑。

(三) 身心合一的微笑→顴骨豐滿→權利→錢財，良性循環於焉產生。

| 重點 **3** | EQ五大領域 | 重要度 ★★ |

一、 情緒商數（EQ）不像IQ是天生註定的，而是由下列五種可以學習的能力組成：

(一) 了解自己的情緒

1. 在學習認知自己情緒方面，應主動察覺本身的情緒，養成一種自我觀照的習慣，自問自己的感覺如何？有什麼不對勁？寫下自己的感覺。
2. 傾聽自己的感覺，給自己放鬆的時間，讓自己身心對話；有時候，直覺會告訴我們一些訊息，以坦然的態度去接納這些訊息。

(二) 管理自己的情緒

1. 克制自己的負面情緒，迅速回復及自我療傷。
2. 對挫折的高度容忍力（ADVERSITY；AQ）。
3. 培養免疫力。
4. 管理情緒，最基本的是要「貼近自己的感覺」。唯有貼近自己，才能知覺自己真實的情緒狀態，也才有調整和改變的契機。

(三) 自我激勵

1. 正向思考（POSITIVE；P頻道）是培養EQ的根本方法。
2. 自我充實。
3. 自我獎勵。

(四) 了解別人的情緒

1. 同理心。
2. 傾聽。

(五) 維繫圓融的人際關係

二、 執行重點

催收人員勤學EQ五大領域，使自己修練成高EQ的現代人，將有助於解決問題、提升工作績效。

重點 **4**　　糖果實驗　　　　　　　　　　重要度 ★★

一、根據一項對兒童所做的EQ試驗,其結果顯示:實驗老師對一群四歲左右的孩子說:「現在每個人發一顆糖果,老師出去一下。」待老師回來時,沒有吃掉糖果的小朋友,老師便再發一顆糖果獎賞他。當然有些小朋友馬上吃了糖果,有些則忍耐沒吃,最後沒吃糖果的小朋友很高興又分得了另一顆糖果。事隔十年後,小朋友長大了,變成兩組青少年,其性格上之統計如下:

衝動型的孩子們

・怯於與人接觸

・頑固而優柔寡斷

・易因挫折而喪志

・認為自己是壞孩子而無用

・遇到壓力容易退縮或驚慌失措

・容易懷疑別人而感到不滿足

・易忌妒或羨慕別人

・易怒而常與人爭鬥

能抵抗誘惑的孩子們

・社會適應能力較佳

・較有自信

・人際關係較好

・較能面對挫折

・在壓力下比較不會崩潰、退卻、緊張或亂了方寸

・能積極迎接挑戰

・面對困難不輕言放棄

由上述分析之統計可知,易於掌握自身情緒的孩子,相對的未來成就較佳。

資料來源:北醫人1997年第一卷第二期

二、 執行重點

優質的催收人員在終身學習的領域中，勤學如何抵抗誘惑、延遲滿足、有效面對自己的情緒。且建設性的善用情緒、正向思考，將會為自己開創新的命運與機會。

重點 5　**測驗EQ的方法**　　　重要度 ★★★★

事件一、你忘了另外一半（男／女朋友）的生日

A. 我對記住別人的生日很不在行。

B. 我在想其他的事情。

事件二、你因借書逾期被圖書館罰了十美金

A. 當我讀書讀到忘我時，我常會忘記他到期了。

B. 我寫報告太專心了，所以我忘了還。

事件三、你跟朋友嘔氣

A. 他／她老是來煩我。

B. 他／她當時具有敵意。

事件四、你因報稅單逾期繳交而被罰

A. 我報稅一向是能拖延就拖延。

B. 今年我懶得管稅務的事了。

事件五、你一直感覺沮喪

A. 我沒有機會休息。

B. 我這禮拜太忙了。

事件六、朋友說話傷了你的心

A. 她一向不顧別人的情緒亂放炮。

B. 我的朋友心情不好，找我出氣。

事件七、你在滑雪時常摔倒	
A.	滑雪真難。
B.	滑雪道結冰了。
事件八、放假你胖了，而且減不掉	
A.	以長期來說，節食是沒用的。
B.	我這一套節食配方不對。

賓州大學的心理學教授Martin Seligman認為，在某些方面情緒商數還是可以被量化的。例如根據一個人的樂觀程度就能很清楚透露其自我的價值觀。人在面對挫折的時候，是產生樂觀或悲觀的反應，可以相當準確地反映在其學業、運動場或某些工作上成功的表現。Seligman教授設計上述問卷來測驗美國大都會人壽公司業務員職位的人，以驗證他的看法。

Seligman發現選B項比較多的業務員比較能克服業績難看的日子，更能及早恢復被拒絕的痛苦情緒，因此也比較不會辭職。樂觀的人比較會把阻礙與挫折看成暫時的、可以克服個人因素；悲觀的人常會把個人因素加諸於事情當中，別人認為是暫時性的問題，他卻把他視為永久性問題。

資料來源：TIME EXPRESS FOR X-G1996

重點 6　培養溝通的情緒　重要度 ★★★

一、因為溝通是雙方互動的，牽涉到人際的互惠，所以在互動互惠的過程中，情緒乃成為主導溝通的要素。

二、五種培養溝通情緒的方法
(一) 多正面思考。　　　　　(二)多使用微笑。
(三) 熱情多一點。　　　　　(四)多一點幽默感。
(五) 多一點包容。

三、執行重點

(一) 凡事（每個事情、每個案子）多往正面來思考，就會產生正能量，將有助於解決問題。腦內革命一書中提到，正面思考是培養EQ最根本的方法。

(二) 催收人員的競爭力是什麼：競爭力=服務力=微笑力=身心合一的笑=拈花微笑。

牛刀小試

( )　**1** 催收人員每天收到的牌一定都是屬於「壞牌」，如何講手中的壞牌打成「好牌」，其必須具備的功夫為？
　　　　(A)耐煩　　　　　　　　(B)EQ高
　　　　(C)溝通協調能力　　　　　　(D)以上都是。

( )　**2** 當你是傾聽者角色時，必須遵守三清原則，不含下列何者？
　　　　(A)聽清　　　　　　　　(B)問清
　　　　(C)記清　　　　　　　　(D)講清。

( )　**3** 催收人員應學會之催收五大領域，關於情緒商數（EQ），是由下列何種可以學習之能力組成？
　　　　(A)自我了解情緒　　　　　　(B)自我管理情緒
　　　　(C)自我激勵　　　　　　(D)以上皆是。

( )　**4** 下列何者為培養溝通情緒之方法？
　　　　(A)多正面思考　　　　　(B)多使用微笑
　　　　(C)熱情多點　　　　　　(D)以上皆是。

解答與解析

1 (D)　　　**2** (D)　　　**3** (D)　　　**4** D

章前導讀

· 本章之學習重點著重於真正的溝通、同伴意識、處理客訴時傾聽原則、面對客訴時哪些話該說與不該說。

重點 1 溝通的定義

重要度 ★★

所謂溝通是指某一個人將一連串有意義的符號，經由移轉的方式傳達給另一個人，使其明白理解。它是人類彼此交換構想、心意、態度、意見及心得的方法。重要的是，溝通是一種需要由傳送訊息者與接受訊息者雙方互相配合的過程。傳送訊息是流程的開始者，而接受訊息則是將流程完成的連接者。

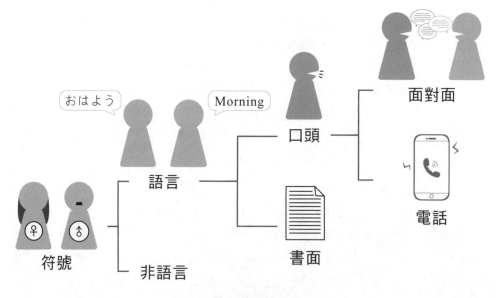

溝通示意圖

一、 溝通的基本方式

二、 溝通的互動模式

重點 **2** 何謂真正的溝通 　　　重要度 ★★

一、 真正的溝通

(一) 收集意見　　　　　(二)交換意見

(三) 互動　　　　　　　(四)民主精神

(五) 台語有言曰

1. **先說先死**：此告誡我們與人溝通時必須先積極傾聽，解碼後再慎言（謹慎發言）回饋。

2. **不說亦死**：一方發送訊息，另一方卻像是木頭人般無動於衷，無任何訊息回饋，毫無互動。這就不是溝通，溝通必須雙方互動。

3. **說到不死**。

二、 說+聽+態度

(一) 說是當你是說話者的角色時，就必須「講清楚、說明白」。

(二) 聽是當你是聆聽者的角色時，就必須遵守「三清原則」（聽清、問清、記清）。

(三) 態度是雙方平穩的情緒才有可能有優質的聆聽，雙方的互動、溝通、協調、合作。

三、 傾聽

(一) 傾聽、微笑、熱情、同理心等都是上乘的溝通技巧，需視不同狀況與環境，選擇最洽當的處理方法。

(二) 經常有人誤以為溝通就一定要靠嘴巴說話，其實這是不對的觀念，我們可以用筆、肢體、微笑來溝通，最厲害的就是用傾聽來溝通。

(三) 有一種有趣的兒童遊戲名叫做「傳話」，這個遊戲的玩法是由一群小孩圍成圓圈，開始由第一位想出一句話或一個簡單的故事，小聲地告訴第二位，然後再由第二位將他所聽到的傳給第三位……，最後一位必須將他聽到的內容大聲說出來。通常最後一位說的和第一位說的大不相同，不是細節變了，就是玩遊戲的人自行加上其他情節，越多人參加玩這個遊戲，故事就會變得更加離譜。這證明了一件不變的事情，大部分的人在聽的時候不認真、不專心，所以最後才導致產生不同的版本。

(四) 「傾聽」是一門學問，足以影響個人或企業的聲響。大部分的人，尤其對那些需要直接面對客戶的催收人員，其傾聽與否將會直接影響到工作表現；就有可能因為誤判客戶的需要而無法解決問題。

(五) 傾聽的第一個原則就是積極地聽，注意聽講，了解客戶談話的實質內容，不要以自己的想法去做任何的臆測，也不要忙著想如何回答。集中精神，不要被身邊其他的事分散了注意力，專注於吸取客戶想要傳達的資訊。

(六) 傾聽的第二個原則就是觀察他的肢體語言，很多話中話是透過講話的語調、臉部的表情及各種手勢來表達。一個皺著眉頭講話的人，即使聲音不大，也足以表現他的不滿。在溝通的過程中，語言與非語言要交互使用，相輔相成。若這兩類（語言及非語言）所試圖表達的訊息不一致、

相互矛盾，則非語言的可信度通常會比較高（當言行不一時，要相信肢體語言）。

(七) 傾聽第三個原則就是在還沒有聽完客戶全部的話之前，不要急著搶答。試著先向他提出一些問題，以確定你對事情的了解，必要時可以重複客戶說過的話，如「你剛才是說……？」，這樣客戶會很高興有人了解他的不滿而減少敵意。

(八) 傾聽的第四個原則就是注意眼神的接觸，保持機靈、端正坐姿，並藉由點頭，或說「我了解了！」、「我了解了！」等話語，讓客戶知道你真的很專心地聽。

(九) 最後，總結客戶所提出的幾個重點，然後答覆，透過這樣的過程，可以琢磨出客戶的心理，使雙方在和諧的氣氛下圓滿的解決問題。

重點 3　同伴意識　　　　重要度 ★★★★

一、在人際相處中，大家渴望被尊重、認同及了解，讓我們主動建立「同伴意識」的溝通模式，讓周遭的人樂於與我們親近，甚至提供一些協助。

二、在溝通的領域裡，談到建立「同伴意識」是指讓相處中的人在最短的時間內得到熟悉感，又能互相認同的方法。

(一) 有的主管為了激勵部屬或邀請部屬參與活動，有時會在言詞上稍微降低姿態，來建立「同伴意識」。

(二) 父母為了與孩子有更好的溝通，有時需要調整角色，以建立「同伴意識」。（如例一及例二）。

例一：

母親：小姐，你到哪裡去了，你看看時間，現在已經十一點，你在七點以前就該回家吃飯，像這樣的行為我們以後還能相信你嗎？

女兒：你就是這樣，只會罵人，永遠不給人解釋的機會。

例二：

母親：我們一直等到八點多，你還沒回來，我們擔心死了，深怕出甚麼事，正打算出去找你呢！

女兒：真對不起，讓你們著急，我們今天留在學校複習下星期段考的功課，我打過一次電話，想告訴你們，可是沒打通，後來就忘記了，真對不起。

母親：好啦！我們知道事情經過就放心了。很高興知道你試著打電話告訴我們，我們只想讓你知道，你沒回來，我們很著急。

資料來源：北縣工業113期台北諮商輔導中心張老師

說明：

1. 在例一中，母親使用許多「你的訊息」的指責，反而讓女兒惱羞成怒。
2. 在例二中，母親使用「我的訊息」的溝通方式，清楚而正確地把「我很著急」的感受傳達給女兒。
3. 表達感受相當不容易，以「我的訊息」來取代「你的訊息」將是一個好的開始。
4. 催收時在溝通上亦應以「我的訊息」來造句。

(三) 對於初加入團體的人，為了緩和與對方的生疏或緊張感，一樣可以建立「同伴意識」的溝通技巧，讓對方感到舒服。

(四) 催收人員與債務人進行溝通協調時，同樣需要建立「同伴意識」的溝通技巧，讓債務人感覺舒服進而認同催收人員的處理方案。

三、 在言語上，如何建立「同伴意識」呢？

(一) 承認自己也會犯錯。
(二) 認同對方的感受。
(三) 使用共通的語言。
(四) 多用「我們」來造句。
(五) 請對方提供意見。

四、 心理治療

以「我」來造句，分享發生在自己身上的，此方法可以讓人完全放鬆心情「倒垃圾」，壓力就會減小。

重點 **4**　PAC　　　　　　　　　重要度 ★★★★

一、溝通分析

將每一個人的人格狀態分成三部分：父母（PARENT）、成人（ADULT）、
兒童（CHILD），每個人都有PAC。

(一) 平行溝通是最好的溝通方式。

上司：把計劃書拿來我看（P對C）。

下屬：好的，我馬上去拿（C對P）。

(二) PAC溝通中，最好用平行，不要用交叉型。

先生：太太，今晚吃什麼（A對A）。

太太：你吃什麼！吃……？（P對C）。

(三) 溝通交叉型：此類型指彼此的PAC的應對超乎對
方意料之外，令人掃興，因而發生溝通障礙、關
係出現摩擦。

弟弟：哥哥，我們來玩電動。

哥哥：功課還沒有寫完，不可以玩。

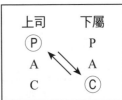

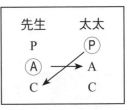

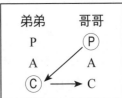

二、　個案研討（客訴V.S催收人員）

(一) 面對客訴時，客戶幾乎皆是態度不佳，語氣惡
劣，即P對C的方式。

(二) 宜採平行溝通C對P的方式來回應，先安撫客戶，再來處理事情。

重點 **5**　謠言　　　　　　　　　重要度 ★★

一、「謠言止於智者」這句俗話的意思是說，智者並不會聽信謠言，智者不會
散布謠言，但世界上智者不多，且遺憾的是，即使是智者，他們本身也難
以抗拒謠言的攻擊。因此光憑這種舊觀念，實際上是不足以控制謠言。

二、由於人們對於訊息的饑渴而產生謠言。人民對訊息飢渴的原因有二：

(一) 人們的好奇心。　　　　　(二)情況不明朗。

(三) 謠言＝人們的好奇心×情況不明朗。

三、制止謠言之發生或散布的根本方法就在於：消除「人們的好奇心」或消除「狀況不明朗」。

四、消除「人們的好奇心」極難做到，因為人人都好奇，這是人性；然而，除「狀況不明朗」卻可經由加強溝通實現。

五、對付謠言的最佳途徑，便是公布事實的真相，因為情況不明朗的程度越低，謠言就無立足之餘地。

資料來源：問題與回應-鄧東濱教授

重點 6　處理客訴時傾聽原則　　　重要度 ★★★★

一、處理客訴時的傾聽原則

二、處理客訴時，傾聽最重要，「聽」與「說」的比例應該是80比20，甚至90比10，要表現出你能設身處地從對方的角度來思考。

三、有位僧侶曾問釋迦牟尼：「人為何尊貴？」釋迦牟尼立刻回答：「因為人擁有傾聽法理的耳朵，所以尊貴！」由此可見，人類真正尊貴的原因，就在於人類有傾聽真相、理解真理的智慧。

四、所謂優質的催收人員是會傾聽的人，而不是會講話的人。

五、雙方平穩的情緒→優質的傾聽者→互動→溝通→協調→合作。

六、面對客訴時，有些話該說與不該說

該說（正面）	不該說（負面）
你好！請坐，請喝茶！	應該不會發生這樣的事情吧！
何事可為您服務？	這不是我們公司的責任！
造成不便，請見諒！	這不是我們公司所能解決的！
這樣處理是否可行？	這是公司規定！
如果不滿意，我再補強！	這是你的錯，你應該事先檢查才對！
為您服務，是我的榮幸！	這不是我負責的業務！
希望下次再度光臨！	沒有辦法！
今後請多多指教！	不要激動！
我了解你的感受！	不要生氣！
如果我是你，我也會不高興！	我說你錯了，你還不承認！
很抱歉給你添麻煩！	你給我閉嘴！
我了解這對你不公平！	

七、8Q修練

(一) 個人發展領域、教育五大目標與多元商數內涵要素之關係表

個人發展領域	教育五大目標	多元商數內涵要素
身體	體育（長期忽略）	健康商數（HQ）
知識	智育（內涵不足）	智力商數（IQ）─知識的驅力 創造力商數（CQ）─知識的運作 科技商數（TQ）─知識的工具
情感	群育（似有似無）	情緒商數（EQ）

個人發展領域	教育五大目標	多元商數內涵要素
意志	從缺（不曾提起）	逆境商數（AQ）
品格	德育（缺乏道德實踐力）	道德商數（MQ）
藝術	美育（不受重視）	藝術商數（AQ）

(二) 多元商數由以下八種商數組成

1. **健康商數（Health Quotient）**：簡稱「HQ」

   主要是個人對自己健康狀況的了解與掌握，包含正常的作息與飲食習慣，還有保持持續的運動和體重的控制。所謂「健全的心靈乃是寓於健康的身體」，表示一個人的身心兩者要互相配合且缺一不可，亦即缺乏心靈的身體是行屍走肉，缺乏身體的心靈是空無虛幻的。因此，得知健康商數乃是一切商數之基礎，藉著穩固健康商數才能進一步發展其他商數。

2. **智力商數（Intelligence Quotient）**：簡稱「IQ」

   主要是個人主動求知的能力，且能運用經驗去吸收、儲存與管理知識以解決問題與困難。智力商數是傳統的關鍵能力，它猶如是一個人學習知識的最佳武器，擁有高智力商數將使學習更加有效率與得心應手。

3. **科技商數（Technology Quotient）**：簡稱「TQ」

   主要是個人對於電腦與資訊的基本功用之認識與操作，且能運用它去進行收集資料與發表報告。科技商數是知識經濟時代下所應具備的商數，它是一個人收集資料的引擎，藉由它可迅速與準確收集到所需的資料，並加以轉化成為有用資訊，最後再內化成為自己專屬的知識。

4. **情緒商數（Emotion Quotient）**：簡稱「EQ」

   主要是個人對自己情緒之認識與管理，自我激勵，對他人情緒之認識與管理之能力。當個體受到外界刺激時，在內心深處常會引起各種情緒波動狀態，倘若反應不當或過度，可能會造成自己和別人的傷害，故妥善管理自己的情緒，並避免情緒失控是個體生活適應與否的關鍵所在（吳清山、林天祐，2003a）。易言之，情緒商數是人群社會中的社交知識，是人與人相處間的潤滑劑。

5. **創造力商數**（Creativity Quotient）：簡稱「CQ」

主要是個人能具有水平思考之能力，係指在有目標或有疑難的導向思考情境中，個人能突破限制提出新的意見、發現新的方法，找到新的答案（如科學發明）或做出嶄新的產品（如文學藝術作品）的思考歷程（張春興，2000）。亦即，個人之思考富有價值性與新奇性。此外，Guilford & Torrance（1967）提出高創造力在認知能力之特質，包含：變通性（flexibility）、獨創性（originality）、流暢性（fluency）、敏銳性（sensitivity）與精緻性（elaboration）（張春興，1996）。

6. **逆境商數**（Adversity Quotient）：簡稱「AQ」

主要是個人對於遭受挫折與失敗之容忍力，能承受考驗與打擊。當一個人面對逆境時之心態大致可以區分為三種：第一種心態「我要面對它克服它！」；第二種心態「看看情形再說吧！」；第三種心態「我完了！」逆境商數（AQ）一書作者史托茲用登山者把以上三種心態比喻成三種類型之人：第一種人「攀登者」，這種人會以最積極的態度來面對所有的逆境，不管什麼挫折他都想征服它。第二種人「半途而廢者」，他們爬到一半就累了想放棄，如果能找到一塊好地方休息，他就不想走了；第三種人「放棄者」，這類型的人根本不想登山（吳清山、林天祐，2003b）。職是之故，在面對充滿詭譎多變的環境，「唯一不變的是變化，唯一確定的是不確定」，個人隨時會遭遇到挫折，一個具有高AQ的人，比一般人更能承受挫折之考驗，而經過逆境洗禮的人通常在往後會有一番大成就，所謂「不經一番寒徹骨，焉得梅花撲鼻香」即是這個道理。

7. **道德商數**（Moral Quotient）：簡稱「MQ」

主要是個人的修養與犧牲奉獻之能力。是在評價群己和諧之程度，所關注的是在社會關係的探究，確定人在社會中之定位。每一個人都有權利享受社會之資源，但也要有義務為社會之繁榮與進步盡最大犧牲與奉獻。因此在尊重社會上每一個人的個別差異之基礎上，以「人人為我，我為人人」之處世原則，在群己互動過程中，養成凡事守法的觀念與勤勞儉樸的習性。

8. **藝術商數（Art Quotient）：簡稱「AQ」**

　　主要是指一個人欣賞、賞析與評價有關藝術方面的素養能力，藝術商數可使個人的生活更加豐富，生命更加多采多姿，亦即藝術之鑑賞素養乃是一個人的精神糧食，能讓人心曠神怡。

　　　　　資料來源：國教之友·第58卷第1期「教育研究」〈多元商數～8Q〉

重點 7　客訴紀錄表　　　　　重要度 ★★★

一、 表格

編號：　　　　　　　　　　　　日期：　　年　　月　　日

客戶名稱	
事由	
原因分析	
對策擬定	
矯正措施	
答覆客戶	
備註	

保存期限：　　　　　　　　　　　承辦人：

二、 執行重點

(一) 人的記憶有限，紀錄卻無窮。

(二) 謹記前車之鑑，不要重蹈覆轍，相同原因的客訴，絕不容許發生第二次，必須立即改善，下不為例。

(三) 活生生的好教材，建立公司嚴謹的工作體制，教導員工如何接受及處理抱怨。

重點 **8**　顧客滿意　重要度 ★★★★

一、 顧客的定義

(一) **外部客戶**：有往來的客戶、外賓、社區。

(二) **內部客戶**：在工作流程中，您面對的下一位工作者即為您的顧客。

二、 顧客如何判斷我們的服務

(一) 顧客在服務的接觸點上判斷。

(二) 顧客的評斷是主觀的。

(三) 顧客的評斷是來自過去的經驗。

(四) 顧客會記得我們最好與最壞的經驗。

(五) 顧客會對別人宣揚我們最好或差勁的服務。

三、 顧客對品質的需求

(一) 速度與時間的需求。　(二)方便的需求。

(三) 個別化的需求。　(四)附加價值的需求。

(五) 專業知識。

四、 何謂顧客滿意

顧客滿意 = 解決顧客的問題+滿足顧客的需求=好的服務品質。

顧客滿意度 = 期望值與感受值的相對關係。

五、 如何做好顧客滿意工作

(一) 以客為尊的理念。　(二)樂於助人的組織文化。

(三) 滿意的顧客來自於滿意的員工。　(四)良好的顧客服務禮儀。

(五) 妥善處理顧客抱怨。　(六)有組織的系統管理。

牛刀小試

( ) **1** 在語言上，建立「同伴意識」的方法，包括？ (A)承認自己也會犯錯 (B)認同對方的感覺 (C)使用共通語言 (D)以上皆是。

( ) **2** 催收人員之必修8Q課題，其中MQ是？ (A)情緒商數 (B)逆境商數 (C)道德商數 (D)危機商數。

解答及解析

1 (D) **2 (C)**

精選範題

( ) **1** 企業以滿足顧客需求、增加顧客價值為經營出發點，在經營過程中，分析顧客的消費能力、消費偏好以及消費行為，以調整新產品之開發和營銷，積極適應顧客需求，避免脫離顧客實際需求，稱為？ (A)客戶導向 (B)客戶洞察 (C)客戶需求 (D)客戶價值。

( ) **2** 下列何者非顧客需求三層次？ (A)DEMAND（最基本的需求） (B)HOPE（期望值） (C)DREAM (D)WISH。

( ) **3** 下列何者非屬顧客滿意中的4P策略？ (A)PRODUCT產品 (B)PROVIDE提供 (C)PROCESS過程 (D)PROGRESS改進。

( ) **4** 下列何者非屬影響顧客價值期望的因素？ (A)價格 (B)店內裝潢 (C)對客戶有影響力之第三人 (D)承諾。

( ) **5** 下列何者屬於服務與品質中應努力之五大方向？ (A)公平對待所有客戶 (B)提供可靠的服務 (C)說到做到 (D)以上皆是。

( ) **6** 下列何者屬於服務與品質中應努力之五大方向？ (A)重視服務過程 (B)建立顧客關係 (C)加強與客戶的人際關係 (D)以上皆是。

( ) **7** 下列何者非屬服務的性質與特徵？ (A)無形 (B)可儲存性 (C)產銷一體 (D)品牌差異性。

（　）　**8**　下列何者屬品質的定義？　(A)消費者-品質就是「適用」　(B)生產者-品質就是「符合規格」　(C)戴明-品質就是「縮小差距」　(D)以上皆是。

（　）　**9**　下列敘述，何者正確？　(A)品質：就是第一次就把事情做對　(B)品質-E值（exchange rate）　(C)服務的目的就是為了要滿足客戶對品質的要求，而在商品提供給客戶使用之後，服務就是讓客戶更有「品質」　(D)以上皆是。

（　）　**10**　下列何者非屬於服務品質的五大決定因素？　(A)可信度　(B)反映度　(C)同理心　(D)有形化。

（　）　**11**　期望值＜感受值？　(A)服務品質好　(B)服務品質普通　(C)服務品質差　(D)服務品質無法估計。

（　）　**12**　期望值＝感受值？　(A)服務品質好　(B)服務品質普通　(C)服務品質差　(D)服務品質無法估計。

（　）　**13**　期望值＞感受值？　(A)服務品質好　(B)服務品質普通　(C)服務品質差　(D)服務品質無法估計。

（　）　**14**　下列敘述何者正確？　(A)平穩的情緒→優質的傾聽（LISTEN）→互動→溝通→協調→合作　(B)催收人員每天收到的牌一定是屬於「壞牌」　(C)在心理學上，情緒是指在面臨各種情境時，促使我們採取某種行動的內在驅力（DRIVE）　(D)以上皆是。

（　）　**15**　下列何者非屬情緒之特性？　(A)情緒發作通常是快速，且是精確的反應　(B)情緒有附著的傾向（附著性）　(C)情緒有累積的作用（累積性）　(D)情緒有感染力（感染性）。

（　）　**16**　下列何者非屬EQ五大領域？　(A)了解自己的情緒　(B)管理自己的情緒　(C)自我激勵　(D)鼓勵他人。

（　）　**17**　某一個人將一連串有意義的符號，經由移轉的方式傳達給另一個人，使其明白理解，稱為？　(A)溝通　(B)交流　(C)意見　(D)傳達。

(　) **18** 下列關於PAC之理論，何者錯誤？ 　(A)每個人都有PAC 　(B)平
　　　　行溝通是最好的溝通方式 　(C)不要用交叉型 　(D)以上皆是。

解答與解析

1 (A) 　　　**2 (D)**

3 (B)。 PRODUCT產品；PEOPLE人員；PROCESS過程；PROGRESS改進。

4 (B) 　　**5 (D)** 　　**6 (D)** 　　**7 (B)** 　　**8 (D)** 　　**9 (D)**

10 (A) 　　**11 (A)** 　　**12 (B)** 　　**13 (C)** 　　**14 (D)**

15 (A)。 情緒發作通常是快速，但不精確的反應。

16 (D) 　　**17 (A)** 　　**18 (D)**

第六篇　模擬試題及解析

第一回

( )　**1** 法律上能夠享受權利並負擔義務的能力，稱為？　(A)權利能力 (B)行為能力　(C)意思能力　(D)以上皆非。

( )　**2** 立法者為保護自然人雖已達行為能力的年齡，但實際上卻有精神障礙或心智缺陷而對自己或他人的行為不具辨識意思表示效果之能力，而設立？　(A)監護宣告與輔助宣告　(B)禁治產宣告 (C)破產宣告　(D)死亡宣告。

( )　**3** 關於監護宣告之敘述，何者錯誤？　(A)因精神障礙或心智缺陷致不能為意思表示或受意思表示，或不能辨識其意思表示之效果　(B)得由配偶、四親等內之親屬、最近一年有同居事實之其他親屬、輔助人、意定監護受任人、檢察官、主管機關、社會福利機構或其他利害關係人向法院聲請。但不得由本人聲請 (C)受監護之原因消滅時，法院應依前項聲請權人之聲請，撤銷其宣告　(D)受監護宣告之人，無行為能力。

( )　**4** 下列關於輔助宣告之敘述，何者錯誤？　(A)法院對於監護之聲請，認未達監護宣告之程度。得為輔助宣告　(B)受監護原因消滅，而仍有輔助之必要，得因聲請變更為輔助宣告　(C)因精神障礙或其他心智缺陷，致其為意思表示或受意思表示，或辨識其意思表示效果之能力，顯有不足者　(D)受輔助宣告之人為下列行為時，應經輔助人同意。包含獲法律上利益，或依其年齡及身分、日常生活所必需者。

( )　**5** 下列關於民法之敘述，何者錯誤？　(A)法律行為係指以意思表示為要素　(B)單獨行為係以由一方當事人之意思表示構成之法律行為　(C)法律行為違反強制或禁止規定，原則無效，例外規定不以之為無效者，有效　(D)乘他人之急迫、輕率或無經驗，使其為財產上之給付或為給付之約定，依當時情形顯失公平

者，法院得因利害關係人之聲請，於法律行為後二年內，撤銷其法律行為或減輕其給付。

( ) **6** 代理人之意思表示，因其意思欠缺、被詐欺、被脅迫，或明知或可得而知其事情，致其效力受影響時，其事實之有無，應就何人決之？　(A)原則應就代理人決之，例外在代理人之代理權係以法律行為授予時，以本人決之　(B)原則應就本人決之，例外在代理人之代理權係以法律行為授予時，以代理人決之　(C)以本人決之　(D)以代理人決之。

( ) **7** 代理人非經本人之許諾，不得為本人與自己之法律行為，此稱為？　(A)自己代理之禁止　(B)雙方代理之禁止　(C)代理行為之禁止　(D)以上皆非。

( ) **8** 不當得利之受領人，以其所受領者，＿＿＿＿第三人，而受領人因此＿＿＿＿者，第三人於不當得利之受領人所免返還義務之限度內，負返還責任？　(A)無償讓與；免返還義務　(B)有償讓與；免返還義務　(C)有償讓與；負返還義務　(D)無償讓與；負返還義務。

( ) **9** 故意或過失，不法侵害他人之權利者，稱為？　(A)無因管理　(B)侵權行為　(C)不當得利　(D)債務不履行。

( ) **10** 下列何種情形，非屬侵權行為之範疇？　(A)因故意或過失，不法侵害他人之權利者　(B)故意以背於善良風俗之方法，加損害於他人者　(C)違反保護他人之法律，致生損害於他人者　(D)無過失侵害保護他人之法律者。

( ) **11** 下列關於侵權行為之敘述，何者錯誤？　(A)土地上之建築物或其他工作物所致他人權利之損害，由工作物之所有人負賠償責任　(B)動物加損害於他人者，由其所有人負損害賠償責任　(C)商品製造人因其商品之通常使用或消費所致他人之損害，負賠償責任　(D)汽車、機車或其他非依軌道行駛之動力車輛，在使用中加損害於他人者，駕駛人應賠償因此所生之損害。

(　　) **12** 依照民法第190條第二項之規定，動物係由第三人或他動物之挑動，致加損害於他人者，其占有人對於_____，有求償權？　(A)該第三人或該他動物之占有人　(B)該第三人或該他動物之所有人　(C)以上皆是　(D)以上皆非。

(　　) **13** 下列何者非工作物所有人免付損害賠償之事由？　(A)對於設置或保管並無缺失　(B)於防止損害之發生，已盡相當之注意　(C)損害非因設置或保管有欠缺　(D)以上皆是。

(　　) **14** 侵權行為之消滅時效係？　(A)自請求權人知有損害及賠償義務人時起，二年間不行使而消滅，自有侵權行為時起，逾十年者亦同　(B)自請求權人知有損害及賠償義務人時起，五年間不行使而消滅，自有侵權行為時起，逾十年者亦同　(C)自請求權人知有損害及賠償義務人時起，二年間不行使而消滅，自有侵權行為時起，逾十五年者亦同　(D)自請求權人知有損害及賠償義務人時起，五年間不行使而消滅，自有侵權行為時起，逾十五年者亦同。

(　　) **15** 因侵權行為對被害人取得債權者，被害人對該債權之廢止請求權，若因時效而消滅，如被害人尚未給付者，被害人得為如何之主張？　(A)抵銷權　(B)撤銷權　(C)損害賠償請求權　(D)得拒絕履行。

(　　) **16** 因侵權行為所生之損害賠償請求權，自請求權人知有損害及賠償義務人時起，_____年間不行使而消滅，自_____時起，逾十年者亦同？　(A)二；有侵權行為　(B)五；有侵權行為　(C)二；起訴　(D)五；起訴。

(　　) **17** 債務人在遲延中，對於因不可抗力而生之損害，若能證明縱不遲延給付，損害仍會發生，是否需負責？　(A)需負責　(B)無需負責　(C)需負責，但可向法院申請酌減　(D)法未明文。

(　　) **18** 下列關於民法之敘述，何者錯誤？　(A)債務人遲延者，債權人得請求其賠償因遲延而生之損害　(B)遲延之債務，以支付金錢為標的者，債權人得請求依法定利率計算之遲延利息　(C)對於利息，仍須支付遲延利息　(D)前項債務人，在遲延中，對於因不可抗力而生之損害，原則上亦應負責。

（　）**19** 連帶債務之債權人，得對於債務人中之一人或數人或其全體，同時或先後請求全部或一部之給付，稱為？　(A)一般請求權　(B)連帶債權人之請求權　(C)對連帶債務人之請求權　(D)以上皆非。

（　）**20** 下列關於民法之敘述，何者錯誤？　(A)數人負同一債務或有同一債權，而其給付可分者，除法律另有規定或契約另有訂定外，應各平均分擔或分受之；其給付本不可分而變為可分者亦同　(B)數人負同一債務，明示對於債權人各負全部給付之責任者，為連帶債務　(C)帶債務之債權人，得對於債務人中之一人或數人或其全體，同時或先後請求全部或一部之給付　(D)因連帶債務人中之一人為清償、代物清償、提存、抵銷、免除或混同而債務消滅者，他債務人亦同免其責任。

（　）**21** 下列何種債權，不得讓與於第三人？　(A)依債權之性質，不得讓與者　(B)依當事人之特約，不得讓與者　(C)債權禁止扣押者　(D)以上皆是。

（　）**22** 下列敘述何者正確？　(A)依債權之性質，不得讓與者，不得對抗善意第三人　(B)依當事人之特約，不得讓與者，不得對抗善意第三人　(C)債權禁止扣押者，不得對抗善意第三人　(D)以上皆正確。

（　）**23** 下列關於民法之敘述，何者錯誤？　(A)讓與債權時，該債權之擔保及其他從屬之權利，隨同移轉於受讓人。但與讓與人有不可分離之關係者，不在此限　(B)未支付之利息，推定其隨同原本移轉於受讓人　(C)讓與人應將證明債權之文件，交付受讓人，並應告以關於主張該債權所必要之一切情形　(D)以上皆為正確。

（　）**24** 下列關於民法之敘述，何者錯誤？　(A)讓與人應將證明債權之文件，交付受讓人，並應告以關於主張該債權所必要之一切情形　(B)債權之讓與，非經讓與人或受讓人通知債務人，對於債務人不生效力。但法律另有規定者，不在此限　(C)受讓人將讓與人所立之讓與字據提示於債務人者，與通知有同一之效力　(D)以上皆為正確。

（　）**25** 稱消費借貸者，謂當事人一方移轉金錢或其他代替物之所有權於他方，而約定他方以＿＿＿＿、＿＿＿＿、＿＿＿相同之物返還之契約？　(A)種類；品質；數量　(B)價格；種類；數量　(C)價格；品質；數量　(D)價格；種類；品質。

（　）**26** 下列關於民法之敘述，何者錯誤？　(A)稱消費借貸者，謂當事人一方移轉金錢或其他代替物之所有權於他方，而約定他方以種類、品質、數量相同之物返還之契約　(B)當事人之一方對他方負金錢或其他代替物之給付義務而約定以之作為消費借貸之標的者，亦成立消費借貸　(C)消費借貸之預約，其約定之消費借貸有利息或其他報償，當事人之一方於預約成立後，成為無支付能力者，預約貸與人得撤回其預約　(D)消費借貸之預約，其約定之消費借貸為無報償者，準用第四百六十五條之一之規定。

（　）**27** 消費借貸，約定有利息或其他報償者，如借用物有瑕疵時，應該怎麼處理？　(A)貸與人應另易以無瑕疵之物。但借用人不得請求損害賠償　(B)貸與人不應另易以無瑕疵之物。但借用人得請求損害賠償　(C)貸與人應另易以無瑕疵之物。但借用人仍得請求損害賠償　(D)貸與人不應另易以無瑕疵之物。且借用人不得請求損害賠償。

（　）**28** 消費借貸為無報償者，如借用物有瑕疵時，應如何處理？　(A)借用人得照有瑕疵原物之價值，返還貸與人　(B)借用人應另易已無瑕疵之物，並負擔損害賠償　(C)縱貸與人故意不告知其瑕疵者，借用人仍不得請求損害賠償　(D)以上皆非。

（　）**29** 下列關於報償支付時期之敘述，何者正確？　(A)利息或其他報償，應於契約所定期限支付之　(B)未定期限者，應於借貸關係終止時支付之　(C)其借貸期限逾一年者，應於每年終支付之　(D)以上均正確。

（　）**30** 借用人應於約定期限內，返還與借用物種類、品質、數量相同之物，未定返還期限者，借用人得隨時返還，貸與人亦得定多久之相當期限，催告返還？　(A)一個月　(B)一個月以上　(C)三個月　(D)三個月以上。

( ) **31** 不動產物權，依＿＿＿而取得、設定、喪失及變更者，非經登記，不生效力？ (A)法律行為 (B)事實行為 (C)法律行為及事實行為 (D)以上皆非。

( ) **32** 下列關於民法之敘述，何者錯誤？ (A)物權除依法律或習慣外，不得創設 (B)不動產物權，依法律行為而取得、設定、喪失及變更者，非經登記，不生效力 (C)前項行為，應以書面為之 (D)以上均為正確。

( ) **33** 因＿＿＿、＿＿＿、＿＿＿、＿＿＿或其他非因法律行為，於登記前已取得不動產物權者，應經登記，始得處分其物權？ (A)繼承；強制執行；徵收；法院之判決 (B)契約；贈與；強制執行；繼承 (C)契約；強制執行；徵收；法院判決 (D)約定；贈與；強制執行；繼承。

( ) **34** 下列關於民法之敘述，何者錯誤？ (A)因繼承、強制執行、徵收、法院之判決或其他非因法律行為，於登記前已取得不動產物權者，應經登記，始得處分其物權 (B)不動產物權經登記者，推定登記權利人適法有此權利 (C)因信賴不動產登記之善意第三人，已依法律行為為物權變動之登記者，其變動之效力，不因原登記物權之不實而受影響 (D)物權除依法律或習慣外，亦得依法理創設。

( ) **35** 下列何者非動產物權讓與之方式？ (A)現實交付 (B)簡單交付 (C)占有改定 (D)指示交付。

( ) **36** 債權人對於債務人或第三人而供其債權擔保之不動產，得就該不動產賣得價金優先受償之權，稱為？ (A)優先抵押權 (B)普通抵押權 (C)最高限額抵押權 (D)以上皆非。

( ) **37** 同一抵押物有多數抵押權者，下列何者非抵押權人得以調整其優先受償之分配額之方法？ (A)為特定抵押權人之利益，讓與其抵押權之次序 (B)為特定後次序抵押權人之利益，拋棄其抵押權之次序 (C)為全體後次序抵押權人之利益，拋棄其抵押權之次序 (D)以上均可以。

(　　) **38** 前項抵押權次序之讓與或拋棄，非經_____，不生效力。並應於登記前，_____債務人、抵押人及共同抵押人。　(A)登記；告知　(B)登記；通知　(C)刊登；告知　(D)刊登；通知。

(　　) **39** 下列關於民法之敘述，何者錯誤？　(A)抵押人之行為，足使抵押物之價值減少者，抵押權人得請求停止其行為　(B)抵押物之價值因可歸責於抵押人之事由致減少時，抵押權人得定相當期，請求抵押人回復抵押物之原狀，或提出與減少價額相當之擔保　(C)抵押物之價值因不可歸責於抵押人之事由致減少者，抵押權人僅於抵押人因此所受利益之限度內，請求提出擔保(D)以上均為正確。

(　　) **40** 最高限額抵押權所擔保之原債權，未約定確定之期日者，除抵押人與抵押權人另有約定外，自請求之日起，經_____日為其確定期日。　(A)十五日　(B)二十日　(C)二十五日　(D)三十日。

(　　) **41** 下列關於民法之敘述，何者錯誤？　(A)最高限額抵押權所擔保之原債權，未約定確定之期日者，抵押人或抵押權人得隨時請求確定其所擔保之原債權　(B)最高限額抵押權所擔保之債權，於原債權確定前讓與他人者，其最高限額抵押權不隨同移轉(C)最高限額抵押權所擔保之債權，於原債權確定前經第三人承擔其債務，而債務人免其責任者，抵押權人就該承擔之部分，得行使最高限額抵押權　(D)原債權確定前，抵押權人經抵押人之同意，得將最高限額抵押權之全部或分割其一部讓與他人。

(　　) **42** 最高限額抵押權為數人共有者，各共有人按其_____分配其得優先受償之價金？　(A)債權額比例　(B)約定　(C)AB皆可(D)AB皆非。

(　　) **43** 下列何者非屬姻親？　(A)血親之配偶　(B)配偶之血親　(C)配偶之血親之配偶　(D)血親配偶之血親。

(　　) **44** 男未滿_____歲，女未滿_____歲者，不得結婚？　(A)18；16(B)16；15　(C)20；18　(D)20；16。

(　　) **45** 下列何者非結婚之形式要件？　(A)以書面為之　(B)二人以上證人之簽名　(C)向戶政機關為結婚登記　(D)公開儀式。

(　　) **46** 下列關於民法之敘述，何者錯誤？　(A)夫妻財產制契約之訂立、變更或廢止，應以書面為之　(B)夫妻財產制契約之訂立、變更或廢止，經登報公告後，對抗第三人　(C)夫妻於婚姻關係存續中，得以契約廢止其財產契約，或改用他種約定財產制　(D)夫妻財產制契約之登記，不影響依其他法律所為財產權登記之效力。

(　　) **47** 下列關於民法之敘述，何者錯誤？　(A)夫或妻之財產分為婚前財產與婚後財產，由夫妻各自所有　(B)夫或妻婚前財產，於婚姻關係存續中所生之孳息，視為婚前財產　(C)夫或妻各自管理、使用、收益及處分其財產　(D)夫妻於家庭生活費用外，得協議一定數額之金錢，供夫或妻自由處分。

(　　) **48** 繼承人對於被繼承人之債務，以因繼承所得遺產為限，負清償責任，稱為？　(A)一般繼承　(B)限定繼承　(C)拋棄繼承　(D)全部繼承。

(　　) **49** 繼承人在繼承開始前＿＿年內，從被繼承人受有財產之贈與者，該財產視為其所得遺產？　(A)二　(B)四　(C)六　(D)八。

(　　) **50** 財產贈與視同所得遺產之計算，該財產如已移轉或滅失，其價額，依＿＿＿之價值計算？　(A)贈與時　(B)繼承時　(C)賣出時　(D)買入時。

(　　) **51** 訴訟，由＿＿＿＿管轄？　(A)原告住所地之法院　(B)被告住所地之法院　(C)任一法院均可　(D)原則原告住所地之法院，例外被告住所地之法院。

(　　) **52** 當事人得以合意定＿＿＿＿管轄法院。但以關於由一定法律關係而生之訴訟為限？　(A)第一審　(B)第二審　(C)第三審　(D)以上皆可以合意定之。

(　　) **53** 依民事訴訟法第27條之規定，定法院之管轄，以＿＿＿＿為準？　(A)訂約時　(B)起訴時　(C)當事人合意　(D)起訴後之當事人合意。

(　) **54** 下列關於民事訴訟之敘述，何者錯誤？　(A)有權利能力者，有當事人能力　(B)胎兒無當事人能力　(C)非法人之團體，設有代表人或管理人者，有當事人能力　(D)中央或地方機關，有當事人能力。

(　) **55** 下列關於民事訴訟之敘述，何者錯誤？　(A)民事訴訟之訴訟代理人，必委任律師為之　(B)非律師為訴訟代理人之許可準則，由司法院定之　(C)訴訟代理人，應於最初為訴訟行為時，提出委任書　(D)委任或選任，應於每審級為之。

(　) **56** 委任或選任，應於每審級為之。但當事人就特定訴訟於委任書表明其委任不受審級限制，並經＿＿＿＿者，不在此限？　(A)見證　(B)公證　(C)律師見證　(D)法院見證。

(　) **57** 下列關於訴訟代理人之權限，何者非需特別委任？　(A)捨棄　(B)認諾　(C)撤回　(D)調解。

(　) **58** 下列關於民事訴訟之敘述，何者錯誤？　(A)簡易訴訟程序在合議法官前行之　(B)對於簡易程序之第一審裁判，得上訴或抗告於管轄之地方法院，其審判以合議行之　(C)法院認適用小額程序為不適當者，得依職權以裁定改用簡易程序，並由原法官繼續審理　(D)依法應行調解程序者，如當事人一造於調解期日五日前，經合法通知無正當理由而不於調解期日到場，法院得依到場當事人之聲請，命即為訴訟之辯論，並得依職權由其一造辯論而為判決。

(　) **59** 關於請求給付金錢或其他代替物或有價證券之訴訟，其標的金額或價額在新台幣＿＿＿＿以下者，適用本章所定之小額程序？　(A)兩萬　(B)五萬　(C)十萬　(D)十五萬。

(　) **60** 對於第一審之終局判決，除別有規定外，得＿＿＿＿於管轄第二審之法院？　(A)上訴　(B)抗告　(C)申請再審　(D)申請。

(　) **61** 提起上訴，應於第一審判決送達後＿＿＿＿之不變期間內為之？　(A)七日　(B)十日　(C)十五日　(D)二十日。

（　　）**62** 非訟事件之聲請，不合程式或不備其他要件者，法院應以＿＿＿＿之。但其情形可以補正者，法院應＿＿＿＿命補正？　(A)裁定駁回；以判決　(B)判決駁回；以判決　(C)裁定駁回；定期間　(D)判決駁回；定期間。

（　　）**63** 下列關於非訟事件之敘述，何者錯誤？　(A)法院收受聲請書狀或筆錄後，得定期間命聲請人以書狀或於期日就特定事項詳為陳述　(B)因程序之結果而法律上利害受影響之人，得聲請參與程序　(C)法院認為必要時，得依職權通知前項之人參與程序　(D)以上均為正確。

（　　）**64** 強制執行之延緩執行之期限不得逾＿＿＿＿，且債權人聲請續行執行而再同意延緩執行者，以＿＿＿＿次為限？　(A)一個月；一次　(B)三個月；一次　(C)一個月；三次　(D)三個月；三次。

（　　）**65** 因強制執行所得之金額，如有多數債權人參與分配時，執行法院應作成分配表，並指定分配期日，於分配期日＿＿＿＿以繕本交付債務人及各債權人，並置於民事執行處，任其閱覽？　(A)五日前　(B)五日後　(C)七日前　(D)七日後。

（　　）**66** 行為之處罰，以行為時之法律有明文規定者為限。拘束人身自由之保安處分，此原則稱為？　(A)無罪推定原則　(B)罪刑法定原則　(C)罪疑惟輕原則　(D)從舊從輕原則。

（　　）**67** 下列關於刑法之敘述，何者正確？　(A)行為後法律有變更者，適用行為時之法律。但行為後之法律有利於行為人者，適用最有利於行為人之法律　(B)沒收、非拘束人身自由之保安處分適用裁判時之法律　(C)處罰或保安處分之裁判確定後，未執行或執行未完畢，而法律有變更，不處罰其行為或不施以保安處分者，免其刑或保安處分之執行　(D)以上均是。

（　　）**68** 本法於在中華民國領域內犯罪者，適用之。在中華民國領域外之中華民國船艦或航空器內犯罪者，以在中華民國領域內犯罪論，稱為？　(A)屬地原則　(B)屬人原則　(C)世界原則　(D)保護原則。

(　) **69** 下列關於刑法之敘述，何者錯誤？　(A)行為非出於故意或過失者，不罰　(B)過失行為之處罰，以有特別規定者，為限　(C)行為人對於構成犯罪之事實，明知並有意使其發生者，為故意　(D)行為人對於構成犯罪之事實，預見其發生而其發生並不違背其本意者，以直接故意論。

(　) **70** 下列關於刑法之敘述，何者正確？　(A)行為人對於構成犯罪之事實，預見其發生而其發生並不違背其本意者，以故意論　(B)行為人雖非故意，但按其情節應注意，並能注意，而不注意者，為過失　(C)行為人對於構成犯罪之事實，雖預見其能發生而確信其不發生者，以過失論　(D)以上皆是。

(　) **71** 下列關於銀行對資產負債表表內及表外之授信資產之敘述，何者正確？　(A)正常之授信資產列為第一類　(B)不良之授信資產，應按債權之擔保情形及逾期時間之長短予以評估，分別列為第二類應予注意者，第三類可望收回者，第四類收回困難者　(C)第五類收回無望者　(D)以上皆為是。

(　) **72** 下列不良授信資產之敘述，何者正確？　(A)應予注意者：指授信資產經評估有足額擔保部分，且授信戶積欠本金或利息超過清償期1個月至12個月者；或授信資產經評估已無擔保部分，且授信戶積欠本金或利息超過清償期1個月至3個月者；或授信資產雖未屆清償期或到期日，但授信戶已有其他債信不良者　(B)可望收回者：指授信資產經評估有足額擔保部分，且授信戶積欠本金或利息超過清償期12個月者；或授信資產經評估已無擔保部分，且授信戶積欠本金或利息超過清償期3個月至6個月者　(C)收回困難者：指授信資產經評估已無擔保部分，且授信戶積欠本金或利息超過清償期6個月至12個月者　(D)以上皆是。

(　) **73** 下列不良授信資產之敘述，何者正確？　(A)收回困難者：指授信資產經評估已無擔保部分，且授信戶積欠本金或利息超過清償期6個月至12個月者　(B)收回無望者：指授信資產經評估已無擔保部分，且授信戶積欠本金或利息超過清償期12個月者；或授信資產經評估無法收回者　(C)可望收回者：指授信資產經

評估有足額擔保部分，且授信戶積欠本金或利息超過清償期12個月者；或授信資產經評估已無擔保部分，且授信戶積欠本金或利息超過清償期3個月至6個月者 (D)以上皆是。

( ) **74** 下列何者非屬於金融機構作業委託他人處理內部作業制度及程序辦法所適用之金融機構？ (A)本國銀行 (B)本國銀行之國外分行 (C)外國銀行在台分行 (D)有在台設立分行的外國銀行，在國外之總行。

( ) **75** 下列何者非屬金融機構出售不良債權應注意事項中所規範之金融機構？ (A)銀行 (B)票券金融公司 (C)信用合作社 (D)證券交易所。

( ) **76** 下列關於金融機構出售不良債權應注意事項之敘述，何者錯誤？ (A)出售不良債權時，聯貸案件需要與參貸行共同決定 (B)金融機構出售不良債權時，僅需訂定應買人之積極資格條件即可，毋庸為其他條件限制 (C)公開發行之金融機構於董（理）事會決議通過出售不良債權後，應即於臺灣證券交易所之公開資訊觀測站公告申報相關資訊 (D)金融機構標售不良債權之公告，須刊登於所屬業別之公會網站。

( ) **77** 下列關於消費者債務清理條例之敘述，何者錯誤？ (A)此程序係針對五年內未從事營業活動或從事小規模營業活動營業額平均每月不超過新台幣二十萬元之自然人 (B)程序分為兩階段三部分 (C)前置協商程序由法院主辦 (D)前置協商程序不成立者，得聲請地方法院裁定更生或清算。

( ) **78** 下列敘述，何者錯誤？ (A)依據消費者債務清理條例聲請更生或清算，需酌收聲請費新台幣一千元 (B)債務人聲請清算而無資力支出聲請費用者，得聲請法院以裁定准予暫免繳納 (C)聲請更生或清算不合程式或不備其他要件者，法院應以判決駁回之 (D)更生或清算事件之裁判，由獨任法官以裁定行之。

( ) **79** 下列何者屬於顧客對品質的要求？ (A)方便的需求 (B)個別化的需求 (C)附加價值的需求 (D)以上皆是。

（　）**80** 如何做好顧客滿意工作？　(A)以客為尊的理念　(B)樂於助人的
組織文化　(C)滿意的顧客來自於滿意的員工　(D)以上皆是。

解答與解析

1 (A)。 係指法律上能夠享受權利並負擔義務的能力，享有權利能力者，即為權
利主體其中包括自然人和法人，得為私法上權利義務關係之主體。

2 (A)。 立法者為保護自然人雖已達行為能力的年齡，但實際上卻有精神障礙或
心智缺陷而對自己或他人的行為不具辨識意思表示效果之能力，而設立
監護宣告與輔助宣告制度。

3 (B)。 本人、配偶、四親等內之親屬、最近一年有同居事實之其他親屬、輔助
人、意定監護受任人、檢察官、主管機關、社會福利機構或其他利害關
係人向法院聲請（民14Ⅰ）

4 (D)。 受輔助宣告之人為下列行為時，應經輔助人同意。但純獲法律上利益，
或依其年齡及身分、日常生活所必需者，不在此限：
(1) 為獨資、合夥營業或為法人之負責人。
(2) 為消費借貸、消費寄託、保證、贈與或信託。
(3) 為訴訟行為。
(4) 為和解、調解、調處或簽訂仲裁契約。
(5) 為不動產、船舶、航空器、汽車或其他重要財產之處分、設定負
擔、買賣、租賃或借貸。
(6) 為遺產分割、遺贈、拋棄繼承權或其他相關權利。
(7) 法院依前聲請權人或輔助人之聲請，所指定之其他行為。
七十八至八十三規定，於未依前項規定得輔助人同意之情形，準用之。
八十五規定，於輔助人同意受輔助宣告之人為一項一款行為時，準用
之。
第一項所列應經同意之行為，無損害受輔助宣告之人利益之虞，而輔助
人仍不為同意時，受輔助宣告之人得逕行聲請法院許可後為之。（民15-
2）。

5 (D)。 乘他人之急迫、輕率或無經驗，使其為財產上之給付或為給付之約定，
依當時情形顯失公平者，法院得因利害關係人之聲請，於法律行為後一
年內，撤銷其法律行為或減輕其給付。（民法74）

6 (A)。　代理人之意思表示，因其意思欠缺、被詐欺、被脅迫，或明知或可得而知其事情，致其效力受影響時，其事實之有無，應就代理人決之。但代理人之代理權係以法律行為授與者，其意思表示，如依照本人所指示之意思而為時，其事實之有無，應就本人決之（民105）。

7 (A)。　代理人非經本人之許諾，不得為本人與自己之法律行為，亦不得既為第三人之代理人，而為本人與第三人之法律行為。但其法律行為，係專履行債務者，不在此限（民106）。

8 (A)。　不當得利之受領人，以其所受領者，無償讓與第三人，而受領人因此免返還義務者，第三人於不當得利之受領人所免返還義務之限度內，負返還責任（民183）。

9 (B)。　因故意或過失，不法侵害他人之權利者，負損害賠償責任。故意以背於善良風俗之方法，加損害於他人者亦同，違反保護他人之法律，致生損害於他人者，負賠償責任。但能證明其行為無過失者，不在此限（民184）。

10 (B)。　因故意或過失，不法侵害他人之權利者，負損害賠償責任。故意以背於善良風俗之方法，加損害於他人者亦同，違反保護他人之法律，致生損害於他人者，負賠償責任。但能證明其行為無過失者，不在此限（民184）。

11 (B)。　動物加損害於他人者，由其占有人負損害賠償責任。但依動物之種類及性質已為相當注意之管束，或縱為相當注意之管束而仍不免發生損害者，不在此限。動物係由第三人或他動物之挑動，致加損害於他人者，其占有人對於該第三人或該他動物之占有人，有求償權（民190）。

12 (A)。　動物係由第三人或他動物之挑動，致加損害於他人者，其占有人對於該第三人或該他動物之占有人，有求償權（民190 II）。

13 (D)。　土地上之建築物或其他工作物所致他人權利之損害，由工作物之所有人負賠償責任。但其對於設置或保管並無欠缺，或損害非因設置或保管有欠缺，或於防止損害之發生，已盡相當之注意者，不在此限（民191 I）。

14 (A)。　因侵權行為所生之損害賠償請求權，自請求權人知有損害及賠償義務人時起，二年間不行使而消滅，自有侵權行為時起，逾十年者亦同（民197 I）。

15 (D)。 因侵權行為對於被害人取得債權者，被害人對該債權之廢止請求權，雖因時效而消滅，仍得拒絕履行（民198）。

16 (A)。 因侵權行為所生之損害賠償請求權，自請求權人知有損害及賠償義務人時起，二年間不行使而消滅，自有侵權行為時起，逾十年者亦同（民197）。

17 (B)。 前項債務人，在遲延中，對於因不可抗力而生之損害，亦應負責。但債務人證明縱不遲延給付，而仍不免發生損害者，不在此限（民231 II）。

18 (C)。 對於利息，無須支付遲延利息（民233 II）。

19 (B)。 連帶債務之債權人，得對於債務人中之一人或數人或其全體，同時或先後請求全部或一部之給付（民273 I）。

20 (D)。 因連帶債務人中之一人為清償、代物清償、提存、抵銷或混同而債務消滅者，他債務人亦同免其責任（民274）。

21 (D)。 債權人得將債權讓與於第三人。但左列債權，不在此限（民294 I）：
(1) 依債權之性質，不得讓與者。
(2) 依當事人之特約，不得讓與者。
(3) 債權禁止扣押者。

22 (B)。 債權人得將債權讓與於第三人。但左列債權，不在此限（民294 I）：
(1) 依債權之性質，不得讓與者。
(2) 依當事人之特約，不得讓與者。
(3) 債權禁止扣押者。
前項第二款不得讓與之特約，不得以之對抗善意第三人（民294 II）。

23 (D)　　　　**24 (D)**

25 (A)。 稱消費借貸者，謂當事人一方移轉金錢或其他代替物之所有權於他方，而約定他方以種類、品質、數量相同之物返還之契約（民474 I）。

26 (C)。 消費借貸之預約，其約定之消費借貸有利息或其他報償，當事人之一方於預約成立後，成為無支付能力者，預約貸與人得撤銷其預約（民475-1 II）。

27 (C)。 消費借貸，約定有利息或其他報償者，如借用物有瑕疵時，貸與人應另易以無瑕疵之物。但借用人仍得請求損害賠償（民476 I）。

28 (A)。 消費借貸，約定有利息或其他報償者，如借用物有瑕疵時，貸與人應另易以無瑕疵之物。但借用人仍得請求損害賠償。消費借貸為無報償者，如借用物有瑕疵時，借用人得照有瑕疵原物之價值，返還貸與人。前項情形，貸與人如故意不告知其瑕疵者，借用人得請求損害賠償（民476）。

29 (D)。 利息或其他報償，應於契約所定期限支付之；未定期限者，應於借貸關係終止時支付之。但其借貸期限逾一年者，應於每年終支付之（民477）。

30 (B)。 借用人應於約定期限內，返還與借用物種類、品質、數量相同之物，未定返還期限者，借用人得隨時返還，貸與人亦得定一個月以上之相當期限，催告返還（民478）。

31 (A)。 不動產物權，依法律行為而取得、設定、喪失及變更者，非經登記，不生效力（民758 Ⅰ）。

32 (D)。

33 (A)。 因繼承、強制執行、徵收、法院之判決或其他非因法律行為，於登記前已取得不動產物權者，應經登記，始得處分其物權（民759）。

34 (D)。 物權除依法律或習慣外，不得創設（民757）。

35 (B)。

方式	法條	法條明文
現實交付	民761Ⅰ本文	動產物權之讓與，非將**動產交付**，不生效力。
簡易交付	民761Ⅰ但書	**受讓人已占有動產**者，於讓與合意時，即生效力。
占有改定	民761Ⅱ	讓與動產物權，而**讓與人仍繼續占有動產者**，讓與人與受穰人間，得訂立契約，使受讓人因此取得間接占有，以代交付。
指示交付	民761Ⅲ	讓與動產物權，如其**動產由第三人占有時**，讓與人得以對於**第三人**之返還請求權，讓與於受讓人，以代交付。

36 (B)。 稱普通抵押權者，謂債權人對於債務人或第三人而供其債權擔保之不動產，得就該不動產賣得價金優先受償之權（民860）。

37 (D)。 同一抵押物有多數抵押權者，抵押權人得以下列方法調整其可優先受償之分配額。但他抵押權人之利益不受影響（民870-1 I）：
(1) 為特定抵押權人之利益，讓與其抵押權之次序。
(2) 為特定後次序抵押權人之利益，拋棄其抵押權之次序。
(3) 為全體後次序抵押權人之利益，拋棄其抵押權之次序。

38 (B)。 前項抵押權次序之讓與或拋棄，非經登記，不生效力。並應於登記前，通知債務人、抵押人及共同抵押人（民870-1 II）。

39 (D)

40 (A)。 最高限額抵押權所擔保之原債權，未約定確定之期日者，抵押人或抵押權人得隨時請求確定其所擔保之原債權。前項情形，除抵押人與抵押權人另有約定外，自請求之日起，經十五日為其確定期日（民881-5）。

41 (C)。 最高限額抵押權所擔保之債權，於原債權確定前經第三人承擔其債務，而債務人免其責任者，抵押權人就該承擔之部分，不得行使最高限額抵押權（民881-6 II）。

42 (C)。 最高限額抵押權為數人共有者，各共有人按其債權額比例分配其得優先受償之價金。但共有人於原債權確定前，另有約定者，從其約定（民881-9 I）。

43 (D)。 稱姻親者，謂血親之配偶、配偶之血親及配偶之血親之配偶（民969）。

44 (A)。 男未滿十八歲，女未滿十六歲者，不得結婚（民980）。

45 (D)。 結婚應以書面為之，有二人以上證人之簽名，並應由雙方當事人向戶政機關為結婚之登記（民982）。

46 (B)。 夫妻財產制契約之訂立、變更或廢止，非經登記，不得以之對抗第三人（民1008 I）。

47 (B)。 夫或妻婚前財產，於婚姻關係存續中所生之孳息，視為婚後財產（民1017 II）。

48 (B)。 繼承人對於被繼承人之債務，以因繼承所得遺產為限，負清償責任（民1148 II）。

49 (A)。 繼承人在繼承開始前二年內，從被繼承人受有財產之贈與者，該財產視為其所得遺產（民1148-1 I）。

50 (A)。　前項財產如已移轉或滅失，其價額，依贈與時之價值計算（民1148-
　　　　 1 II）。

51 (B)。　訴訟，由被告住所地之法院管轄。被告住所地之法院不能行使職權者，
　　　　 由其居所地之法院管轄。訴之原因事實發生於被告居所地者，亦得由其
　　　　 居所地之法院管轄（民訴1 I）。

52 (A)。　當事人得以合意定第一審管轄法院。但以關於由一定法律關係而生之訴
　　　　 訟為限（民訴24 I）。

53 (B)。　定法院之管轄，以起訴時為準（民訴27）。

54 (B)。　胎兒，關於其可享受之利益，有當事人能力（民訴40 II）。

55 (A)。　訴訟代理人應委任律師為之。但經審判長許可者，亦得委任非律師為訴
　　　　 訟代理人（民訴68 I）。

56 (B)。　前項委任或選任，應於每審級為之。但當事人就特定訴訟於委任書表明
　　　　 其委任不受審級限制，並經公證者，不在此限（民訴69 II）。

57 (D)。　訴訟代理人就其受委任之事件有為一切訴訟行為之權。但捨棄、認諾、
　　　　 撤回、和解、提起反訴、上訴或再審之訴及選任代理人，非受特別委任
　　　　 不得為之（民訴70 I）。

58 (A)。　簡易訴訟程序在獨任法官前行之（民訴436 I）。

59 (C)。　關於請求給付金錢或其他代替物或有價證券之訴訟，其標的金額或價額
　　　　 在新台幣十萬元以下者，適用本章所定之小額程序（民訴436-8 I）。

60 (A)。　對於第一審之終局判決，除別有規定外，得上訴於管轄第二審之法院
　　　　 （民訴437）。

61 (D)。　提起上訴，應於第一審判決送達後二十日之不變期間內為之。但宣示或
　　　　 公告後送達前之上訴，亦有效力（民訴440）。

62 (C)。　非訟事件之聲請，不合程式或不備其他要件者，法院應以裁定駁回之。
　　　　 但其情形可以補正者，法院應定期間先命補正（非訟30-1）。

63 (D)

64 (B)。　前項延緩執行之期限不得逾三個月。債權人聲請續行執行而再同意延
　　　　 緩執行者，以一次為限。每次延緩期間屆滿後，債權人經執行法院通
　　　　 知而不於十日內聲請續行執行者，視為撤回其強制執行之聲請（強執
　　　　 10 II）。

65 (A)。　因強制執行所得之金額，如有多數債權人參與分配時，執行法院應作成
　　　　　分配表，並指定分配期日，於分配期日五日前以繕本交付債務人及各債
　　　　　權人，並置於民事執行處，任其閱覽（強執31）。

66 (B)。　行為之處罰，以行為時之法律有明文規定者為限。拘束人身自由之保安
　　　　　處分，亦同（刑1）。

67 (D)

68 (A)。　本法於在中華民國領域內犯罪者，適用之。在中華民國領域外之中華民
　　　　　國船艦或航空器內犯罪者，以在中華民國領域內犯罪論（刑3）。

69 (D)。　行為人對於構成犯罪之事實，預見其發生而其發生並不違背其本意者，
　　　　　以故意論（刑13 II ）。

70 (D)　　　　　　**71 (D)**　　　　　**72 (D)**　　　　　**73 (D)**

74 (D)。　本辦法適用之金融機構，包括本國銀行及其國外分行、外國銀行在台分
　　　　　行、信用合作社、票券金融公司及經營信用卡業務之機構（金融機構作
　　　　　業委託他人處理內部作業制度及程序辦法2 II ）。

75 (D)。　前項之金融機構係指銀行、信用合作社、票券金融公司及信用卡業務機
　　　　　構（金融機構出售不良債權應注意事項1 II ）。

76 (B)。　金融機構出售不良債權時，應訂定應買人之消極資格條件，且應與買受
　　　　　人約定不得有不當催收行為（金融機構出售不良債權應注意事項4）。

77 (C)。　前置協商（調解）由最大債權金融機構主辦

78 (C)。　聲請更生或清算不合程式或不備其他要件者，法院應以裁定駁回之。但
　　　　　其情形可以補正者，法院應定期間先命補正（消費者債務清理條例8）。

79 (D)　　　　　　　**80 (D)**

第二回

( )　**1**　處理客訴時，傾聽最重要，「聽」與「說」的比例應該是＿＿比＿
＿？　(A)80；20　(B)70；30　(C)60；40　(D)50；50。

( )　**2**　下列敘述，何者正確？　(A)處理客訴時，傾聽最重要，「聽」與
「說」的比例應該是80比20　(B)所謂優質的催收人員是會傾聽
的人，而不是會講話的人　(C)顧客的評斷是主觀的　(D)以上
皆是。

( )　**3**　某一個人將一連串有意義的符號，經由移轉的方式傳達給另一
個人，使其明白理解，稱為？　(A)溝通　(B)交流　(C)意見
(D)傳達。

( )　**4**　下列何者屬於真正的溝通？　(A)收集意見　(B)交換意見　(C)互
瞪　(D)以上皆是。

( )　**5**　何謂EQ？　(A)情商　(B)智商　(C)情緒控管　(D)以上皆非。

( )　**6**　下列敘述何者正確？　(A)平穩的情緒→優質的傾聽（LISTEN）
→互動→溝通→協調→合作　(B)催收人員每天收到的牌一定是
屬於「壞牌」　(C)在心理學上，情緒是指在面臨各種情境時，促
使我們採取某種行動的內在驅力（DRIVE）　(D)以上皆是。

( )　**7**　下列何者非屬情緒之特性？　(A)情緒發作通常是快速，且是精
確的反應　(B)情緒有附著的傾向（附著性）　(C)情緒有累積
的作用（累積性）　(D)情緒有感染力（感染性）。

( )　**8**　下列何者非屬EQ五大領域？　(A)了解自己的情緒　(B)管理自己
的情緒　(C)自我激勵　(D)鼓勵他人。

( )　**9**　下列何者屬於客訴所造成的影響？　(A)造成委託業者的困擾
與不被諒解、不被信任，甚至導致委案量縮減或不委案的嚴
重後果　(B)公司同仁自信心及情緒遭受干擾，影響工作績效

(C)重大客訴事件懲處結果，也可能導致該同仁未來無法在催收產業繼續生存　(D)以上皆是。

(　) **10** 下列何者非屬客訴之主要原因？　(A)對第三者洩漏債務人訊息　(B)催收時言語譏諷或用語粗俗　(C)催收時語言不當暴力暗示　(D)以上皆是。

(　) **11** 下列何者屬於客訴要在萌芽時趁早摘掉之執行重點？　(A)不要避開客訴，要迅速應對　(B)對客訴要冷靜傾聽到最後　(C)不談顧客的不是　(D)以上皆是。

(　) **12** 又叫十字法則或四象限法則，畫一個十字，分成四個象限，分別是重要緊急的，重要不緊急的，不重要緊急的，不重要不緊急的，把自己要做的事都放進去，然後先做最重要而緊急那一象限中的事，稱為？　(A)艾森豪原理　(B)麥克阿瑟原理　(C)羅福森原理　(D)以上皆非。

(　) **13** 爭議處理機構為處理評議事件，設評議委員會，置評議委員_____人，必要時得予增加，其中一人為主任委員，均由董事會遴選具備相關專業學養或實務經驗之學者、專家、公正人士，報請主管機關核定後聘任？　(A)9~25　(B)12~15　(C)15　(D)15~17　(E)17~19。

(　) **14** 下列關於金融消費者保護法之敘述，何者正確？　(A)評議程序以書面審理為原則，並使當事人有於合理期間陳述意見之機會　(B)預審委員應將審查意見報告提送評議委員會評議　(C)評議委員會之評議決定應以爭議處理機構名義作成評議書，送達當事人　(D)以上皆是。

(　) **15** 金融消費者就金融消費爭議事件應先向金融服務業提出申訴，金融服務業應於收受申訴之日起_____日內為適當之處理，並將處理結果回覆提出申訴之金融消費者？　(A)十　(B)二十　(C)三十　(D)五十。

(　) **16** 評議委員任期為_____年，期滿得續聘。主任委員應為專任，其餘評議委員得為兼任？　(A)一　(B)二　(C)三　(D)五。

( ) **17** 金融消費者得於評議成立之日起_____日之不變期間內，申請爭議處理機構將評議書送請法院核可？ (A)90 (B)100 (C)120 (D)150。

( ) **18** 指企業經營者以廣播、電視、電話、傳真、型錄、報紙、雜誌、網際網路、傳單或其他類似之方法，消費者於未能檢視商品或服務下而與企業經營者所訂立之契約，稱為？ (A)通訊交易 (B)訪問交易 (C)一般交易 (D)軟體交易。

( ) **19** 通訊交易或訪問交易之消費者，得於收受商品或接受服務後_____內，以退回商品或書面通知方式解除契約，無須說明理由及負擔任何費用或對價？ (A)五日 (B)七日 (C)九日 (D)十日。

( ) **20** 消費者依第十九條第一項或第三項規定，以書面通知解除契約者，除當事人另有個別磋商外，企業經營者應於收到通知之次日起_____日內，至原交付處所或約定處所取回商品？ (A)十日 (B)十二日 (C)十五日 (D)二十日。

( ) **21** 指企業經營者未經消費者要約而對之郵寄或投遞商品之行銷行為，稱為？ (A)要約 (B)要約引誘 (C)現物要約 (D)實體要約。

( ) **22** 下列關於消費者保護法之敘述，何者正確？ (A)企業經營者應確保廣告內容之真實，其對消費者所負之義務不得低於廣告之內容 (B)企業經營者對消費者從事與信用有關之交易時，應於廣告上明示應付所有總費用之年百分率 (C)刊登或報導廣告之媒體經營者明知或可得而知廣告內容與事實不符者，就消費者因信賴該廣告所受之損害與企業經營者負連帶責任 (D)以上皆是。

( ) **23** 下列關於消費者保護法之敘述，何者正確？ (A)企業經營者應依商品標示法等法令為商品或服務之標示 (B)行政院為監督與協調消費者保護事務，應定期邀集有關部會首長、全國性消費者保護團體代表、全國性企業經營者代表及學者、專家，提供本法相關事項之諮詢 (C)本法所稱主管機關：在中央為目的事業主管機關；在直轄市為直轄市政府；在縣（市）為縣（市）政 (D)以上皆是。

(　) **24** 消費者與企業經營者因商品或服務發生消費爭議時，消費者得向企業經營者、消費者保護團體或消費者服務中心或其分中心申訴。企業經營者對於消費者之申訴，應於申訴之日起＿＿＿＿＿日內妥適處理之？　(A)五　(B)十　(C)十五　(D)二十。

(　) **25** 下列關於消費者保護法之敘述，何者正確？　(A)關於小額消費爭議，當事人之一方無正當理由，不於調解期日到場者，調解委員得審酌情形，依到場當事人一造之請求或依職權提出解決方案，並送達於當事人　(B)當事人於異議期間提出異議，經調解委員另定調解期日，無正當理由不到場者，視為依該方案成立調解　(C)調解成立者應作成調解　(D)以上皆是。

(　) **26** 下列關於消費者保護法之敘述，何者正確？　(A)消費者在依法提出申訴及調解後，仍未獲妥適處理時，得依法提起消費訴訟　(B)消費者亦得不經申訴或調解程序逕行提起消費訴訟　(C)消費者保護團體及消費者保護官亦得依法提起消費訴訟　(D)以上皆是。

(　) **27** 消費訴訟，得由消費關係＿＿＿＿＿之法院管轄？　(A)發生地　(B)履行地　(C)契約中當事人合意　(D)以上皆是。

(　) **28** 指以消費為目的而為交易、使用商品或接受服務者，稱為？　(A)消費者　(B)企業經營者　(C)生產者　(D)製造者。

(　) **29** 指企業經營者為與多數消費者訂立同類契約之用，所提出預先擬定之契約條款。不限於書面，其以放映字幕、張貼、牌示、網際網路、或其他方法表示者亦屬之，稱為？　(A)定型化契約條款　(B)消費性契約條款　(C)借貸契約條款　(D)贈與契約條款。

(　) **30** 下列關於消費者保護法之敘述，何者正確？　(A)從事設計、生產、製造商品或提供服務之企業經營者，於提供商品流通進入市場，或提供服務時，應確保該商品或服務，符合當時科技或專業水準可合理期待之安全性　(B)商品或服務具有危害消費者生命、身體、健康、財產之可能者，應於明顯處為警告標示及緊急處理危險之方法　(C)從事經銷之企業經營者，就商品或服

務所生之損害，與設計、生產、製造商品或提供服務之企業經營者連帶負賠償責任 (D)以上皆是。

( ) **31** 下列關於消費者保護法之敘述，何者正確？ (A)輸入商品或服務之企業經營者，視為該商品之設計、生產、製造者或服務之提供者，負本法第七條之製造者責任 (B)企業經營者於有事實足認其提供之商品或服務有危害消費者安全與健康之虞時，應即回收該批商品或停止其服務 (C)商品或服務有危害消費者生命、身體、健康或財產之虞，而未於明顯處為警告標示，並附載危險之緊急處理方法者，準用消保法第十條之規定 (D)以上皆是。

( ) **32** 下列關於消費者債務清理條例之敘述，何者錯誤？ (A)更生方案效力所不及之有擔保或有優先權債權人，於更生程序終結後，得開始或繼續強制執行程序 (B)債權人對於債務人之共同債務人、保證人或為其提供擔保之第三人所有之權利，不因更生而受影響 (C)債務人對債權人允許更生方案所未定之額外利益者，其允許效力未定 (D)債權人聲請對債務人為強制執行時，法院得依債務人之聲請裁定開始清算程序。

( ) **33** 自法院認可更生方案之翌日起_____內，發現債務人有虛報債務、隱匿財產，或對於債權人中之一人或數人允許額外利益之情事者，法院得依債權人之聲請裁定撤銷更生，並應同時裁定開始_____？ (A)六個月；清算程序 (B)一年；清算程序 (C)六個月；結算程序 (D)一年；結算程序。

( ) **34** 下列關於消費者債務清理條例之敘述，何者正確？ (A)債務人於法院裁定開始更生程序或許可和解或宣告破產前，得向法院聲請清算；債權人縱為一人，債務人亦得為聲請 (B)債務人聲請清算時，應提出財產及收入狀況說明書及其債權人、債務人清冊 (C)法院開始清算程序之裁定，應載明其年、月、日、時，並即時發生效力 (D)以上皆是。

( ) **35** 法院裁定開始清算程序前，得依職權訊問債務人、債權人及其他關係人，並得定期命債務人據實報告清算聲請前_____內財產變動之狀況？ (A)半年 (B)一年 (C)二年 (D)三年。

( ) **36** 下列關於消費者債務清理條例之敘述,何者正確? (A)債務人之財產不敷清償清算程序之費用時,法院應裁定開始清算程序,並同時終止清算程序 (B)法院裁定開始清算程序時,就債務人或清算財團有關之登記,應即通知該管登記機關為清算之登記 (C)債務人聲請清算後,其生活不得逾越一般人通常之程度,法院並得依利害關係人之聲請或依職權限制之 (D)以上皆是。

( ) **37** 下列關於消費者債務清理條例清算財團之敘述,何者錯誤? (A)債務人之繼承在聲請清算前兩個月內開始者,於聲請清算後不得拋棄繼承 (B)法院裁定開始清算程序後,債務人應將屬於清算財團之財產,記載書面提出於法院及管理人 (C)債務人對於管理人關於其財產、收入及業務狀況之詢問,有答覆之義務 (D)債權表及資產表應存置於法院及處理清算事務之處所,供利害關係人閱覽或抄錄。

( ) **38** 下列關於消費者債務清理條例,清算債權與債權人會議之敘述,何者正確? (A)附條件之債權,得以其全額為清算債權 (B)不屬於債務人之財產,其權利人得不依清算程序,向管理人取回之 (C)債權人於法院裁定開始清算程序時,對於債務人負有債務者,無論給付種類是否相同,得不依清算程序而為抵銷 (D)以上皆是。

( ) **39** 附停止條件之債權,其條件於債權表公告後_____內成就者,得為抵銷? (A)10日 (B)20日 (C)30日 (D)50日。

( ) **40** 下列關於消費者債務清理條例之敘述,何者錯誤? (A)自債權表公告之翌日起三十日後,清算財團之財產可分配時,管理人應即分配於債權人 (B)分配表,應經法院之認可,並公告之 (C)對於分配表有異議者,應自公告之翌日起七日內,向法院提出之 (D)附停止條件之債權或將來行使之請求權,自債權表公告之翌日起三十日內,尚不能行使者,不得加入分配。

( ) **41** 下列關於消費者債務清理條例之敘述,何者錯誤? (A)關於清算債權有異議,致分配有稽延之虞時,管理人得按照分配比例

提存相當之金額，而將所餘財產分配於其他債權人 (B)債權人之住居所、事務所、營業所或地址變更而未向管理人陳明者，管理人得將其應受分配金額提存之 (C)法院為終止或終結清算程序之裁定確定後，除別有規定外，應以判決免除債務人之債務 (D)法院為不免責或撤銷免責之裁定確定後，債務人對清算債權人所為清償，應先抵充費用，次充原本。

( ) **42** 下列關於消費者債務清理條例之敘述，何者正確？ (A)債務人不能清償債務或有不能清償之虞者，得依本條例所定更生或清算程序，清理其債務 (B)更生及清算事件專屬債務人住所地或居所地之地方法院管轄 (C)債務人聲請清算而無資力支出前條費用者，得聲請法院以裁定准予暫免繳納 (D)以上皆是。

( ) **43** 債務人聲請清算而無資力支出前條費用者，得聲請法院以＿＿准予暫免繳納。無資力支出費用之事由，應釋明之。法院准予暫免繳納費用之裁定，不得＿＿＿。第一項暫免繳納之費用，由＿＿＿墊付？ (A)裁定；抗告；國庫 (B)判決；抗告；國庫 (C)判決；上訴；銀行 (D)裁定；上訴；銀行。

( ) **44** 下列關於消費者債務清理條例之敘述，何者錯誤？ (A)債務人之親屬、為債務人管理財產之人或其他關係人，於法院查詢債務人之財產、收入及業務狀況時，有答覆之義務 (B)更生或清算事件之裁判，由合意法官以裁定行之 (C)法院就更生或清算之聲請為駁回裁定前，應使債務人有到場陳述意見之機會 (D)更生或清算聲請之撤回，應以書狀為之。

( ) **45** 更生或清算聲請之撤回，應以書狀為之，債權人自撤回書狀送達之日起，＿＿＿未提出異議者，視為同意撤回？ (A)三日 (B)五日 (C)十日 (D)十五日。

( ) **46** 下列關於契約之敘述，何者錯誤？ (A)契約可由單方以意思表示為之 (B)當事人對於契約必要之點，需意思一致 (C)當事人對於非必要之點，未經表示意思者，不影響推定契約成立之效力 (D)關於該非必要之點，當事人意思不一致時，法院應依其事件之性質定之。

（　　）**47** 下列關於要約之敘述，何者錯誤？　(A)係以訂立契約為目的之意思表示　(B)內容須確定或可得確定　(C)因相對人之承認使契約成立　(D)貨物標定賣價陳列者，視為要約。

（　　）**48** 無法律上之原因而受利益，致他人受損害者，應返還其利益，稱為？　(A)無因管理　(B)侵權行為　(C)債務不履行　(D)不當得利。

（　　）**49** 下列何者不得以不當得利為由，請求返還？　(A)給付係履行道德上之義務者　(B)期前清償　(C)因清償債務而為給付，於給付時明知無給付之義務者　(D)給付係因法律上原因，而其後原因不存在。

（　　）**50** 不當得利之受領人，返還之標的不含下列何者？　(A)受領人所受利益　(B)本於利益更有所取得　(C)權利人所受損害　(D)依其利益之性質或其他情形不能返還者，應償還其價額。

（　　）**51** 下列關於不當得利返還範圍之敘述，何者錯誤？　(A)不當得利之受領人，不知無法律上之原因，而其所受之利益已不存在者，免負返還或償還價額之責任　(B)受領人於受領時，知無法律上之原因，應將受領時所得之利益　(C)受領人於受領後，知無法律上原因，應返還知無法律上之原因時所現存之利益　(D)受領人返還時，應附加利息，一併償還；但有損害時毋庸賠償。

（　　）**52** 不當得利之受領人，以其所受領者，_____第三人，而受領人因此_____者，第三人於不當得利之受領人所免返還義務之限度內，負返還責任？　(A)無償讓與；免返還義務　(B)有償讓與；免返還義務　(C)有償讓與；負返還義務　(D)無償讓與；負返還義務。

（　　）**53** 故意或過失，不法侵害他人之權利者，稱為？　(A)無因管理　(B)侵權行為　(C)不當得利　(D)債務不履行。

（　　）**54** 下列何種情形，非屬侵權行為之範疇？　(A)因故意或過失，不法侵害他人之權利者　(B)故意以背於善良風俗之方法，加損害於他人者　(C)違反保護他人之法律，致生損害於他人者　(D)無過失侵害保護他人之法律者。

(　) **55** 數人共同不法侵害他人之權利者，負_____責任？　(A)連帶損害賠償責任　(B)分別損害賠償責任　(C)單純損害賠償責任　(D)不單純損害賠償責任。

(　) **56** 根據民法185條第二項明文之規定，_____與_____在共同侵權中，視為共同行為人？　(A)造意人及加害人　(B)造意人及幫助者　(C)加害人及幫助者　(D)以上皆非。

(　) **57** 數人共同不法侵害他人之權利，連帶負損害賠償責任者，稱為？　(A)共同侵權責任　(B)分別侵權責任　(C)法定代理人責任　(D)公務員責任。

(　) **58** 下列有關公務員侵權責任之敘述，何者錯誤？　(A)公務員因故意違背對於第三人應執行之職務，致第三人受損害者，負賠償責任　(B)公務員因過失違背對於第三人應執行之職務，致第三人受損害者，負賠償責任　(C)公務員因過失違背對於第三人應執行之職務，以被害人不能依他項方法受賠償時為限，負其責任　(D)前項情形，如被害人得依法律上之救濟方法，除去其損害，而因過失不為之者，公務員仍須負賠償責任。

(　) **59** 下列關於民法之敘述，何者錯誤？　(A)數人負同一債務或有同一債權，而其給付可分者，除法律另有規定或契約另有訂定外，應各平均分擔或分受之；其給付本不可分而變為可分者亦同　(B)數人負同一債務，明示對於債權人各負全部給付之責任者，為連帶債務　(C)帶債務之債權人，得對於債務人中之一人或數人或其全體，同時或先後請求全部或一部之給付　(D)因連帶債務人中之一人為清償、代物清償、提存、抵銷、免除或混同而債務消滅者，他債務人亦同免其責任。

(　) **60** 下列何種債權，不得讓與於第三人？　(A)依債權之性質，不得讓與者　(B)依當事人之特約，不得讓與者　(C)債權禁止扣押者　(D)以上皆是。

(　) **61** 下列敘述何者正確？　(A)依債權之性質，不得讓與者，不得對抗善意第三人　(B)依當事人之特約，不得讓與者，不得對抗善意第三人　(C)債權禁止扣押者，不得對抗善意第三人　(D)以上皆正確。

(　) 62 下列關於民法之敘述，何者錯誤？　(A)讓與債權時，該債權之擔保及其他從屬之權利，隨同移轉於受讓人。但與讓與人有不可分離之關係者，不在此限　(B)未支付之利息，推定其隨同原本移轉於受讓人　(C)讓與人應將證明債權之文件，交付受讓人，並應告以關於主張該債權所必要之一切情形　(D)以上皆為正確。

(　) 63 下列關於民法之敘述，何者錯誤？　(A)讓與人應將證明債權之文件，交付受讓人，並應告以關於主張該債權所必要之一切情形　(B)債權之讓與，非經讓與人或受讓人通知債務人，對於債務人不生效力。但法律另有規定者，不在此限　(C)受讓人將讓與人所立之讓與字據提示於債務人者，與通知有同一之效力　(D)以上皆為正確。

(　) 64 讓與人已將債權之讓與通知債務人者，縱未為讓與或讓與無效，債務人仍得以其對抗受讓人之事由，對抗讓與人，稱為？　(A)讓與　(B)表現讓與　(C)合意讓與　(D)以上皆非。

(　) 65 下列關於表現讓與之敘述，何者錯誤？　(A)表現讓與之通知，非經受讓人之同意，不得撤銷　(B)債務人於受通知時，所得對抗讓與人之事由，皆得以之對抗受讓人　(C)債務人於受通知時，對於讓與人有債權者，如其債權之清償期，先於所讓與之債權或同時屆至者，債務人得對於受讓人主張抵銷　(D)以上皆為正確。

(　) 66 依債務本旨，向債權人或其他有受領權人為清償，經其受領者，債之關係消滅，稱為？　(A)還款　(B)清償　(C)滅失　(D)以上皆非。

(　) 67 物權除依法律或習慣外，不得創設，稱為？　(A)物權法定主義　(B)物權約定主義　(C)物權要件主義　(D)以上皆非。

(　) 68 不動產物權，依＿＿＿＿而取得、設定、喪失及變更者，非經登記，不生效力？　(A)法律行為　(B)事實行為　(C)法律行為及事實行為　(D)以上皆非。

( ) **69** 下列關於民法之敘述,何者錯誤? (A)物權除依法律或習慣外,不得創設 (B)不動產物權,依法律行為而取得、設定、喪失及變更者,非經登記,不生效力 (C)前項行為,應以書面為之 (D)以上均為正確。

( ) **70** 因＿＿＿、＿＿＿、＿＿＿、＿＿＿或其他非因法律行為,於登記前已取得不動產物權者,應經登記,始得處分其物權? (A)繼承;強制執行;徵收;法院之判決 (B)契約;贈與;強制執行;繼承 (C)契約;強制執行;徵收;法院判決 (D)約定;贈與;強制執行;繼承。

( ) **71** 下列關於民法之敘述,何者錯誤? (A)因繼承、強制執行、徵收、法院之判決或其他非因法律行為,於登記前已取得不動產物權者,應經登記,始得處分其物權 (B)不動產物權經登記者,推定登記權利人適法有此權利 (C)因信賴不動產登記之善意第三人,已依法律行為為物權變動之登記者,其變動之效力,不因原登記物權之不實而受影響 (D)物權除依法律或習慣外,亦得依法理創設。

( ) **72** 下列何者非動產物權讓與之方式? (A)現實交付 (B)簡單交付 (C)占有改定 (D)指示交付。

( ) **73** 債權人對於債務人或第三人而供其債權擔保之不動產,得就該不動產賣得價金優先受償之權,稱為? (A)優先抵押權 (B)普通抵押權 (C)最高限額抵押權 (D)以上皆非。

( ) **74** 下列何者非抵押權所擔保之範圍? (A)原債權 (B)利息 (C)遲延利息 (D)以上皆是。

( ) **75** 當事人書狀之格式及其記載方法,由＿＿＿定之? (A)立法院 (B)行政院 (C)司法院 (D)監察院。

( ) **76** 下列關於民事訴訟之敘述,何者錯誤? (A)當事人或代理人應於書狀內簽名或蓋章。其以指印代簽名者,應由他人代書姓名,記明其事由並簽名 (B)言詞辯論,以當事人聲明應受裁判之事項為始 (C)當事人就其提出之事實,應為真實及完全之陳述 (D)當事人對於他造提出之事實及證據,毋庸為陳述。

(　) **77** 當事人意圖延滯訴訟，或因重大過失，逾時始行提出攻擊或防禦方法，有礙訴訟之終結者，法院得_____之？　(A)斥回　(B)曉諭　(C)駁回　(D)判決。

(　) **78** 下列關於民事訴訟之敘述，何者錯誤？　(A)審判長開閉及指揮言詞辯論，並宣示法院之裁判　(B)審判長對於不從其命者，得禁止發言並驅逐出庭　(C)言詞辯論須續行者，審判長應速定其期日　(D)審判長應注意令當事人就訴訟關係之事實及法律為適當完全之辯論。

(　) **79** 審判長應向當事人_____或_____，令其為事實上及法律上陳述、聲明證據或為其他必要之聲明及陳述？　(A)發問；曉諭　(B)提示；發問　(C)提示；曉諭　(D)曉諭；闡明。

(　) **80** 下列敘述，關於訴之撤回的效力，何者錯誤？　(A)訴經撤回者，視同未起訴　(B)反訴不因本訴撤回而失效力　(C)於本案經終局判決後將訴撤回者，不得復提起同一之訴　(D)以上均為正確。

解答與解析

1 (A)　　　　**2 (D)**　　　　**3 (A)**　　　　**4 (D)**　　　　**5 (A)**

6 (D)

7 (A)。　情緒發作通常是快速，但不精確的反應。

8 (D)　　　　**9 (D)**　　　　**10 (D)**　　　　**11 (D)**　　　　**12 (A)**

13 (A)。　爭議處理機構為處理評議事件，設評議委員會，置評議委員九人至二十五人，必要時得予增加，其中一人為主任委員，均由董事會遴選具備相關專業學養或實務經驗之學者、專家、公正人士，報請主管機關核定後聘任（金保法17Ⅰ）。

14 (D)。

15 (C)。　金融消費者就金融消費爭議事件應先向金融服務業提出申訴，金融服務業應於收受申訴之日起三十日內為適當之處理，並將處理結果回覆提出申訴之金融消費者；金融消費者不接受處理結果者或金融服務業逾上述期限不為處理者，金融消費者得於收受處理結果或期限屆滿之日起六十日內，向爭議處理機構申請評議；金融消費者向爭議處理機構提出申訴

者，爭議處理機構之金融消費者服務部門應將該申訴移交金融服務業處理（金保法13 Ⅱ）。

16 (C)。　評議委員任期為三年，期滿得續聘。主任委員應為專任，其餘評議委員得為兼任（金保法17 Ⅱ）。

17 (A)。　金融消費者得於評議成立之日起九十日之不變期間內，申請爭議處理機構將評議書送請法院核可。爭議處理機構應於受理前述申請之日起五日內，將評議書及卷證送請爭議處理機構事務所所在地之管轄地方法院核可。但爭議處理機構送請法院核可前，金融服務業已依評議成立之內容完全履行者，免送請核可（金保法30 Ⅰ）。

18 (A)。　指企業經營者以廣播、電視、電話、傳真、型錄、報紙、雜誌、網際網路、傳單或其他類似之方法，消費者於未能檢視商品或服務下而與企業經營者所訂立之契約稱之為通訊交易（消保法2第10款）。

19 (B)。　通訊交易或訪問交易之消費者，得於收受商品或接受服務後七日內，以退回商品或書面通知方式解除契約，無須說明理由及負擔任何費用或對價。但通訊交易有合理例外情事者，不在此限（消保法19 Ⅰ）。

20 (C)。　消費者依第十九條第一項或第三項規定，以書面通知解除契約者，除當事人另有個別磋商外，企業經營者應於收到通知之次日起十五日內，至原交付處所或約定處所取回商品（消保法19-2 Ⅰ）。

21 (C)　　　　　**22 (D)**　　　　　**23 (D)**

24 (C)。　消費者與企業經營者因商品或服務發生消費爭議時，消費者得向企業經營者、消費者保護團體或消費者服務中心或其分中心申訴。企業經營者對於消費者之申訴，應於申訴之日起十五日內妥適處理之（消保43 Ⅰ）。

25 (D)　　　　　**26 (D)**

27 (A)。　消費訴訟，得由消費關係發生地之法院管轄（消保法47）。

28 (A)　　　　　**29 (A)**　　　　　**30 (D)**　　　　　**31 (D)**

32 (C)。　債務人對債權人允許更生方案所未定之額外利益者，其允許不生效力。（消費者債務清理條例72）。

33 (B)。　自法院認可更生方案之翌日起一年內，發見債務人有虛報債務、隱匿財產，或對於債權人中之一人或數人允許額外利益之情事者，法院得依債權人之聲請裁定撤銷更生，並應同時裁定開始清算程序（消費者債務清理條例76 Ⅰ）。

34 (D)

35 (C)。　法院裁定開始清算程序前，得依職權訊問債務人、債權人及其他關係人，並得定期命債務人據實報告清算聲請前二年內財產變動之狀況（消費者債務清理條例82 I）。

36 (D)

37 (A)。　據消費者債務清理條例第一百條，應為三個月。

38 (D)

39 (C)。　附停止條件之債權，其條件於債權表公告後三十日內成就者，得為抵銷（消費者債務清理條例117 III）。

40 (C)。　對於分配表有異議者，應自公告之翌日起十日內，向法院提出之（消費者債務清理條例123 IV）。

41 (C)。　法院為終止或終結清算程序之裁定確定後，除別有規定外，應以裁定免除債務人之債務（消費者債務清理條例132）。

42 (D)

43 (A)。　債務人聲請清算而無資力支出前條費用者，得聲請法院以裁定准予暫免繳納（本條例7 I）。無資力支出費用之事由，應釋明之（本條例7 II）。法院准予暫免繳納費用之裁定，不得抗告（本條例7 III）。第一項暫免繳納之費用，由國庫墊付（本條例7 IV）。

44 (B)。　更生或清算事件之裁判，由獨任法官以裁定行之（消費者債務清理條例11 I）。

45 (C)。　第一項債權人自撤回書狀送達之日起，十日內未提出異議者，視為同意撤回（消費者債務清理條例12 III）。

46 (A)。　當事人互相表示意思一致者，無論其為明示或默示，契約即為成立（民153 I）。

47 (C)。　以訂立契約為目的之意思表示，內容須確定或可得確定，因相對人之「承諾」使契約成立。

48 (D)。　無法律上之原因而受利益，致他人受損害者，應返還其利益。雖有法律上之原因，而其後已不存在者，亦同（民179）。

49 (D)。　不得請求返還者（民180）：
　　(1) 給付係履行道德上之義務者。
　　(2) 債務人於未到期之債務因清償而為給付者（期前清償）。

(3) 因清償債務而為給付，於給付時明知無給付之義務者。

(4) 因不法之原因而為給付者。但不法之原因僅於受領人一方存在時，不在此限。

50 (C)。 不當得利之受領人，除返還其所受之利益外，如本於該利益更有所取得者，並應返還。但依其利益之性質或其他情形不能返還者，應償還其價額（民181）。

51 (D)。 不當得利之受領人，不知無法律上之原因，而其所受之利益已不存在者，免負返還或償還價額之責任。受領人於受領時，知無法律上之原因或其後知無法律上原因者，應將受領時所得之利益，或知無法律上之原因時所現存之利益，附加利息，一併償還；如有損害，並應賠償（民182）。

52 (A)。 不當得利之受領人，以其所受領者，無償讓與第三人，而受領人因此免返還義務者，第三人於不當得利之受領人所免返還義務之限度內，負返還責任（民183）。

53 (B)。 因故意或過失，不法侵害他人之權利者，負損害賠償責任。故意以背於善良風俗之方法，加損害於他人者亦同，違反保護他人之法律，致生損害於他人者，負賠償責任。但能證明其行為無過失者，不在此限（民184）。

54 (D)。 因故意或過失，不法侵害他人之權利者，負損害賠償責任。故意以背於善良風俗之方法，加損害於他人者亦同，違反保護他人之法律，致生損害於他人者，負賠償責任。但能證明其行為無過失者，不在此限（民184）。

55 (A)。 數人共同不法侵害他人之權利者，連帶負損害賠償責任。不能知其中孰為加害人者亦同（民185Ⅰ）。

56 (B)。 造意人及幫助人，視為共同行為人（民185Ⅱ）。

57 (A)。 共同侵權責任，係指數人共同不法侵害他人之權利者，負連帶損害賠償責任。（民185Ⅰ）。

58 (D)。 公務員因故意違背對於第三人應執行之職務，致第三人受損害者，負賠償責任。其因過失者，以被害人不能依他項方法受賠償時為限，負其責任。前項情形，如被害人得依法律上之救濟方法，除去其損害，而因故意或過失不為之者，公務員不負賠償責任（民186）。

59 (D)。 因連帶債務人中之一人為清償、代物清償、提存、抵銷或混同而債務消
滅者，他債務人亦同免其責任（民274）。

60 (D)。 債權人得將債權讓與於第三人。但左列債權，不在此限（民294 I）：
(1) 依債權之性質，不得讓與者。
(2) 依當事人之特約，不得讓與者。
(3) 債權禁止扣押者。

61 (B)。 債權人得將債權讓與於第三人。但左列債權，不在此限（民294 I）：
(1) 依債權之性質，不得讓與者。
(2) 依當事人之特約，不得讓與者。
(3) 債權禁止扣押者。
前項第二款不得讓與之特約，不得以之對抗善意第三人（民294 II）。

62 (D)　　　　　**63 (D)**

64 (B)。 讓與人已將債權之讓與通知債務人者，縱未為讓與或讓與無效，債務人
仍得以其對抗受讓人之事由，對抗讓與人（民298 I）。

65 (D)

66 (B)。 依債務本旨，向債權人或其他有受領權人為清償，經其受領者，債之關
係消滅（民309 I）。

67 (A)。 物權除依法律或習慣外，不得創設（民757）。

68 (A)。 不動產物權，依法律行為而取得、設定、喪失及變更者，非經登記，不
生效力（民758 I）。

69 (D)

70 (A)。 因繼承、強制執行、徵收、法院之判決或其他非因法律行為，於登記前
已取得不動產物權者，應經登記，始得處分其物權（民759）。

71 (D)。 物權除依法律或習慣外，不得創設（民757）。

72 (B)

73 (B)。 稱普通抵押權者，謂債權人對於債務人或第三人而供其債權擔保之不動
產，得就該不動產賣得價金優先受償之權（民860）。

74 (D)。 抵押權所擔保者為原債權、利息、遲延利息、違約金及實行抵押權之費
用。但契約另有約定者，不在此限（民861 I）。

75 (C)。 當事人書狀之格式及其記載方法，由司法院定之（民訴116 IV）。

76 (D)。　當事人對於他造提出之事實及證據，應為陳述（民訴195 Ⅱ）。

77 (C)。　當事人意圖延滯訴訟，或因重大過失，逾時始行提出攻擊或防禦方法，有礙訴訟之終結者，法院得駁回之。攻擊或防禦方法之意旨不明瞭，經命其敘明而不為必要之敘明者，亦同（民訴196 Ⅱ）。

78 (B)。　審判長對於不從其命者，得禁止發言（民訴198 Ⅱ）。

79 (A)。　審判長應向當事人發問或曉諭，令其為事實上及法律上陳述、聲明證據或為其他必要之聲明及陳述；其所聲明或陳述有不明瞭或不完足者，應令其敘明或補充之（民訴199 Ⅱ）。

80 (D)

第三回

( )　**1**　下列何者非法律明文，不問其標的金額或價額一律適用簡易程序之事件？　(A)因建築物或其他工作物定期租賃或定期借貸關係所生之爭執涉訟者　(B)旅客與旅館主人、飲食店主人或運送人間，因食宿、運送費或因寄存行李、財物涉訟者　(C)因定不動產之界線或設置界標涉訟者　(D)本於契約有所請求而涉訟者。

( )　**2**　下列關於民事訴訟之敘述，何者錯誤？　(A)以言詞起訴者，應將筆錄與言詞辯論期日之通知書，一併送達於被告　(B)就審期間，至少應有七日。但有急迫情形者，不在此限　(C)言詞辯論期日之通知書，應表明適用簡易訴訟程序，並記載當事人務於期日攜帶所用證物及偕同所舉證人到場　(D)當事人兩造於法院通常開庭之日，得不待通知，自行到場，為訴訟之言詞辯論。

( )　**3**　簡易訴訟程序事件，法院應以_____次期日辯論終結為原則？(A)一　(B)三　(C)五　(D)七。

( )　**4**　下列關於民事訴訟之敘述，何者錯誤？　(A)簡易訴訟程序在合議法官前行之　(B)對於簡易程序之第一審裁判，得上訴或抗告於管轄之地方法院，其審判以合議行之　(C)法院認適用小額程序為不適當者，得依職權以裁定改用簡易程序，並由原法官繼續審理　(D)依法應行調解程序者，如當事人一造於調解期日五日前，經合法通知無正當理由而不於調解期日到場，法院得依到場當事人之聲請，命即為訴訟之辯論，並得依職權由其一造辯論而為判決。

( )　**5**　關於請求給付金錢或其他代替物或有價證券之訴訟，其標的金額或價額在新台幣_____以下者，適用本章所定之小額程序？(A)兩萬　(B)五萬　(C)十萬　(D)十五萬。

( )　6　對於第一審之終局判決，除別有規定外，得＿＿＿＿於管轄第二審之法院？　(A)上訴　(B)抗告　(C)申請再審　(D)申請。

( )　7　提起上訴，應於第一審判決送達後＿＿＿＿之不變期間內為之？ (A)七日　(B)十日　(C)十五日　(D)二十日。

( )　8　債權人之請求，以給付金錢或其他代替物或有價證券之一定數量為標的者，得聲請法院依督促程序發支付命令，稱為？　(A)督促程序　(B)訴訟程序　(C)通常程序　(D)簡易程序。

( )　9　法院應不訊問債務人，就支付命令之聲請為＿＿＿＿？　(A)公告(B)宣示　(C)裁定　(D)判決。

( )　10　發支付命令後，＿＿＿＿內不能送達於債務人者，其命令失其效力？　(A)一個月　(B)三個月　(C)五個月　(D)七個月。

( )　11　債務人對於支付命令之全部或一部，得於送達後＿＿＿＿之不變期間內，不附理由向發命令之法院提出＿＿＿＿？　(A)10日；抗告(B)10日；異議　(C)20日；抗告　(D)20日；異議。

( )　12　下列關於民事訴訟之敘述，何者錯誤？　(A)督促程序費用，應作為訴訟費用或調解程序費用之一部　(B)債務人對於支付命令未於法定期間合法提出異議者，支付命令得為執行名義　(C)債務人於支付命令送達後，逾二十日之不變期間，始提出異議者，法院應以判決駁回之　(D)債務人主張支付命令上所載債權不存在而提起確認之訴者，法院依債務人聲請，得許其提供相當並確實之擔保，停止強制執行。

( )　13　債權人就金錢請求或得易為金錢請求之請求，欲保全強制執行者，得聲請＿＿＿＿？　(A)假扣押　(B)假執行　(C)保全　(D)強制執行。

( )　14　下列關於民事訴訟之敘述，何者錯誤？　(A)假扣押，非有日後不能強制執行或甚難執行之虞者，不得為之　(B)假扣押之聲請，由本案管轄法院或假扣押標的所在地之地方法院管轄　(C)本案管轄法院，為訴訟已繫屬或應繫屬之第一審法院

(D)假扣押之標的如係債權或須經登記之財產權，以債權人住所或擔保之標的所在地或登記地，為假扣押標的所在地。

(　) **15** 請求及假扣押之原因，應_____之？　(A)闡明　(B)示明　(C)釋明　(D)表達。

(　) **16** 下列關於民事訴訟之敘述，何者錯誤？　(A)釋明如有不足，而債權人陳明願供擔保或法院認為適當者，法院得定相當之擔保，命供擔保後為假扣押　(B)請求及假扣押之原因雖經釋明，法院亦得命債權人供擔保後為假扣押　(C)夫或妻基於剩餘財產差額分配請求權聲請假扣押者，前項法院所命供擔保之金額不得高於請求金額之八分之一　(D)假扣押裁定內，應記載債務人供所定金額之擔保或將請求之金額提存，得免為或撤銷假扣押。

(　) **17** 本案尚未繫屬者，命假扣押之法院應依_____聲請，命債權人於一定期間內起訴？　(A)利害關係人　(B)債務人　(C)債務人及其直系親屬　(D)利害關係人與債務人。

(　) **18** 因財產權關係為聲請者，按其標的之金額或價額，以新臺幣依下列標準徵收費用，關於費用下列敘述何者錯誤？　(A)未滿十萬元者，五百元　(B)十萬元以上未滿一百萬元者，一千元　(C)一百萬元以上未滿五百萬元者，二千元　(D)一千萬元以上未滿五千萬元者，三千元。

(　) **19** 關於非訟事件之聲情或陳述，除另有規定外，得以_____或____為之？　(A)書狀；言詞　(B)言詞；公告　(C)通知；公告　(D)書狀；通知。

(　) **20** 非訟事件，以言詞為聲請或陳述時，應在_____前為之？　(A)法院法官　(B)法院書記官　(C)民間公證人　(D)以上均可。

(　) **21** 非訟事件之聲請，不合程式或不備其他要件者，法院應以_____之。但其情形可以補正者，法院應_____命補正？　(A)裁定駁回；以判決　(B)判決駁回；以判決　(C)裁定駁回；定期間　(D)判決駁回；定期間。

( ) **22** 下列關於非訟事件之敘述，何者錯誤？ (A)法院收受聲請書狀或筆錄後，得定期間命聲請人以書狀或於期日就特定事項詳為陳述 (B)因程序之結果而法律上利害受影響之人，得聲請參與程序 (C)法院認為必要時，得依職權通知前項之人參與程序 (D)以上均為正確。

( ) **23** 下列關於非訟事件之敘述，何者錯誤？ (A)民法所定抵押權人、質權人、留置權人及依其他法律所定擔保物權人聲請拍賣擔保物事件，由拍賣物所在地之法院管轄 (B)法定抵押權人或未經登記之擔保物權人聲請拍賣擔保物事件，如債務人就擔保物權所擔保債權之發生或其範圍有爭執時，法院僅得就無爭執部分裁定准許拍賣之 (C)最高限額抵押權人聲請拍賣抵押物事件，法院於裁定前，就抵押權所擔保之債權額，應使債權人有陳述意見之機會 (D)第七十二條所定事件程序，關係人就聲請所依據之法律關係有爭執者，法院應曉諭其得提起訴訟爭執之。

( ) **24** 下列關於商事非訟事件之敘述，何者錯誤？ (A)票據法第一百二十三條所定執票人就本票聲請法院裁定強制執行事件，由票據發票地之法院管轄 (B)二人以上為發票人之本票，未載付款地，其以發票地為付款地，而發票地不在一法院管轄區域內者，各該發票地之法院俱有管轄權 (C)發票人證明已依規定提起訴訟時，執行法院應停止強制執行 (D)發票人主張本票債權不存在而提起確認之訴不合於法律規定者，法院依發票人聲請，得許其提供相當並確實之擔保，停止強制執行。

( ) **25** 發票人主張本票係偽造、變造者，於前條裁定送達後＿＿＿＿＿內，得對執票人向為裁定之法院提起確認之訴？ (A)七日 (B)十日 (C)十四日 (D)二十日。

( ) **26** 強制執行應依＿＿＿＿＿之原則，兼顧債權人、債務人及其他利害關係人權益，以適當之方法為之，不得逾達成執行目的之必要限度？ (A)公平合理 (B)公平正義 (C)倫理道德 (D)公序良俗。

( ) **27** 下列何者不可為強制執行之名義？ (A)確定之終局判決 (B)假扣押、假處分、假執行之裁判及其他依民事訴訟法得為強制執行之

裁判　(C)依提審法規定得為強制執行之公證書　(D)抵押權人或質權人，為拍賣抵押物或質物之聲請，經法院為許可強制執行之裁定者。

(　) **28** 下列關於強制執行之敘述，何者錯誤？　(A)執行名義附有條件、期限或須債權人提供擔保者，於條件成就、期限屆至或供擔保後，始得開始強制執行　(B)執行名義有對待給付者，以債權人已為給付或已提出給付後，始得開始強制執行　(C)民事強制執行事務，於地方法院及其分院設民事執行處辦理之　(D)以上皆為正確。

(　) **29** 下列何者不屬於聲請強制執行應提出之文件？　(A)判決正本　(B)裁判正本　(C)筆錄影本　(D)公證書。

(　) **30** 下列關於強制執行之敘述，何者錯誤？　(A)強制執行由應執行之標的物所在地或應為執行行為地之法院管轄　(B)應執行之標的物所在地或應為執行行為地不明者，由債務人之住、居所、公務所、事務所、營業所所在地之法院管轄　(C)同一強制執行，數法院有管轄權者，債權人得同時向數法院聲請　(D)受理強制執行事件之法院，須在他法院管轄區內為執行行為時，應囑託該他法院為之。

(　) **31** 實施強制執行時，經_____同意者，執行法院得延緩執行？　(A)債權人　(B)債務人　(C)法官　(D)民事執行處。

(　) **32** 強制執行之延緩執行之期限不得逾_____，且債權人聲請續行執行而再同意延緩執行者，以_____次為限？　(A)一個月；一次　(B)三個月；一次　(C)一個月；三次　(D)三個月；三次。

(　) **33** 債務人無財產可供強制執行，或雖有財產經強制執行後所得之數額仍不足清償債務時，執行法院應命債權人於_____內查報債務人財產？　(A)一個月　(B)三個月　(C)五個月　(D)七個月。

(　) **34** 債務人無財產可供強制執行，或雖有財產經強制執行後所得之數額仍不足清償債務時，執行法院應命債權人於一個月內查報債務人財產。債權人到期不為報告或查報無財產者，應發給憑

證，稱為？　(A)債權憑證　(B)抵押權憑證　(C)公文　(D)權利
證書。

(　) **35** 下列關於強制執行之敘述，何者錯誤？　(A)債權人聲請執行，
而陳明債務人現無財產可供執行者，執行法院得逕行發給憑證
(B)債務人履行債務之義務，不因債務人或依本法得管收之人被
管收而免除　(C)強制執行之費用，以必要部分為限，由債務人
負擔，並應與強制執行之債權同時收取　(D)以上均為正確。

(　) **36** 民事強制執行，其執行標的金額或價額未滿新臺幣_____者，
免徵執行費；新臺幣五千元以上者，每百元收七角，其畸零之
數不滿百元者，以_____計算？　(A)五千元；百元　(B)七千
元；百元　(C)八千元；百元　(D)萬元；百元。

(　) **37** 執行_____，徵收執行費新臺幣三千元？　(A)財產案件　(B)非
財產案件　(C)動產案件　(D)不動產案件。

(　) **38** 執行非財產案件，徵收執行費新臺幣_____？　(A)一千元
(B)兩千元　(C)三千元　(D)四千元。

(　) **39** 強制執行所得之金額，如有多數債權人參與分配時，執行法院應作
成_____？　(A)紀錄表　(B)債權表　(C)分配表　(D)統計表。

(　) **40** 行為之處罰，以行為時之法律有明文規定者為限。拘束人身自由
之保安處分，此原則稱為？　(A)無罪推定原則　(B)罪刑法定
原則　(C)罪疑惟輕原則　(D)從舊從輕原則。

(　) **41** 下列關於刑法之敘述，何者正確？　(A)行為後法律有變更者，
適用行為時之法律。但行為後之法律有利於行為人者，適用最
有利於行為人之法律　(B)沒收、非拘束人身自由之保安處分適
用裁判時之法律　(C)處罰或保安處分之裁判確定後，未執行或
執行未完畢，而法律有變更，不處罰其行為或不施以保安處分
者，免其刑或保安處分之執行　(D)以上均是。

(　) **42** 本法於在中華民國領域內犯罪者，適用之。在中華民國領域外
之中華民國船艦或航空器內犯罪者，以在中華民國領域內犯罪

論，稱為？　(A)屬地原則　(B)屬人原則　(C)世界原則　(D)保護原則。

(　) **43** 下列關於刑法之敘述，何者錯誤？　(A)行為非出於故意或過失者，不罰　(B)過失行為之處罰，以有特別規定者，為限　(C)行為人對於構成犯罪之事實，明知並有意使其發生者，為故意　(D)行為人對於構成犯罪之事實，預見其發生而其發生並不違背其本意者，以直接故意論。

(　) **44** 下列關於刑法之敘述，何者正確？　(A)行為人對於構成犯罪之事實，預見其發生而其發生並不違背其本意者，以故意論　(B)行為人雖非故意，但按其情節應注意，並能注意，而不注意者，為過失　(C)行為人對於構成犯罪之事實，雖預見其能發生而確信其不發生者，以過失論　(D)以上皆是。

(　) **45** 下列關於刑法之敘述，何者正確？　(A)對於犯罪結果之發生，法律上有防止之義務，能防止而不防止者，與因積極行為發生結果者同　(B)因自己行為致有發生犯罪結果之危險者，負防止其發生之義務　(C)過失行為之處罰，以有特別規定者，為限　(D)以上皆是。

(　) **46** 對於犯罪結果之發生，法律上有防止之義務，能防止而不防止者，與因積極行為發生結果者同，稱為？　(A)純正身分犯　(B)不純正身分犯　(C)不作為犯　(D)作為犯。

(　) **47** 下列關於刑法責任能力之敘述，何者正確？　(A)未滿十八歲人之行為，不罰　(B)十四歲以上未滿二十歲人之行為，得減輕其刑　(C)滿八十歲人之行為，得減輕其刑　(D)以上皆是。

(　) **48** 下列關於刑法之敘述，何者錯誤？　(A)瘖啞人之行為，得減輕其刑　(B)依法令之行為，得減輕其刑　(C)業務上之正當行為，不罰　(D)依所屬上級公務員命令之職務上行為，不罰。但明知命令違法者，不在此限。

(　) **49** 對於現在不法之侵害，而出於防衛自己或他人權利之行為，不罰，稱為？　(A)正當防衛　(B)緊急避難　(C)救難行為　(D)逃避損害。

（　）**50** 因避免自己或他人生命、身體、自由、財產之緊急危難而出於不得已之行為，不罰，稱為？　(A)正當防衛　(B)緊急避難　(C)救難行為　(D)逃避損害。

（　）**51** 下列關於銀行資產評估損失準備提列及逾期放款催收款呆帳處理辦法之敘述，何者錯誤？　(A)銀行對資產負債表表內及表外之非授信資產評估，應按資產之特性，依一般公認會計原則及其他相關規定，基於穩健原則評估可能損失，並提足損失準備　(B)銀行對資產負債表表內及表外之授信資產，應按規定確實評估，並以第一類授信資產債權餘額扣除對於我國政府機關（指中央及地方政府）之債權餘額後之百分之五、第二類授信資產債權餘額之百分之十、第三類授信資產債權餘額之百分之十五、第四類授信資產債權餘額之百分之五十及第五類授信資產債權餘額全部之和為最低標準，提足備抵呆帳及保證責任準備　(C)為強化銀行對特定授信資產之損失承擔能力，主管機關於必要時，得要求銀行提高特定授信資產之備抵呆帳及保證責任準備　(D)銀行依規定所提列之損失準備、備抵呆帳及保證責任準備，經主管機關或金融檢查機關（構）評估不足時，銀行應立即依主管機關要求或金融檢查機關（構）檢查意見補足。

（　）**52** 下列關於銀行對資產負債表表內及表外之授信資產之敘述，何者正確？　(A)正常之授信資產列為第一類　(B)不良之授信資產，應按債權之擔保情形及逾期時間之長短予以評估，分別列為第二類應予注意者，第三類可望收回者，第四類收回困難者　(C)第五類收回無望者　(D)以上皆為是。

（　）**53** 下列不良授信資產之敘述，何者正確？　(A)應予注意者：指授信資產經評估有足額擔保部分，且授信戶積欠本金或利息超過清償期1個月至12個月者；或授信資產經評估已無擔保部分，且授信戶積欠本金或利息超過清償期1個月至3個月者；或授信資產雖未屆清償期或到期日，但授信戶已有其他債信不良者　(B)可望收回者：指授信資產經評估有足額擔保部分，且授信戶積欠本金或利息超過清償期12個月者；或授信資產經評估已無擔保部分，且授信戶積欠本金或利息超過清償期3個月至6個月者　(C)收回困

難者：指授信資產經評估已無擔保部分，且授信戶積欠本金或利息超過清償期6個月至12個月者　(D)以上皆是。

( ) **54** 下列不良授信資產之敘述，何者正確？　(A)收回困難者：指授信資產經評估已無擔保部分，且授信戶積欠本金或利息超過清償期6個月至12個月者　(B)收回無望者：指授信資產經評估已無擔保部分，且授信戶積欠本金或利息超過清償期12個月者；或授信資產經評估無法收回者　(C)可望收回者：指授信資產經評估有足額擔保部分，且授信戶積欠本金或利息超過清償期12個月者；或授信資產經評估已無擔保部分，且授信戶積欠本金或利息超過清償期3個月至6個月者　(D)以上皆是。

( ) **55** 本辦法稱逾期放款，指積欠本金或利息超過清償期＿＿＿＿，或雖未超過，但已向主、從債務人訴追或處分擔保品者？　(A)一個月　(B)兩個月　(C)三個月　(D)五個月。

( ) **56** 積欠本金或利息超過清償期三個月，或雖未超過三個月，但已向主、從債務人訴追或處分擔保品者，稱為？　(A)逾期放款　(B)逾期還款　(C)到期放款　(D)到期還款。

( ) **57** 協議分期償還放款符合一定條件，並依協議條件履行達＿＿＿＿以上，且協議利率不低於原承作利率或銀行新承作同類風險放款之利率者，得免予列報逾期放款。但於免列報期間再發生未依約清償超過＿＿＿＿者，仍應予列報？　(A)六個月；三個月　(B)五個月；四個月　(C)三個月；兩個月　(D)兩個月；一個月。

( ) **58** 下列關於金融機構作業委託他人處理內部作業制度及程序辦法之敘述，何者錯誤？　(A)金融機構作業委託他人處理者，可以口頭約定之　(B)本辦法適用之金融機構，包括本國銀行及其國外分行、外國銀行在台分行、信用合作社、票券金融公司及經營信用卡業務之機構　(C)金融機構應依主管機關規定方式，確實申報有關作業委外項目、內容及範圍等資料　(D)代收消費性貸款、信用卡帳款作業，但受委託機構以經主管機關核准者為限。

( ) **59** 金融機構對於涉及營業執照所載業務項目或客戶資訊之相關作業委外，下列事項範圍何者屬之？　(A)資料處理：包括資訊系統

之資料登錄、處理、輸出，資訊系統之開發、監控、維護，及辦理業務涉及資料處理之後勤作業　(B)表單、憑證等資料保存之作業　(C)貿易金融業務之後勤處理作業。但以信用狀開發、讓購、及進出口託收為限　(D)以上皆是。

(　) **60** 金融機構對於涉及營業執照所載業務項目或客戶資訊之相關作業委外，下列事項範圍何者屬之？　(A)代收消費性貸款、信用卡帳款作業，但受委託機構以經主管機關核准者為限　(B)提供信用額度之往來授信客戶之信用分析報告編製　(C)車輛貸款業務之行銷、貸放作業管理及服務諮詢作業，但不含該項業務授信審核之准駁　(D)以上皆是。

(　) **61** 下列何者非屬委外內部作業規範應載明之事項？　(A)指定專責單位及其職權規範　(B)成本管理原則及作業程序　(C)委外事項範圍　(D)客戶權益保障之內部作業及程序。

(　) **62** 金融機構作業委託他人處理內部作業制度及程序辦法規定，應就客戶權益保障訂定內部作業及程序，其內容應包括？　(A)作業委外如涉及客戶資訊者，應於契約簽訂時訂定告知客戶之條款；其未訂有告知條款者，金融機構應書面通知客戶委外事項，並明定客戶於接獲金融機構通知未於一定合理期間以書面表示反對者，視為同意。但電腦處理個人資料保護法另有規定者，從其規定　(B)客戶資訊提供之條件範圍及其移轉之程序方法　(C)對受委託機構使用、處理、控管前款客戶資訊之監督方法　(D)以上皆是。

(　) **63** 金融機構訂定之委外內部作業規範有關風險管理原則及作業程序，其內容應包括？　(A)建立作業委外風險與效益分析之制度　(B)建立足以辨識、衡量、監督及控制委外相關風險之程序或管理措施　(C)訂定緊急應變計畫　(D)以上皆是。

(　) **64** 金融機構訂定之委外內部作業規範有關內部控制原則及作業程序，其內容應包括？　(A)訂定並執行委外事項範圍之監督管理作業程序　(B)前款作業程序應納入金融機構整體內部控制及內部稽核制度內執行　(C)監督受委託機構內部控制及內部稽核制

度之建立及執行　(D)以上皆是。

(　) **65** 金融機構作業委外契約應載明下列事項？　(A)委外事項範圍及受委託機構之權責　(B)受委託機構應依金融機構監督訂定之標準作業程序，執行消費者權益保障、風險管理、內部控制及內部稽核制度　(C)受委託機構聘僱人員之管理，包括人員晉用、考核及處分等情事　(D)以上皆是。

(　) **66** 委外契約或複委託契約與本辦法規定不符者，金融機構得按原契約繼續辦理至契約期限到期為止；惟契約未訂有期限者，應於本辦法發布施行起_____內補正，否則該契約自動終止？(A)六個月　(B)五個月　(C)三個月　(D)一個月。

(　) **67** 金融機構委外作業應慎選受委託機構，並應由_____選擇並簽訂委外契約？　(A)總行單一部門　(B)分行單一部門　(C)總行各部門　(D)分行各部門。

(　) **68** 受委託機構須具有完備之硬體設備，以承接金融機構委託之業務，下列何者非屬之？　(A)保密裝置　(B)電腦系統　(C)錄音裝置　(D)警衛。

(　) **69** 下列關於設立申訴窗口及作業流程之敘述，何者錯誤？　(A)金融機構催收作業委外，應設置客戶申訴窗口及申訴專線電話，並指定專人負責　(B)金融機構受理客戶申訴時，應親自處理，不得請客戶逕向受委託機構申訴。處理完畢，亦應將處理結果親自告知客戶，不得委由受委託機構告知。上開處理時間以不超過五個營業日為原則　(C)客戶與催收人員對催收金額認定有爭議，而向金融機構詢問時，金融機構應明確告知客戶應償還之債權金額　(D)金融機構如發現受委託機構或其聘僱人員，於所委託之業務涉有暴力、脅迫、恐嚇討債等情事時，應儘速報請治安單位處理。

(　) **70** 金融機構至少每_____應與受委託機構核對客戶入帳明細，以確認客戶入帳資料無誤，如發現有超收客戶金額之情形，金融機構應立即將超收金額歸還客戶？　(A)年　(B)月　(C)週(D)日。

（　　）**71**　金融機構至少每_____應評估受委託機構是否符合委託條件？
(A)年　(B)季　(C)月　(D)日。

（　　）**72**　受委託機構應建立下列作業流程，金融機構將定期與不定期查核
是否確實執行？　(A)催收人員教育訓練　(B)檔案管理作業流
程催收人員教育訓練　(C)內部稽核作業　(D)以上皆是。

（　　）**73**　下列何者非屬個人資料保護法之範疇？　(A)自然人之姓名
(B)出生年月日　(C)國民身分證統一、護照號碼　(D)戶籍地。

（　　）**74**　下列關於個人資料保護法之敘述，何者正確？　(A)當事人就
其個人資料依規定行使權利，不得預先拋棄或以特約限制之
(B)個人資料之蒐集、處理或利用，應尊重當事人之權益，依誠
實及信用方法為之，不得逾越特定目的之必要範圍，並應與蒐
集之目的具有正當合理之關聯　(C)公務機關或非公務機關應維
護個人資料之正確，並應主動或依當事人之請求更正或補充之
(D)以上皆是。

（　　）**75**　下列關於個人資料保護法之敘述，何者正確？　(A)個人資料正
確性有爭議者，應主動或依當事人之請求停止處理或利用。但
因執行職務或業務所必須，或經當事人書面同意，並經註明其
爭議者，不在此限　(B)違反本法規定蒐集、處理或利用個人資
料者，應主動或依當事人之請求，刪除、停止蒐集、處理或利
用該個人資料　(C)查詢或請求閱覽個人資料或製給複製本者，
公務機關或非公務機關得酌收必要成本費用　(D)以上皆是。

（　　）**76**　公務機關或非公務機關依個人資料保護法第十五條或第十九條規
定向當事人蒐集個人資料時，應明確告知當事人下列事項何者
非屬之？　(A)公務機關或非公務機關名稱　(B)公務機關或非
公務機關執行人員之個人資料　(C)個人資料之類別　(D)蒐集
之目的。

（　　）**77**　下列關於個人資料保護法之敘述，何者正確？　(A)因可歸責於
公務機關或非公務機關之事由，未為更正或補充之個人資料，
應於更正或補充後，通知曾提供利用之對象　(B)公務機關或非
公務機關受理當事人依第十條規定之請求，應於十五日內，為

准駁之決定　(C)公務機關或非公務機關受理當事人依第十一條規定之請求，應於三十日內，為准駁之決定　(D)以上皆是。

(　) **78** 公務機關應將何事項公開於電腦網站，或以其他適當方式供公眾查閱？　(A)個人資料檔案名稱　(B)保有機關名稱及聯絡方式　(C)個人資料檔案保有之依據及特定目的　(D)以上皆是。

(　) **79** 下列何者非個人資料保護法中，主管機關之行政監督的範疇？　(A)得限制國際傳輸個人資料　(B)得限制國內傳輸個人資料　(C)得檢查、扣留、複製資料或檔案　(D)對扣留物或複製物之處理。

(　) **80** 下列關於個人資料保護法之敘述，何者錯誤？　(A)公務機關違反本法規定，致個人資料遭不法蒐集、處理、利用或其他侵害當事人權利者，負損害賠償責任　(B)如被害人不易或不能證明其實際損害額時，得請求法院依侵害情節，以每人每一事件新臺幣五百元以上五萬元以下計算　(C)對於同一原因事實造成多數當事人權利受侵害之事件，經當事人請求損害賠償者，其合計最高總額以新臺幣二億元為限　(D)非公務機關違反本法規定，致個人資料遭不法蒐集、處理、利用或其他侵害當事人權利者，負損害賠償責任

解答與解析

1 (D)。　下列各款訴訟，不問其標的金額或價額一律適用簡易程序（民訴427Ⅱ）：

(1) 因建築物或其他工作物定期租賃或定期借貸關係所生之爭執涉訟者。

(2) 僱用人與受僱人間，因僱傭契約涉訟，其僱傭期間在一年以下者。

(3) 旅客與旅館主人、飲食店主人或運送人間，因食宿、運送費或因寄存行李、財物涉訟者。

(4) 因請求保護占有涉訟者。

(5) 因定不動產之界線或設置界標涉訟者。

(6) 本於票據有所請求而涉訟者。

(7) 本於合會有所請求而涉訟者。

(8) 因請求利息、紅利、租金、退職金或其他定期給付涉訟者。

(9) 因動產租賃或使用借貸關係所生之爭執涉訟者。

(10) 因第一款至第三款、第六款至第九款所定請求之保證關係涉訟者。

(11) 本於道路交通事故有所請求而涉訟者。

(12) 適用刑事簡易訴訟程序案件之附帶民事訴訟，經裁定移送民事庭者。

2 (B)。　就審期間，至少應有五日。但有急迫情形者，不在此限（民訴429 II）。

3 (A)。　簡易訴訟程序事件，法院應以一次期日辯論終結為原則（民訴433-1）。

4 (A)。　簡易訴訟程序在獨任法官前行之（民訴436 I）。

5 (C)。　關於請求給付金錢或其他代替物或有價證券之訴訟，其標的金額或價額在新台幣十萬元以下者，適用本章所定之小額程序（民訴436-8 I）。

6 (A)。　對於第一審之終局判決，除別有規定外，得上訴於管轄第二審之法院（民訴437）。

7 (D)。　提起上訴，應於第一審判決送達後二十日之不變期間內為之。但宣示或公告後送達前之上訴，亦有效力（民訴440）。

8 (A)。　債權人之請求，以給付金錢或其他代替物或有價證券之一定數量為標的者，得聲請法院依督促程序發支付命令（民訴508 I）。

9 (C)。　法院應不訊問債務人，就支付命令之聲請為裁定（民訴512）

10 (B)。　發支付命令後，三個月內不能送達於債務人者，其命令失其效力（民訴515 I）。

11 (D)。　債務人對於支付命令之全部或一部，得於送達後二十日之不變期間內，不附理由向發命令之法院提出異議（民訴516 I）。

12 (C)。　債務人於支付命令送達後，逾二十日之不變期間，始提出異議者，法院應以裁定駁回之（民訴518）。

13 (A)。　債權人就金錢請求或得易為金錢請求之請求，欲保全強制執行者，得聲請假扣押（民訴522 I）。

14 (D)。　假扣押之標的如係債權或須經登記之財產權，以債務人住所或擔保之標的所在地或登記地，為假扣押標的所在地（民訴524 III）。

15 (C)。　請求及假扣押之原因，應釋明之（民訴526 I）。

16 (C)。 夫或妻基於剩餘財產差額分配請求權聲請假扣押者,前項法院所命供擔保之金額不得高於請求金額之十分之一(民訴526 IV)。

17 (B)。 本案尚未繫屬者,命假扣押之法院應依債務人聲請,命債權人於一定期間內起訴(民訴529 I)。

18 (C)。 因財產權關係為聲請者,按其標的之金額或價額,以新臺幣依下列標準徵收費用(非訟13):
(1) 未滿十萬元者,五百元。
(2) 十萬元以上未滿一百萬元者,一千元。
(3) 一百萬元以上未滿一千萬元者,二千元。
(4) 一千萬元以上未滿五千萬元者,三千元。
(5) 五千萬元以上未滿一億元者,四千元。
(6) 一億元以上者,五千元。

19 (A)。 聲請或陳述,除另有規定外,得以書狀或言詞為之(非訟29 I)。

20 (B)。 以言詞為聲請或陳述時,應在法院書記官前為之(非訟29 II)。

21 (C)。 非訟事件之聲請,不合程式或不備其他要件者,法院應以裁定駁回之。但其情形可以補正者,法院應定期間先命補正(非訟30-1)。

22 (D)

23 (C)。 最高限額抵押權人聲請拍賣抵押物事件,法院於裁定前,就抵押權所擔保之債權額,應使債務人有陳述意見之機會(非訟74)。

24 (A)。 票據法第一百二十三條所定執票人就本票聲請法院裁定強制執行事件,由票據付款地之法院管轄(非訟194 I)。

25 (D)。 發票人主張本票係偽造、變造者,於前條裁定送達後二十日內,得對執票人向為裁定之法院提起確認之訴(非訟195 I)。

26 (A)。 強制執行應依公平合理之原則,兼顧債權人、債務人及其他利害關係人權益,以適當之方法為之,不得逾達成執行目的之必要限度(強執1 II)。

27 (C)。 強制執行,依左列執行名義為之(強執4 I):
(1) 確定之終局判決。
(2) 假扣押、假處分、假執行之裁判及其他依民事訴訟法得為強制執行之裁判。
(3) 依民事訴訟法成立之和解或調解。
(4) 依公證法規定得為強制執行之公證書。

　　(5) 抵押權人或質權人，為拍賣抵押物或質物之聲請，經法院為許可強制執行之裁定者。

　　(6) 其他依法律之規定，得為強制執行名義者。

28 (D)

29 (C)。債權人聲請強制執行，應依左列規定，提出證明文件（強執6Ⅰ）：

　　(1) 依第四條第一項第一款聲請者，應提出判決正本並判決確定證明書或各審級之判決正本。

　　(2) 依第四條第一項第二款聲請者，應提出裁判正本。

　　(3) 依第四條第一項第三款聲請者，應提出筆錄正本。

　　(4) 依第四條第一項第四款聲請者，應提出公證書。

　　(5) 依第四條第一項第五款聲請者，應提出債權及抵押權或質權之證明文件及裁定正本。

　　(6) 依第四條第一項第六款聲請者，應提出得為強制執行名義之證明文件。

30 (C)。同一強制執行，數法院有管轄權者，債權人得向其中一法院聲請（強執7Ⅲ）。

31 (A)。實施強制執行時，經債權人同意者，執行法院得延緩執行（強執10Ⅰ）。

32 (B)。前項延緩執行之期限不得逾三個月。債權人聲請續行執行而再同意延緩執行者，以一次為限。每次延緩期間屆滿後，債權人經執行法院通知而不於十日內聲請續行執行者，視為撤回其強制執行之聲請（強執10Ⅱ）。

33 (A)。債務人無財產可供強制執行，或雖有財產經強制執行後所得之數額仍不足清償債務時，執行法院應命債權人於一個月內查報債務人財產。債權人到期不為報告或查報無財產者，應發給憑證，交債權人收執，載明俟發見有財產時，再予強制執行（強執27Ⅰ）。

34 (A)。債務人無財產可供強制執行，或雖有財產經強制執行後所得之數額仍不足清償債務時，執行法院應命債權人於一個月內查報債務人財產。債權人到期不為報告或查報無財產者，應發給憑證，交債權人收執，載明俟發見有財產時，再予強制執行（強執27Ⅰ）。

35 (D)

36 (A)。　民事強制執行，其執行標的金額或價額未滿新臺幣五千元者，免徵執行費；新臺幣五千元以上者，每百元收七角，其畸零之數不滿百元者，以百元計算（強執28-2Ⅰ）。

37 (B)。　執行非財產案件，徵收執行費新臺幣三千元（強執28-2Ⅲ）。

38 (C)。　執行非財產案件，徵收執行費新臺幣三千元（強執28-2Ⅲ）。

39 (C)。　因強制執行所得之金額，如有多數債權人參與分配時，執行法院應作成分配表，並指定分配期日，於分配期日五日前以繕本交付債務人及各債權人，並置於民事執行處，任其閱覽（強執31）。

40 (B)。　行為之處罰，以行為時之法律有明文規定者為限。拘束人身自由之保安處分，亦同（刑1）。

41 (D)

42 (A)。　本法於在中華民國領域內犯罪者，適用之。在中華民國領域外之中華民國船艦或航空器內犯罪者，以在中華民國領域內犯罪論（刑3）。

43 (D)。　行為人對於構成犯罪之事實，預見其發生而其發生並不違背其本意者，以故意論（刑13Ⅱ）。

44 (D)　　　　　　**45 (D)**　　　　　　**46 (C)**

47 (C)。　未滿十四歲人之行為，不罰（刑18Ⅰ）。
十四歲以上未滿十八歲人之行為，得減輕其刑（刑18Ⅱ）。
滿八十歲人之行為，得減輕其刑（刑18Ⅲ）。

48 (B)。　依法令之行為，不罰（刑21Ⅰ）。

49 (A)。　對於現在不法之侵害，而出於防衛自己或他人權利之行為，不罰。但防衛行為過當者，得減輕或免除其刑（刑23）。

50 (B)。　因避免自己或他人生命、身體、自由、財產之緊急危難而出於不得已之行為，不罰。但避難行為過當者，得減輕或免除其刑（刑24Ⅰ）。

51 (B)。　銀行對資產負債表表內及表外之授信資產，應按第三條及前條規定確實評估，並以第一類授信資產債權餘額扣除對於我國政府機關（指中央及地方政府）之債權餘額後之百分之一、第二類授信資產債權餘額之百分之二、第三類授信資產債權餘額之百分之十、第四類授信資產債權餘額之百分之五十及第五類授信資產債權餘額全部之和為最低標準，提足備抵呆帳及保證責任準備（銀行資產評估損失準備提列及逾期放款催收款呆帳處理辦法5Ⅰ）。

52 (D)　　　　　**53 (D)**　　　　**54 (D)**

55 (C)。本辦法稱逾期放款，指積欠本金或利息超過清償期三個月，或雖未超過三個月，但已向主、從債務人訴追或處分擔保品者（銀行資產評估損失準備提列及逾期放款催收款呆帳處理辦法7Ⅰ）。

56 (A)。本辦法稱逾期放款，指積欠本金或利息超過清償期三個月，或雖未超過三個月，但已向主、從債務人訴追或處分擔保品者（銀行資產評估損失準備提列及逾期放款催收款呆帳處理辦法7Ⅰ）。

57 (A)。協議分期償還放款符合一定條件，並依協議條件履行達六個月以上，且協議利率不低於原承作利率或銀行新承作同類風險放款之利率者，得免予列報逾期放款。但於免列報期間再發生未依約清償超過三個月者，仍應予列報（銀行資產評估損失準備提列及逾期放款催收款呆帳處理辦法7Ⅱ）。

58 (A)。金融機構作業委託他人處理者，應簽訂書面契約，並依本辦法辦理，但涉及外匯作業事項並應依中央銀行有關規定辦理（金融機構作業委託他人處理內部作業制度及程序辦法2Ⅰ）。

59 (D)。金融機構對於涉及營業執照所載業務項目或客戶資訊之相關作業委外，以下列事項範圍為限（金融機構作業委託他人處理內部作業制度及程序辦法3Ⅰ）：
(1) 資料處理：包括資訊系統之資料登錄、處理、輸出，資訊系統之開發、監控、維護，及辦理業務涉及資料處理之後勤作業。
(2) 表單、憑證等資料保存之作業。
(3) 代客開票作業，包括支票、匯票。
(4) 貿易金融業務之後勤處理作業。但以信用狀開發、讓購、及進出口託收為限。
(5) 代收消費性貸款、信用卡帳款作業，但受委託機構以經主管機關核准者為限。
(6) 提供信用額度之往來授信客戶之信用分析報告編製。
(7) 信用卡發卡業務之行銷業務、客戶資料輸入作業、表單列印作業、裝封作業、付交郵寄作業，及開卡、停用掛失、預借現金、緊急性服務等事項之電腦及人工授權作業。
(8) 電子通路客戶服務業務，包括電話自動語音系統服務、電話行銷業務、客戶電子郵件之回覆與處理作業、電子銀行客戶及電子商務之相關諮詢及協助，及電話銀行專員服務。

(9) 車輛貸款業務之行銷、貸放作業管理及服務諮詢作業，但不含該項業務授信審核之准駁。

(10) 消費性貸款行銷，但不含該項業務授信審核之准駁。

(11) 房屋貸款行銷業務，但不含該項業務授信審核之准駁。

(12) 應收債權之催收作業。

(13) 委託代書處理之事項，及委託其他機構處理因債權承受之擔保品等事項。

(14) 車輛貸款逾期繳款之尋車及車輛拍賣，但不含拍賣底價之決定。

(15) 鑑價作業。

(16) 內部稽核作業，但禁止委託其財務簽證會計師辦理。

(17) 不良債權之評價、分類、組合及銷售。但應於委外契約中訂定受委託機構參與作業合約之工作人員，於合約服務期間或合約終止後一定合理期間內，不得從事與委外事項有利益衝突之工作或提供有利益衝突之顧問或諮詢服務。

(18) 有價證券、支票、表單及現鈔運送作業及自動櫃員機裝補鈔作業。

(19) 金塊、銀塊、白金條塊等貴金屬之報關、存放、運送及交付。

(20) 其他經主管機關核定得委外之作業項目。

60 (D)。 同上題。

61 (B)。 前項所稱委外內部作業規範應載明下列事項（金融機構作業委託他人處理內部作業制度及程序辦法4 Ⅱ）：

(1) 指定專責單位及其職權規範。

(2) 委外事項範圍。

(3) 客戶權益保障之內部作業及程序。

(4) 風險管理原則及作業程序。

(5) 內部控制原則及作業程序。

(6) 其他委外作業事項及程序。

62 (D)。 第四條第二項第三款規定金融機構作業委外，應就客戶權益保障訂定內部作業及程序，其內容應包括（金融機構作業委託他人處理內部作業制度及程序辦法7 Ⅰ）：

(1) 作業委外如涉及客戶資訊者，應於契約簽訂時訂定告知客戶之條款；其未訂有告知條款者，金融機構應書面通知客戶委外事項，並明定客戶於接獲金融機構通知未於一定合理期間以書面表示反對者，視為同意。但電腦處理個人資料保護法另有規定者，從其規定。

(2) 客戶資訊提供之條件範圍及其移轉之程序方法。

(3) 對受委託機構使用、處理、控管前款客戶資訊之監督方法。

(4) 金融機構作業委外應訂定客戶糾紛處理程序及時限，並設置協調處理單位，受理客戶之申訴。

(5) 其他客戶權益保障之必要措施。

63 (D)。　第四條第二項第四款規定金融機構訂定之委外內部作業規範有關風險管理原則及作業程序，其內容應包括（金融機構作業委託他人處理內部作業制度及程序辦法8）：

(1) 建立作業委外風險與效益分析之制度。

(2) 建立足以辨識、衡量、監督及控制委外相關風險之程序或管理措施。

(3) 訂定緊急應變計畫。

64 (D)。　第四條第二項第五款規定金融機構訂定之委外內部作業規範有關內部控制原則及作業程序，其內容應包括（金融機構作業委託他人處理內部作業制度及程序辦法9）：

(1) 訂定並執行委外事項範圍之監督管理作業程序。

(2) 前款作業程序應納入金融機構整體內部控制及內部稽核制度內執行。

(3) 監督受委託機構內部控制及內部稽核制度之建立及執行。

65 (D)。　金融機構作業委外契約應載明下列事項（金融機構作業委託他人處理內部作業制度及程序辦法10Ⅰ）：

(1) 委外事項範圍及受委託機構之權責。

(2) 金融機構應要求受委託機構配合遵守第二十一條規定。

(3) 消費者權益保障，包括客戶資料保密及安全措施。

(4) 受委託機構應依金融機構監督訂定之標準作業程序，執行消費者權益保障、風險管理、內部控制及內部稽核制度。

(5) 消費者爭端解決機制，包括解決時程、程序及補救措施。

(6) 受委託機構聘僱人員之管理，包括人員晉用、考核及處分等情事。

(7) 與受委託機構終止委外契約之重大事由，包括主管機關通知依契約終止或解約之條款。

(8) 受委託機構就受託事項範圍，同意主管機關及中央銀行得取得相關資料或報告，及進行金融檢查，或得命令其於限期內提供相關資料或報告。

(9) 受委託機構對外不得以金融機構名義辦理受託處理事項，亦不得進行不實廣告或於辦理貸款行銷作業時向客戶收取任何費用。

(10) 受委託機構對委外事項若有重大異常或缺失應立即通知金融機構。

(11) 其他約定事項。

66 (A)。委外契約或複委託契約與本辦法規定不符者，金融機構得按原契約繼續辦理至契約期限到期為止；惟契約未訂有期限者，應於本辦法發布施行起六個月內補正，否則該契約自動終止（金融機構作業委託他人處理內部作業制度及程序辦法10 IV）。

67 (A)。金融機構委外作業應慎選受委託機構，並應由總行單一部門選擇並簽訂委外契約。

68 (D)。受委託機構須具有完備之硬體設備，以承接金融機構委託之業務。
(1) 硬體設備及環境：庫房、機房之門禁及錄影設備：存放客戶資料文件檔案室及錄音機房應設有可記錄進出登記之門禁，確保客戶資料安全。受委託機構應接受金融機構定期勘查其實地環境，以確認有營業事實。
(2) 保密裝置：受委託機構相關作業人員電腦需設密碼控管，使用之電腦應採非開放式區域網路之主機系統，且不可提供外露儲存裝置。
(3) 電腦系統：受委託機構為承辦受託事務之需，須具有完備之電腦作業處理設備，且應備有功能完善之催收系統輔助催收作業進行。
(4) 錄音系統：受委託機構相關作業人員之電話須裝設錄音系統，錄音系統須與電腦系統配合可即時調閱錄音，以供稽核或遇爭議時查證之用，需所有電話暨外訪時均予以錄音並製作備份且至少保存六個月以上，其錄音紀錄不得有刪除或竄改之情形。

69 (B)。金融機構受理客戶申訴時，應親自處理，不得請客戶逕向受委託機構申訴。處理完畢，亦應將處理結果親自告知客戶，不得委由受委託機構告知。上開處理時間以不超過三個營業日為原則。

70 (B)。金融機構至少每月應與受委託機構核對客戶入帳明細，以確認客戶入帳資料無誤，如發現有超收客戶金額之情形，金融機構應立即將超收金額歸還客戶。

71 (B)。金融機構至少每季應評估受委託機構是否符合委託條件，若經考評為不符合機構，則須汰換受委託機構。

72 (D)

73 (D)。個人資料：指自然人之姓名、出生年月日、國民身分證統一編號、護照號碼、特徵、指紋、婚姻、家庭、教育、職業、病歷、醫療、基因、性生活、健康檢查、犯罪前科、聯絡方式財務情況、社會活動及其他得以直接或間接方式識別該個人之資料。

74 (D)   **75 (D)**

76 (B)。 公務機關或非公務機關依第十五條或第十九條規定向當事人蒐集個人資料時，應明確告知當事人下列事項（個資法8Ⅰ）：

    (1) 公務機關或非公務機關名稱。

    (2) 蒐集之目的。

    (3) 個人資料之類別。

    (4) 個人資料利用之期間、地區、對象及方式。

    (5) 當事人依第三條規定得行使之權利及方式。

    (6) 當事人得自由選擇提供個人資料時，不提供將對其權益之影響。

77 (D)   **78 (D)**   **79 (B)**

80 (B)。 依前二項情形，如被害人不易或不能證明其實際損害額時，得請求法院依侵害情節，以每人每一事件新臺幣五百元以上二萬元以下計算（個資法28Ⅲ）。

信託業務｜銀行內控｜
初階授信｜初階外匯｜
理財規劃｜保險人員推薦用書

千華出品
有口皆碑

2F021111	初階外匯人員專業測驗重點整理+模擬試題	蘇育群	470元
2F031111	債權委外催收人員專業能力測驗重點整理+模擬試題	王文宏 邱雯瑄	470元
2F041101	外幣保單證照 7日速成	陳宣仲	430元
2F051111	無形資產評價師(初級、中級)能力鑑定速成	陳善	460元
2F061111	證券商高級業務員(重點整理+試題演練)	蘇育群	650元
2F071111	證券商業務員(重點整理+試題演練)	金永瑩	590元
2F081101	金融科技力知識檢定(重點整理+模擬試題)	李宗翰	390元
2F091101	風險管理基本能力測驗一次過關	金善英	470元
2F101111	理財規劃人員專業證照10日速成	楊昊軒	近期出版

2F111101	外匯交易專業能力測驗一次過關	蘇育群	390元
2F141101	防制洗錢與打擊資恐(重點整理+試題演練)	成琳	450元
2F151111	金融科技力知識檢定主題式題庫(含歷年試題解析)	黃秋樺	390元
2F161111	防制洗錢與打擊資恐7日速成	艾辰	530元
2F171111	14堂人身保險業務員資格測驗課	陳宣仲 李元富	410元
2F181111	證券交易相關法規與實務	尹安	550元
2F191111	投資學與財務分析	王志成	近期出版
2F621111	信託業務專業測驗考前猜題及歷屆試題	龍田	590元
2F791111	圖解式金融市場常識與職業道德	金融編輯小組	410元
2F811101	銀行內部控制與內部稽核測驗焦點速成+歷屆試題	薛常湧	490元
2F851101	信託業務人員專業測驗一次過關	蔡季霖	650元
2F861101	衍生性金融商品銷售人員資格測驗一次過關	可樂	430元
2F881091	理財規劃人員專業能力測驗一次過關	可樂	530元
2F901111	初階授信人員專業能力測驗重點整理+歷年試題解析二合一過關寶典	艾帕斯	470元
2F911101	投信投顧相關法規(含自律規範)重點統整+歷年試題解析二合一過關寶典	陳怡如	470元
2F951101	財產保險業務員資格測驗(重點整理+試題演練)	楊昊軒	490元
2F121111	投資型保險商品第一科7日速成	葉佳洺	近期出版
2F981091	投資型保險商品第二科(含投資學概要、債券與證券之評價分析、投資組合)重點整理+試題演練	陳宜	360元
2F991081	企業內部控制基本能力測驗(重點統整+歷年試題)	高瀅	450元

千華數位文化股份有限公司

■新北市中和區中山路三段136巷10弄17號　■千華公職資訊網 http://www.chienhua.com.tw
■TEL: 02-22289070　FAX: 02-22289076

國家圖書館出版品預行編目(CIP)資料

(金融證照)債權委外催收人員專業能力測驗(重點整理+
模擬試題)/王文宏, 邱雯瑄編著. -- 第二版. -- 新北
市：千華數位文化股份有限公司, 2022.04
　　面；　　公分
ISBN 978-626-337-016-6(平裝)

1.CST: 金融法規

561.2　　　　　　　　　　　111004345

債權委外催收人員專業能力測驗
（重點整理＋模擬試題）

[金融證照]

編 著 者：王文宏、邱雯瑄

發 行 人：廖 雪 鳳

登 記 證：行政院新聞局局版台業字第 3388 號

出 版 者：千華數位文化股份有限公司

地址／新北市中和區中山路三段 136 巷 10 弄 17 號

電話／ (02)2228-9070 傳真／ (02)2228-9076

郵撥／第 19924628 號 千華數位文化公司帳戶

千華公職資訊網：http://www.chienhua.com.tw

千華網路書店：http://www.chienhua.com.tw/bookstore

網路客服信箱：chienhua@chienhua.com.tw

法律顧問：永然聯合法律事務所

編輯經理：甯開遠

主 編：甯開遠

執行編輯：廖信凱

校 對：千華資深編輯群

排版主任：陳春花

排 版：陳春花

出版日期：2022 年 4 月 15 日 第二版／第一刷

本書如有勘誤或其他補充資料，
將刊於千華公職資訊網 http://www.chienhua.com.tw
歡迎上網下載。